कंप्यूटर

एक परिचय

Computer For Beginners

कंप्यूटर
एक परिचय
Computer For Beginners

इं. वी.के. जैन
चार्टर्ड इंजीनियर
बी.ई. (इ), एम.टेक. *FIE*
FIETE, MISHRAE

प्रकाशक

वी एण्ड एस पब्लिशर्स
F-2/16, अंसारी रोड, दरियागंज, नयी दिल्ली-110002
☎ 23240026, 23240027 • *फैक्स:* 011-23240028
E-mail: info@vspublishers.com • *Website:* www.vspublishers.com

शाखाः हैदराबाद
5-1-707/1, ब्रिज भवन (सेन्ट्रल बैंक ऑफ इण्डिया लेन के पास)
बैंक स्ट्रीट, कोटी, हैदराबाद-500 095
☎ 040-24737290
E-mail: vspublishershyd@gmail.com

फ़ॉलो करें:   

किसी प्रकार के सम्पर्क हेतु एसएमएस करें: **VSPUB** to **56161**

हमारी सभी पुस्तकें **www.vspublishers.com** पर उपलब्ध हैं

ISBN 978-93-814484-2-7
संस्करण: 2013

मुद्रक: परम ऑफसेटर्स, ओखला, नयी दिल्ली-110020

प्रस्तावना

आज कंप्यूटर विश्व स्तर पर ख्याति प्राप्त कर चुका है। सभी क्षेत्रों में विकास के लिए कंप्यूटर का प्रयोग किया जा रहा है। एक विद्यार्थी से लेकर एक दक्ष प्रोफेशनल तक सभी अपने-अपने कार्यों के लिए कंप्यूटर का प्रयोग कर रहे हैं। आज कंप्यूटर प्रत्यक्ष या परोक्ष रूप से हमारी दिनचर्या को जिस तरह से प्रभावित कर रहा है, क्या नहीं लगता कि कल जीवन का कोई भी क्षेत्र इससे अछूता नहीं रहेगा।

भारत में कंप्यूटर की शिक्षा 6वें दशक में स्नातक स्तर पर आरंभ हो गयी थी, परंतु अब माइक्रोकंप्यूटर के प्रचलन के कारण यह शिक्षा स्कूल लेवेल पर चलाई जा रही है। विभिन्न शिक्षा-परिषदों ने कंप्यूटर विषय को अपने पाठ्यक्रम में अन्य विषयों की तरह सम्मिलित कर लिया है।

कंप्यूटर फण्डामेंटल पर आधारित यह पुस्तक विद्यार्थियों और कंप्यूटर से अनभिज्ञ लोगों को संपूर्ण ज्ञान देने में सार्थक होगी, ऐसा मेरा विश्वास है।

माइक्रोप्रोसेसर पर अत्याधुनिक तकनीक का ज्ञान भी इस पुस्तक में दिया गया है। यह पुस्तक Central Board of Secondary Education द्वारा प्रचलित पाठ्यक्रम की 11वीं कक्षा के स्तर को ध्यान में रखते हुए लिखी गयी है, जो अन्य Boards, जैसे AIBSE, AMIE (India), Directorate of Technical Education (Delhi Administration) आदि के पाठ्यक्रमों को भी अपने में समाहित करती है।

—लेखक

विषय-सूची

कंप्यूटर क्या है?

1.1 परिचय

आज के हमारे जीवन में कंप्यूटर ऐसा रच-बस गया है कि इसके बिना किसी क्षेत्र में आगे बढ़ने की कल्पना तक नहीं हो पाती। क्या आपने कभी सोचा है कि मनुष्य ने कब, क्यों और कैसे इस यंत्र की खोज की? चलिए इस पर सोचें।

मनुष्य शुरू से ही अपने कामों को सरल रूप से करने के तरीके ढूंढता रहा है। शारीरिक श्रम को कम करने के लिए जिस तरह उसने 'लीवर' की खोज की, लगभग उसी तरह से दिमागी मेहनत में कटौती करने के लिए कंप्यूटर की खोज कर डाली। सभ्यता के विकास के साथ-साथ मनुष्य के पास जानकारियों का अंबार लगता गया जिसका प्रयोग कर लाभ उठाने के लिए ऐसे यंत्र की जरूरत पड़ी जो न केवल उस जानकारी को शीघ्रता से सही ढंग से संजो सके बल्कि जरूरत पड़ने पर उस जानकारी को शीघ्रता से प्रस्तुत कर सके या उस जानकारी के आधार पर निर्णय दे सके।

प्रश्न उठता है कि क्या कंप्यूटर मनुष्य से अधिक बुद्धिमान है? इसका साफ उत्तर है, नहीं, क्योंकि कंप्यूटर में कोई बुद्धि नहीं होती और न ही वह स्वयं किसी तरह का निर्णय ले सकता है। यह क्षमता उसे मानव ही Computer programming language द्वारा देता है। कंप्यूटर बिना गलती के लगातार अत्यंत तेजी से काम कर सकता है, और दी गई जानकारी को न केवल सुरक्षित रख सकता है बल्कि जब चाहे उसे उपलब्ध करा सकता है। मनुष्य की स्मृति (याद) में चीजें हमेशा साफ व व्यवस्थित नहीं रहतीं क्योंकि मनुष्य की स्मृति पर उम्र, वातावरण तथा दैनिक जीवन के अनुभवों का असर पड़ता है। इसी कारण मनुष्य सर्वाधिक तेज कंप्यूटर (सुपर कंप्यूटर) से सौगुना अधिक ज्ञान कोशिकाएं होने के बाद भी अपनी जानकारी का उपयोग उतनी क्षमता से नहीं कर पाता।

1.2 कंप्यूटर परिभाषा एवं कार्य

कंप्यूटर का शाब्दिक अर्थ है 'वह यंत्र जो 'कंप्यूट' यानि गणना करे'। शुरुआत में कंप्यूटर का काम केवल गणना करना ही था इसलिए यह परिभाषा ठीक लगती थी लेकिन तकनीकी विकास के साथ कंप्यूटर के कामों में बढ़ोत्तरी हो गई। ये सभी कार्य इन चार चरणों में होते हैं:

1. आंकड़े ग्रहण करना या इनपुट (Collection & Input)
2. आंकड़ों का संचयन यानि उन्हें जमा करना (Storage)
3. आंकड़ों का संसाधन (Processing)
4. परिणाम या जानकारी देना (Output या Retrieval)

ये आंकड़ें आवाज द्वारा, लिखित या छपे रूप में, ग्राफ के रूप में या अन्य किसी रूप में दिये जा सकते हैं।

इस दी गई जानकारी के अनुसार, कंप्यूटर की आधुनिक परिभाषा इस प्रकार है -

कंप्यूटर वह युक्ति है जो स्वचालित रुप से विविध प्रकार के आंकड़ों को संचित (Store), संसाधित (Process) व पुन: प्राप्त (Retrieve) कर सके।

आंकड़ों के संचयन व संसाधन के फलस्वरूप कंप्यूटर निम्नलिखित कार्य कर सकता है :

1. अंकगणितीय गणनाएं जैसे जोड़, घटाना, गुणा एवं भाग।
2. दो राशियों के मानों की तुलना करना एवं निर्णय लेना।
3. आंकड़ों को पुन:प्राप्त (Retrieve) करवाना।

1.3 कंप्यूटर एवं कैलकुलेटर

इलेक्ट्रॉनिक सर्किट की सहायता से तेजी से गणना कार्य करने के लिए बनाये गये यंत्र को कैलकुलेटर कहते हैं। कैलकुलेटर में उत्तरोत्तर विकास करने पर ही कंप्यूटर बनाया जा सका है।

कैलकुलेटर में माइक्रोचिप्स का प्रयोग होता है। इसमें छोटे-छोटे पुश बटनों द्वारा आंकड़ें डाले जाते हैं। कैलकुलेटर में कुछ सीमा तक 'मेमोरी' (स्मृति) भी होती है। इसमें कोई 'प्रोग्राम' डाल कर स्वचालित गणना नहीं हो सकती, लेकिन जो भी गणना कार्य यह करता है उसकी गति संसार के सबसे पहले इलेक्ट्रॉनिक कंप्यूटर से भी हजार गुनी है। यद्यपि कुछ कैलकुलेटर में छोटा-सा प्रिंटर व कुछ में प्रोग्राम भी दिये जा सकते हैं लेकिन यह कंप्यूटर के मुकाबले में कहीं नहीं ठहरता। कैलकुलेटर व कंप्यूटर के मौलिक अंतर कुछ इस प्रकार हैं:

- कैलकुलेटर से केवल जोड़, घटाने, गुणा, भाग, घात, वर्गमूल, प्रतिशत निकालने जैसे सीमित अंकगणितीय कार्य किये जा सकते हैं, जबकि कंप्यूटर द्वारा कठिन से कठिन व जटिल से जटिल गणनाएं भी की जा सकती हैं।
- कैलकुलेटर में स्मृति नहीं होती या बहुत सीमित होती है परंतु कंप्यूटर में आवश्यकतानुार अधिकाधिक 'मेमोरी' रखने का प्रविधान है।
- कैलकुलेटर को हर गणना के लिए अलग से आदेश देना पड़ता है जबकि कंप्यूटर अपने 'प्रोग्राम' के अनुसार स्वचालित रुप से गणनाएं कर लेता है।
- कैलकुलेटर में केवल अंक डाले जाते हैं जबकि कंप्यूटर में डाले गये आंकड़े अंक, शब्दों, ध्वनि या ग्राफ किसी भी रूप में हो सकते हैं।

1.4 कंप्यूटर की विशेषताएं

कंप्यूटर हमारे जीवन में हर क्षेत्र में फैलता जा रहा है क्योंकि इसकी विशेषताओं के कारण सभी क्षेत्रों में इसका अधिकाधिक उपयोग होने लगा है। आइए इन विशेषताओं पर एक नजर डालें।

- उच्च त्वरा (High Speed)
- संचय क्षमता (Storage capacity)
- विश्वसनीयता (Reliability)
- स्वचालन (Automation)
- निर्णय लेने की क्षमता (Decision Power)
- जानकारी की शीघ्र पुन: प्राप्ति।

उच्च त्वरा (High Speed) : कंप्यूटर बहुत तेजी से गणनाएं करता है। कंप्यूटर की अपेक्षा मानव की सीमित गति की तुलना एक उदाहरण से स्पष्ट कर सकते हैं। मान लीजिए कि 3 अंकों की दो संख्याओं को आपस में गुणा करना है। इस काम में किसी अभ्यस्त व्यक्ति को भी 50 से 60 सेकंड तक का समय लग जाता है। 1 लाख तक की गिनती गिनने में पूरा एक दिन लग सकता है। किंतु माइक्रो-कंप्यूटर, जो एक सेकंड में एक लाख अनुदेशों का पालन कर सकता है, इन कामों को पलक झपकते ही कर लेता है। और यदि 630 मेगाफ्लाप की क्षमता वाले सुपर कंप्यूटर की बात करें तो इस काम में लगने वाले अल्प समय की कल्पना भी कठिन होगी क्योंकि वह 1 सेकंड में एक खरब गणनाएं कर लेने में सक्षम है।

संचय क्षमता (Storage Capacity): कंप्यूटर की सहायता से बहुत अधिक जानकारी को बहुत कम जगह में रखा जा सकता है। उदाहरण के लिए छोटे ग्रामोफोन रिकार्ड से भी छोटे आकार की काम्पेक्ट डिस्क या लेजर डिस्क में टाइप किये हुए कई हजार पेजों के बराबर जानकारी स्टोर की जा सकती है। पूरा का पूरा एनसाइक्लोपीडिया ब्रिटेनिका एक 45 आर.पी.एम. रिकॉर्ड के बराबर लेजर डिस्क में दो बार रिकॉर्ड किया जा सकता है। एक लेज़र डिस्क में 4 करोड़ शब्दों का संचय हो सकता है। हाल ही में विकसित हुई बबल मेमोरी में 50 लाख बिट्स प्रति वर्ग से.मी. क्षेत्रफल की दर से जानकारी स्टोर की जा सकती है। यही नहीं एक 45000 ग्रंथों वाली पूरी लाइब्रेरी एक कंप्यूटर से जुड़ी हुई लेजर डिस्क में आ सकती है।

विश्वसनीयता (Reliability) : कंप्यूटर में लगे हुए सभी उपकरण ठोस अवस्था (Solid State) वाले होते हैं और उनकी क्षमता (quality) इतने ऊंचे स्तर की होती है कि उन पर पूरी तरह निर्भर किया जा सकता है। इलेक्ट्रॉनिक होने के कारण इनकी गणना में अशुद्धि रहने की संभावना भी नगण्य ही होती है। डिजिटल (Digital) कंप्यूटर के परिणाम शत-प्रतिशत सही (accurate) होते हैं यद्यपि एनालॉग (Analog) में शुद्धता 0.1 प्रतिशत कम हो सकती है। कंप्यूटर एक दिये हुए प्रोग्राम को एक ही तरीके से बिना किसी गलती के बार-बार प्रयोग कर सकता है और हजारों बार प्रयोग होने पर भी वही परिणाम देता है।

स्वचालन (Automation) : कंप्यूटर हमारे द्वारा दिये गये प्रोग्रामों के अनुसार कई चरणों की गणनाएं स्वयं स्वचालित रूप से कर लेता है। कई आधुनिक यंत्रों में रोबोट यानि

यंत्रचालित मानव की सहायता ली जाती है। रोबोट के संचालन में डिजिटल और एनालॉग दोनों ही कंप्यूटरों का मिला-जुला उपयोग किया जाता है। कंप्यूटर चालित इस तरह के यंत्रों का उपयोग कर मानव अपना समय बचा लेता है।

निर्णय लेने की क्षमता (Decision Power): कंप्यूटर में उनकी हाई लेवेल भाषाओं की मदद से कोई प्रोग्राम डालकर कोई भी गणना कार्य स्वचालित रूप से कराया जा सकता है। डाले गये प्रोग्राम द्वारा कंप्यूटर के अंदर, निर्णय ले कर किये जाने वाले कार्य भी संपन्न हो जाते हैं। इंसे इस तरह भी कह सकते हैं कि कंप्यूटर में कृत्रिम बुद्धि (Artificial Intelligence) पैदा हो जाती है और वह बिना किसी थकावट या दबाव के तर्कों का प्रयोग कर सकता है।

जानकारी की शीघ्र पुनः प्राप्ति (Quick Retrieval of Information): जानकारी का संचय करना आसान काम है जबकि किसी विशेष कार्य के लिए उसमें से संबंधित जानकारी को पुनः निकालना बहुत कठिन व समय खपाने वाला काम होता है लेकिन कंप्यूटर में यह काम बहुत तेजी से होता है। कंप्यूटर में सुरक्षित किसी भी जानकारी तक उसके इन्डेक्स नंबर की सहायता से एक पल में पहुंचा जा सकता है। इसकी मेमोरी से कोई डाटा या जानकारी निकालने में केवल कुछ नैनो सेकंड का समय ही लगता है।

'1 नैनो सेकंड' सेकंड का 1 अरबवां हिस्सा होता है।

1.5 कंप्यूटर कैसे कार्यों के लिए है

हम अपने आस-पास के अनुभवों से जानकारी प्राप्त कर अपने कार्य से संबंधित निर्णय लेते हैं। लेकिन आज के वैज्ञानिक युग में अनेक निर्णय इतने कम समय में लेने होते हैं जो मनुष्य के लिए संभव ही नहीं है। मनुष्य को कोई भी निर्णय लेने में कम-से-कम 1/10 सेकंड तो लगता ही है। ऐसी दशा में 1 सेकंड के खरबवें हिस्से में होने वाले कार्य को यह कैसे कर सकता है?

उदाहरण के लिए, हमें एक अंतरिक्षयान का फोटो लेना है जो 36,000 कि.मी. प्रति घंटे की गति से उड़ रहा है। जितनी देर में हम कैमरा उसकी ओर मोड़ेंगे वह कम-से-कम 10 कि.मी. आगे तो बढ़ ही जाएगा, इसलिए यह काम हमारे हाथों से नहीं हो सकता। हाडब्रिड कंप्यूटर यह काम आसानी से कर लेता है क्योंकि इसके सूक्ष्म उपकरण एक सेकंड में कम-से-कम एक लाख बार दिये जाने वाले संकेतों के आधार पर स्वचालित (Automatic) कैमरे को चला सकते हैं। इसके अलावा कंप्यूटर स्वचालित रूप से हमारे निर्देशों के अनुसार कार्य कर सकता है और हम उसे उन कार्यों में लगा सकते हैं, जहां उसको संपर्क से नुकसान की संभावना हो जैसे कि हानिकारक विकिरण से।

भविष्य में ऐसे कंप्यूटरों के बन जाने की आशा है जो मनुष्य द्वारा दी गई कृत्रिम बुद्धि (Artificial Intelligence) पर कार्य करेंगे। कंप्यूटरों की इस जानकारी का अपंगों के इलाज में प्रयोग हो सकेगा। इसके अलावा माइक्रोफॉर्म पद्धति के विकास के बाद मनचाही किताब के किसी भी पृष्ठ को अपने मॉनीटर पर पढ़ना संभव होगा। विद्यार्थियों के लिए स्कूल-कॉलेजों में उपस्थित हुए बिना ही घर बैठे पाठ पढ़ाया जाना संभव हो सकेगा।

अनेक भाषाओं का एक-दूसरे में अनुवाद करने के लिए भी कंप्यूटर पद्धति सहायक है, जिस्ट कार्ड लगे हुये वर्ड प्रोसेसर द्वारा संसार की लगभग सभी भाषाओं में छपाई (प्रिंटिंग) कार्य होने लगा है।

कंप्यूटर के अनेक महत्वपूर्ण कार्यों में से एक है इसका दूरसंचार में योगदान। नई तकनीकों द्वारा यह संभव होगा कि हर घर या कार्यालय में एक कंप्यूटर होगा जो दूरसंचार माध्यम से विश्व के हर कोने से जुड़ा होगा। एक बटन दबाते ही विश्व के किसी भी कोने की जानकारी आपके स्क्रीन पर प्रस्तुत हो जाएगी।

1.6 कंप्यूटर और मानव मस्तिष्क

कंप्यूटर मानव ने बनाया है इसलिए यह मानव से श्रेष्ठ नहीं हो सकता लेकिन मानव से श्रेष्ठ काम करने में योग्य अवश्य है। मानव मस्तिष्क की अपनी सीमाएं हैं, इसकी क्षमता पर समय, वातावरण, उम्र आदि अनेक कारणों का असर पड़ता है। कंप्यूटर इसीलिए औसतन मानव से अधिक विश्वसनीय ढंग से काम कर सकता है क्योंकि इस पर किसी कारण का असर नहीं होता।

मानव मस्तिष्क में 1 नील (100 खरब या 100 बिलियन) के करीब तंत्रिका (ज्ञान) कोशिकाएं या न्यूरान होती हैं। जिन्हें कई माध्यमों से सूचना मिलती है। सूचनाएं इन पांच तरीकों से मिलती हैं: दृश्य (देखना), श्रवण (सुनना),

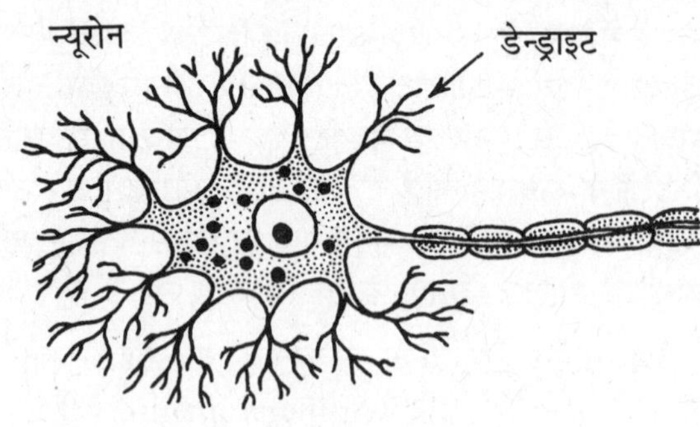

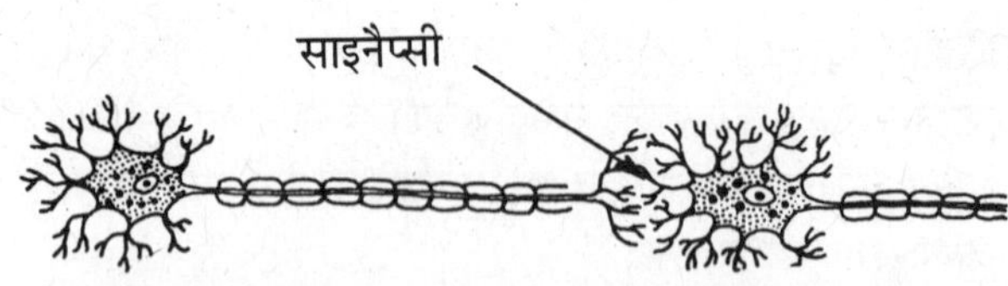

चित्र-1.1: मानव-मस्तिष्क का संगठन

स्पर्श (छूना), घ्राण (सूंघना) व स्वाद। ये कोशिकाएं आपस में एक लाख किलोमीटर से अधिक लंबे तन्तुओं से गुथी रहती हैं। इन तंतुओं को डेन्ड्राइट (Dendrite) या द्रुमिका कहते हैं। इन तंतुओं के बीच एक संधि (जोड़) होती है जिसे अंतग्रंथन (Synapse) कहते हैं। इन संधियों के द्वारा ही मस्तिष्क के संकेत शरीर के अंगों तक पहुंचते हैं। मस्तिष्क व शरीर के अन्य अंगों के बीच फैले इस परिपथ द्वारा ही मनुष्य की स्मृति, बुद्धि और विचारों का संचालन होता है। मस्तिष्क की इन ज्ञान कोशिकाओं के स्थान पर कंप्यूटर के गणना अवयव होते हैं जिनकी सहायता से यह गणना करता है। अभी तक बनाये गये सबसे विशाल मेमोरी वाले सुपर कंप्यूटर 'ई.टी.ए. 10' में एक खरब गणना अवयव होते हैं। पांचवीं जनरेशन के सुपर कंप्यूटरों में इसके भी 1000 गुना हिस्से होंगे। यह गणना मनुष्य की तुलना में कहीं अधिक तेजी से करता है। लेकिन जहां तक मेमोरी का प्रश्न है, कंप्यूटर ई.टी.ए. 10 में लगभग 1 अरब बिटों की जानकारी रखी जा सकती है जबकि मनुष्य के मस्तिष्क में 1 नील यानि 100 बिलियन बिटों के बराबर जानकारी संचित हो सकती है। यानि मेमोरी की यदि तुलना करें तो हमारा मस्तिष्क अभी तक बनाये गये सबसे बड़े कंप्यूटर से भी 10 हजार गुना शक्तिशाली है। प्रश्न उठता है कि फिर क्या कारण है कि एक आम आदमी का मस्तिष्क कुछ कार्य उतनी दक्षता से नहीं कर पाता जितनी दक्षता से एक कंप्यूटर करता है। इसके निम्न कारण हैं:

- मानव स्मृति विश्वसनीय नहीं होती। हमारी जानकारी हमारे रोजमर्रा के अनुभवों से प्रभावित होती है। हमारी भावनाओं से प्रभावित होकर हमारे मस्तिष्क में स्टोर किये गये तथ्य बदलते रहते हैं। इसीलिए इन तथ्यों पर भरोसा नहीं किया जा सकता
- मानव स्मृति पर उम्र का असर पड़ता है।
- मनुष्य के मस्तिष्क में बाइनरी संकेतों के प्रवाह की गति 60 मीटर प्रति सेकंड है और ये संकेत एक सेकंड में दस बार प्रवाहित होते हैं। मस्तिष्क 1 सकैंड में 40000 अनुदेश दे व ले सकता है। इसकी तुलना में कंप्यूटर बहुत तेज है। इसमें संदेश 22 मेगामीटर प्रति सेकंड की गति से पहुंचते हैं और यह 15 खरब अनुदेशों का पालन प्रति सेकंड कर सकता है। मस्तिष्क व कंप्यूटरों की इन क्षमताओं के अंतर के कारण ही हमें घटनाक्रम के विवरणों को इकट्ठा करने में समय लगता है और कई बार तो हम किसी घटना या अनुभव को याद ही नहीं कर पाते जबकि कंप्यूटर को किसी जानकारी की पुन: प्राप्ति में केवल 2 से 3 नैनो सेकंड लगते हैं।
- मस्तिष्क को कोई बात याद करने में एक पल से लेकर कई दिन तक लग सकते हैं क्योंकि मेमोरी पर व्यक्ति की भौतिक एवं मानसिक स्थिति का असर पड़ता है।
- ज्ञान कोशिकाएं आपस में इस प्रकार जुड़ी होती हैं कि उन्हें गणना के लिए दस लाख से अधिक समानान्तर वाहिकाएं मिल जाती हैं। इनकी गति सेकंड के हजारवें हिस्से के बराबर होती है लेकिन लाखों समानान्तर पथों में बंटकर होने वाली गणना के कारण यह अपना काम जल्दी कर लेती हैं। अधिकतर डिजिटल कंप्यूटरों में गणना श्रृंखलाबद्ध होती है लेकिन सुपर कंप्यूटरों में 64 या 128 समानान्तर परिपथों में गणना की जा सकती है। इनकी गणना की क्षमता माइक्रो या नैनो सेकंड के बराबर होती है, इसलिए ये मस्तिष्क की अपेक्षा बहुत तेजी से गणना करते हैं।
- कंप्यूटरों के एक या दो हिस्से खराब होने या वोल्टेज के कम या ज्यादा होने से कंप्यूटर का काम रुक जाता है जबकि दिमाग की कुछ कोशिकाओं के टूट-फूट जाने

से आदमी का काम रुकता नहीं, भले ही वह कुछ धीमा पड़ जाए।

अब तक हमने उन कारणों के बारे में पढ़ा जो मस्तिष्क व एक कंप्यूटर के बीच अंतर स्पष्ट करते थे। अब हम दैनिक जीवन के कुछ अनुभवों पर विचार करेंगे।

शतरंज का खेल यूं तो दिमाग का खेल समझा जाता है और इसमें समय लगता ही है किंतु यदि यह खेल दो कंप्यूटरों के बीच में हो, तो ऐसा अनुमान है कि शतरंज की सभी संभावित चालों के ऊपर सोच-विचार करने में इतना समय लग जाएगा जितना कि शायद सूर्य की ऊर्जा समाप्त होने में लगे। इसका कारण यह है कि मोहरों की लगभग 10^{120} संभावित चालें हो सकती हैं, जिनका हिसाब कंप्यूटर तो लगा सकता है लेकिन आदमी नहीं लगा सकता। दो आदमियों के बीच चालें जल्दी चली जाती हैं क्योंकि वे सारी संभावनाओं पर सोच-विचार नहीं कर सकते लेकिन अपने अनुभव के आधार पर कई संभावनाओं को नजरअंदाज कर जाते हैं। इसीलिए खेल प्रतिपल बदलता हुआ व रोचक बना रहता है। दो कंप्यूटरों के बीच खेला जा रहा खेल कंप्यूटरों को प्रोग्राम द्वारा दिये गये निर्देशों के अनुसार हर बार एक जैसा ही होगा, जब तक कि निर्देशों में बदलाव न किये जाएं। इस प्रकार के खेल से कोई मनोरंजन भी नहीं होगा।

मनुष्य अपने चारों ओर एक नजर दौड़ाकर कई जानकारियां मस्तिष्क में स्टोर कर लेता है। कंप्यूटर इस तरह जानकारी ग्रहण नहीं कर सकता। वैसे अब यह कोशिश की जा रही है कि कंप्यूटर एनालॉग संकेतों को एनालॉग रूप में ही ग्रहण कर उसी के अनुसार काम करें। यानि ये कंप्यूटर अनुदेश भी ग्रहण करें व अनुमान भी लगाएं। संभवत: जापानियों द्वारा बनाये जा रहे पांचवीं जनरेशन के कंप्यूटर ऐसा कर सकेंगे। इन्हें नालेज इन्फॉर्मेशन प्रोसेसिंग सिस्टम (Knowledge Information Processing System) कहा जाएगा।

इन कंप्यूटरों की मदद से 10 करोड़ से 1 खरब तार्किक अनुमान प्रति सेकंड (Logical Information Per Second LIPS) लगाये जा सकेंगे (एक अनुमान लगाने यानि निर्णय लेने के लिए 100 से लेकर 1000 अनुदेश प्रति सेकंड देने की क्षमता होनी चाहिए)। कोई निर्णय लेते समय हमें हजारों विकल्पों में से, अपने लाभ, हानि, अनुभवों, परिस्थितियों को देखते हुए कोई एक विकल्प चुनना पड़ता है। मानव के इस चुनाव में गलती होने का खतरा बना रहता है। भविष्य में बनाये जाने वाले कंप्यूटर शायद सही निर्मय लेने में आदमी की मदद कर सकेंगे।

वस्तुपरक प्रश्नावली

सबसे उपयुक्त उत्तर को चुनें।

1. कंप्यूटर (युक्ति) का कार्य क्या है?

(क) डेटा (दत्तों) या आंकड़ों को इन्फॉर्मेशन (जानकारी) में बदलना।

(ख) इनपुट (निवेश) को आउटपुट (निर्गमन) में बदलना।

(ग) समस्या को समाधान में बदलना।

(घ) प्रश्न को उत्तर में बदलना।

2. कंप्यूटर किस प्रकार का यंत्र है?

(क) एक कार्य करने वाला यंत्र है।

(ख) एक स्वचालित कैलकुलेटर है।

(ग) मानव की स्मृति को सहायता पहुंचाने वाला यंत्र है।

(घ) दिये गये प्रोग्राम के अनुसार गणना कार्य करने वाला यंत्र है।

3. कंप्यूटर मानव के किन कार्यों में सहायक है?

(क) यांत्रिक एवं स्नायुओं को सहायता पहुंचाने वाले।

(ख) मानसिक/मस्तिष्क को सहायता पहुंचाने वाले।

(ग) (क) और (ख) दोनों में दर्शाये कार्य।

4. कंप्यूटर में संसाधित होने वाले निम्नलिखित के संग्रह को डेटा कहते हैं।

(क) लिखित तथ्यों

(ख) संख्याओं

(ग) वर्णों, शब्दों या वाक्यों।

5. सुपर कंप्यूटर

(क) स्मृति क्षमता में मेनफ्रेम कंप्यूटर से बड़ा होता है।

(ख) मेनफ्रेम कंप्यूटर से अधिक तीव्र गति से गणना कार्य करता है।

(ग) उपरोक्त दोनों।

उत्तर: 1-ख, 2-घ, 3-ग, 4-क, 5-ग

ooo

अध्याय-2

गणना यंत्रों का इतिहास

2.1 गणना यंत्रों का परिचय

जैसा कि हमने पढ़ा, मनुष्य ने सरलता से गणना करने व स्मृति (याद) के बोझ को हलका करने के लिए कंप्यूटर का आविष्कार किया। जिस तरह सभ्यता की ओर बढ़ते मनुष्य के विकास में कई अवस्थाएं आईं, उसी तरह कंप्यूटर के विकास में भी कई अवस्थाएं आईं। तीन हजार ई.पू. में प्रचलित अबेकस (Abacus) से लेकर आज की माइक्रोप्रोसेसर चिप तक का इतिहास कंप्यूटर का इतिहास है। दूसरे शब्दों में हम यह भी कह सकते हैं कि गणना के उपकरणों का इतिहास ही मानव की प्रगति का इतिहास है। पाषाण युग का आदमी पत्थर के टुकड़े गिनकर भेड़ों की गिनती करता था। अंग्रेजी का 'कैलकुलेट' शब्द लेटिन शब्द कैलकुलस से बना है, जिसका अर्थ है पत्थर। बाद में मनुष्य ने अंगुलियों से गिनना सीख लिया।

गणना की मूलतः दो विधियां होती हैं:

- गिनना (अंकीय गणना या Digital Calculation)
- मापना (ऐनालॉग गणना या Analog Calculation)

यह बात ध्यान देने की है कि केवल मनुष्य ही अंकीय गणना कर सकता है (जैसे कि 25 × 3=75 आदि)। गणना में किसी प्रमाणित नाप जैसे मीटर या किग्रा. के आधार पर दी गई वस्तु को नापा जाता है। जैसा कि स्पष्ट है, अंकीय गणना में बिलकुल गलती नहीं होती जबकि गणना में कुछ गलती रह ही जाती है।

दोनों तरह की गणनाओं का अंतर हम दिये गये उदाहरण से समझ सकते हैं।

कार के स्पीडोमीटर में एक सुई मीटर के मुख पर लगे स्केल पर घूमकर कार की गति बताती है। यह सुई एक पहिए (व्हील) से जुड़ी होती है। व्हील कार के एक्सेल के साथ घूमती है। इस तरह कार की गति के अनुरूप ही सुई घूमती है। मीटर पर लगे हुए स्केल में एक स्टैंडर्ड गतिमापी से माप कर किमी. में निशान लगा दिये जाते हैं। इस तरह बनी स्केल पर सुई जिस अंक को इंगित करती है, उसी अंक को पढ़ कर हम कार की स्पीड बताते हैं। यह एनालॉग का उदाहरण है।

दूसरी ओर कार का ओडोमीटर है, जो यह गणना करता है कि कार के एक्सेल ने कितने चक्कर लगा लिये। चूंकि यह मीटर कार के चक्करों की गिनकर गणना करता है इसलिए इसे अंकीय या डिजिटल सिस्टम कह सकते हैं।

2.2 बालू के कंप्यूटर

आज से 2500 वर्ष पहले मिस्री व्यापारियों ने बालू, कंकड़ियों और गिट्टियों के उपयोग से एक कंप्यूटर बनाया। इसके लिए उन्होंने एक विधि ढूंढ निकाली, जिसके द्वारा बिना कोई अंक या संख्या लिखे गणना की जा सके। इस विधि में रेत के तीन खांचे बनाये गये, जिनमें सबसे दाईं ओर का खांचा इकाई को व सबसे बाईं ओर का खांचा सैकड़े को प्रदर्शित करता था। इकाई वाले खांचे में दस कंकड़ियां हो जाने पर उनमें से एक कंकड़ी को बीच वाले खांचे में डाल दिया जाता था। उसी तरह बीच वाले खांचे में दस कंकड़ियां हो जाने पर सबसे बाईं ओर के खांचे में एक कंकड़ी डाल दी जाती थी जो एक सैकड़े को प्रदर्शित करती थी। इस तरह यह विधि आधुनिक गणित के स्थानीय मान (प्लेस वैल्यू) की तरह ही होती थी।

2.3 गणना के अन्य तरीके

मैसोपोटामिया के लोग साठ-साठ की इकाइयों में गणना करते थे। इस तरह की पद्धति हेग्ज़ा डेसिमल पद्धति कहलाती है। इसमें अंकों को बार-बार दोहराया जाता था। उदाहरण के लिए जब उन्हें 165 लिखना होता तो वे दो बार 60, चार बार 10 और पांच बार 1 लिखते, इसी तरह और भी कई तरीकों से गणना होती थी। चित्र 2.1 में विभिन्न देशों में प्रचलित गणना अंकों के विकास क्रम को दिखाया गया है।

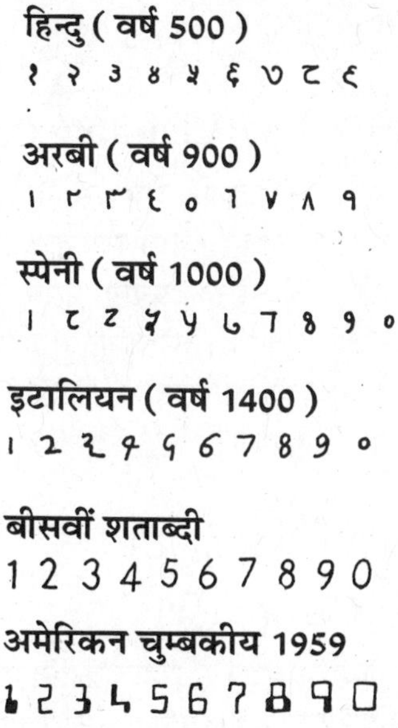

हिन्दु (वर्ष 500)

१ २ ३ ४ ५ ६ ७ ८ ९

अरबी (वर्ष 900)

١ ٢ ٣ ٤ ٥ ٦ ٧ ٨ ٩

स्पेनी (वर्ष 1000)

1 2 3 4 5 6 7 8 9 0

इटालियन (वर्ष 1400)

1 2 3 4 5 6 7 8 9 0

बीसवीं शताब्दी

1 2 3 4 5 6 7 8 9 0

अमेरिकन चुम्बकीय 1959

1 2 3 4 5 6 7 8 9 0

चित्र-2.1: विभिन्न संख्या पद्धतियां एवं उनका विकासक्रम

मिस्र के लोगों ने एक प्रकार की डेसिमल पद्धति विकसित की थी। कोई संख्या लिखने के लिए 1 से 9 तक के अंक बार-बार दोहराये जाते थे। 10 और उसकी गुणक संख्याओं के लिए अलग-अलग चिह्न 6 बार और 1 का चिह्न 3 बार लिखा जाता था।

कनफ्यूशियस (2600 वर्ष पहले) के समय में चीनी लोग डेसिमल का प्रयोग जानते थे लेकिन उन्हें शून्य का ज्ञान नहीं था। उनका तरीका गुणा पर आधारित था। 500 लिखने के लिए वे 100 और 5 के अंक लिखते थे।

रोम के निवासी 500 लिखने के लिए 100 और 5 के अंक लिखते थे। चीन में ही बाद में चौखटों का आविष्कार हुआ। यूरोपियों से बहुत पहले ही चीनियों ने 'पाई' ($\pi = 3.14$) का मान भी निकाल लिया था।

भारतीय गणित की शुरुआत वैदिक काल में ही हो गई थी। 'शुल्वसूत्र' नामक ग्रंथों में वेदियां बनाने की विधि का वर्णन है। इन सूत्रों को पढ़कर ऐसा लगता है कि इनके लेखक को पाइथागोरस से पहले से ही प्रमेय और वर्गों के गुणा करने के सिद्धांतों की जानकारी थी। भारत के गणितज्ञ 2 के वर्गमूल का मान 12 स्थान तक ठीक-ठीक निकाल सकते थे। गुप्त काल से शताब्दियों वर्ष पहले भारतीय गणित की दो शाखाएं पट्टीगणित (अंकगणित) और बीजगणित थीं। अंकों की डेसिमल पद्धति, उनके स्थानीय मान (Place value) और 'शून्य' का ज्ञान भारतीयों ने ही कराया। शून्य की जानकारी और डेसिमल पद्धति पर ही बाद में कंप्यूटर बनाये गये। दुनिया का पहला कंप्यूटर 'Iniac' डेसिमल प्रणाली पर ही आधारित था।

2.4 अबेकस (Abacus)

अबेकस शब्द अरबी भाषा के शब्द 'अबक' से बना है, जिसका मतलब है, बालू की सपाट सतह। इसमें लकड़ी के एक तख्ते में रेत एक सिरे से दूसरे सिरे तक फैली रहती थी। इसी रेत में खांचे बनाकर कंकड़ियां रख दी जातीं थीं। बाद में इसी चौखट का बदला हुआ रूप अबेकस के रूप में नजर आया। इसमें बालू के स्थान पर लकड़ी का और कंकड़ियों के स्थान पर मनकों (मोतियों) का प्रयोग किया गया था। लकड़ी की चौखट वाले अबेकस का विकास सबसे पहले चीन में हुआ, जहां से यह मिस्र, ग्रीस और रोम आदि में फैला। यह सरल यंत्र कई आधुनिक देशों जैसे रूस, जापान, भारत आदि में बच्चों को गिनती सिखाने के लिए आज भी प्रचलित है।

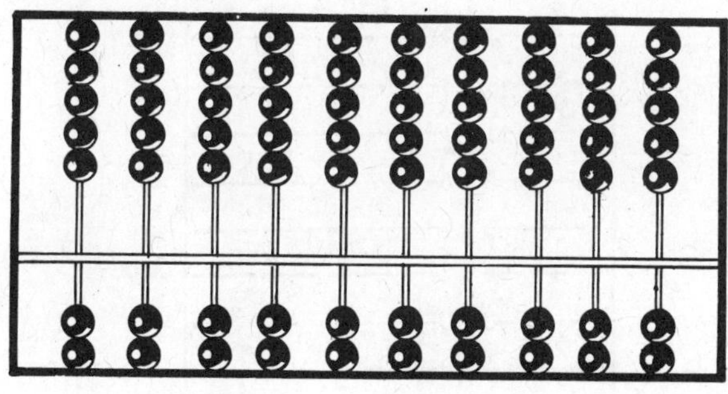

चित्र-2.2: चीनी अबेकस

चित्र 2.3(a) में एक चीनी अबेकस दिखाया गया है। यह लकड़ी का एक आयताकार फ्रेम है जिसमें बीच से विभाजित करती हुयी छड़ (Mid-bar) लगी है। विभाजित किया गया एक भाग छोटा रखते हैं जिसे Heaven कहते हैं और दूसरा भाग बड़ा रखते हैं, इसे Earth कहते हैं। Mid-bar को पार करते हुये कुछ तार लगाये गये हैं जो ऊपर से नीचे की ओर इकाई, दहाई, सैकड़ा आदि प्रदर्शित करते हैं। प्रत्येक तार में Earth में, 5 मोती पिरोए जाते हैं जिनमें से प्रत्येक का मान 1 होता है। Heaven में 2 मोती रखते हैं जिनमें से प्रत्येक का मान 5 होता है।

चित्र द्वारा दिखाये गये अबेकस में हजार वाली पंक्ति में Earth में 2 मोती और Heaven में 1 मोती हैं अत: कुल मान 2 + 5 = 7 होता है। इसी प्रकार दस हजार, लाख, दस लाख, करोड़ और दस करोड़ वाली पंक्तियों में क्रमश: (3+0=3), (4+0=4), (0+0=0), (1+5=6) और (4+5=9) प्रदर्शित किया गया है।

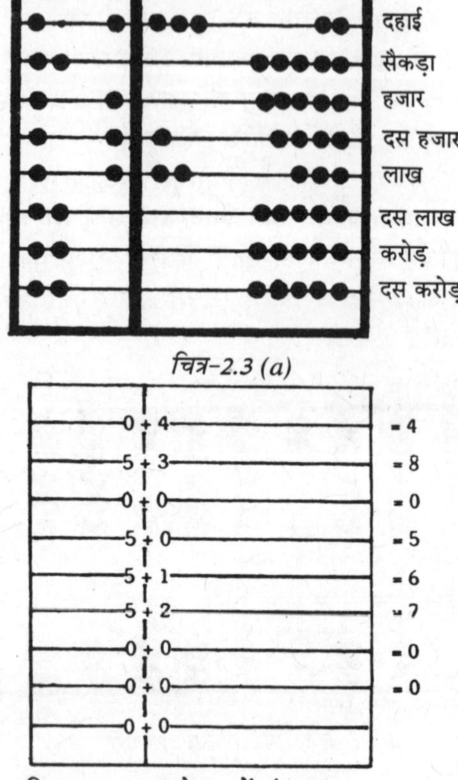

चित्र-2.3 (a)

चित्र-2.3 (b) अबेकस में संख्या 960437000

इस मान को निम्नप्रकार लिख सकते हैं:

960437000

इस प्रकार अबेकस पर प्रदर्शित संख्या में अन्य संख्याएं जोड़ने के लिये मोतियों को mid-bar की ओर ले आते हैं और घटाने के लिये Mid-bar से विपरीत दिशा में ले जाते हैं।

साधारण अंकों के जोड़ने व घटाने के लिये अबेकस बहुत उपयोगी सिद्ध हुआ परंतु गुणा-भाग आदि अन्य गणनाएं इस पर करना संभव नहीं था।

2.5 गणन फलक (Counting Board)

मध्य युग की शुरुआत में अबेकस के विकसित रूप गणनफलक की रचना हुई। ये गणनफलक कीमती धातुओं से बनाये जाते थे और इनका प्रयोग अमीर लोगों के कैफे, जुआघरों आदि में होता था। उस जमाने में धनी लोग काउंटरों पर आकर हिसाब चुकता करते थे। काउंटर शब्द इसीलिए इन्हीं दिनों प्रचलित हुआ।

2.6 ऐनालॉग कैलकुलेटर (Analog Calculator)

सत्रहवीं शताब्दी में यूरोप में महान क्रान्तिकारी, सामाजिक व वैज्ञानिक परिवर्तन हुए। विज्ञान व टेक्नोलॉजी के विकास के साथ तेजी से गणना करने वाले यंत्रों की आवश्यकता अनुभव की जाने लगी। स्कॉटलैंड के महान गणितज्ञ जॉन नेपियर (1552-1617) ने इसी समय नेपियर बोन्स व लघुगणक का आविष्कार किया। इसी समय स्लाइड रूल का भी आविष्कार हुआ।

2.7 नेपियर बोन्स (Napier Bones)

जॉन नेपियर ने गुणा एवं भाग सरलता से करने के लिए हाथी दांत (पहले हड्डियों) की आयताकार छड़ों पर संख्याएं खोद कर गणना के इस तरीके का आविष्कार किया। इसमें दस छड़ें होती थीं जिनमें से प्रत्येक डेसिमल के एक-एक अंक के लिए प्रयोग की जाती थी। एक ग्यारहवीं छड़ भी होती थी जिसमें 1 से 9 तक के गुणन के लिए अंक लिखे होते थे। नेपियर ने ही सबसे पहले डेसिमल बिंदु का प्रयोग

भी किया। गुणा करने के लिए छड़ों को एक दूसरे से सटाकर रखा जाता है। इन छड़ों के साथ सटाकर वह छड़ रख दी जाती थी जिस पर 1 से 9 तक के गुणन के अंक लिखे होते थे। अब यदि 6 से गुणा करना है तो चौथी छड़ में 6 के अंक की सीध में बाईं ओर दो काल्पनिक रेखाएं खींच ली जाती थीं। इन रेखाओं के बीच में लिखे गये अंकों को चित्रानुसार जोड़कर गुणनफल निकाल लिया जाता था। देखें चित्र 2.4।

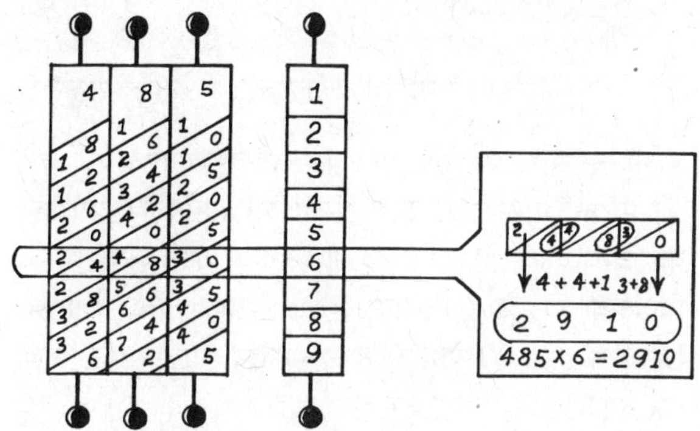

चित्र-2.4: नेपियर बोन्स द्वारा गुणन (485×6)

2.8 लघुगणक (Logarithm)

स्विटजरलैंड के जोबस्ट बिंगी ने सबसे पहले लघुगणक की खोज की थी लेकिन जॉन नेपियर द्वारा लघुगणक की खोज पहले प्रकाशित हो चुकी थी अत: इस खोज के साथ उसका ही नाम जुड़ पाया।

इस विधि में गुणा करने के लिए दिये गये अंकों के लघुगणक सारिणी देखकर निकाल लिये जाते है। इन लघुगणकों को आपस में जोड़ कर फिर इनका प्रतिलघुगणक (Anti logarithm) सारिणी से देखा जाता है। इसी प्रकार घात (Power) या वर्गमूल (Square Root) निकालने के लिए दी गई संख्या के लघुगणक और घात का गुणा कर लिया जाता है।

2.9 स्लाइड रूल (Slide Rule)

जर्मन वैज्ञानिक विलियम ओथट्रेड ने स्लाइड रूल का आविष्कार किया जो तीन शताब्दियों तक मुख्य गणना यंत्र बना रहा। स्लाइड रूल के अंदर एक रूल होता है, जिसके बीच में स्लाइड को खिसकाया जा सकता है। इनके ऊपर एक पारदर्शी कर्सर (Cursor) होता है, जिसके बीचों-बीच एक रेखा खिंची होती है।

स्लाइड एवं रूल पर गुणा करने के लिए (चित्र 2.5 ख) दो 'क' स्केल होते हैं जिन पर लघुगणकों के आधार पर निशान लगे होते हैं। चित्र 2.5 (क) में 2 से 2 के गुणनफल को कर्सर के अंदर दिखाया गया है। चित्र 2.5 (ख) में तरीका समझाया गया है। निचले 'क' स्केल के 2 अंक पर ऊपरी 'क' स्केल के अंक 1 को स्लाइड सरका कर सेट किया गया है और कर्सर की आधार रेखा को ऊपरी 'क' स्केल के अंक 2 तक लाया गया है। इन दोनों का गुणनफल नीचे वाले 'क' स्केल पर 4 के रूप में देखा जा सकता है। स्लाइड रूल में जब अंकों का गुणा किया जा रहा होता है, तब वास्तव में दो लघुगणक पैमानों पर अनुरूप दूरियों को जोड़ा जाता है। गुणा के अलावा स्लाइड रूल द्वारा वर्गमूल, लघुगणक, त्रिज्यात्मक गणनायें, विलोम, वर्ग का विलोम, तीन की घात, तीन की घात का विलोम आदि गणनाएं भी कर सकते हैं।

लगभग वर्ष 1970 तक स्लाइड रूल सभी इंजीनियरों व वैज्ञानिकों के बीच प्रयोग होने वाला आम उपकरण था। इसके बाद माइक्रो प्रोसेसर युक्त कैलकुलेटरों के प्रचलित हो जाने के बाद इनका चलन समाप्त हो गया।

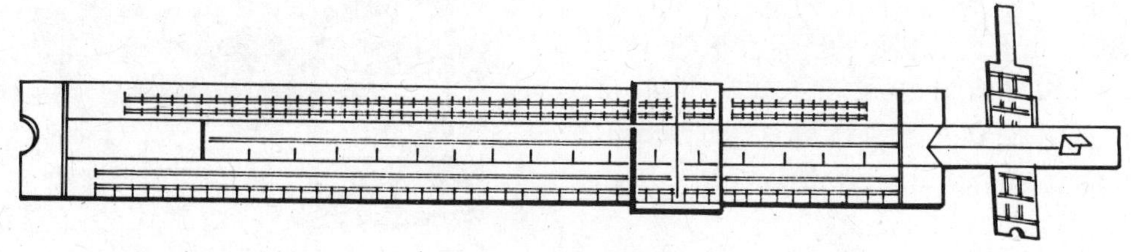

चित्र-2.5 (क) स्लाइड रूल द्वारा 2×2 का गुणा प्रसंकेतक (ख) स्लाइड रूल

2.10 पास्कल का कैलकुलेटर

सत्रहवीं शताब्दी में फ्रांसीसी गणितज्ञ और भौतिक शास्त्री ब्लेज पास्कल (चित्र 2.6) ने ऑटोमेटिक कैलकुलेटर बनाया। चक्रों और पहियों से बने इस मॉडल को उन्होंने 'पास्कलीन' नाम दिया। लगभग छ: व्यक्तियों के बराबर गणना करने वाला यह यंत्र महंगा होने के कारण लोकप्रिय न हो सका और फिर इस यंत्र के बनते ही यह अफवाह भी फैल गई थी कि इसके कारण जनता बेरोजगार हो जाएगी। जो भी हो पास्कल के इस कैलकुलेटर ने ही ऑटोमेटिक गणना करने वाले यंत्रों की शुरुआत की थी इसीलिये उनकी यह खोज महत्त्वपूर्ण थी। उनकी खोज के महत्त्व को जतलाने के लिए ही प्रोफेसर निकोलस विर्थ ने 1960 में अपनी कंप्यूटर भाषा का नाम 'पास्कल' रखा।

चित्र-2.6: सत्रहवीं शताब्दी के महान फ्रेंच वैज्ञानिक ब्लेज पास्कल

इस यंत्र में (चित्र 2.7) दस दांतों वाले रेचेट गियर का प्रयोग किया गया था। पहले इकाई चक्र के दस दांतों का एक चक्र पूरा होने के बाद दहाई चक्र का एक दांत आगे बढ़ता था। ये चक्र हाथ से घुमाये जाने वाले पहियों की सहायता से चलाये जाते थे। चक्र की गतियों की नाप 'डायलों' में होती थी (कार के ओडोमीटर की तरह)।

2.11 लेबनिट्ज (Leibnitz) का कैलकुलेटर

गॉट फ्रायड लेबनिट्ज ने सन् 1671 में ऐसी मशीन बना

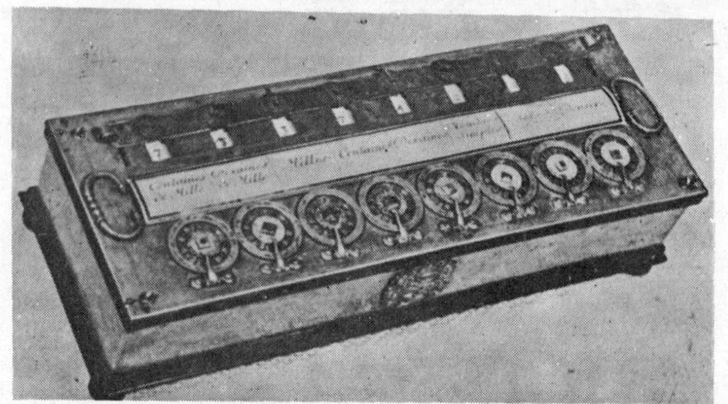

चित्र-2.7: विश्व का सर्वप्रथम यांत्रिक कैलकुलेटर : पास्कलीन

डाली जो सीधे, ही गुणा भाग कर सकती थी। इसके पहले की मशीनों में गुणा व भाग के लिए बार-बार जोड़ व घटाने की विधि का प्रयोग होता था। इस यंत्र में ऐसी व्यवस्था थी कि अंक दाईं ओर खिसक सकते थे जैसा कि गुणा की क्रिया में होता है। यही (शिफ्ट) स्थान बदलने की क्रिया इस गणनायंत्र की विशेषता थी।

2.12 पंच्ड कार्ड (Punched Card)

1725 में बाशिल बुशो और 1729 में फाल्कन नामक फ्रांसीसी वस्त्र निर्माताओं ने कपड़ों में डिजाइन बनाने के लिए कागज के ऐसे फीते का प्रयोग किया जिसमें छेद बने हुए थे। जहां-

चित्र-2.8: जेकार्ड के हस्तकरघे में पत्रकों का उपयोग

जहां पर कागज में छेद होते, वहां-वहां सुई अंदर जाकर रंगीन धागा टांक देती। कागज के ये फीते डिजाइन के लिए एक तरह से मेमोरी (memory) का काम करते थे। इसके बाद फ्रांस के ही एक और वस्त्र निर्माता जोजेफ मैरी जेकॉर्ड ने 1805 में ऐसा हथकरघा बनाया जिसमें कार्डों की सहायता से डिजाइन बन जाते थे। इसके लिए कई पंचकार्डों को जोड़कर करघे में चलाया गया। कार्डों पर जहां छेद होते, सुइयां उन स्थानों को भेद कर डिजाइन बना देतीं। पत्रकों पर छेद का होना या न होना ये दो स्थितियां कंप्यूटर के बाइनरी या बाइनरी कोड (0/1) का आधार बनीं। (चित्र 2.8)

2.13 अन्य यांत्रिक कैलकुलेटर

अठारहवीं सदी में अमेरिका के इली व्हिटने ने एक डिजाइन के हजारों पुर्जे सांचों की मदद से ऑटोमेटिक रूप से बनाने का तरीका ढूंढ निकाला। सन् 1820 में फ्रांस के चार्ल्स जेवियर थामस ने एक मैकेनिकल कैलकुलेटर बड़े पैमाने पर बनाया जिसे आर्थिमोमीटर नाम दिया गया।

2.14 चार्ल्स बैबेज का डिफरेंशियल एन्जिन

सन् 1823 में कैम्ब्रिज विश्वविद्यालय के प्रोफेसर गणितज्ञ चार्ल्स बैबेज ने अपने बनाये डिफरेंशियल एन्जिन का प्रदर्शन किया। इस मशीन की सहायता से बीजगणितीय व्यंजकों (Algebraic Expressions) गणितीय व सांख्यिकीय सारणियों की 20 अंकों तक की शुद्धता से गणना की जा सकती थी।

चित्र-2.9: लार्ड चार्ल्स बैबेज: कंप्यूटर विज्ञान के जनक

चित्र-2.10: लार्ड बैबेज द्वारा आविष्कृत डिफरेंशियल एंजिन

बैबेज के डिफरेंशियल एन्जिन का आधार गणित का यह सिद्धांत था कि बीजगणित के कुछ व्यंजकों के कुछ निर्धारित मानों के बीच का अंतर एक निश्चित चरण (Step) में जाकर स्थिर हो जाता है। दी गई सारिणी में ख=क^3 के कुछ मान दिये हैं जिनका अंतर तीसरे चरण में स्थिर (6) हो जाता है।

2.15 एनालिटिकल एंजिन

डिफरेंशियल एन्जिन बहुत सफल रहा जिससे उत्साहित होकर चार्ल्स बैबेज ने एनालिटिकल एन्जिन नामक कंप्यूटर की कल्पना की। (चित्र 2.11)

इस कंप्यूटर के पांच हिस्से थे:

(क) स्टोरेज यूनिट (मेमोरी): एन्जिन के इस हिस्से में उन संख्याओं को स्टोर किया जाता था जिन पर गणित की संक्रियायें की जानी हो। साथ ही वे संख्याएं भी स्टोर की जाती थीं जो किसी पिछली गणना का प्रतिफल हो और जिन्हें आगे चलकर प्रयोग करना हो।

(ख) मिल (Mill): मिल गणना कार्य करती थी। आज के

चित्र–2.11: चार्ल्स बैबेज का एनालिटिकल एन्जिन

कंप्यूटर की सेंट्रल प्रॉसेसिंग यूनिट (CPU) इसी मिल का सुधरा हुआ रूप है।

(ग) नियंत्रक (Controller): मशीन के सब हिस्सों को काम करने के निर्देश देना व उन पर नियंत्रण रखना इस हिस्से का काम था।

(घ) इनपुट (Input): पंच्ड कार्डों के द्वारा आंकड़ों को 'इनपुट' करना इस इकाई का काम था।

(च) आउटपुट (Output): इस भाग से परिणाम बाहर निकलते थे।

चार्ल्स बैबेज ने कल्पना की थी कि इस एंजिन में 50 अंकों वाली कम-से-कम एक हजार संख्याएं स्टोर की जा सकेंगी और 'प्रोग्राम' देकर गणना कार्य को 'ऑटोमेटिक' (स्वचालित) किया जा सकेगा। उन्होंने सोचा था कि ऐसा 'प्रोग्राम' बनाया जाए ताकि उनका एन्जिन स्वयं निर्णय ले सके। यही वह विशेष बात है जो कैलकुलेटरों के मुकाबले कंप्यूटरों को श्रेष्ठ ठहराती है।

बैबेज के इस एन्जिन को भाप से ऊर्जा लेनी थी। इसमें ऐसी व्यवस्था थी कि आवश्यक आंकड़े न होने पर घंटी बजती। डेटा छिद्रित (पंच्ड) कार्ड द्वारा डाले जाते थे।

यह दु:ख की बात है कि बैबेज का एनालिटिकल एन्जिन वैसा नहीं बन पाया जैसी उनकी कल्पना थी। इसका मुख्य कारण यह था कि तब विद्युत ऊर्जा का प्रयोग आम नहीं हुआ था और भाप की ऊर्जा का प्रयोग कर जटिल यंत्र बनाना आसान न था। जो भी हो, **बैबेज ने आधुनिक 'डिजिटल' कंप्यूटरों की नींव रखी जिसके कारण उन्हें कंप्यूटर विज्ञान का जनक कहा जाता है।**

बैबेज ने लिखा, 'मेरे द्वारा बनाये सिद्धांतों की मदद लिये बिना, यह कार्य जो मैंने किया है, इसे करने में शायद किसी को आधी शताब्दी से भी अधिक का समय लग जाए। यदि ऐसा एन्जिन जो कि गणितीय विश्लेषण के सभी कार्य करने की क्षमता रखता है, किसी मनुष्य द्वारा किन्हीं अन्य सिद्धांतों पर आधारित सरल यांत्रिक विधियों से बनाया जा सके, तो मैं बिना किसी भय के अपनी प्रतिष्ठा उसे सौंप दूंगा क्योंकि वही व्यक्ति मेरे प्रयासों की प्रकृति और उसके महत्त्व को समझ सकेगा।'

क का मान	**ख = क^3**	**प्रथम अवकलन (First Difference)**	**द्वितीय अवकलन (Second Difference)**	**तृतीय अवकलन (Third Difference)**
1	1			
2	8	8–1=7		
3	27	27–8=19		
			19–7=12	
4	64	64–27=37		6
			37–19=18	
5	125	125–64=61		6
			61–37=24	
6	216	216–125=91		6
			91–61=30	

बैबेज की इस बात में छुपा दर्द उस समय का समाज समझ नहीं पाया। लेकिन आज कंप्यूटर विज्ञान का हर विद्यार्थी उनके आगे उनके अमूल्य योगदान के लिए सिर झुकाता है।

2.16 लेडी एडा लवलेस

चार्ल्स बैबेज के कार्य में सहायक होने वाली लेडी एडा लवलेस इंग्लैंड के महान कवि लॉर्ड बायरन की बेटी थी। चार्ल्स बैबेज की सहायता के अलावा एडा लवलेस ने मशहूर बाइनरी संख्या पद्धति की भी खोज की। इस पद्धति का बैबेज के एनालिटिकल एंजिन में इस्तेमाल किया जाना था। इस पद्धति के आधार पर *एडा लवलेस ने विश्व की पहली प्रोग्रामिंग भाषा बनायी। इसीलिए एडा को विश्व का पहला प्रोग्रामर कहना भी गलत न होगा।* एडा ने अपनी डायरी में लिखा, 'जिस प्रकार से जेकार्ड का करघा कपड़ों पर फूल-पत्तियां बुनता है, उसी प्रकार एनालिटिकल इंजन बीजगणितीय नमूनों को बुनता है।'

एडा के सम्मान में अमेरिका के रक्षा विभाग द्वारा अपने यहां काम में लाये जाने वाले कंप्यूटरों की भाषा का नाम 'एडा' रखा गया।

2.17 ज्यॉर्ज बूले एवं बूलियन एलजेब्रा

यह एक सामान्य बात है कि किसी भी बात या जानकारी के संबंध में उसका होना या न होना दो ही स्थितियां हो सकती हैं। कोई वस्तु या तो होती है या फिर नहीं होती। उसी तरह या तो कोई उत्तर सही होता है या फिर नहीं होता। ज्यॉर्ज बूले ने अपने तार्किक बीजगणित में किसी चीज के होने या सही होने को 1 और गलत होने या नहीं होने की स्थिति को 0 से प्रदर्शित किया। कंप्यूटर विज्ञान में भी स्विच के चालू होने को 1 और बंद होने को 0 से प्रदर्शित किया जाता है। यह 0 और 1 ही बाइनरी कोड कहलाते हैं।

2.18 होलेरिथ की पंच्ड कार्ड मशीन

हर्मन होलेरिथ (चित्र 2.12) अमेरिकन जनसंख्या ब्यूरो में मैकेनिकल इंजीनियर थे। उन्होंने जनसंख्या मालूम करने के लिए 'इलेक्ट्रिक टेबुलेटिंग सिस्टम' बनाया। इस विधि में पंच्ड (छेद किये हुए) कार्डों में छेदों की सहायता से आंकड़े स्टोर किये जाते थे, इन आंकड़ों से भरे हुए कार्डों को टेबुलेटिंग मशीन पर रखा जाता था। टेबुलेटिंग मशीन पर लगी हुई सुइयां इन आंकड़ों को पढ़ने का कार्य करती थीं। जब कार्ड पर बने हुए छेद के आर-पार सुई चली जाती तो वह कार्ड के नीचे रखे पारे को छू लेती जिससे विद्युत परिपथ (सर्किट) पूरा हो जाता और टेबुलेटर पर लगे डायल पर सुई एक स्थान आगे बढ़ जाती। इस यंत्र की सहायता से जनगणना का 5 साल तक चलने वाला काम केवल दो साल में पूरा हो गया। इसके साथ ही कंप्यूटरों के इतिहास में हर्मन होलेरिथ का नाम अमर हो गया। हर्मन होलेरिथ के इस आविष्कार के ठीक 100 साल बाद भारत में भी चुनाव हुए जिनमें कंप्यूटरों की मदद ली गई। हर्मन होलेरिथ ने 1886 में टेबुलेटिंग मशीन कम्पनी नामक फर्म बनाई जिसका आगे चलकर 1924 में आइ.बी.एम के रूप में विकास हुआ। आइ.बी.एम. (International Business Machine) दुनिया की सबसे बड़ी कंप्यूटर बनाने वाली कंपनी है।

चित्र-2.12: हर्मन होलेरिथ

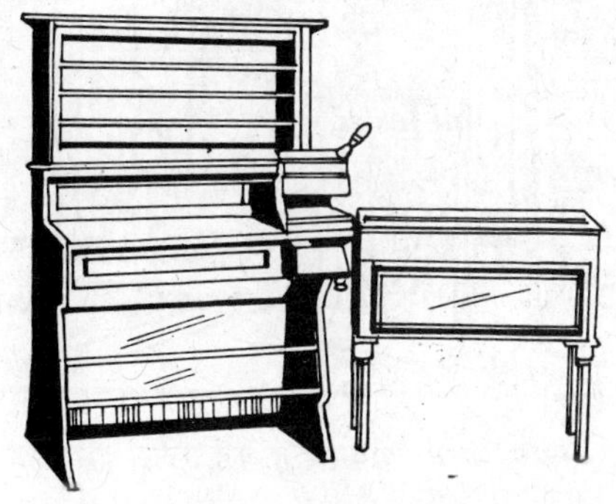

चित्र-2.13: होलेरिथ द्वारा आविष्कृत पंच्ड कार्ड मशीन

2.19 बीसवीं सदी के पूर्वार्द्ध के विद्युतीय कैलकुलेटर

1924 में होलेरिथ की टेबुलेटिंग मशीन कंपनी एवं अन्य इसी प्रकार की अमेरिकन कंपनियों को मिलाकर आइ.बी.एम. कंपनी की स्थापना की गई। यह कंपनी डेटा प्रोसेसिंग उपकरणों के क्षेत्र में बहुत सफल हुई, जिसे देखकर अमेरिका की कई कंपनियां इस प्रकार के उपकरण बनाने में जुट गईं।

वर्ष 1911 में जेम्स पावर्स ने 'पावर्स एकाउंटिंग मशीन कंपनी' बनाई थी जो बाद में विश्व की जानी-मानी फर्म 'रेमिंगटन रेंड कॅारपोरेशन' के टेबुलेटिंग मशीन्स डिवीजन में शामिल हो गई। इसी कॅारपोरेशन ने 1951 में जनसंख्या संबंधी गणनाओं के लिए पहला वाणिज्यिक कंप्यूटर यूनीवैक-1 बनाया।

1938 में क्लाड शेनॉन ने बूले के तार्किक बीजगणित का विद्युत परिपथों में प्रयोग कर गणना यंत्र बनाये। इसके कुछ समय बाद ही 1940 में ग्राहम बेल प्रयोगशाला के ज्यॉर्ज स्टीबिट्ज ने विद्युत रीलों की सहायता से अपना 'कॉम्प्लेक्स कंप्यूटर' बनाया जो कि मिश्रित (Complex) संख्याओं की गणना कर सकता था।

इस कंप्यूटर में 450 विद्युत रिले, एक इनपुट की-बोर्ड और एक टेली टाइपराइटर (आउटपुट) जोड़ा गया था। बाद में क्लॉड शेनॉन भी इस प्रयोगशाला में आ गये, जहां उन्होंने अपना कार्य जारी रखा।

2.20 हार्वर्ड मार्क-1

1939 में द्वितीय विश्व युद्ध के दौरान हार्वर्ड विश्वविद्यालय के प्रोफेसर हॉवर्ड एकेंस एक बहुउद्देशीय कंप्यूटर बनाने में जुटे हुए थे। उनके इस महान काम में अपना सहयोग देने के लिए आइ.बी.एम. के थॉमस वाटसन ने उन्हें अपने उपकरण, कर्मचारी व लाखों डालर उपलब्ध कराये। यह कैलकुलेटर 1944 में बना, जिसे ऑटोमेटिक सिक्वेंस कन्ट्रोल्ड कैलकुलेटर हार्वर्ड-1 (चित्र 2.14) नाम से जाना गया। इस आविष्कार के साथ ही बैबेज का सपना पूरा हुआ, फर्क बस इतना था कि यह कंप्यूटर यांत्रिक न होकर विद्युतीय प्रणाली पर आधारित था।

मार्क-1 एक 51 फुट लंबा और 8 फुट ऊंचा दैत्याकार कंप्यूटर था जिसे 800 किमी. लंबे वायरों की मदद से 7,60,000 पुर्जे जोड़कर बनाया गया था। इसके द्वारा सभी सरल अंकगणितीय गणनाएं की जा सकती थीं। इसके द्वारा लघुगणकीय एवं त्रिज्यात्मक आदि गणनाएं भी संभव थीं। यद्यपि इसका नाम कैलकुलेटर था, लेकिन यह स्वयं निर्णय भी ले सकता था इसलिए इसे दुनिया का पहला इलेक्ट्रिक रिले कंप्यूटर भी कहा जा सकता है।

मार्क-1 की मदद से दो, 20 अंकों वाली संख्याओं का गुणा सिर्फ 5 सेकंड में किया जा सकता था। इस गति को तेज नहीं कहा जा सकता क्योंकि यह आज के पॉकेट कंप्यूटरों से भी कम है। यह कंप्यूटर चलने में बहुत शोर करता था और

चित्र-2.14: प्रोफेसर हॉवर्ड एकेंस द्वारा आविष्कृत ऑटोमेटिक सिक्वेंस कंट्रोल्ड कैलकुलेटर (हावर्ड मार्क-1)

एक बार खराब हो जाने पर इसे ठीक करने में बहुत समय लगता था। इसमें आयी एक खराबी से एक रोचक किस्सा भी जुड़ा हुआ है। एक बार एक कीड़े (मौथ) के फंस जाने से इसका सर्किट (परिपथ) टूट गया था जिसे दोबारा ठीक करने में बहुत समय लग गया। इस घटना को फर्म के लॉग-बुक में इस प्रकार लिखा गया, 'आज मार्क-1 को 'डीबग' (Debug) यानि 'जुआं-रहित कर दिया गया'। बस तभी से कंप्यूटर की किसी भी गलती को निकालने के लिए 'डी-बगिंग' शब्द प्रचलित हो गया।

2.21 जर्मन कंप्यूटर

द्वितीय विश्व युद्ध से पहले कंप्यूटर विकास तेजी से हुआ क्योंकि इनका सेना के उपकरणों में प्रयोग होता था। कंप्यूटरों के विकास में सबसे ज्यादा काम जर्मनों और जापनियों ने किया। कोनराड ज्यूस (चित्र 2.15) ने 1936 में एक यांत्रिक कंप्यूटर Z1 बनाया, जिसमें डेटा डालने के लिए 'कुजियां' (Keys) लगी हुईं थीं। बाद में इस यांत्रिक कंप्यूटर की जगह विद्युत से चलने वाला कंप्यूटर Z2 बनाया गया, जिसमें तेजी से गणना करने के लिए एक 35 मि.मी. चौड़ी फिल्म की रील लगायी गयी। इस रील में छेदों के द्वारा आंकड़े डाले जाते थे। हिटलर को इस कंप्यूटर पर यह भरोसा नहीं हो पाया था कि इसके द्वारा शत्रुओं के संदेश समझे जा सकेंगे। ज्यूस ने इसमें कुछ सुधार कर फिर Z3 और Z4 कंप्यूटर बनाये जो कि बाद में बमबारी से नष्ट हो गये। किंतु ज्यूस निराश न हुए। उन्होंने अपनी एक अलग कंपनी बनायी जो 1969 में दुनिया की जानी-मानी फर्म 'सीमेन्स' में मिल गयी। महायुद्ध के दौरान जर्मनी और जापान के अलावा पोलैंड, रूस और ब्रिटेन भी इस प्रकार के कंप्यूटर बनाने में जुटे हुए थे। ब्रिटेन में ऐलन ट्यूरिंग की देख-रेख में 'कोलेसस' नाम का कंप्यूटर बनाया गया जिसका काम जर्मनी के कोडेड संदेश भेजने वाले कंप्यूटर 'एनिग्मा' के संदेशों को समझना था। बाद में लड़ाई के दौरान पोलैंड की सेना ने जर्मनी का यह कंप्यूटर 'एनिग्मा' चुरा लिया था।

इस दौरान बने ये सभी कंप्यूटर धीमी गति से तो काम करते ही थे, इनसे काम लेने की विधि भी सरल न थी। इसके

चित्र-2.15: जर्मन इंजीनियर कोनराड ज्यूस

अलावा ये महंगे भी थे, इसीलिए वैज्ञानिक इनसे अच्छे कंप्यूटर बनाने के काम में जुटे रहे।

2.22 एनालॉग (Analog) कंप्यूटरों का विकास

1937 में ब्रिटिश गणितज्ञ एलॉन ट्यूरिंग ने बताया कि कितनी ही जटिल गणितीय समस्या हो, उसे छोटे-छोटे भागों में बांटकर सरलता से हल किया जा सकता है। इसी सिद्धांत के अनुसार, एनालॉग और डिजिटल दोनों ही प्रकार के कंप्यूटर समस्या को छोटे-छोटे हिस्सों में बांटकर हल करते हैं।

एनालॉग कंप्यूटर, जैसा कि हमने पढ़ा है किसी स्टैंडर्ड नाप के आधार पर परिणाम देता है जो कि शत-प्रतिशत शुद्ध नहीं होते। शुद्ध परिणाम देने के लिए अवकलन गणित (डिफरेन्शियल कैलकुलस) पर आधारित एनालॉग कंप्यूटर इलेक्ट्रॉनिक्स के विकास के साथ ही बन सके। फिशर एवं हैरिस का ग्रेट ब्रासब्रेन नामक एनालॉग कंप्यूटर 1914 में ही बन चुका था, जो समुद्री ज्वार-भाटों और तूफान की सूचना देता था। 1930 में बान्नेवार बुश ने 'डिफरेन्शियल एनालायजर' नामक एनालॉग कंप्यूटर बनाया, जिससे काफी जटिल समस्याएं हल की जाने लगीं। एनालॉग कंप्यूटरों के साथ यह समस्या थी कि प्रत्येक प्रकार की गणना के लिए उनमें कुछ बदलाव करने पड़ते थे।

OOO

अध्याय-3

इलेक्ट्रॉनिक कंप्यूटरों का विकास

अब तक हम पढ़ चुके हैं कि गणना यंत्र दो प्रकार के हैं -

(क) कैलकुलेटर (परिकलक) और
(ख) कंप्यूटर (अभिकलक)

हमने यह भी पढ़ा कि इन यंत्रों का विकास कुछ दी गई अवस्थाओं में हुआ है।

यह विकास क्रम इस प्रकार है -

1. यांत्रिक या मैकेनिकल कैलकुलेटर
2. इलेक्ट्रिकल कैलकुलेटर
3. इलेक्ट्रॉनिक कंप्यूटर
4. ऑप्टिक लेज़र फोटोनिक कंप्यूटर
5. एटॉमिक कंप्यूटर

(इनमें से आखिरी दो चरणों के कंप्यूटरों का विकास अभी नहीं हुआ है।)

3.1 कंप्यूटर तकनीक की पीढ़ियां (Generations)

आज हम जब कंप्यूटर शब्द का प्रयोग करते हैं तो इसका अर्थ डिजिटल कंप्यूटर ही होता है। कंप्यूटर विकास के पांच चरणों में अलग-अलग प्रकार के मूलभूत गणना अवयवों का प्रयोग किया गया जिसके अनुसार डिजिटल कंप्यूटर के विकास क्रम को पांच जनरेशन्स में बांटा गया है-

1. प्रथम जनरेशन (1946-1956) : वैक्यूम ट्यूब
2. द्वितीय जनरेशन (1956-1964) : ट्रांजिस्टर
3. तृतीय जनरेशन (1964-1970) : इंट्रीग्रेटेड सर्किट या (I.C.)
4. चतुर्थ जनरेशन (1970-1985) : माइक्रोप्रोसेसर चिप
5. पंचम जनरेशन (1985 तथा आगे) : समानान्तर प्रॉसेसिंग

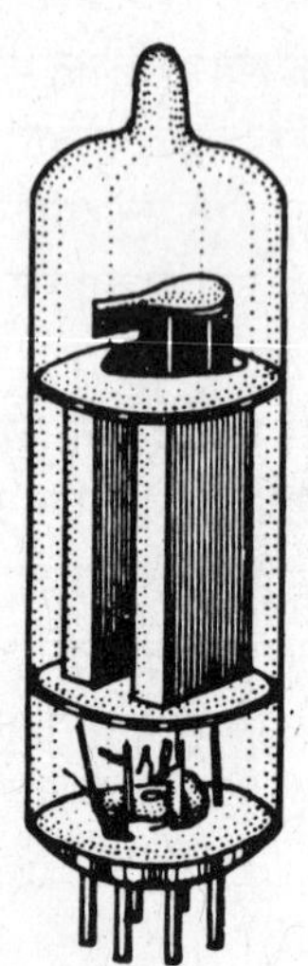

(a) वाल्व
(प्रथम जनरेशन)

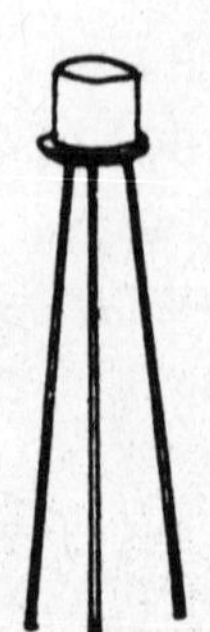

(b) ट्रांजिस्टर
(द्वितीय जनरेशन)

(c) माइक्रोप्रोसेसर
(तृतीय जनरेशन)

चित्र-3.1: एनालॉग कंप्यूटरों की विभिन्न पीढ़ियों में प्रयुक्त स्विचिंग अवयव

3.2 कंप्यूटर डिजाइन और वॉन न्यूमान

1946 में कैम्ब्रिज विश्वविद्यालय में 'इलेक्ट्रॉनिक (डिजिटल) कंप्यूटरों के डिजाइन' विषय पर प्रसिद्ध गणितज्ञ जॉन वॉन न्यूमेन की अध्यक्षता में भाषणों का आयोजन हुआ। इस आयोजन में कंप्यूटर से जुड़े जाने-माने कुछ अन्य लोग जैसे एच. गोल्डस्टेन, ए.डब्ल्यू. वर्क, एकेयर्त और मॉचली आदि भी आये।

इस आयोजन द्वारा कंप्यूटर से जुड़ी हुई इन जरूरतों पर जोर दिया गया -

- कंप्यूटर में डेटा (data) बाइनरी संख्या (Binary number) के रूप में स्टोर होने चाहिए।
- कंप्यूटर इस तरह बनाये जायें कि डाल दिये गये आंकड़ों और उनसे जुड़े आदेशों में मनचाहा बदलाव लाया जा सके।
- कंप्यूटर इस योग्य हों कि डेटा के अलावा क्रमबद्ध आदेशों को भी ले सकें यानि 'प्रोग्राम' को 'स्टोर' कर सकें तथा ऑटोमेटिक रूप से हल निकाल सकें।

इन विशेषताओं से युक्त कंप्यूटरों को 'वॉन न्यूमेन' डिजाइन पर आधारित कंप्यूटर कहा जाता है।

3.3 इलेक्ट्रॉनिक्स और इलेक्ट्रॉनिक वैक्यूम ट्यूब

उन्नीसवीं शताब्दी के बाद के वर्षों में लोग यह मानने लगे थे कि गणना जल्दी करनी हो तो या तो एनालॉग कंप्यूटरों पर काम किया जाये या फिर 'बूले' की तार्किक बीजगणित व बाइनरी पद्धति (Binary System) पर आधारित डिजिटल स्विचिंग सर्किट की सहायता से बने डिजिटल कंप्यूटर की सहायता ली जाये। बाइनरी पद्धति में एक स्विच का प्रयोग होता है जिसे जल्दी-जल्दी 'ऑन' या 'ऑफ' किया जा सकता है। इन्हीं (Binary 1,0) स्विचों की सहायता से क्लॉयड शेनॉन ने स्विचिंग सर्किट बनाया था जो 1, 0 से 'चालू' (on) या 'बंद' (off) होता था।

इलेक्ट्रिक कंप्यूटर में इस काम के लिए रिले का प्रयोग किया गया था। रिले बिजली से चलने वाली स्विचों को कहते हैं, जिनमें कुछ गतिशील (Movable) हिस्से लगे होते हैं।

1904 में सर एम्बरोज फ्लेमिंग ने डायोड वाल्व नामक वैक्यूम ट्यूब का आविष्कार किया, जिसे थर्मियोनिक वाल्व (Thermionic Valve) भी कहते हैं। इस ट्यूब में क्योंकि इलेक्ट्रान सिर्फ एक ही दिशा में, ऋणाग्र (Cathode) से धनाग्र (Anode) की ओर जाते थे, इसीलिए इसे 'वाल्व' का नाम दिया गया। चूंकि इसमें दो विद्युताग्र (di-electrode) थे इसलिए इसे डायोड (Diode) नाम दिया गया। वाल्व के गुण होने के कारण इसे इलेक्ट्रॉनिक स्विच की तरह प्रयोग किया जाता था। 1906 में इस वाल्व में एक और विद्युताग्र जोड़कर ली.डी. फारेस्ट ने डायोड वाल्व बनाया। यह वाल्व न केवल स्विच की तरह काम करता था बल्कि विद्युत संकेत को प्रवर्धित (Amplify) भी कर सकता था।

3.4 प्रथम इलेक्ट्रॉनिक कंप्यूटर एनीयक (ENIAC)

द्वितीय विश्वयुद्ध के दिनों में अमेरिका के एक इलेक्ट्रिकल इंजीनियर जे.प्रेसपर एकर्ट और भौतिकशास्त्री जॉन. डब्ल्यू मॉचली पेनसिलवानिया विश्वविद्यालय में निर्वात नलिका (वैक्यूम ट्यूब) पर आधारित कंप्यूटर बनाने में व्यस्त थे। सन 1946 में, प्रथम जनरेशन का पहला कंप्यूटर तैयार हो गया। इसका नाम रखा गया 'इलेक्ट्रॉनिक न्यूमेरिकल इन्टीग्रेटर एंड कैलकुलेटर' या एनीयक (Electronic Numerical Integrator And Calculator or ENIAC)। 30 टन वजन के 18000 वैक्यूम ट्यूब, 70000 प्रतिरोधक (Resistors), 10000 संधारित्र (Capacitors) और 6000 स्विचों वाला यह कंप्यूटर कितना बड़ा होगा यह आप स्वयं कल्पना कर सकते हैं। (चित्र 3.2)

चित्र-3.2: विश्व का सर्वप्रथम इलेक्ट्रॉनिक कंप्यूटर: एनीयक

यह कंप्यूटर 150 किलोवॉट बिजली खर्च करता था। यह हार्वर्ड मार्क-1 से 5000 गुना तेजी से काम करता था जबकि आज का एक छोटा पॉकेट माइक्रो कंप्यूटर (Pocket Computer) भी इससे कई गुना तेज होता है। ENIAC की कीमत 4 लाख अमेरिकन डॉलर थी। एनीयक 1 सेकंड के अंदर 5000 जोड़ या 350 गुणा कर सकता था। उस समय नये-नये खोजे गये शस्त्रास्त्रों की मापक-दूरियां तय करने में इसने अमेरिकी सरकार की मदद की थी। विश्वयुद्ध के समय हीरोशिमा और नागासाकी पर गिराये गये दोनों परमाणु बमों से जुड़ी गणनाएं इसी कंप्यूटर पर की गई थीं। एनीयक दूसरे अमेरिकन कंप्यूटरों से इस बात में अलग तरह का था कि इसमें डेसिमल पद्धति का प्रयोग किया गया था। इसके अलावा इसकी मेमोरी भी बहुत कम थी। इसे 'प्रोग्राम' देने के लिए 'बायर्ड प्रोग्रामन बोर्ड' का प्रयोग होता था, जिसके लिए हर बार प्रोग्राम डालने के लिए नये सिरे से कनेक्शन करने होते थे। इस काम में बहुत मेहनत व समय लगाना पड़ता था।

3.5 प्रथम जनरेशन के अन्य कंप्यूटर

1. बिनॉक: प्रथम जनरेशन की तकनीकी में कंप्यूटर को चलाने और गणना करने में 'वैक्यूम वाल्व' की मुख्य भूमिका थी। एनीयक बनाने के बाद इसके निर्माता एकर्ट और मॉचली ने कंप्यूटर निर्माण के लिए अपने नाम से एक कॉरपोरेशन बनाया। इस कॉरपोरेशन ने 1949 में बिनॉक नामक कंप्यूटर बनाया। इस कंप्यूटर में हिस्सों को समानान्तर (Parallel) की जगह शृंखलाबद्ध क्रम (series) में लगाया गया था।

2. यूनीवैक (UNIVAC): बिनॉक के बाद इन्हीं दोनों वैज्ञानिकों ने वाणिज्यिक (commercial) जरूरतों को पूरा करने के लिए यूनीवैक (Universal Automatic Calculator) बनाया। यह पहला इलेक्ट्रॉनिक कंप्यूटर था जिसका प्रयोग आम जनता के बीच किया गया। इसमें पारे से भरी दो फुट लंबी नलिका से होकर पराध्वनि तरंगों (Ultrasound Waves) को गुजारा जाता था। पारे की नली में जमा होने वाले डेटा की विविधता के अनुसार उच्च तरंगों वाली ध्वनि पैदा की जाती थी। इस कंप्यूटर में 44 बिट लंबाई के 1000 शब्द स्टोर किये जा सकते थे और किसी डाटा को बाहर निकालने में लगभग 500 माइक्रोसेकंड (1 माइक्रोसेकंड = 1 सेकंड का दस लाख वां हिस्सा) समय लगता था। यूनीवैक-1 चर्चा का विषय रहा क्योंकि इसने 1952 में डी. आइजनहावर के अमेरिका के राष्ट्रपति पद पर चुने जाने की भविष्यवाणी की थी, जो परिणाम आने के बाद बिलकुल सही साबित हुई।

चित्र-3.3: विश्व का प्रथम कमर्शियल कंप्यूटर: यूनीवैक

3. एडसैक एवं अन्य कंप्यूटर: इंग्लैंड में कैम्ब्रिज विश्व-विद्यालय में 1949 में पारे पर आधारित मेमोरी वाला एक कंप्यूटर एडसैक (इलेक्ट्रॉनिक डिले स्टोरेज ऑटोमेटिक कंप्यूटर) बनाया। 1951 में मेनचेस्टर विद्यालय में मेनचेस्टर मार्क-1 कंप्यूटर बनाया गया, जिसमें कैथोड रे ट्यूब पर मेमोरी स्टोर होती थी। इसमें से कोई डेटा मांगने में 10 से 50 माइक्रो सेकंड समय लगता था। मैसाचुसेट्स इंस्टीट्यूट ऑफ टेक्नोलॉजी के जे. डब्ल्यू फारेस्टर और उनके सहयोगियों ने अमेरिका सुरक्षा विभाग और वायु-परिवहन नियंत्रण के लिए व्हिर्लविंड (Whirlwind) नामक कंप्यूटर बनाया। यह Real time control के अनुसार जिस गति से कोई घटना घट रही होती, उसी गति से उस पर काम करता था। इस कंप्यूटर की मेमोरी चुंबकीय फेराइट कोरों पर संचित की जाती थी। बाद में इसी कंप्यूटर के अनुभव का लाभ उठा कर डिजिटल इक्विपमेंट कॉरपोरेशन ने 10 साल बाद मिनी कंप्यूटर बनाये।

4. आइ. बी. एम. (I.B.M) के कंप्यूटर: विद्युत यांत्रिक कंप्यूटर के निर्माण में आगे रहने वाली यह फर्म काफी दिनों से ऐसे इलेक्ट्रॉनिक कंप्यूटर बनाने में लगी हुई थी जिससे अनेक काम एक ही कंप्यूटर पर किये जा सकें। वर्ष 1952 में इस कंपनी ने कंप्यूटर मॉडल-701 (चित्र 3.4) बनाया।

चित्र-3.4: कंप्यूटर मॉडल 701

इसके बाद कंप्यूटरों का बड़े पैमाने पर निर्माण शुरू हो गया। मॉडल 701 में मेमोरी करने के लिए मैग्नेटिक टेप के साथ बिल्कीज कैथोड रे ट्यूब और बहुत बड़े पैमाने पर स्मृति संचित करने के लिए चुंबकीय ड्रम (Magnetic Drum) का प्रयोग किया गया था। इस कंप्यूटर के द्वारा 16000 जोड़ प्रति सेकंड किये जाते थे और 17 मिली सेकंड में डाटा तक पहुंचा जा सकता था। डेटा डालने के लिए पंच्ड कार्डों का प्रयोग किया जाता था। परिणाम (आउटपुट) भी इन कार्डों के ऊपर पंच (छेद) कर दिये जाते थे। इसके बाद मॉडल 650 बनाया गया, जो कि वाणिज्यिक और वैज्ञानिक दोनों तरह के काम करने में सक्षम था।

प्रथम के कुछ अन्य कंप्यूटर निम्नलिखित थे -

- आइ.बी.एम. 702, 704
- एडवॉक-1950 पेनसिल्वानिया
- लियो (लियोन्स इलेक्ट्रॉनिक्स ऑफिस) 1951, एम.बी. बिल्किस
- सी.आर.सी. 102 श्रृंखला

3.6 द्वितीय जनरेशन के कंप्यूटर : ट्रांजिस्टर

सन् 1948 में बेल टेलीफोन प्रयोगशाला में तीन भौतिक शास्त्रियों जॉन बर्डीन, वाल्टर एच. बेटन एवं विलियम शॉक्ले ने मिलकर ट्रांजिस्टर का आविष्कार किया जिसने इलेक्ट्रॉनिक्स के क्षेत्र में क्रांति ला दी। ट्रांजिस्टर शब्द 'ट्रांसफर-रेजिस्टर' का संक्षिप्त रूप है।

यह ट्रायोड वाल्व की तरह ही था, लेकिन इसका आकार छोटा था और इसमें बिजली की खपत बहुत कम थी। ट्रांजिस्टर सिलिकॉन (Silicon) नामक तत्त्व से बनाया गया था, जिसका विद्युत प्रतिरोध चालक व कुचालक के बीच (अर्द्ध चालक - Semi Conductor) का होता है।

सिलिकॉन युक्त ट्रांजिस्टर के बनने के बाद सभी इलेक्ट्रॉनिक उपकरणों में वैक्यूम वाल्वों का प्रयोग लगभग बंद कर दिया गया क्योंकि यह हर तरह से ज्यादा अच्छा था।

ट्रांजिस्टर में सब कुछ ठोस द्रव्य ही था इसलिए ट्रांजिस्टर वाले इलेक्ट्रॉनिक उपकरणों को 'ठोस अवस्था' (Solid State) वाला कहा जाने लगा। इनमें कांच आदि की तरह टूटने-फूटने वाला कोई भाग नहीं लगा था इसलिए इन्हें एक जगह से दूसरी जगह ले जाना भी आसान था। इनसे बहुत कम ऊष्मा निकलती थी, जिसके कारण कमरों के वातानुकूलन (Air conditioning) की जरूरत भी नहीं थी। 1952 में शॉकले ने फील्ड एफेक्ट वाला ट्रांजिस्टर (Field Effect Transistor, FET) बनाया। इसमें एक विद्युता (Electrode) जिसे Gate कहते हैं होता था, जो विद्युत क्षेत्र (Electric Field) उत्पन्न कर ट्राजिस्टर के Output को नियंत्रित करता था जैसा कि Triode में ग्रिड से किया जाता है। Gate लगाने से ट्रांजिस्टर की चालकता (Conductivity) बढ़ जाती थी। इस प्रकार यह एक शत-प्रतिशत शुद्धता से काम करने वाले स्विच की तरह होता था जो अत्यन्त तेज गति से काम करता था। इसे एक दशा से दूसरी दशा में पहुंचने यानि फ्लिप (Flip) होने से वापिस फ्लॉप (Flop) होने में केवल एक माइक्रोसेकंड लगता था। इस तरह के परिपथों (सर्किट) को फ्लिप-फ्लॉप सर्किट कहते थे। सभी प्रकार के गणना यंत्रो के लिये फ्लिप-फ्लॉप सर्किट बड़े पैमाने पर बनाये जाने लगे, क्योंकि इनसे बाइनरी गणना आसानी से की जा सकती थी। 1953 में एम. रॉस और ज्योर्फ द्वारा बनाये गये जर्मेनियम पर बने फील्ड एफेक्ट ट्रांजिस्टर ने स्विचन समय (Switching time) को और भी कम, कुछ नैनोसेकंड तक पहुंचा दिया। नैनोसेकंड 1 सेकंड के अरबवें (1 नैनो $=10^{-9}$ सेकंड) हिस्से को कहते हैं। आइ.बी.एम. ने 1959 में ट्रांजिस्टर पर पूरी तरह से आधारित पहला कंप्यूटर बनाया जिसका नाम था मॉडल 7090 (चित्र 3.5)। द्वितीय जनरेशन के अन्य कंप्यूटर थे - स्पेरी यूनीवॉक-3, हनीवेल 400,800 एवं कंट्रोल डाटा

चित्र-3.5: आई.बी.एम. मॉडल 7090 विश्व का प्रथम ट्रॉजिस्टर आधारित (द्वितीय जनरेशन) कंप्यूटर

कॅारपोरेशन का सी डी एस 1604 और 3600, आइ.सी.ए. 501, लियो का मार्क-3, आइ.जी.एल 1901, एटलस जी.ई.सी. के 635,200, बर्रो सीरीज-1 आदि। आई.बी.एम. का 7094 कंप्यूटर बहुत विशाल आकार का था। इसी जनरेशन के कंप्यूटरों में मॉडुलर डिजाइन का भी प्रयोग होने लगा जिससे कंप्यूटरों में आने वाली रुकावटें दूर की जा सकती थीं। कंप्यूटर में प्रोग्राम भरने के लिए Assembly language का भी प्रयोग होने लगा, जिसमें कुछ Symbols द्वारा कंप्यूटर को निर्देश दिया जा सकता था। पहली जनरेशन के कंप्यूटरों में हर बार प्रोग्राम देने में यह समस्या थी कि हर कंपनी के कंप्यूटर के लिए प्रोग्राम अलग से बनाना पड़ता था। बाद की पीढ़ियों के कंप्यूटरों में अंग्रेजी पर आधारित High level language के प्रयोग से यह समस्या दूर कर ली गई। 1960 में स्पेरी यूनीवॉक के कंप्यूटरों का रियल टाइम डाटा प्रौसेसिंग (हो रही घटना की गति से) के लिए प्रयोग किया जाने लगा। आई.बी.एम. कंप्यूटर द्वारा स्वचालित रूप से कुछ विशेष कार्यों के लिये रूसी से अंग्रेजी में अनुवाद होने लगा। अमेरिका की एअरलाइन 'सेब्रे' ने आइ.बी.एम. कंप्यूटरों पर आधारित 1000 टर्मिनलों की सहायता से 65 नगरों में स्वचालित आरक्षण (Automatic Reservation) प्रारंभ किया। भारत में यह कार्य 1987 से ही किया जा सका।

3.7 तृतीय जनरेशन के कंप्यूटर

I.C.(Integrated Circuit) के आविष्कार के बाद इलेक्ट्रॉनिक उपकरणों के प्रत्येक हिस्से को छोटे-से-छोटा बनाने की कोशिशें होने लगीं। हर वैज्ञानिक इस प्रयत्न में लग गया कि किस प्रकार सर्किटों को छोटे-से-छोटा बनाया जाए। छोटा आकार होने से उपकरण स्थान तो कम घेरता ही है, बिजली की खपत, निकलने वाली ऊष्मा व उत्पादन लागत भी कम हो जाती है। इसके अलावा उपकरण के सारे हिस्से पास-पास होने से वायर भी कम लगते हैं और किसी संकेत के एक हिस्से से दूसरे हिस्से तक पहुंचने में समय भी कम लगता है। इस तरह स्पीड बढ़ जाती है।

टेक्साज इन्स्ट्रुमेंट कंपनी के जे.एस. किल्वी ने 1958 में Silicon के एक छोटे से चिप (Chip) पर, एकीकृत परिपथ (Integrated Circuit) बनाया। इसमें किसी उपकरण के इलेक्ट्रॉनिक सर्किट के किसी एक हिस्से, जैसे कि साउंड सेक्शन, एम्प्लीफायर, रेक्टीफायर को नाखून के आकार की एक ही चिप पर उतार लिया गया। रजिस्टर, कैपेसिटर, डायोड, ट्रांजिस्टर आदि 26 इलेक्ट्रानिक भाग एक ही चिप पर बनाये गये, जिन्हें वायरों से जोड़ कर धातु के छपे हुए परिपथों PCBs में लगाया गया था। इस प्रयोग के सफल हो जाने के बाद हजारों हिस्सों को छोटे से छोटे चिप पर बनाया जाने लगा। इस तकनीक को हार्विच जॉन्सन ने 1953 में MOSFET (मेटल ऑक्साइड सेमीकंडक्टर फील्ड इफेक्ट ट्रांजिस्टर) के नाम से पेटेन्ट करा लिया था। I.C. के निर्माण के साथ ही तृतीय जनरेशन के कंप्यूटरों की शुरुआत हो गई थी। इस दिशा में तकनीकी विकास होता गया।

1966 में एक ही चिप पर हजारों ट्रांजिस्टर बनाना संभव हो

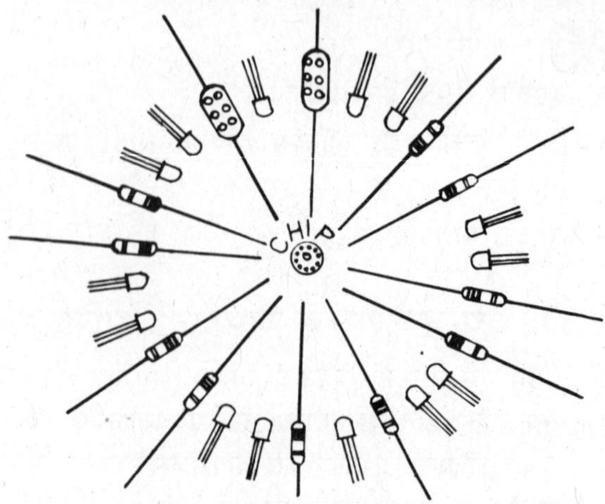

चित्र-3.6: चिप एवं उसमें प्रयुक्त अवयव

सारिणी 3.1: इन्टीग्रेटंड सर्किट (I.C.) का वर्गीकरण

एकीकरण (Integration) का स्तर	कुल अवयव (Components)	प्रति चिप द्वारों (Gates) की संख्या	प्रति चिप परिपथों की संख्या	निर्माण वर्ष
Small Scale Integration (S.S.I)	100 तक	30	12	1960
Medium Scale Integration (M.S.I)	100 से 1000	30-100	100	1966
Large Scale Integration (L.S.I)	1000 से 10000	100-1000	1000	1969
Very Large Scale Integration (VLSI)	10,000 से अधिक	—	50000	1975

सका, जिसके कारण कंप्यूटरों का आकार छोटा होता चला गया। इसी जनरेशन में आगे चलकर मिनी कंप्यूटर बनने लगे जो एक अलमारी के बराबर जगह घेरते थे। इनमें एक गणना के लिए केवल एक नैनो सेकंड समय लगता था। इसी जनरेशन में FORTRAN और COBOL जैसी High level की कंप्यूटर भाषाओं का विकास हुआ और बड़े-बड़े मेमोरी संचय करने वाले भंडार बनाये जाने लगे। इन भंडारों को कंप्यूटर से बाहर रखा जा सकता था। अब कंप्यूटर के आउटपुट को स्क्रीन (विजुअल डिस्प्ले यूनिट) पर भी देखा जा सकता था।

1964 में आई.बी.एम. ने विश्व बाजार में 'सिस्टम-360' (चित्र 3.7) नामक मॉडल बनाया। अब इस प्रकार के सॉफ्टवेयर (प्रोग्राम) बनाये जाने लगे, जिनकी मदद से कंप्यूटर की बाहरी स्मृति को आंतरिक स्मृति की तरह प्रयोग किया जाने लगा।

डिजिटल इक्विपमेंट कारपोरेशन (डी.ई.सी.) ने प्रोग्रामेबिल

चित्र-3.7: तृतीय जनरेशन का प्रथम मेनफ्रेम कंप्यूटर आई.बी.एम.-सिस्टम 360

डाटा प्रोसेसर-1 (पी.डी.पी.) नामक कंप्यूटर बनाया, जिसकी कीमत दूसरे कंप्यूटरों की तुलना में बहुत कम थी। इसकी कीमत केवल 1,20,000 डॉलर थी जबकि दूसरे कंप्यूटरों की कीमत दस लाख डॉलर से कम नहीं थी। 1963 में विश्व का पहला मिनी कंप्यूटर पी.डी.पी.-5 भी इसी कंपनी ने बनाया। इसकी कीमत केवल 27,000 डॉलर थी। इसमें कुछ सुधार कर पी.डी.पी मॉडल-8 बनाया गया जिसमें I.C. का प्रयोग किया गया और जिसकी कीमत मात्र 20,000 डॉलर थी।

तीसरी जनरेशन के अन्य मेनफ्रेम कंप्यूटर निम्न हैं -

- आई.सी.एल. 1900/2900, हनीवेल-6000
- आर.सी.ए. स्पेक्ट्रा-70
- यूनीवैक 1108, 9000 सीरीज।

3.8 कंप्यूटरों की चौथी जनरेशन एवं माइक्रोप्रोसेसर

LSI चिप बन जाने से यह संभव हो गया कि कंप्यूटर की पूरी केन्द्रीय संसाधन इकाई (Central Processing Unit) एक ही चिप पर आ गयी। ऐसी चिपों का उपयोग करने वाले कंप्यूटरों को 'माइक्रो कंप्यूटर' या माइक्रो कहा गया।

1971 में अमेरिका के Intel कॉरपोरेशन ने पहली माइक्रो-प्रोसेसर चिप बनाई। इस कंपनी के टेड हॉफ ने 1974 में इन्टेल-4004 चिप बनायी जिसे बाद में संशोधित कर 8008 और 8080 चिपें बनाईं। वर्ष 1975 में इस चिप की कीमत केवल 35 डॉलर थी।

अलबुकर्क मैक्सिको की माइक्रो इंस्ट्रूमेन्टेशन एंड टेलीमेटरी सिस्टम (एम.आइ.टी.एस.) के अध्यक्ष एड. राबर्ट्स ने इन्टेल

चित्र-3.8: एक ही एकीकृत परिपथ में संपूर्ण माइक्रोप्रोसेसर

चित्र-3.9: माइक्रो-सर्किट के जादूगर क्लाइव सिन्क्लेयर

8080 पर आधारित पहला माइक्रोकंप्यूटर 'आल्टेयर' बनाया जिसकी मेमोरी (Memory) एक किलोबाइट थी। 1976 के आसपास और कंपनियों ने भी इस तरह के कंप्यूटर बना लिये जिनमें से कुछ ने इन्टेल 8080 से भी शक्तिशाली ज़ीलॉग (Zilog) कंपनी के Z-80 चिप लगाये।

कैम्ब्रिज के वैज्ञानिक क्लाइव सिन्क्लेयर (चित्र 3.9) ने 1970 में एक छोटा और सस्ता कैलकुलेटर बनाया, जिसके आधार पर जापानियों ने पहले पॉकेट कैलकुलेटर बनाये जो आज घर-घर में पहुंच गये हैं। सिन्क्लेयर ने ZX-80 नाम का एक छोटा कंप्यूटर बनाया जिसे रंगीन टी.वी. से जोड़कर स्क्रीन पर कंप्यूटर के परिणाम तो देखे ही जा सकते थे, साथ ही तरह-तरह के खेल भी खेले जा सकते थे। एक साल बाद इसका संशोधित मॉडल ZX-81 बाजार में आया। इसमें केवल चार Z-80 चिपें लगाई गई थीं। इसकी कीमत उस समय केवल 180 डॉलर थी। भारतवर्ष में आजकल (वर्ष 1996) इसका मूल्य 5000 रुपये है।

1976 में दो अमेरिकी विद्यार्थियों स्टीव बोजनाइक और स्टीव जॉव ने बहुत कम खर्च में एक ऐसा कंप्यूटर बना डाला जिसे एक माचिस की डिब्बी में बंद किया जा सकता था। फिर उन्होंने इसके साथ विजुअल डिस्प्ले यूनिट लगाकर पूरा-का-पूरा माइक्रो कंप्यूटर एक बक्से के आकार का बना दिया। इस खोज ने कंप्यूटर की दुनिया में क्रांति ला दी। इन आठ बिटों पर आधारित माइक्रो कंप्यूटर को एप्पल (चित्र 3.10) नाम दिया गया जिस पर बाद में एप्पल-1 और एप्पल-2 शृंखला का निर्माण हुआ। एप्पल-2 को पर्सनल कंप्यूटर नाम दिया गया। इसके साथ ही अनेक कंपनियों में पर्सनल/होम कंप्यूटरों से बाजार भर गया। इनमें मुख्य हैं - कमोडोर का PET, रेडियोशेक-8, बी.बी.सी. का अकॉर्न, स्पेक्ट्रम आदि। 1984 में आई.बी.एम. ने 16 BITS वाले पर्सनल कंप्यूटर बनाये, जिसने कंप्यूटरों को आम आदमी की पहुंच के अंदर ला दिया। इन्टेल की देखा-देखी कुछ

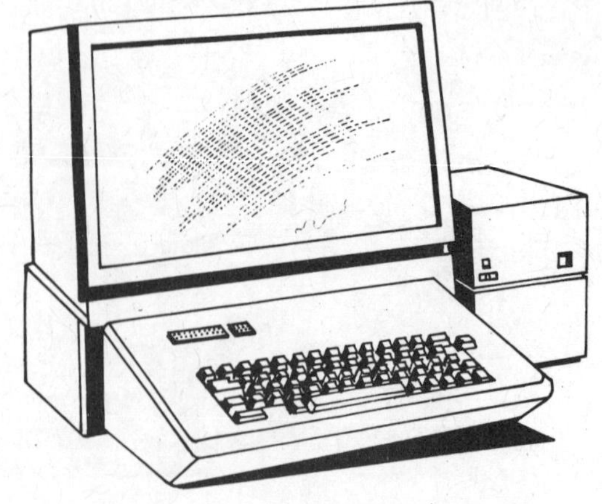

चित्र-3.10: प्रथम माइक्रो कंप्यूटर: एप्पल

अन्य कंपनियों ने भी अपनी-अपनी तकनीक पर आधारित चिप बनाये, जिनमें से कुछ नाम उल्लेखनीय है:

इन्टेल - 8080, 8085, 8086, 80286, 80386, 80486, पेन्टियम, पेन्टियमप्रो, पेन्टियम एम एम एक्स, पेन्टियम III, पेन्टियम IV

मोटरोला - 6800, 68000 ज़ीलॉग -Z-80, Z-8001

चिपों के विकास के कारण कंप्यूटर तकनीक में आश्चर्यजनक प्रगति हुई है। जहां इन्टेल की चिप 8080 में केवल 16 किलोबाइट (एक बाइट से हम सिर्फ 1 अंक या अक्षर को प्रदर्शित कर सकते हैं।) मेमोरी थी, Z-80 में यह क्षमता 64 किलोबाइट हो गई। इसके बाद 16 बिटों पर आधारित 8085 या 8086 चिपें बनीं, जिनकी मेमोरी 64 किलोबाइट ही थी, पर परिचालन की गति 5 मेगाहर्ट्ज थी। मोटरोला की चिप 6800 की क्षमता भी इतनी ही थी। 8086 में 8085 की अपेक्षा अधिक आदेश प्राप्त करने की क्षमता थी और इसे 4 या 8 मेगाहर्ट्ज पर चलाया जा सकता था। इसमें 29000 ट्रांजिस्टर समाये हुए थे। मोटरोला की चिप 68000 32 बिटों पर आधारित थी। बाद में इन्टेल ने 8 मेगाहर्ट्ज पर आधारित 80286 चिप और फिर उस से डेढ़ गुनी गति और दोगुनी स्मृति वाली माइक्रो-प्रोसेसर चिप 80386 बनाई। 80486 चिप के आने से प्रोसेसिंग स्पीड 66 मेगाहर्ट्ज तक हो गई है। इन्टेल की सबसे आधुनिक पेन्टियम चिप पर यही स्पीड 100 से लेकर 120 मेगाहर्ट्ज हो गई है।

आई.बी.एम की पी.सी. सीरीज (चित्र 3.11) के 1981 में बाजार में आते ही इसकी नकल से बने दूसरी कंपनियों के सैकंड़ों मॉडल बाजार में आ गये। इन सभी कंपनियों का दावा रहा है कि उनके कंप्यूटरों की क्षमता आई.बी.एम. के मार्डल के टक्कर की है। अप्रैल 1987 में पर्सनल सिस्टम-2 के नाम से एक नई सीरीज निकाली गयी है जिसकी अभी तक नकल नहीं हो पाई है। आई.बी.एम कंप्यूटरों के प्रयोग को सरल बनाने में फ्लॉपी डिस्क की भूमिका को भी अनदेखा नहीं किया जा सकता। यह 45 आर.पी.एम. के ग्रामोफोन रिकॉर्ड से भी छोटी और पतली एक डिस्क होती है जिसमें 2,43,000 बाइट के बराबर सूचना संग्रहित की जा सकती है। यह लगभग समाचार पत्रों के 14 पृष्ठों के बराबर है। वर्ष 1981 में ऐसी फ्लॉपी डिस्क बना ली गई, जो इससे 8 गुनी सूचना संग्रहित कर सके।

चित्र-3.11: आई.बी.एम. पी.सी.

3.9 कंप्यूटर की पांचवीं जनरेशन

कंप्यूटर की पांचवी जनरेशन का अभी इंतजार है और आशा है कि इस जनरेशन का पहला कंप्यूटर इस शताब्दी के अंत तक आ जाएगा।

इन कंप्यूटरों में यह क्षमता होगी कि वे अगला कदम क्या हो, इसका निर्णय स्वयं कर सकेंगे। कृत्रिम (artificial) बुद्धि वाले ये कंप्यूटर बहुत तेजी से काम करने वाले और बहुत ज्यादा मेमोरी वाले होंगे।

हम खुले मैदान को एक क्षण देख कर जितनी जानकारी इकट्ठा करते हैं, उतनी जानकारी आज का कोई भी कंप्यूटर एक साथ जमा नहीं कर सकता क्योंकि हर एनालॉग संकेत को डिजिटल में नहीं बदला जा सकता। इसलिए वैज्ञानिक ऐसे कंप्यूटर बनाना चाहते हैं जो एनालॉग संकेतों को एनालॉग रूप में ही ले कर उस पर कार्य करें। इस तरह पांचवीं जनरेशन के इन कंप्यूटरों में सोचने की शक्ति भी होगी। यह और बात है कि वे किस दिशा में सोचें यह मनुष्य ही तय करेगा। इन कंप्यूटरों का डिजाइन बाकी चार जनरेशन्स से अलग तरह का होगा। कोशिश की जा रही है कि वे पूरी सूचना को एक-एक भाग में न लेकर एक साथ ले लें। आप यह भी कह सकते हैं कि सभी प्रकार के कार्यों को करने के लिये इन कंप्यूटरों में पहले से ही प्रोग्राम बना कर भर दिये जाएंगे। इन कंप्यूटरों की रचना समानांतर डिजाइन की होगी और ये दिये गये निर्देशों के अनुसार प्राप्त जानकारी का विश्लेषण और आदान-प्रदान भी कर सकेंगे।

सारिणी-3.2: विभिन्न जनरेशन्स के इलेक्ट्रॉनिक कंप्यूटरों की तुलना

जनरेशन	प्रथम	द्वितीय	तृतीय	चतुर्थ	पंचम
1. वर्ष	1950	1960	1965	1975	1980 से आगे
2. मुख्य गणना अवयव	वैक्यूम ट्यूब	ट्रांजिस्टर (फील्ड इफेक्ट)	लघु एवं मध्यम स्तर एकीकृत परिपथ चिप (SSI व MSI)	मध्यम एवं उच्च स्तर एकीकृत परिपथ MSI व LSI (माइक्रो-प्रोसेसर चिप)	अति उच्च स्तर (VLSI) माइक्रोप्रोसेसर
3. रचना	वॉन न्यूमान शृंखलाबद्ध			समानांतर परिपथ	
4. मेमोरी-प्रति बिट पर लागत (रुपये में)	10	1	0.15	0.01	—
5. स्पीड (एक शिफ्ट ऑपरेशन के लिए) नैनो सेकंड में	1000	30	5	1	0.3
6. विश्व में कुल अनुमानित संख्या (वर्ष 1987)	1000	5000	35,000	2,00,000	5,00,000
7. गणना की स्पीड	1 गुणा/मिली सेकैंड 1 जोड़/0.06	 11	500 एम. फ्लाप —	10^{10} से 10^{12} लिप्स	
8. जनरेशन के प्रथम प्रसिद्ध कंप्यूटर का नाम	इनीयक	आई.बी.एम. 7090	आई.बी.एम. 360	आल्टेयर	के.आई.पी.एस.

इसीलिए जापानियों ने इन कंप्यूटरों के विकास की अपनी योजना को नालेज इन्फॉर्मेशन प्रोसेसिंग सिस्टम (Knowledge Information Processing System-KIPS) नाम दिया है। यह माना गया है कि इन कंप्यूटरों में दस अरब तार्किक अनुमितियां प्रति सेकंड (Logic Inferences Per Second - LIPS) की क्षमता होनी चाहिए। इसके लिए उन्होंने 50 पैसे के सिक्के के बराबर चिप बना ली है जिसमें 40 लाख पुस्तकों के बराबर जानकारी संग्रहीत की जा सके। पांचों जनरेशन्स के कंप्यूटरों की विशेषताओं की तुलना सारिणी 3.2 में दर्शाई गई है। इस सारिणी द्वारा विभिन्न जनरेशन्स के कंप्यूटर्स में मेमोरी स्पीड आदि की भिन्नता दिखाई गई है।

3.10 कंप्यूटर की छठवीं जनरेशन

कंप्यूटर की पहली पांच जनरेशन्स इलेक्ट्रॉन के प्रवाह पर आधारित हैं जबकि छठवीं जनरेशन फोटॉनों पर आधारित होगी। जिस प्रकार पदार्थ के मूलभूत कण इलेक्ट्रॉन, प्रोटॉन व न्यूट्रॉन होते हैं, उसी प्रकार प्रकाश का मूलभूत कण फोटॉन होता है। फोटॉन एक सेकंड में 3 लाख किमी. की दूरी तय कर लेता है। लेज़र की किरणें भी फोटॉन से बनी हुई हैं। इस प्रकार के फोटॉनों पर आधारित कंप्यूटर को फोटॉनिक या ऑप्टिकल कंप्यूटर कहा जाएगा। ये पांचवीं जनरेशन के कंप्यूटरों से हजार गुने शक्तिशाली होंगे। इन्हें घड़ी के समान हाथ पर बांधा जा सकेगा। छठवीं जनरेशन में फोटोनिक के अलावा एटॉमिक और बायोलॉजिकल कंप्यूटर भी होंगे।

OOO

अध्याय-4

इलेक्ट्रॉनिक कंप्यूटर के प्रकार

4.1 कंप्यूटर के प्रकार

आजकल इतनी तरह के कंप्यूटर बन रहे हैं कि उन्हें समझने के लिए उनका वर्गीकरण जरूरी है। सामान्यत: आज हम जब कंप्यूटर की बात करते हैं तो उसका अर्थ होता है इलेक्ट्रॉनिक डिजिटल माइक्रो कंप्यूटर, जिसमें एक की-बोर्ड, एक स्क्रीन व एक प्रिंटर भी जुड़ा होता है।

अध्याय 2 में हमने प्रारंभिक तथा यांत्रिक गणना यंत्रों के बारे में पढ़ा। इनमें अबेकस (Abacus), नेपियर बोन्स और स्लाइड रूल प्रमुख हैं। हर प्रकार के गणना यंत्रों में कुछ विशेष गणना अवयवों का प्रयोग किया जाता था। यांत्रिक गणकों में गियर, व्हील और इलेक्ट्रिकल गणना यंत्रों में रिले कान्टेक्टर, सालेनाइड आदि का प्रयोग किया गया था। (चित्र 4.1)। क्लॉयड शेनॉन ने दर्शाया कि किस प्रकार इलेक्ट्रिकल स्विचिंग सर्किटों का स्वचालित गणना में उपयोग किया जा सकता है। इलेक्ट्रॉनिक वाल्व के आविष्कार के बाद तेजी से गणना कार्य करने वाले इलेक्ट्रॉनिक कंप्यूटर बनाये जाने लगे। इलेक्ट्रॉनिक कंप्यूटर निम्न प्रकार के हो सकते हैं -

- डिजिटल (Digital) कंप्यूटर
- एनालॉग (Analog) कंप्यूटर
- हायब्रिड (Hybrid) कंप्यूटर
- ऑप्टिकल (Optical) कंप्यूटर
- ऐटॉमिक (Atomic) कंप्यूटर

4.2 डिजिटल कंप्यूटर

आमतौर से कंप्यूटर शब्द डिजिटल कंप्यूटर के लिए ही प्रयोग होता है। डिजिटल कंप्यूटर सभी प्रकार की सूचनाओं

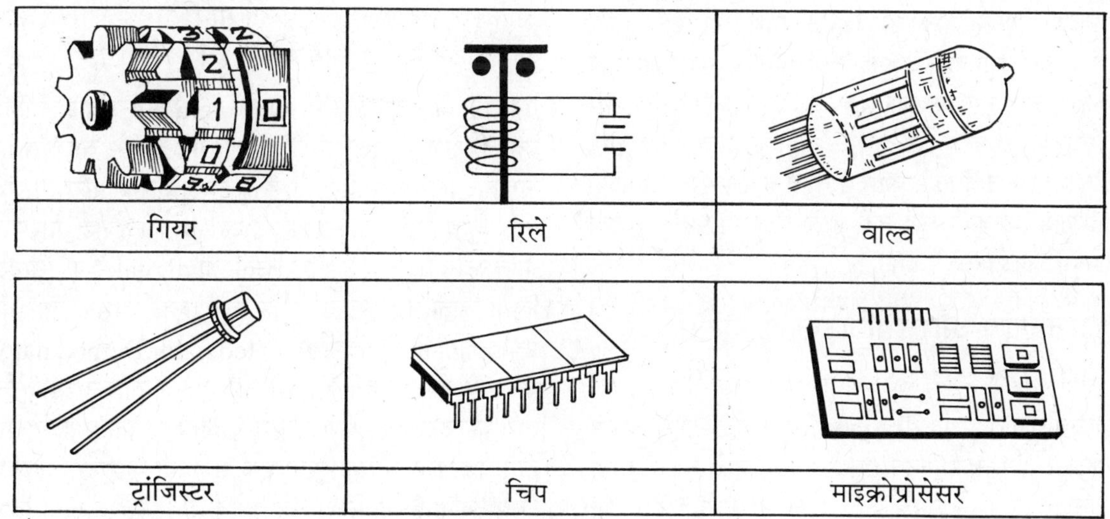

चित्र-4.1: विभिन्न प्रकार के गणना अवयव

को बाइनरी पद्धति (binary digit) में बदलकर अपना काम करता है। यह सभी प्रकार की गणनाएं, भले ही वह गुणा, भाग या घात क्यों न हो, गिनकर (जोड़कर) करता है। प्रति सेकंड लाखों या करोड़ों गणनाएं हो सकने के कारण जटिल समस्याओं का हल भी जल्दी ही हो जाता है। इनकी विशेषता यह है कि इनकी गणना में गलतियां नहीं होती हैं।

डिजिटल कंप्यूटरों के निम्न गुण हैं :

- शत-प्रतिशत शुद्धता एवं यथार्थता - ये शुद्ध परिणाम देते हैं।
- सर्वतोन्मुखता एवं व्यापकता - इनसे किसी भी प्रकार की गणनाएं की जा सकती हैं।
- लघु आकार, कम वजन व कम दाम।

4.3 एनालॉग कंप्यूटर

एनालॉग एक ग्रीक शब्द है, जिसका अर्थ है दो राशियों में अनुरूपता (साम्य) खोजना। इन कंप्यूटरों में किसी भौतिक विधि या राशि को इलेक्ट्रॉनिक परिपथों की सहायता से विद्युत संकेतों में बदल लिया जाता है। जिस प्रकार डिजिटल कंप्यूटर अंकों को गिनकर काम करता है उसी प्रकार एनालॉग कंप्यूटर मापकर या नापकर काम करता है।

इस प्रकार के कंप्यूटर किसी विशेष कार्य पद्धति (Process) के नियंत्रण के लिए बनाये जाते हैं। किसी भी भौतिक विधि को अवकलन गणित का प्रयोग कर समीकरणों में बदल लिया जाता है, फिर एनालॉग कंप्यूटर के एम्प्लीफायर ब्लॉक्स की मदद से इनके अनुरूप विद्युत परिपथ बना लिया जाता है। इस प्रकार किसी दी गई विधि (Process) का एक इलेक्ट्रॉनिक नमूना बन जाता है। इस तरह किसी भी विधि के नियंत्रण के लिए इन कंप्यूटरों की सहायता से दिशा-निर्देश मिल जाते हैं। इस काम में बहुत कम समय लगता है। ये परिणाम बिल्कुल शुद्ध नहीं होते, फिर भी 99% शुद्धता प्राप्त की जा सकती है।

4.4 एनालॉग और डिजिटल कंप्यूटरों में अंतर

डिजिटल पद्धति में किसी System को छोटे-छोटे हिस्सों में बांटकर और फिर गिनकर कार्य किया जाता है। जैसे कि डिजिटल घड़ियों में समय को 1,2 या 3 सेकंड, मिनट या घंटों में बांटकर दर्शाया जाता है जबकि पुरानी घड़ियों में

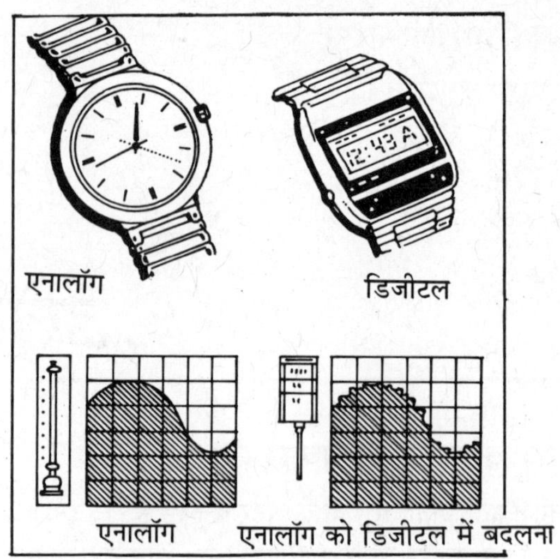

चित्र-4.2: एनालॉग एवं डिजिटल पद्धतियों में अंतर

उन्हें गिनने के बजाय सुई की चाल से नापा जाता था। यदि एनालॉग पद्धति से तापक्रम माप कर उसका ग्राफ बनाया जाए तो वह लगातार एक रैखिक होगा जबकि डिजिटल तरीके से बनाने पर वह थोड़ा वर्गीकृत हो जाएगा।

4.5 हायब्रिड (Hybrid) कंप्यूटर

डिजिटल व एनालॉग दोनों तरह के कंप्यूटरों को मिलाकर बनाये गये इन कंप्यूटरों में दोनों तरह के कंप्यूटरों की विशेषताओं का लाभ उठाया जा सकता है। ऐसा ही एक उपकरण रोबोट है, जिसकी सहायता से लाखों कार्य ऑटोमेटिक रूप से किये जा रहे हैं।

एनालॉग कंप्यूटर में किसी भी System के नियंत्रण के लिए एक ही क्षण में दिशा-निर्देश मिल जाते हैं और वह उस पर लगातार काम करता रहता है। लेकिन इसके परिणाम पूरी तरह शुद्ध नहीं होते। इसलिए शत-प्रतिशत शुद्ध परिणाम प्राप्त करने के लिए इसके संकेतों को digital रूप में बदल लिया जाता है। इस काम के लिए कुछ विशेष यंत्रों का प्रयोग होता है, जिन्हें मोडेम (Modulator Demodulator का लघु रूप) कहते हैं। ये एनालॉग संकेतों को डिजिटल तथा डिजिटल को एनालॉग में बदलने का काम करते हैं। हायब्रिड कंप्यूटर का प्रयोग एक सहायक कंप्यूटर की तरह किया जाता है जो मुख्य यंत्र के किसी हिस्से में लगा दिया जाता है।

4.6 ऑप्टिकल कंप्यूटर

पांचवी जनरेशन के कंप्यूटरों के विकास क्रम में अब इस प्रकार के कंप्यूटर बनाये जा रहे हैं जिनमें एक भाग को दूसरे भाग से जोड़ने का काम ऑप्टिकल फाइबर के बने तारों से किया जा रहा है। इनके गणना करने वाले भाग भी Optical system पर बनाये जा रहे हैं। विद्युत की गति 3 लाख कि.मी. प्रति सेकंड होने के कारण एक मीटर की दूरी तय करने में किसी भी विद्युतीय संकेत को 3 नैनो सेकंड का समय लगता है। यूं यह समय बहुत कम है लेकिन गणना इससे भी कम समय में करने के लिए बिना तार (Wire) के कंप्यूटर बनाने की आवश्यकता अनुभव हुई, जिसे पूरा करने के लिए ऑप्टिकल फाइबर पद्धति को अपनाया जा रहा है। यह पद्धति कंप्यूटर की स्पीड बढ़ाने में बहुत सहायक सिद्ध होगी।

4.7 ऐटॉमिक कंप्यूटर

कार्नेगी मेलोन विश्वविद्यालय में ऐसे ऐटॉमिक कंप्यूटर बनाने के लिए काम जारी है जो किसी खास प्रोटीन के परमाणुओं को एकीकृत परिपथ में बदल दे और साथ ही कंप्यूटर को आज के कंप्यूटरों के मुकाबले 10,000 गुनी क्षमता और स्पीड वाला बना दे।

बैक्टीरियो हार्डोप्सिन नामक इस प्रोटीन में 10,000 गीगाबाइट (1 गीगाबाइट = 1000 मेगाबाइट) जानकारी संग्रहित की जा सकती है और इससे 10 पीको सेकंड (1 पीको सेकंड=10^{-12} सेकंड) की क्षमता से कार्य लिया जा सकता है। इस शताब्दी के अंत तक शायद ये कंप्यूटर विकसित कर लिये जाएंगे।

OOO

अध्याय-5

डिजिटल कंप्यूटर

5.1 डिजिटल का परिचय

पिछले अध्यायों में हमने गणना यंत्रों के प्रकार, इनके विकास, कंप्यूटरों की जनरेशन्स व कंप्यूटरों के तीन प्रकारों के बारे में पढ़ा। अब तक्र यह स्पष्ट हो गया है कि कंप्यूटर मानव मस्तिष्क की उपज है और यह उतना ही कार्य करता है जितना उसे निर्देश दिया जाता है। हां, यह जरूर है कि यह कई काम मनुष्य से कई गुना तेजी से बिना थके हुए और त्रुटि रहित कर सकता है।

कंप्यूटर की कई जातियां और उपजातियां हैं, लेकिन आम जनता को जिस कंप्यूटर से काम लेना होता है, वह इलेक्ट्रॉनिक कंप्यूटर है। इलेक्ट्रॉनिक कंप्यूटर की तीन श्रेणियां हैं — एनालॉग, डिजिटल और हाइब्रिड कंप्यूटर। इनके संबंध में आप पिछले अध्याय में पढ़ चुके हैं।

एनालॉग कंप्यूटर विशेष प्रकार के होते हैं जो किसी Information या result का इलेक्ट्रॉनिक नमूना बनाकर उस क्रिया या प्रतिक्रिया को सुचारु रूप से जारी रखने के लिए निर्देश देते हैं। ये कंप्यूटर आमतौर से वैज्ञानिक प्रयोगशालाओं में प्रयोग किये जाते हैं।

डिजिटल कंप्यूटर सबसे ज्यादा प्रयोग में आते हैं और विश्व के कोने-कोने में मौजूद हैं। इनके विषय में आगे बताया जाएगा।

हाइब्रिड कम्प्यूटर उपरोक्त दोनों कंप्यूटरों को मिला कर बनाये जाते हैं और इनमें दोनों तरह के कंप्यूटरों की विशेषताएं होती हैं। ये ज्यादातर मशीनों के रूप में होते हैं। इनमें माइक्रोकंप्यूटर सबसे ज्यादा प्रचलित हैं क्योंकि ये आकार में बहुत छोटे और आम व्यावसायिक आदमी की क्रय क्षमता के अंदर होते हैं।

5.2 कंप्यूटर का वर्गीकरण

कंप्यूटरों को उनके आकार व कार्य पद्धति के आधार पर निम्न प्रकार वर्गीकृत किया जा सकता है:
1. माइक्रो-कंप्यूटर (मेमोरी रेंज 8 किलोबाइट से 512 मेगाबाइट, 2. मिनी कंप्यूटर (मेमोरी रेंज 4 मेगाबाइट से 4 GB मेगाबाइट, 3. मेनफ्रेम (मिडी) कंप्यूटर (10 से 640 मेगाबाइट), 4. सुपर (मैक्सी) कंप्यूटर (8 मेगाबाइट से 10 टेराबाइट)। यहां ये बता देना जरूरी है कि-
1 किलोबाइट = 1000 बाइट, 1 मेगाबाइट = 1000 किलोबाइट
1 बाईगा बाइट = 1000 मेगाबाइट, 1 टेरा बाइट = 1000 गाईगा बाइट। कंप्यूटर में 1 अक्षर को प्रदर्शित करने के लिए 1 बाइट मेमोरी खर्च होती है।

5.3 माइक्रो कंप्यूटर

ये कंप्यूटर कंप्यूटरों की चौथी जनरेशन में बनने प्रारंभ हुये। इस जनरेशन का चलन वर्ष 1971 से शुरू हुआ, जब एक ही चिप के ऊपर हजारों ट्रांजिस्टर और अन्य इलेक्ट्रॉनिक कम्पोनेंट्स लगाये जाने लगे। इस प्रकार की चिपों को माइक्रो प्रोसेसर कहा गया, जिनमें क्रमश: सुधार होते-होते माइक्रो कंप्यूटरों का निर्माण होने लगा।

एक बक्से के अंदर (Visual Display Unit) वी.डी.यू और माइक्रो-प्रोसेसर चिपों को लगाकर टाइपराइटर के समान की-बोर्ड लगाकर बनाये गये, टेलीविजन साइज के इस कंप्यूटर को माइक्रो-कंप्यूटर नाम दिया गया। इसे माइक्रो कंप्यूटर कहने के दो कारण है : एक तो यह कि यह माइक्रो प्रोसेसर का उपयोग करता है और दूसरा यह कि इसका अपना आकार मेनफ्रेम कंप्यूटर की तुलना में 'माइक्रो' यानि 'लघु' (छोटा) है। माइक्रो कंप्यूटर मेनफ्रेम का दस लाखवां हिस्सा भर है। माइंक्रो कंप्यूटर की क्षमता एक लाख अनुदेश प्रति सेकंड (100 के.आइ.पी.एस.) के बराबर होती है।

माइक्रो कंप्यूटर का सबसे ज्यादा प्रचलित रूप आइ.बी.एम. की पर्सनल कंप्यूटर शृंखला के रूप में सामने आया। इनके लोकप्रिय होने का कारण यह है कि यह हमारे बहुत काम में आते हैं। पी.सी.शृंखला के आने के बाद इन पर प्रयोग होने वाले सॉफ्टवेयर इतनी बड़ी संख्या में बनने लगे कि हर जगह आई.बी.एम. पी.सी. या उनकी नकल पर बने कंप्यूटरों का प्रयोग होने लगा। आई.बी.एम.पी.सी. के हजारों सॉफ्टवेयर बाजार में मौजूद होने से इनकी लोकप्रियता और भी बढ़ गयी है।

माइक्रो कंप्यूटर सामान्यत: चार प्रकार के होते हैं –

1. पर्सनल होम कंप्यूटर: इन कंप्यूटरों को घरेलू टेलीविजन के साथ लगाया जा सकता है। ये 4000 रु. से 10000 रु. मूल्य के होते हैं। इस श्रेणी के कुछ प्रचलित नाम हैं – सिन्क्लेयर ZX-81, कमोडोर 64 आदि। प्रत्येक होम कंप्यूटर पर केवल उसी कंपनी के सॉफ्टवेयर चलाये जा सकते हैं जो कि एक छोटी-सी कार्टरिज में भरे होते हैं। सबसे ज्यादा सॉफ्टवेयर माइक्रोसॉफ्ट ने बनाये हैं। होम कंप्यूटरों की यह विशेषता है कि उनका अपना ऑपरेटिंग सिस्टम होता है और सीखने के लिए बेसिक नामक भाषा का प्रोग्राम इनके अंदर मौजूद होता है। इन कंप्यूटरों में गणना के अलावा वीडियो गेम्स तथा व्यावसायिक कार्यों जैसे डेटाबेस, इनकम टैक्स, पर्सनल डायरी, बजट आदि का रिकॉर्ड रखने की भी व्यवस्था होती है।

किसी कंप्यूटर के मुख्यत: तीन हिस्से होते हैं – सिस्टम बोर्ड, स्क्रीन तथा की-बोर्ड। होम कंप्यूटर को घरेलू रंगीन टेलीविजन के साथ भी लगाया जा सकता है। तब अलग से स्क्रीन अथवा मॉनीटर नहीं खरीदना पड़ता। होम कंप्यूटरों में खेल खेलने के लिए अलग से जॉयस्टिक लगाने की व्यवस्था होती है।

सभी कंप्यूटरों में स्थाई तथा अस्थाई दो प्रकार की मेमोरी होती हैं। बाह्य मेमोरी 'हार्ड डिस्क' के रूप में और स्थाई तथा अस्थाई आंतरिक मेमोरी चिप के रूप में, जिन्हें रॉम (ROM) और रैम (RAM) कहते हैं। रॉम के अंदर भरे स्थाई आदेशों के अनुसार कंप्यूटर अपना प्रारंभिक काम करता है। कंप्यूटर पर किया गया काम उसकी आंतरिक अस्थाई मेमोरी में सुरक्षित रहता है लेकिन तभी तक जब तक कि कंप्यूटर के अंदर विद्युत का प्रवाह रहता है। विद्युत के जाते ही यह जानकारी मिट जाती है। स्थायी रूप से इन्फोर्मेशन को स्टोर रखने के लिए बाह्य मेमोरी का प्रयोग करना होता है जो कि कंप्यूटर की हार्ड डिस्क या फ्लॉपी डिस्क में रखी जाती है।

कंप्यूटर की मेमोरी को किलोबाइट (KB) यूनिट में नापा जाता है। एक किलोबाइट (1024 बाइट) का वास्तविक अर्थ है 1024 अक्षर, चिह्न या अंक संग्रहीत रखने लायक स्मृति।

होम कंप्यूटर में न तो हार्डडिस्क होती है, न ही फ्लॉपी डिस्क। इसमें बाह्य स्मृति (मेमोरी) के लिए छोटी-छोटी कार्टरिज लगाई जा सकती है। होम कंप्यूटर की RAM मेमोरी बहुत कम, ज्यादा-से-ज्यादा 64 KB होती है, इसलिए ये आम तौर से केवल बच्चों के काम आते हैं।

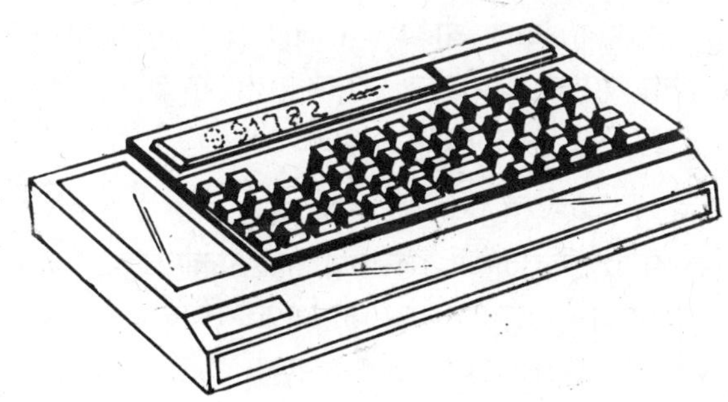

चित्र-5.1: होम कंप्यूटर

2. एजुकेशनल माइक्रो कंप्यूटर: एजुकेशनल कंप्यूटर स्कूलों में बच्चों को कंप्यूटर प्रोग्रामिंग सिखाने या अन्य शैक्षणिक कार्यक्रमों के लिए बनाये जाते हैं। इनके लिए अलग से मॉनीटर खरीदना पड़ता है। ये 10 से 40 हजार रुपये के बीच आते हैं। इनमें सबसे प्रसिद्ध कंप्यूटर बी.बी.सी. माइक्रो है, जिसे चंडीगढ़ में यूनीकॉर्न नाम से बनाया जा रहा है और अनेकों स्कूलों में प्रयोग किया जा रहा है।

इसकी मेमोरी 8 से 64 किलोबाइट होती है और BASIC भाषा इसकी आंतरिक स्मृति में भरी होती है। N.C.E.R.T ने इस कंप्यूटर को अपने क्लास प्रोजेक्ट के लिए स्वीकृत किया था तथा लगभग 5000 कंप्यूटर कई स्कूलों में भेजे गये थे।

3. पर्सनल कंप्यूटर (P.C.) : संसार में हर कार्य स्थल और घरों में मौजूद ये कंप्यूटर दिन-प्रतिदिन लोकप्रिय होते जा रहे

पर्सनल कंप्यूटर 20वीं शताब्दी की सबसे बड़ी उपलब्धि है। कंप्यूटर चार प्रकार के होते हैं

- माइक्रो कंप्यूटर
- मिनी कंप्यूटर
- मेनफ्रेम कंप्यूटर
- सुपर कंप्यूटर

आखिरी तीन कंप्यूटर काफी कीमती होने तथा ज्यादा स्थान घेरने के कारण समाज में अपना स्थान न बना सके और सिर्फ बड़े संस्थानों में उपयोग में लाये जाते रहे। 1981 के पश्चात माइक्रो कंप्यूटर, खासकर इनमें से एक पर्सनल कंप्यूटर आम जनता के बीच बहुत लोकप्रिय हुआ और धीरे-धीरे सभी कार्यशील व्यक्तियों के लिये एक अनिवार्य आवश्यकता बन कर डेस्कों के ऊपर आ गया। पर्सनल कंप्यूटर को संक्षिप्त में पी.सी. (P.C.) कहा जाता है। 1981 में कंप्यूटरों की सबसे बड़ी निर्माता कंपनी ने जब अपना पहला माइक्रो कंप्यूटर जारी किया तो उसका नाम पर्सनल कंप्यूटर रखा। आई. बी. एम ने बाद में पर्सनल कंप्यूटर की एक शृंखला जारी की, जिनमें सर्वप्रथम तीन कंप्यूटर PC, PCXT और PCAT आये।

पर्सनल कंप्यूटर में एक की-बोर्ड, एक मॉनीटर तथा एक सिस्टम बाक्स होता था, जिसमें 1 या 2 फ्लापी ड्राइव लगी होती थी और माइक्रोप्रोसेसर की क्षिप्रता सिर्फ 4 मैगाहर्ट्ज (MHZ) थी। IBM PC संपूर्ण विश्व में क्रांति लेकर आया। बाद मे IBM PC की नकल करके अन्य सैकड़ों कंप्यूटर बनाये गये, जिन्हें IBM Compatible (सुसंगत) कंप्यूटर कहा गया। इन्हें IBM Clone भी कहा गया। क्लोन का अर्थ है जिनके पूर्वज एक हों। काम्पेटिबल कंप्यूटर का अर्थ है कि उसके सभी हार्डवेयर उसी क्षमता के हों जो IBM PC के हैं तथा उनमें वही सारे साफ्टवेयर चलाये जा सकते हैं, जो IBM PC में चलाये जा सकते हों।

पर्सनल कंप्यूटर का इतिहास

संपूर्ण विश्व का सर्वप्रथम इलेक्ट्रानिक डिजीटल कंप्यूटर (ENIAC) एनीयक था जिसे 1946 में चालू किया गया। यह एक लंबे चौड़े गैराज में स्थापित किया गया था और 150 किलोवाट के रेट से बिजली लेता था। इसमें 18 हजार निर्वात नलिकायें (इलेक्ट्रानिक वाल्व), 70 हजार रेजिस्टर और 6000 स्विच लगे हुए थे। आज का एक पर्सनल कंप्यूटर भी इससे 1 लाख गुना शक्तिशाली होता है। वाल्व बहुत अधिक बिजली खर्च करते थे इसलिए इसके बाद के कंप्यूटरों में वाल्व के स्थान पर ट्रांजिस्टरों का उपयोग किया गया और ट्रांजिस्टरों का स्थान धीरे-धीरे माइक्रोप्रोसेसर चिप ने ले लिया जिनका आकार लगभग एक नाखून के बराबर होता है।

IBM पी. सी. में 8088 चिप का प्रयोग किया गया था। इसी चिप के संवर्द्धित रूप को PCXT (PC-extended) कहा गया, जिसमें 8086 चिप का प्रयोग हुआ और एक "फ्लापी-ड्राइव के साथ-साथ एक स्थायी हार्ड-डिस्क और हार्ड-डिस्क-ड्राइव लगा दी गयी। हार्ड डिस्क 4 मेगा बाइट के केपेसिटी की होती थी। बाद में PCXT में 8086 चिप का प्रयोग किया जाने लगा और हार्ड डिस्क भी 20 मेगाबाइट की लगने लगी। कंप्यूटर की मेमोरी 640 किलोबाइट ही रही। 1984 में 80286 चिप आ जाने के पश्चात IBM ने PCAT (Advanced Technology) जारी किया और मेमोरी को बढ़ाकर 1 मेगाबाइट (1 Mb) कर दिया, जिसके कारण एक से अधिक प्रोगाम एक साथ चलाये जा सकें। यहाँ यह बता देना बहुत जरूरी है कि ये सभी माइक्रोप्रोसेसर Intel कंपनी के द्वारा बनाये जाते हैं।

काम्पेक ने 1986 में इन्टेल की 80386 चिप के साथ अपने डिजाइन का PC बनाया जो कि आई बी एम के PCAT से भी ज्यादा त्वरित क्षिप्रता वाला था। इसका सबसे बड़ा गुण यह था कि इसमें मल्टीटास्किंग (बहुकार्यशीलता) क्षमता थी, जिसके कारण जब आपका प्रिंटर अपना कार्य कर रहा हो तो आप तब किसी अन्य प्रोग्राम के साथ अपना काम कर सकते थे। लेकिन यह काफी महंगा था।

महंगाई की समस्या से उबरने के लिये 80386 की यह कम कीमत वाला संस्करण जारी किया गया, जिसे 803865 के नाम से जाना गया और मौलिक माइक्रोप्रोसेसर का नाम 80386 रखा गया। दोनों चिपें व्यावहारिक रूप से एक सी क्षमता रखती थी। सिर्फ एक कंप्यूटर से दूसरे कंप्यूटर में डेटा संचरण के वक्त इनकी क्षमता में अंतर महसूस होता था। डेटा संचार की दृष्टि से DX माडल SX माडल से दुगुनी तीव्रता से काम करता है, इसलिये इसका उपयोग ज्यादातर नेटवर्किंग के लिये किया जाने लगा।

क्लोन कंप्यूटर आने से आई.बी.एम. कंप्यूटर की मांग अचानक कम होने लगी। इसलिये IBM ने 1987 में अपनी

विपणन नीति के अतर्गत एक दूसरी कंप्यूटर शृंखला जारी की, जिसे PS-2 पर्सनल सिस्टम 2 नाम दिया गया और इस बात को ध्यान रखा गया कि इनकी नकल न हो पाये। इसलिए इस डिज़ाइन को प्रोप्रायट्री बनाकर रजिस्टर भी करवा लिया। इसमें इन्टेल के अलावा अन्य दूसरी कंपनियों की चिपों को उपयोग किया गया, लेकिन मुख्य चिप फिर भी इन्टेल 8088 फेमिली की ही रही। इस कंप्यूटर आपरेटिंग सिस्टम को भी बदल डाला गया, जिसका नाम PS-2 था। इसके पूर्ववर्ती कंप्यूटरों में और बाद के कंप्यूटरों में भी माइक्रोसाफ्ट कंपनी के DOS का उपयोग हुआ, लेकिन इस शृंखला में PS-2 आपरेटिंग सिस्टम का प्रयोग हुआ। यह एक बहुत ही अच्छा मल्टीटास्किंग आपरेटिंग सिस्टम था तो, लेकिन इस सिस्टम में चलने वाले साफ्टवेयरों की कमी के कारण यह शृंखला ज्यादा प्रसिद्ध नहीं हो सकी।

1989 में इन्टेल ने 80486 चिप जारी की जो कि 80386DX से 2.1 गुना अधिक शक्तिशाली थी। साथ-साथ डास आपरेटिंग सिस्टम (संचालन प्रणाली) के ऊपर माइक्रोसाफ्ट की विन्डो 3.1 आपरेटिंग सिस्टम को जड़ दिया गया। इसके पश्चात IBM, इन्टेल से 80585 चिप बनवाने का प्रयास यह था कि लेकिन उसकी नकल होने की संभावना के मद्दे नजर रखकर उन्होंने एक नितान्त नये आर्कीटेक्चर पर आधारित माइक्रोप्रोसेसर शृंखला बनवायी, जिसका नाम पेन्टियम रखा गया। 80486 चिप की क्षिप्रता 33 M.Hz ही थी लेकिन पेंटियम शृंखला में 60, 75 और 90 M.Hz की चिपें जारी की गईं। जहां इनकी क्षिप्रता बढ़ी, वहीं इनकी कीमतों में काम्पीटीशन के कारण अचानक कमी आयी जिससे इनकी मांग विश्व में एकदम बढ़ गई। 66 M.Hz की चिप आने के कारण मल्टीमीडिया को कंप्यूटर के साथ एकीकृत करना सम्भव हुआ और कंप्यूटर को रूप और गुणों में तथा इससे होने वाली कार्यों में कई गुणा तेजी आ गई जिसके फलस्वरूप इन्टेल ने 100, 133, 166 और 200 M.Hz वाली चिपों की बाढ़-सी ला दी।

नवम्बर 1995 में इन्टेल ने पेंटियम प्रो चिप जारी की और जनवरी 1997 में पेंटियम MMX (Multimedia extensions) चिप के साथ अपना पेंटियम कंप्यूटर जारी किया, जिसके कारण लगभग सुपर कंप्यूटर जैसी क्षमता पर्सनल कंप्यूटर में आ गई। मल्टी मीडिया के साथ इन्टरनेट पर कंप्यूटरों का बहुतायत से प्रयोग होने लगा। सन् 2000 तक संसार में 20 करोड़ से अधिक इन्टरनेट कनेक्शन हो गए थे।

1997 के अंत में एक सुपरफास्ट चिप जारी की गई जिसे पेंटियम II नाम दिया गया। इसके साथ ही जुलाई 1998 में माइक्रोसाफ्ट ने विंडोज 98/NTS आपरेटिंग सिस्टम जारी किये, जिनके कारण कंप्यूटर और इन्टरनेट आपस में इतने घुल-मिल गये हैं कि विश्व के किसी भी कोने में स्थित जानकारी को कुछ मिनटों में आपके पर्सनल कंप्यूटर पर मय मल्टीमीडिया के साथ देखा जा सा सकता है और यह भी संभव है कि आप कंप्यूटर के जरिये आपस में मय अपने फोटो के परिचय प्राप्त कर सकें और बातचीत कर सकें। सारणी 1.1 में विभिन्न पर्सनल कंप्यूटरों के संबंध में जानकारी दी गई है।

पेंटियम माइक्रोप्रोसेसर आने के पश्चात वर्तमान सभी पर्सनल कंप्यूटर इन चिपों पर आधारित आने लगे। इनका विवरण नीचे दिया जा रहा है।

सारणी 1.1 इन्टेल के विभिन्न माइक्रोप्रोसेसर चिप

	286	386	486	पेंटियम	पेरियमप्रो	पेंटियम II	पेंटियम III	पेंटियम IV
निगर्मन तिथि	2/82	10/85	4/89	3/93	10/95	12/97	1899	2001
कुल ट्रांजिस्टर (लाखों में)	1.30	2.75	12	31	55	75	145	--
क्षिप्रता (MHz)	10	33	66	133	233	> 450	< 900	> 900
प्रारम्भिक स्पीड (MIPS)	1	5	20	100	250	500	750	--

1. **पेंटियम प्रोसेसर**–1993 में प्रस्तुत किये गये इस माइक्रोप्रोसेसर में कंप्यूटर में वास्तविक रूप से ग्राफिक और साउण्ड प्रोसेसिंग की क्षमता आ गई और मेमोरी बढ़कर 16 मेगाबाइट हो गई। 30 लाख से अधिक ट्रांजिस्टरों की क्षमता वाले इस माइक्रोप्रोसेसर की क्षमता 133 मेगाहर्ट्ज होती थी, जिससे यह संभव हो सका कि इंटरनेट से डेटा काफी अच्छी स्पीड से निकाल सकें।

   इस प्रोसेसर का नाम पेंटियम देने के पीछे इसके उत्पादनकर्ता कंपनी इन्टेल की व्यावसायिक चाल थी। इन्टेल चतुर्थ पीढ़ी के माइक्रोप्रोसेसर 80486 के बाद पंचम पीढ़ी का नाम 80586 होता, लेकिन जब इन्टेल को पता चला कि इसकी डिजाइन की नकल हो सकती है तो उन्होंने उसके प्रोजेक्ट का नाम पेंटियम रखा ताकि नकल कर्ताओं को कानो-कान ख़बर न हो सके। इसकी डिजाइन टीम में भारतीय विद्यार्थी भी शामिल थे।

2. **पेंटियम प्रो**–1995 में प्रस्तुत किये गये 55 लाख ट्रांजिस्टरों को समाये हुये इस प्रोसेसर को कार्पोरेट जगत में सर्वर पी.सी. में लगाये जाने के लिये किया गया था। सर्वर पी.सी. में कार्पोरेट सेक्टर की किसी भी कंपनी का उनके उपभोक्ताओं के इस्तेमाल के लिये डेटा भरा होता है, जिसे एस. क्यू. एल. (SQL) के माध्यम से क्लाइट कंप्यूटर द्वारा प्राप्त किया जा सकता है। सर्वर कंप्यूटर हमेशा इंटरनेट से जुड़ा रहता है।

3. **पेंटियम II**–पेंटियम प्रो चिप का विस्तार कर एम एम एक्स टेक्नॉलाजी के साथ जोड़ा गया ताकि इसकी क्लाक स्पीड बढ़कर 233 से 450 मेगाहर्ट्ज हो जाये। MMX टेक्नॉलाजी वाले इस प्रोसेसर में 75 लाख ट्रांजिस्टर लगाये गये, ताकि ग्राफिक और मल्टीमीडिया का कार्य त्वरित गति से किया जा सके।

4. **पेंटियम III**–750 मेगाहर्ट्ज की क्षिप्रता के साथ चलने वाले इस प्रोसेसर को मल्टीमीडिया, इन्टरनेट ब्राउजिंग और मोबाइल कंप्यूटरों के उपयोग के लिये बनाया गया। इस प्रोसेसर का इस्तेमाल सर्वर एवं मल्टी मीडिया के लिये किया जाता है। विंडोज 2000 आपरेटिंग सिस्टम का इस्तेमाल सिर्फ इस प्रोसेसर के साथ किया जा सकता है।

चित्र-5.3: लैपटॉप पर्सनल कंप्यूटर

4. लैपटॉप कंप्यूटरः चौथे प्रकार के कंप्यूटर लैपटॉप कंप्यूटर हैं। ये ब्रीफकेस के आकार के होते हैं व इनका वजन केवल 3.5 किलोग्राम के आसपास होता है, इसलिए इन्हें इधर-उधर ले जाना आसान है। इनका दाम लगभग 90000 रु. होता है। इन्हें इलेक्ट्रॉनिक डायरी भी कहते हैं। यह डायरी पी.सी.ए.टी. से भी अधिक क्षमता वाली होती है। इसके अंदर एक छोटा-सा LCD टाइप का डिस्प्ले स्क्रीन होता है। इस कंप्यूटर को कार्पोरेट सेक्टर के अफसरों के लिए बनाया गया है जो अक्सर कंपनी या डिपार्टमेंट के काम से इधर-उधर जाते रहते हैं। इस कंप्यूटर में कंपनी के बिजनेस से संबंधित सारी जानकारी डाली जा सकती है।

5.4 मिनी कंप्यूटर

सन् 1959 में डिजिटल इक्विपमेंट कारपोरेशन (D.E.C) ने प्रोग्रामेबिल डेटा प्रॉसेसर-1 (पी.डी.पी. 1) बनाकर मिनी कंप्यूटर के उत्पादन की शुरुआत कर दी थी। उस समय जब 10 लाख डॉलर से कम मूल्य का कोई कंप्यूटर उपलब्ध नहीं था, इसकी कीमत केवल 1 लाख 20 हजार डॉलर थी। इसके संशोधित मॉडल पी.डी.पी. 8 में I.C. के उपयोग से इस कंप्यूटर के आकार व कीमत दोनों कम हो गये थे जिससे मिनी कंप्यूटर शब्द का जन्म हुआ। सन् 1965 में यह कंप्यूटर केवल 20,000 डॉलर में मिलने लगा जिसके कारण इसे स्कूलों, प्रयोगशालाओं आदि के लिए खरीदा जाने लगा। ये एक छोटी अलमारी के बराबर होते थे इसलिए इन्हें मिनी कंप्यूटर कहा जाने लगा। (चित्र 5.4) मिनी कंप्यूटर में एक सेन्ट्रल प्रोसेसिंग यूनिट (C.P.U), एक

चित्र-5.4: मिनी कंप्यूटर

विजुअल डिस्प्ले यूनिट (V.D.U) और एक की-बोर्ड के साथ एक टेप-ड्राइव और एक लाइन प्रिंटर होता है। मिनी कंप्यूटर की मेमोरी 4 मेगाबाइट से 12 मेगाबाइट तक होती है। इनमें 16 या 32 बिट वाले शब्दों का प्रयोग होता है। इस श्रेणी का सबसे प्रसिद्ध कंप्यूटर P.D.P-11 है जिसमें 20 लाख शब्दों की जगह है। ये कंप्यूटर माइक्रोकंप्यूटर से लगभग 5 से 50 गुना तेजी से काम करते हैं। ये 5 लाख से 50 लाख अनुदेश (Instructions) प्रति सेकंड दे सकते हैं। इसकी डाटा अंतरण दर (Data Transfer Rate) 40 लाख बाइट प्रति सेकंड होती है। डाटा ट्रांसफर रेट बताता है कि 1 सेकंड में कितनी बाइट्स को कंप्यूटर की मेमोरी से बाहर निकाला जा सकता है। इसकी मेमोरी 80 मेगाबाइट तक बढ़ाई जा सकती है। आजकल इनकी कीमत 1 से 2 लाख रुपये है।

5.5 सुपर मिनी कंप्यूटर

उन मिनी कंप्यूटरों को जिन्हें सुपरचिप 80386 का प्रयोग कर शक्तिशाली बना दिया जाता है सुपरमिनी कंप्यूटर कहा जाता है। दूसरे शब्दों में, मिनीकंप्यूटर के आकार में जब मेनफ्रेम कंप्यूटर की मेमोरी हो तो उसे सुपर मिनी कंप्यूटर कह सकते हैं। इनके शब्दों की लंबाई 32 बिट और मेमोरी 1 से 80 मेगाबाइट होती है।

वैक्स-II, 780/8600, टी.डी.सी. 332, विप्रो पिरामिड 90X, ब्ल्यू स्टार्स सीरीज 930 कुछ सुपर मिनी कंप्यूटरों के उदाहरण हैं।

5.6 मेनफ्रेम कंप्यूटर

सुपर कंप्यूटरों के अतिरिक्त बड़े आकार के सभी कंप्यूटरों को मेनफ्रेम कंप्यूटर कहते हैं। ये कंप्यूटर स्टील के फ्रेमों में बनाये जाते थे, इसीलिए इन्हें मेनफ्रेम कहा जाने लगा। तीसरी जनरेशन तक सभी बड़े कंप्यूटर मेनफ्रेम आकार में ही बनते थे, लेकिन चतुर्थ जनरेशन में तकनीक का विकास हो गया

चित्र-5.5: एक संपूर्ण मेनफ्रेम कंप्यूटर पद्धति

और सुपर कंप्यूटर बनने लगे। वाल्व पर आधारित ENIAC, ट्रांजिस्टर पर आधारित एडवॉक, परिपथों पर आधारित आइ.बी.एम. 360 तथा चौथी जनरेशन का पहला कंप्यूटर इलीयक-IV सभी मेनफ्रेम कंप्यूटर थे। तृतीय जनरेशन के एक मेनफ्रेम कंप्यूटर को चित्र 5.5 में दिखाया गया है। मेनफ्रेम कंप्यूटर में हजारों माइक्रोप्रोसेसरों का उपयोग किया जाता है। मेमोरी के लिए मैग्नेटिक टेप और मैग्नेटिक ड्रम का और छपाई के लिए लाइन और लेज़र प्रिंटरों का प्रयोग होता है। इन कंप्यूटरों में डेटा डालने और परिणाम लेने के लिए मिनी कंप्यूटरों का प्रयोग किया जाता है जिन्हें फ्रंट एंड फीडर (Front End Feeder) कहा जाता है। यह केवल कंप्यूटर ही नहीं बल्कि पूरी-की-पूरी इलेक्ट्रॉनिक डाटा प्रॉसेसिंग पद्धति होती है जिसमें सभी काम जैसे कि डेटा, सूचनाओं या किसी टैक्स्ट का संग्रह एवं विश्लेषण, डेटा और परिणामों की छपाई, किसी टैक्स्ट की नकलें या कापियां बनाना, बड़ी से बड़ी गणनाएं करना तथा 'रियल टाइम कन्ट्रोल' यानि घटना का विश्लेषण या नियंत्रण, तुरंत बिना किसी विलंब के करना आदि, स्वचालित (Automatic) ढंग से होता है। इसका प्रमुख उपयोग एक केन्द्रीय कंप्यूटर के रूप में किया जाता है जिसका उपयोग छोटे कंप्यूटर लगाकर सैकड़ों व्यक्ति एक साथ कर सकते हैं। सामान्यत: 32 से 128 व्यक्ति इनका उपयोग करते हैं।

मेनफ्रेम कंप्यूटरों में निम्न विशेषताएं हैं :

- इनकी मेमोरी 10 से लेकर 128 मेगाबाइट होती है। तृतीय जनरेशन के आइ.बी.एम-370 की मुख्य मेमोरी 10 मेगाबाइट थी।
- इनकी डेटा स्थानांतरण दर (Data Transfer Rate) 10 लाख बाइट प्रति सेकंड है।
- इनकी क्षमता 5 से लेकर 100 MIPS (Million Instructions Per Second) होती है यानि ये 50 लाख से 10 करोड़ अनुदेश प्रति सेकंड execute कर सकते हैं।
- इनकी word length 32 से 64 बिट होती है।
- इनकी कीमत 1 करोड़ से 10 करोड़ रुपयों तक हो सकती है।
- इन कंप्यूटरों पर सभी प्रकार की हाई-लेवल भाषाओं का प्रयोग किया जा सकता है।

5.7 सुपर कंप्यूटर

आधुनिक परिभाषा के अनुसार, वे कंप्यूटर जिनकी मेमोरी 512 गाइगाबाइट से अधिक हो एवं जो 500 एम. फ्लाप की क्षमता से कार्य कर सकते हों, सुपर कंप्यूटर कहलाते हैं। इनकी विशेषताएं कुछ इस प्रकार होती हैं -

1. इनमें माइक्रो प्रोसेसर लगा होता है जिसमें 32 या 64 समानांतर परिपथों में सूचनाओं पर एक साथ कार्य किया जाता है। इस तरह इनमें 5 अरब गणनाएं प्रति सेकंड (500 एम फ्लॉप यानि 500 Million Floating Points Operations Per Second) की क्षमता आ जाती है। दूसरे शब्दों में यह है कि ये साधारण कंप्यूटर की तुलना में एक हजार से एक अरब गुना ज्यादा तेज हैं।
2. इनमें चुंबकीय बबल मेमोरी (Bubble Memories) या आवेशित युग्मित युक्तियों (Charged Coupled Devices - CCDs) (इनके विषय में आप आगे पढ़ेंगे) का उपयोग होता है जिनकी सहायता से छोटी जगह में बहुत जानकारी इकट्ठा की जा सकती है। बबल मेमोरी में 50 लाख बिट्स (बाइनरी डिजिट) प्रतिवर्ग से.मी. की दर से जानकारी इकट्ठा की जा सकती है।
3. इनमें आधुनिक कंप्यूटर भाषाओं तथा कृत्रिम बुद्धि (Artificial Intelligence) वाली 'लिस्प' (List Processing or LISP) तथा प्रोग्रामिंग लॉजिक का प्रयोग किया जाता है।
4. साधारण कंप्यूटरों की चिपों में प्रयोग किये जाने वाले सिलिकॉन के अलावा सुपर कंप्यूटर की चिपों में गैलियम आर्सेनाइड का भी उपयोग किया जाता है, जो छह गुना तेजी से काम करता है।
5. सुपर कंप्यूटर आम कंप्यूटरों की तरह डेटा या आंकड़ों को तो प्रोसेस (Process) करता ही है, साथ में जानकारी को भी प्रोसेस करता है। इस तरह Knowledge Information Processing System (KIPS) द्वारा यह कंप्यूटर जानकारी के भंडार में निवेश (Input) और निर्गम (Output) क्रियाओं द्वारा संबंध स्थापित करता है।
6. यह लगातार बदल रहे आंकड़ों को मेमोरी में क्रमबद्ध रूप से रखता है।

विश्व में बने सबसे पहले सुपर कंप्यूटर इलीयक ने नवंबर '70 में ही अपना काम शुरू कर दिया था। इसमें एक नियंत्रक लगा था जो किसी सूचना या गणना को 64 समानान्तर परिपथों में बांटकर हल करता था। इस तरह यह अकेला ही 64 मेनफ्रेम कंप्यूटरों का काम करता था। इसमें मुख्य स्मृति को 80 लाख शब्दों की क्षमता वाली चकती (डिस्क) में रखा जाता था। यह 30 मेगाफ्लाप की क्षमता से अनुदेशों का पालन कर सकता था। इसके बाद सन् 72 में कन्ट्रोल डेटा स्टार कंप्यूटर बना जो 50 मेगाफ्लॉप पर काम करता था। इसके कुछ समय बाद 1976 में सेमोर क्रे द्वारा परिकल्पित सुपर कंप्यूटर बना जो 180 मेगाफ्लाप की गति से काम कर सकता था। इसमें विसर्जन युग्मित तर्क (Emitter Coupled Logic - ECL) वाली I.C. (Integrated Circuit) का उपयोग हुआ था। इससे पहले तीसरी व चौथी जनरेशन के सभी कंप्यूटरों में मास्फेट (MOSFET) तकनीक का प्रयोग हुआ था। 4 अलग-अलग तरह की चिपों का प्रयोग कर 1662 सर्किट बोर्ड बनाये गये थे जिनमें 25 लाख ट्रांजिस्टर लगे हुए थे। इतने बड़े कंप्यूटर का वजन केवल 5.25 टन था और इसे केवल 6 वर्गमीटर जगह में रखा जा सकता था। 1980 में कंट्रोल डाटा कारपोरेशन ने क्रे-1 से भी उन्नत सुपरकंप्यूटर साइबर 205 बनाया जिसकी क्षमता 400 मेगाफ्लाप थी। 1982 में सेमोर क्रे ने 'क्रे. एक्स. एम. पी-2' (जो 480 मेगाफ्लाप पर काम करता था) की घोषणा की। सन् 1982 में जापानी कंपनी फिजुत्शी ने 500 मेगा-फ्लाप वाला अपना कंप्यूटर बनाया। इसके साथ ही हिताची ने इससे भी तेज 630 मेगाफ्लाप का कंप्यूटर बनाया। फिलहाल जापान की कंपनी N.E.C द्वारा बनाया गया सुपर कंप्यूटर SX-2 ही सबसे अधिक क्षमता एवं गति वाला कंप्यूटर है। इसके साथ ही E.T.A-10 भी बना लिया गया है, जिसकी स्पीड 500 एम. फ्लाप आंकी गई है। आजकल अधिकतर कंपनियां सुपर मिनी कंप्यूटर बनाने में लगी हैं जिनका आकार छोटा पर निष्पादन क्षमता अधिक होती है, यद्यपि इनकी मेमोरी कम होती है।

OOO

सारणी 5.1 विभिन्न कंप्यूटरों की तुलना

कंप्यूटर के प्रकार	मुख्य स्मृति की क्षमता	सेंट्रल प्रोसेसिंग यूनिट की स्पीड (अनुदेश / सेकंड में)	कीमत अमेरिकी डालरों में	कंप्यूटर में प्रयुक्त शब्द की लंबाई एवं उपयोग करने वालों की संख्या	उदाहरणार्थ कुछ प्रचलित कंप्यूटर
1. माइक्रो (क) होम	8 से 64 कि. बाइट	1 लाख	400 से 1000	8 बिट मात्र 1 व्यक्ति	B.B.C. अकॉर्न, कमोडोर, अटारी, रेडियोशेक, T.R.C.80, सिन्क्लेयर का स्पेक्ट्रम, ZX-81. एप्पल-II. I.B.M.P.C. जूनियर
(ख) पर्सनल	64 कि.बाइट से 512 मेगाबाइट	1 लाख	1 से 10 हजार	8 से 32 बिट मात्र 1 व्यक्ति	P.C., H.C.L., केलसिस्टम, I.B.M आईको, D.C.M. विप्रो
2. मिनी	4 से 12 मेगशबाइट	5 लाख से 50 लाख	10 से 20 हजार	16 या 32 बिट 4 से 8 व्यक्ति	D.E.C.. वेक्स P.D.P.11. हनीवेल,
3. सुपर मिनी	1 से 80 मेगाबाइट	10 से 50 लाख	50 हजार से 5 लाख	32 बिट, 16 से 32 व्यक्ति	वेक्स 8600, विप्रो 90 I.C.L. 39 2904 विप्रो पिरामिड, 332
4. मेनफ्रेम (मिडी)	10 से 512 गाइगाबाइट	50 से 1000 लाख	5 लाख से 50 लाख	32 से 64 बिट 32 से 128 व्यक्ति	308, 580, 3090, 4381 .10, I.C.L. हनीवेल बर्रो, यूनीवैक
5. सुपर (मेक्सी)	8 से 512 गाइगाबाइट	500 एम.फ्लाप	50 लाख से 5 करोड़	64 से 96 बिट अनगिनत व्यक्ति	क्रे-1, 2, 3, X.M.P.C.D.C. का साइबर 205 N.I.C. का S.X-11. E.T.A.. 10, फिजुत्शी, हिताची

अध्याय–6

माइक्रोप्रोसेसर एवं चिप

6.1 कंप्यूटर व आधुनिक टेक्नोलॉजी

कई तकनीकों के मेल से आधुनिक कंप्यूटर बना है। इनमें किसी तकनीक ने प्रोग्रामिंग, किसी ने गणना, किसी ने छपाई तो किसी ने छोटे कंप्यूटरों के निर्माण में अपना योगदान दिया। आइए, इन तकनीकों पर एक नज़र डालें—

1. कंप्यूटर प्रोग्रामिंग एवं संचालन ज्यॉर्ज बूले द्वारा विकसित लॉजिकल एलजेब्रा के कारण संभव हो सका है। ब्रिटिश वैज्ञानिक क्लाइड शेनॉन ने रिले आधारित स्विचिंग सर्किट बनाकर सिद्ध किया कि ज्यॉर्ज बूले की परिकल्पना के आधार पर यंत्रों को स्वचालित रूप से दूर बैठकर भी चलाया जा सकता है।

2. फ्लिप-फ्लॉप ट्रांजिस्टर सर्किट की सहायता से कंप्यूटर के द्वारा स्वचालित गणनाएं की जाती हैं। सिलिकॉन जैसे अर्द्धचालकों के विकास के कारण कई हजार ट्रांजिस्टरों को नाखून के आकार की चिप पर बनाना संभव हो सका है और एक ही चिप में पूरा माइक्रोप्रोसेसर बनाया जा चुका है।

3. स्वचालित मशीनों के अद्‌भुत विकास के कारण बहुत तेजी से प्रिंट करने वाले प्रिंटरों को बनाया जा सका है। पिक्चर ट्यूब पर आधारित टेलीविजन जैसे वीडियो स्क्रीन के कारण कंप्यूटर के अंदर होने वाली गणना को प्रत्यक्ष रूप से देखा जा सकता है।

रूस द्वारा मानव रहित रॉकेटों के बनाये जाने के बाद मानव छोटे से छोटे आकार वाले उपकरण बनाता चला गया। हर स्वचालित उपकरण में ट्रांजिस्टर व अन्य सेमी कंडक्टरों का उपयोग किया जाने लगा। इनके प्रयोग के कारण ऊर्जा की बचत होने लगी और इनसे निकलने वाली ऊष्मा में भी कमी आयी।

पहले सभी इलेक्ट्रॉनिक अवयव वायरों से जोड़े जाते थे। बाद में, **प्रिन्टेड सर्किट बोर्ड** (PCBs) बनाये जाने लगे, जिससे लूज कनेक्शनों से बचाव संभव हो गया और सर्किट ज्यादा विश्वसनीय हो गये! प्रिन्टेड सर्किट बोर्ड के बाद माइक्रोचिप बनाये जाने लगे। अमेरिका के जे.एस.किल्वी ने 1958 में ऐसा सर्किट बनाया जिसमें ट्रांजिस्टरों सहित 26 इलेक्ट्रॉनिक अवयव बिना किसी वायर और सोल्डर ज्वाइन्ट लगाये गये थे। इस सर्किट को **इंटीग्रेटेड सर्किट** नाम दिया गया। I.C के बनाये जाने के साथ ही माइक्रो (मिनिएचराइजेशन) पद्धतियों में विकास होने लगा, जिसके फलस्वरूप 1974 में विश्व के पहले माइक्रो कंप्यूटर आल्टेयर को बनाया गया। इसके बाद पूरी सेन्ट्रल प्रॉसेसिंग यूनिट एक ही चिप पर बन गई। इस चिप को **माइक्रोप्रोसेसर** नाम दिया गया।

6.2 चिप (Chip) का निर्माण

पृथ्वी में बहुतायत में पाया जाने वाला एक तत्त्व है सिलिकॉन (Silicon), जिसका चिप बनाने में प्रयोग किया जाता है। सिलिकॉन के क्रिस्टलों को मिलाकर एक मीटर लंबी छड़ बना ली जाती है। इस छड़ से 15 से 50 mm व्यास और 2 मि.मी. लंबाई की हजारों चकतियां काट ली जाती हैं। इन चकतियों से चिप बनाने के लिये निम्न चरणों से होकर गुजरना पड़ता है:

1. सबसे पहले एक कंप्यूटर की सहायता से एक माइक्रो-प्रोसेसर सर्किट का डिजाइन बना लिया जाता है।
2. 99.9999999% शुद्ध सिलिकॉन को शून्य दाब या निर्वात (Vacuum) नली में गलाकर उसके 1 मीटर लंबे क्रिस्टल (Crystal) बना लिये जाते हैं। चूंकि

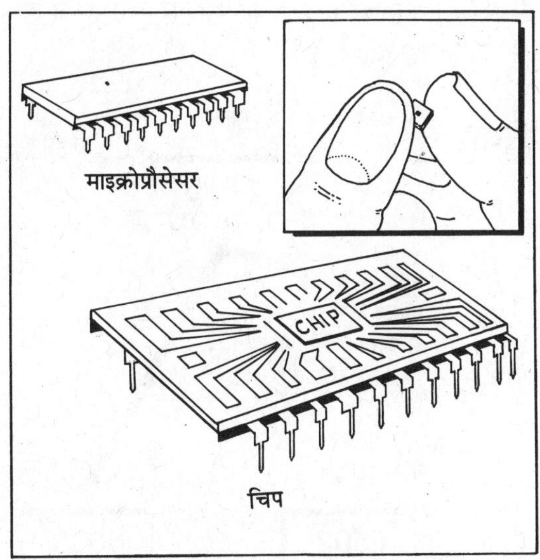

चित्र-6.1: चिप तथा उसका कवर

शुद्ध सिलिकॉन विद्युत का कुचालक (Bad Conductor) होता है इसलिए इसे अर्द्ध-चालक (Semi conductor) बनाने के लिए बोरोन या एन्टीमनी के कुछ अणु डाल दिये जाते हैं। सिलिकॉन की इस छड़ से कुछ चकतियां (wafers) काट ली जाती हैं।

3. चरण (1) में बनाई सर्किट की ड्राइंग को फोटोग्राफिक विधि द्वारा चकती पर उतार कर एक तह की सर्किट बना ली जाती है। इस तरह बनाई गई दो तहों के बीच एक फोटोरेज़िस्ट तह लगा दी जाती है।

4. यह सारा कार्य बहुत ही स्वच्छ (Ultra clear) वातानुकूलित प्रयोगशाला में किया जाता है जिसके फिल्टर ऑपरेशन थियेटर के फिल्टरों से भी 300 गुना अधिक सूक्ष्मता वाले हों।

5. इन सिलिकॉन चकतियों को 1100° सेल्सियस ताप पर कुछ रसायनों के साथ विद्युत भट्टी में पकाया जाता है। ऊंचे ताप पर अशुद्धि वाले अवयव के अणु चिप पर उभरी हुई परिपथ लाइनों में चले जाते हैं और वह सर्किट लगभग अर्द्धचालक (Semi conductor) वायर की तरह काम करने लगती है।

6. चकतियों पर बनी हुई सर्किटों की माइक्रोस्कोपिक पद्धति से जांच की जाती है। इस जांच के दौरान 70% से ज्यादा चकतियां खराब मिलती हैं। बची हुई चकतियों में से 250 से 500 तक चिपें लेज़र या हीरे की आरी से काट ली जाती हैं।

7. कटी हुई चिप को उसके ऊपर लगने वाले पॉकेटों में रखकर उसकी सर्किटों से बाहर जाने वाले वायरों को, जो कि बहुत महंगी धातु के बने होते हैं, उनके पायदान बनाकर उस रूप में लाया जाता है जिस रूप में ये बाजार में बिकती हैं। ये लगभग 8 से लेकर 32 पायदान

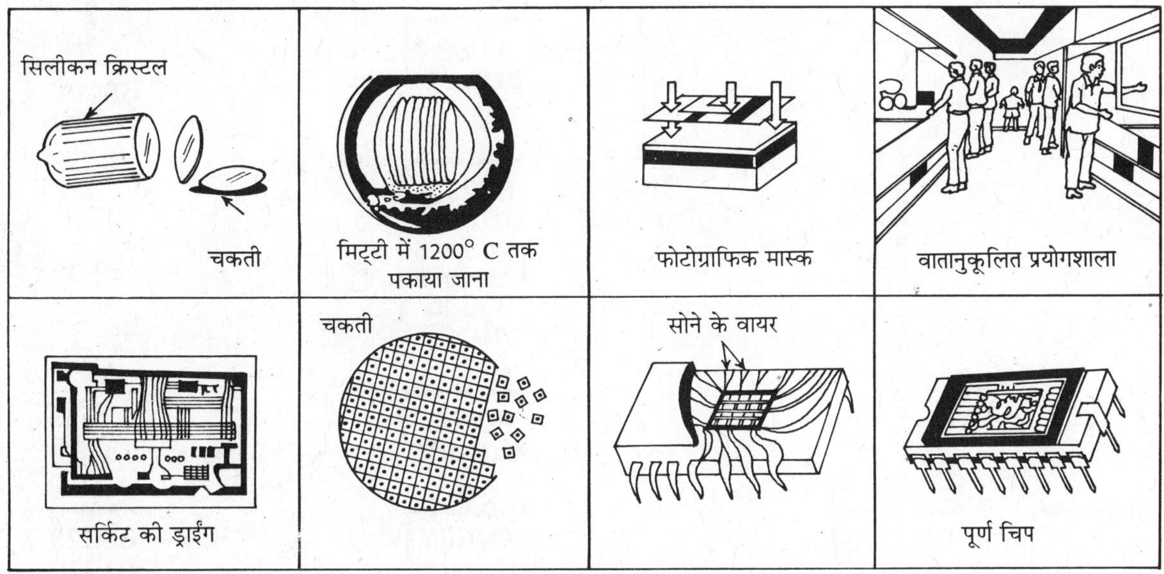

चित्र-6.2: माइक्रोप्रोसेसर चिप के निर्माण के विभिन्न चरण

वाली डायनिंग टेबल के आकृति की दिखती हैं। इस प्रकार, अति उच्च प्रौद्योगिकी का प्रयोग करके एक चिप बनायी जाती है जिसका आकार लगभग नाखून के बराबर होता है।

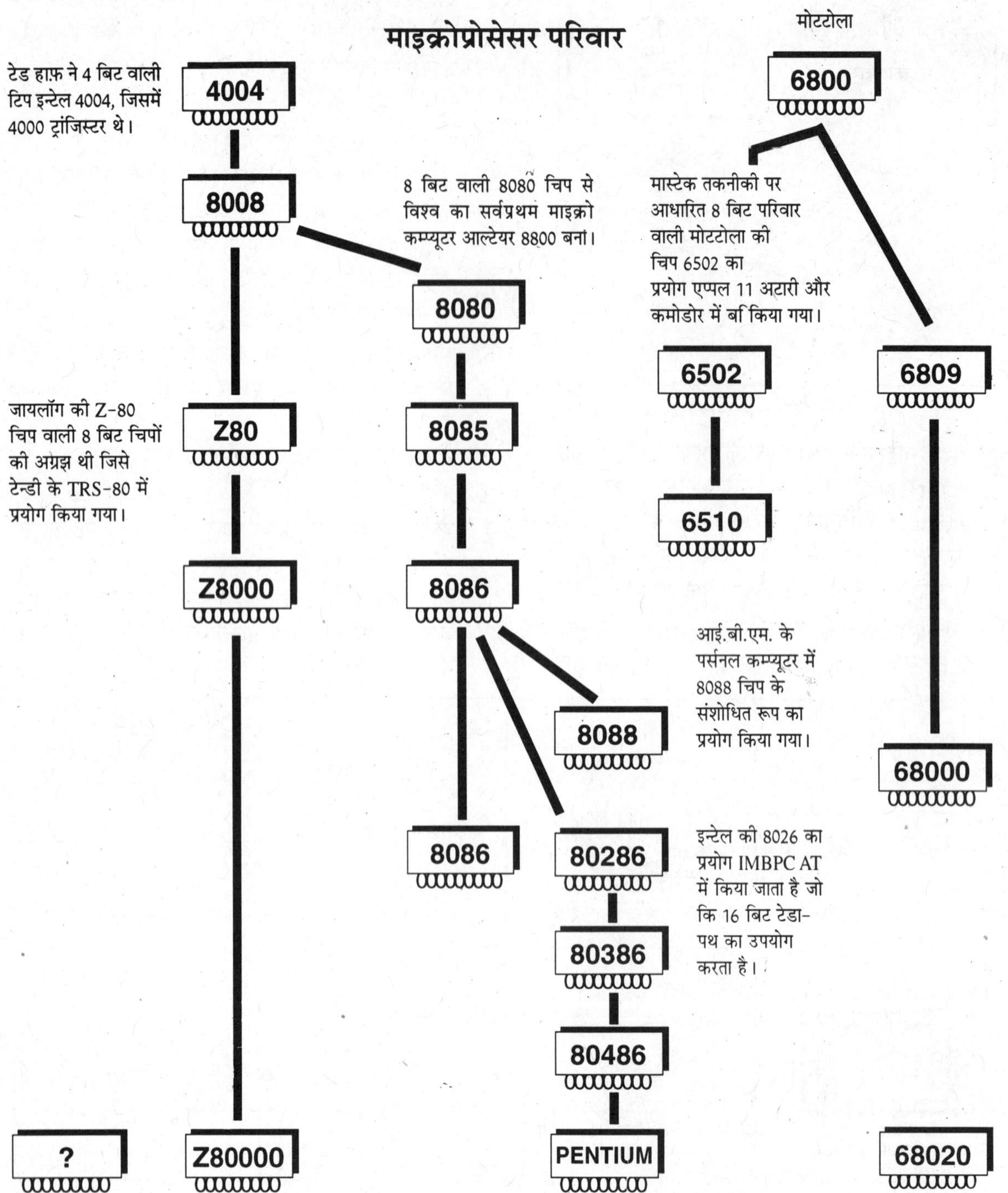

चित्र-6.3: विभिन्न माइक्रोप्रोसेसर चिपों का उद्भव एवं विकास

6.3 माइक्रोप्रोसेसर का इतिहास

हर कंप्यूटर की रचना बहुत सारे माइक्रोप्रोसेसरों को मिलाकर होती है। माइक्रोप्रोसेसर चिप से कंप्यूटर की मेमोरी, RAM, ROM, विजुअल डिस्प्ले यूनिट के कार्य के लिए सर्किट जोड़े जाते हैं। माइक्रो प्रोसेसर चिप इन्टीग्रेटेड सर्किट का दूसरा नाम है, जिसमें एक ही चिप पर ट्रांजिस्टर, कैपेसिटर, रजिस्टर आदि लगे होते हैं। इसे अतिविशाल इन्टीग्रेटेड सर्किट (VLSI) भी कहते हैं।

इन्टेल कॉरपोरेशन के टेड हॉफ ने सबसे पहले एक चिप बनाई थी जिसमें पूरे परिपथ को एकीकृत करके उतारा गया था। विश्व के इस पहले माइक्रोप्रोसेसर का नाम INTEL 4004 था। इस चिप में लगभग 4000 ट्रांजिस्टर समाये हुए थे। इस चिप का संशोधित रूप 8008 सन् 1970 में जारी किया गया। इस चिप में कुछ और सुधार हुए और 8080 चिप बनी जो बाद में माइक्रो कंप्यूटरों की आधारशिला बनी और इसके साथ ही माइक्रो (मिनिएचराइजेशन) युग की शुरुआत हुई। इस चिप का प्रयोग करने वाला पहला माइक्रो कंप्यूटर आल्टेयर-8800 था। 1975 में इस चिप की कीमत केवल 3500 डॉलर थी।

इसी चिप से मिलती-जुलती चिप ज़ीलॉग ने बनाई जो Z-80 के नाम से जानी गई। सिन्क्लेयर ने इसी चिप पर आधारित माइक्रो कंप्यूटर बनाये।

इन्टेल की चिप 8080 को थोड़ा सुधारकर पहले 8085 और बाद में 8086 चिपें बनाई गईं जिनकी स्पीड 5 मेगाहर्ट्ज से 8 मेगाहर्ट्ज थी और जिनमें 16 बिट वाली डेटा बस और लगभग 29000 ट्रांजिस्टर बने हुए थे।

इसके बाद मोटरोला कंपनी ने अपनी चिप 6800 को सुधार कर 32 बिट की डेटा बस वाली 68000 चिप बनाई। इस चिप को एप्पल के मेकेन्तोश कंप्यूटर में लगाया गया। लगभग इतनी ही शक्तिशाली चिप 8088 बनाई गई जिसे आई.बी.एम. और आइ.बी.एम. कम्पेटिबल (Compatible) कंप्यूटर, जिन्हें PC और PC-XT कहा जाता है, में लगाया गया। इनकी स्पीड 4.77 से 8 मेगाहर्ट्ज है।

8088 से लगभग दोगुनी स्पीड और ज्यादा मेमोरी वाली चिप 80286 बनाई गई जिसे IBM के PC-AT में लगाया गया। इसके बाद इन्टेल ने 80386 चिप बनाई और इसका उपयोग अपने नये पर्सनल कंप्यूटर श्रृंखला PS/2 में किया, जिसकी नकल अभी तक नहीं हो पाई है।

इन्टेल की 80486 और मोटरोला की 68040 चिपों में एक करोड़ अनुदेश प्रति सेकंड प्रतिपादित करने की क्षमता है। चंडीगढ़ के एस.सी.एल. ने भारतीय विद्यालयों के लिए बनाये जा रहे यूनीकार्न शैक्षणिक कंप्यूटर के लिए मास्टेक की 6502 चिप बनाने का काम जारी किया है।

इन्टेल ने कुछ ही समय पहले पेन्टियम नामक चिप जारी की है जिसे प्रयोग करके आई.बी.एम ने अपने पावर पी.सी. कंप्यूटर को जारी किया इस चिप की स्पीड 120 मेगाहर्ट्ज है।

मोटरोला की चिपों का प्रयोग एप्पल श्रृंखला के कंप्यूटरों में किया जाता है। अमेरिका की इन्टेल, एडवांस्ड माइक्रो डिवाइसेज और मोटरोला नामक तीन फर्में चिप बनाने में सबसे आगे हैं।

ज़ीलॉग Z-80, Z-8000 प्रसिद्ध माइक्रोप्रोसेसर हैं जिन पर आधारित सिन्क्लेयर के ZX-80, ZX-81 और स्पेक्ट्रम नामक माइक्रो कंप्यूटर सारे विश्व में प्रचलित हैं। ZX-81 सबसे ज्यादा बिकने वाला होम माइक्रो-कंप्यूटर है।

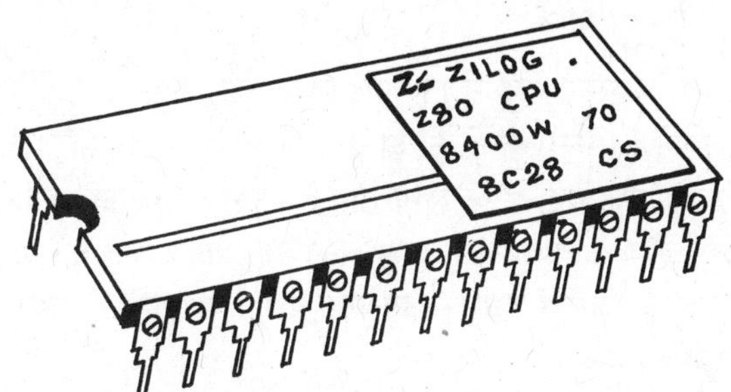

चित्र-6.4: माइक्रोकंप्यूटरों की सबसे प्रसिद्ध चिप ज़ीलॉग-Z-80

6.4 कंप्यूटर की भीतरी रचना

कई कंप्यूटरों की बाहरी बनावट भिन्न होते हुए भी भीतरी रचना लगभग एक-सी होती है। कई कंप्यूटरों का एक साथ प्रयोग भी होता है जैसे मेनफ्रेम कंप्यूटर में डेटा भरने के लिये फ्रंट इन्ड माइक्रो-कंप्यूटरों का प्रयोग किया जाता है, जिनमें पहले डेटा भरा जाता है और बाद में मेनफ्रेम कंप्यूटर में डेटा ट्रांसफर कर लिया जाता है। मिनी कंप्यूटरों को फ्रंट

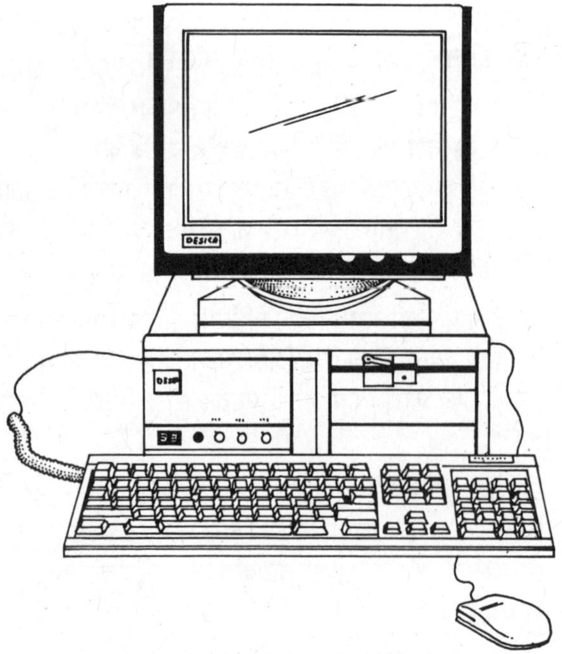

चित्र-6.5: पर्सनल माइक्रो कंप्यूटर

एंड प्रोसेसर की तरह या मिनी कंप्यूटरों के साथ माइक्रो कंप्यूटरों का प्रयोग लोकल एरिया नेटवर्क (LAN) सिस्टम में किया जाता है।

सभी कंप्यूटरों की रचना प्रतिरूपक या मॉडुलर होती है जिसमें विभिन्न भागों को आसानी से जोड़ा या निकाला जा सकता है। कंप्यूटर के सभी भाग विभिन्न प्रकार की बसों से जुड़े होते हैं। एक बस उच्च चालकता वाली धातु की बनी होती है जिसके द्वारा संकेत एक स्थान से दूसरे स्थान को भेजे जाते हैं।

6.5 माइक्रो कंप्यूटर की रचना

माइक्रो कंप्यूटर ही वह कंप्यूटर है जिसका हम आमतौर से उपयोग करते हैं। इसकी बाहरी आकृति एक टेलीविजन सेट से मिलती-जुलती है, जिसके नीचे इलेक्ट्रॉनिक टाइपराइटर की तरह का 'की-बोर्ड' रखा हुआ होता है। कंप्यूटर के टी.वी. की तरह दिखने वाले भाग को विजुअल-डिस्प्ले यूनिट (V.D.U) कहते हैं। पर्सनल कंप्यूटर के नाम से पुकारे जाने वाले माइक्रो कंप्यूटर में इस यूनिट के साथ कम-से-कम दो डिस्क ड्राइव भी लगी होती हैं, एक हार्ड डिस्क ड्राइव और दूसरी फ्लॉपी डिस्क ड्राइव। इस कंप्यूटर के साथ प्रिन्टर और ऑडियो-कैसेट-रिकॉर्डर आदि को लगाया जा सकता है। ग्राफिक कार्य के लिए डिजिटायजर पैड या माउस को जोड़ा जा सकता है। खेल आदि के लिए माइक्रो-माउस, ट्रैकर-बॉल, जॉयस्टिक आदि का उपयोग किया जाता है।

इस प्रकार साधारणत: माइक्रो कंप्यूटर में निम्न सुविधाएं होती हैं -

1. इनमें 640 किलोबाइट से लेकर 8 मेगाबाइट तक की **संचय क्षमता** होती है।
2. मुख्य आंतरिक मेमोरी के दो भाग होते हैं - **रॉम एवं रैम**। ROM कंप्यूटर की परमानेंट मेमोरी और RAM टैम्प्रेरी मेमोरी होती है।
3. **सपोर्ट मेमोरी** - होम कंप्यूटरों में मैग्नेटिक टेप (रैम कार्टरिट्ज) या ऑडियो कैसेट में तथा पर्सनल कंप्यूटरों में डिस्क ड्राइव की सहायता से फ्लॉपी डिस्क में जानकारी संचित की जा सकती है।

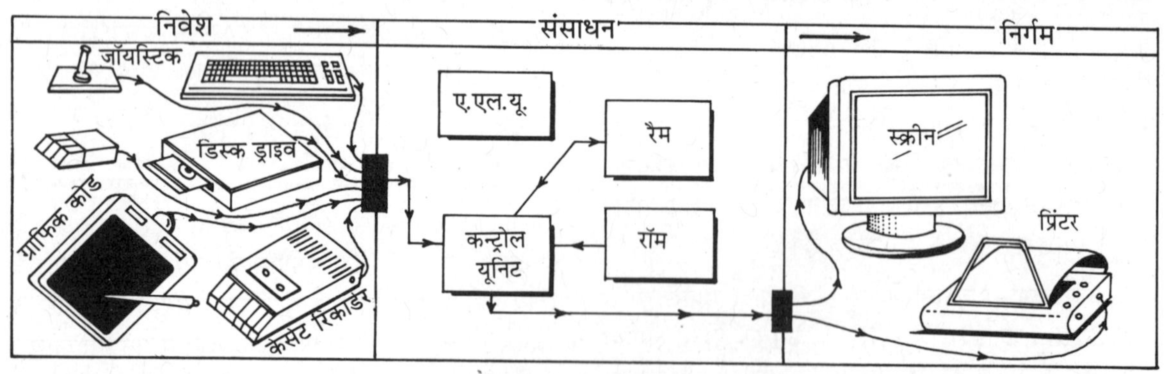

चित्र-6.6: माइक्रो कंप्यूटर का डिजाइन

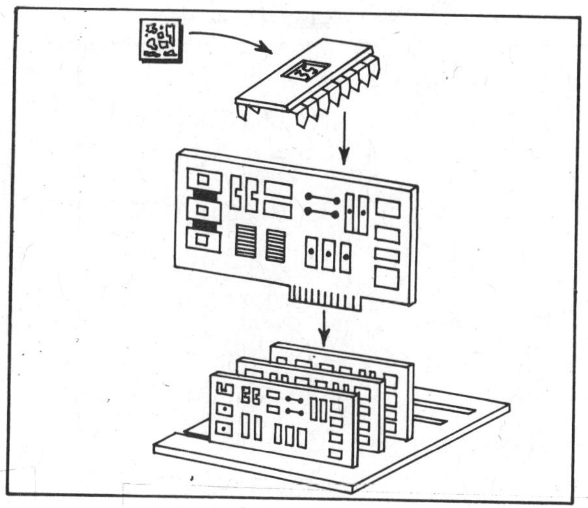

चित्र-6.7: मदर-बोर्ड की रचना

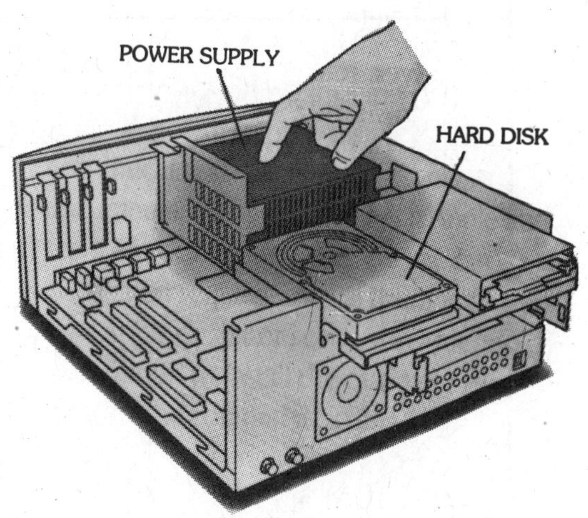

चित्र-6.8: पर्सनल कंप्यूटर की CPU तथा डिस्क ड्राइव

4. कंप्यूटर में एक **हार्ड डिस्क** भी होती है, जो कि मुख्य बाह्य स्मृति (मेमोरी) का काम करती है।
5. कम स्पीड वाला लेजर **प्रिंटर,** डाट मैट्रिक्स या इंक जेट प्रिंटर।
6. विजुअल डिस्प्ले यूनिट या **स्क्रीन।** होम कंप्यूटरों में टी.वी. के स्क्रीन से यह काम लिया जाता है।
7. एक 84 या 101 कुंजियों (Keys) वाला **की-बोर्ड।**

कंप्यूटर का सबसे महत्त्वपूर्ण काम चिप की सहायता से किया जाता है। आजकल एक ही चिप में पूरा माइक्रोप्रोसेसर आ जाता है, जिसमें 45000 से अधिक ट्रांजिस्टर होते हैं।

6.6 कंप्यूटर का निर्माण

नाखून से भी छोटी चिपों को अन्य इलेक्ट्रॉनिक अवयवों - रजिस्टर, कैपेसिटर, इन्डक्टर आदि के साथ एक प्रिन्टेड सर्किट बोर्ड (P.C.B) पर बना लिया जाता है। माइक्रोप्रोसेसर के साथ कंप्यूटर के अन्य भागों के कार्यों के लिए अलग-अलग सर्किट बना लिये जाते हैं, जिन्हें एक मदर बोर्ड पर लगा दिया जाता है। (चित्र 6.7)

कंप्यूटर स्क्रीन के कंट्रोल के लिए एक सी.जी.ए. (Colour Graphics Adapter) कार्ड लगा दिया जाता है। कलर स्क्रीन में VGA कार्ड लगाया जाता है। इसी प्रकार कंप्यूटर के सभी हिस्सों जैसे फ्लॉपी डिस्क ड्राइव और हार्ड डिस्क ड्राइव, प्रिन्टर और वीडियो कंट्रोल आदि के संचालन के लिए लगने वाली विद्युत ऊर्जा की सप्लाई के लिए एक स्विचमोड पावर सप्लाई सिस्टम (एस.एम.पी.एस.) लगा दिया जाता है, जो कि 80 या 200 वाट का हो सकता है।

6.7 कंप्यूटरों के महत्त्वपूर्ण गुण

कंप्यूटर, विशेष रूप से पर्सनल कंप्यूटर खरीदते समय निम्न लक्षणों का ध्यान रखना चाहिए :

1. क्लॉक साइकिल टाइम (Clock Cycle Time)

इस गुण का कंप्यूटर की स्पीड से सीधा संबंध होता है इसलिए इस पर विशेष ध्यान देना जरूरी है।

कंप्यूटर बहुत तेजी से काम करने वाली मशीन है जिसके सारे भीतरी कार्य पलक झपकते ही हो जाते हैं। इन कामों के नियंत्रण के लिए कंप्यूटर के माइक्रो प्रोसेसर में एक क्लाक होती है जो कि अपने आप विद्युत स्पंदन (Pulse) पैदा करती है। यह क्लाक क्वार्ट्ज क्रिस्टल से बनी होती है जिसके ऊपर थोड़ा-सा भी दबाव पड़ने पर स्पन्दन अपने आप जारी होने लगते हैं।

प्रत्येक चिप का क्लॉक साइकिल-टाइम अलग-अलग होता है। एक अनुदेश को कार्यान्वित करने के लिये माइक्रोप्रोसेसर (चिप) द्वारा लिये जाने वाले समय को उस माइक्रोप्रोसेसर का क्लॉक साइकिल टाइम कहते हैं। विभिन्न प्रकार के पर्सनल कंप्यूटर और उनके क्लॉक साइकिल टाइम आगे दी गयी सारिणी में देखिये।

सारणी 6.1: माइक्रोप्रोसेसर का वर्गीकरण

कंप्यूटर	चिप	प्रोसेसिंग स्पीड
IBM पी.सी.	Intel's 8088	4 मेगाहर्ट्ज
IBM पी.सी. XT	Intel's 8088	10 मेगाहर्ट्ज
IBM पी.सी. AT	Intel's 80286	12 से 20 मेगाहर्ट्ज
IBM पी.सी. AT	Intel's 80486	33 से 66 मेगाहर्ट्ज
IBM PS/2	80386	16 से 25 मेगाहर्ट्ज
PENTIUM पी.सी.	Pentium 1	133 मेगाहर्ट्ज
PENTIUM PRO	Pentium Pro	200 मेगाहर्ट्ज
PENTIUM MMX	Pentium MMX	350 मेगाहर्ट्ज
PENTIUM 2	Pentium II	350 मेगाहर्ट्ज
PENTIUM 3	Pentium III	670 मेगाहर्ट्ज
Merced	Merced	> 1000 मेगाहर्ट्ज

2. कंप्यूटर की बाह्य मेमोरी-हार्ड डिस्क/फ्लॉपी डिस्क

IBM PC में एक या दो फ्लॉपी ड्राइव होती है, जिनमें से प्रत्येक में फ़्लापी लगाकर डेटा संग्रहीत किया जा सकता है। PC-XT में एक हार्ड डिस्क तथा एक या दो फ्लॉपी ड्राइव्स होती हैं। हार्ड-डिस्क स्थाई तौर पर लगी होती है, जिसमें 20 मेगाबाइट से अधिक डेटा संग्रहित किया जा् सकता है। PC-AT में 40 से लेकर 500 मेगाबाइट मेमोरी वाली हार्ड डिस्क लगाई जाती है।

3. कंप्यूटर की आंतरिक मेमोरी (RAM)

कंप्यूटर का यह भाग सबसे महत्त्वपूर्ण होता है, क्योंकि कंप्यूटर में डेटा प्रोसेसिंग का सारा कार्य यहीं पर होता है। कंप्यूटर की मेमोरी कितनी है तथा क्लॉक साइकिल कितनी है यह जानना बहुत जरूरी है। बहुत से सॉफ्टवेयर जैसे कि डाटा बेस, वैन्चुरा, पेज मेकर आदि चलाने के लिए कम से कम 1 मेगाबाइट मेमोरी की जरूरत होती है। 256 कि.बा. मेमोरी वाले कंप्यूटरों में सिर्फ वर्ड प्रोसेसिंग और डाटा बेस का लघु रूप ही चलाया जा सकता है। पेजमेकर, वेन्चुरा नामक सॉफ्टवेयरों के लिए कम-से-कम 1 मेगाबाइट तथा कैड या अन्य ग्राफिक सॉफ्टवेयर के लिए 4 मेगाबाइट मेमोरी की जरूरत होती है।

OOO

अध्याय–7

कंप्यूटर सिस्टम

7.1 कंप्यूटर सिस्टम का परिचय

पिछले अध्यायों में हमने आकार, उपयोग व तकनीक के आधार पर कंप्यूटरों के वर्गीकरण के बारे में पढ़ा। इस जानकारी से हम इस नतीजे पर पहुंचे हैं कि मोटे तौर से सभी कंप्यूटर जानकारी के संसाधन या प्रोसेसिंग का काम करते हैं।

इस काम को करने में कंप्यूटर के विभिन्न भागों के अलावा कंप्यूटर हैंडल करने तथा कुछ अन्य कारकों का भी महत्त्व है। ये सब चीजें मिलकर कंप्यूटर सिस्टम बनाती हैं। संक्षेप में, कंप्यूटर सिस्टम के ये चार अंग हैं:

- हार्डवेयर (Hardware)
- सॉफ्टवेयर (Software)
- ह्यूमेनवेयर (Humanware)
- इन्फ्रास्ट्रक्चर (Infrastructure)

7.2 हार्डवेयर

कंप्यूटर बाक्स के अंदर एक प्रोसेसर होता है जिससे बाकी युक्तियां (डिवाइसेज, devices) जुड़ी होती हैं। इन सभी युक्तियों में से प्रत्येक को और स्वयं कंप्यूटर को **हार्डवेयर** कहा जाता है और इनके पूरे समायोजन को भी कंप्यूटर हार्डवेयर कहा जाता है। इस तरह कंप्यूटर से जुड़ी सभी इनपुट, आउटपुट डिवाइसेज या अन्य भागों को हार्डवेयर कहा जाता है। कंप्यूटर हार्डवेयर के कुछ भाग कंप्यूटर चलाये जाने के लिए आवश्यक होते हैं जैसे कि 'की बोर्ड', स्क्रीन तथा फ्लाफी या हार्ड डिस्क ड्राइव। इन्हें कंप्यूटर की मानक युक्तियां कहते हैं। इन युक्तियों के अलावा जो भाग सीधे कंप्यूटर से जोड़े जाएं उन्हें Peripheral devices कहते हैं, जैसे - टेप और टेप ड्राइव, प्रिन्टर, प्लाटर, जॉयस्टिक, माउस, लाइट पेन, ग्राफिक टेबलेट, कैसेट, कैसेट-प्लेयर, मोडेम, टर्मिनल आदि।

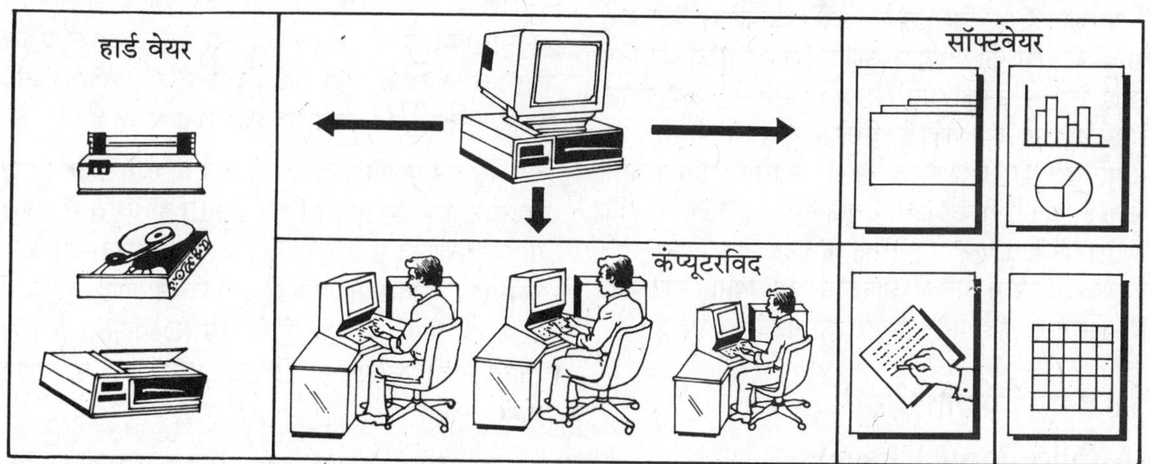

चित्र-7.1: कंप्यूटर सिस्टम

7.3 सॉफ्टवेयर

कंप्यूटर और उससे जुड़ी हुई सभी युक्तियों के स्वचालित रूप से काम करने के लिए हमें सॉफ्टवेयर की जरूरत होती है। **कंप्यूटर भाषाओं में लिखे हुए प्रोग्राम या आंकड़ो के संग्रह को सॉफ्टवेयर कहते हैं।** इन प्रोग्रामों को मैग्नेटिक डिस्क, टेप या कैसेटों में रिकॉर्ड कर लिया जाता है। इस प्रकार हार्डवेयर युक्तियों के अंदर सॉफ्टवेयर यानि प्रोग्राम भरा जाता है।

सॉफ्टवेयर को निम्न श्रेणियों में बांटा जा सकता है:

1. ऑपरेटिंग सिस्टम सॉफ्टवेयर
   (Operating System Software)
2. एप्लीकेशन पैकेज (Application Package)
3. भाषा अनुवादक (Language Translators)
4. यूटिलिटी प्रोग्राम (Utility Program)
5. एप्लीकेशन प्रोग्राम (Application Program)

7.3.1 ऑपरेटिंग सिस्टम सॉफ्टवेयर

यह वह प्रोग्राम है जिसके आदेशों के अनुसार कंप्यूटर के सारे भाग काम करते है। यह सिस्टम जरूरत के हिसाब से कंप्यूटर के हिस्सों या डिवाइसेज का प्रयोग करता है और जिनकी जरूरत नहीं होती उन्हें प्रयोग से बाहर रखता है। ऑपरेटिंग सिस्टम ही कंप्यूटर क़ा दिमाग है। पर्सनल कंप्यूटर के लिए एम.एस.डॉस (M.S.DOS) नामक ऑपरेटिंग सिस्टम की जरूरत होती है, जिसे इसकी हार्डडिस्क में भर लिया जाता है, जबकि कुछ कंप्यूटरों (सिन्क्लेयर, कमोडोर, बी.बी.सी. माइक्रो कंप्यूटर आदि) में ऑपरेटिंग सिस्टम स्थाई रूप से उनकी रॉम (ROM) स्मृति में उन्हें बनाते समय ही डाल दिया जाता है। मिनी कंप्यूटर और पी.सी.ए.टी. में **यूनिक्स** (UNIX) नामक ऑपरेटिंग सिस्टम प्रयोग किया जाता है। उन सभी कंप्यूटरों में यूनिक्स का होना जरूरी होता है, जिनके द्वारा एक से अधिक कंप्यूटर जोड़ कर कंप्यूटर नेटर्वक के रुप में अनेकों आपरेटर्स द्वारा प्रयोग किया जाता है। इस तरह जोड़े गये कंप्यूटरों को नेटवर्क कहते हैं।

7.3.2 एप्लीकेशन प्रोग्राम

(Application Package)

कंप्यूटर द्वारा कुछ कार्यों को बार-बार करने की जरूरत पड़ती है। इसके लिए कुछ बने-बनाये प्रोग्राम मिलते हैं जिन्हें थोड़े परिवर्तन या छोटे-मोटे प्रोग्राम के साथ दिये गये काम के लिए उपयोग में लाया जा सकता है। इन प्रोग्रामों को एप्लीकेशन पैकेज कहते हैं। कुछ प्रचलित एप्लीकेशन पैकेज के नाम इस प्रकार हैं:

1. डी बेस III (dBase III): डेटा बेस या डेटा बेस मैनेजमेंट सिस्टम
2. वर्ड स्टार (Word Star): वर्ड प्रौसेसिंग सिस्टम
3. लोटस LOTUS: स्प्रेडशीट
4. कैड, कैम, केइ (CAD, CAM, CAE): Computer Aided Design, Computer Aided Manufacturing
5. वेन्चुरा या पेजमेकर

1. डी-बेस III : डी-बेस एक डेटा आधारित सिस्टम है जिसके द्वारा डेटा को किसी भी क्रम से लगाया जा सकता है। मान लीजिए, हमें पतों (Addresses) की लिस्ट बनानी है जिसमें नाम, पता, शहर का नाम, पिन कोड आदि को संग्रहित रखना है, इसे हम डी-बेस-III नामक साफ्टवेयर पर बना सकते हैं। इसमें प्रत्येक व्यक्ति से संबंधित डेटा एक-एक करके रखा जाएगा और जरूरत पड़ने पर किसी पते को हटाया या उसके स्थान पर अन्य पते को लिखा जा सकेगा। अब यदि हमें लिस्ट में से केवल कानपुर शहर के व्यक्तियों की लिस्ट छांटनी हो तो यह काम आसानी से किया जा सकता है। दिये गये कमांड के अनुसार कंप्यूटर पूरी लिस्ट को शहर के नाम या किसी जाति के नाम के अनुसार फिर से बना सकता है। डेटा बेस प्रोग्राम में एड्रेस लिस्ट के अलावा अन्य कई लिस्टें जैसे जन्मदिवस की लिस्ट, पुस्तक या मूल्य सूची आदि बना सकते हैं।

डेटा बेस कई कंपनियों द्वारा बनाये गये हैं, लेकिन फिलहाल एस्टनटेट नामक कंपनी का डी-बेस III ही विश्व में सबसे अधिक प्रचलित प्रोग्राम है, कुछ अन्य प्रचलित नाम हैं - फाक्सबेस, फाक्स प्रो, सायबेस, सॉफ्टबेस आदि। भारत में सॉफ्टटेक कंपनी ने हिन्दी में देवबेस (Devbase) प्रोग्राम बनाया है जो कि लगभग डी-बेस III की तरह ही प्रयोग किया जाता है।

2. वर्ड स्टार: यह एक शब्द संसाधक (Word Processing) सॉफ्टवेयर होता है। इसकी सहायता से किसी

पाठ्य सामग्री को प्रस्तुत किया जाता है। इस साफ्टवेयर द्वारा लिखे गये text को मनचाहा आकार देकर सुंदर ढंग से सजाया जा सकता है। इसमें अंडरलाइनिंग, बोल्ड, इटेलिक्स, सुपरस्क्रिप्टिंग, सबस्क्रिप्टिंग, इन्डेटिंग आदि की भी सुविधा होती है। वर्डस्टार के अलावा कुछ अन्य प्रसिद्ध वर्ड प्रोसेसर हैं: एम.एस.वर्ड, सॉफ्ट वर्ड और वर्ड परफेक्ट। ऐसे भी वर्ड प्रोसेसर हैं जिनके द्वारा एक साथ दो या उससे भी ज्यादा भाषाओं में वर्ड प्रोसेसिंग की जा सकती है। हिन्दी में काम करने के लिए कुछ प्रसिद्ध सॉफ्टवेयरों के नाम इस प्रकार हैं - अक्षर, सुलेख, विविधा, शब्दमाला, जिस्ट आदि। जिस्ट नामक सॉफ्टवेयर/हार्डवेयर के द्वारा भारत की सभी भाषाओं में कार्य किया जा सकता है।

3. लोटस 1-2-3: यह एक स्प्रेडशीट सॉफ्टवेयर (प्रोग्राम) है जिसके द्वारा सारिणियों को तरह-तरह से बनाकर बिजनेस या विज्ञान संबंधी कई काम किये जा सकते हैं। इसके अलावा यह बार-चार्ट, पाई-चार्ट, लाइन ग्राफ आदि भी तुरंत बना देता है। इस प्रोग्राम द्वारा सारिणी में मौजूदा आंकड़ों का प्रयोग कर दिये गये सूत्रों के अनुसार मनचाही जानकारी मालूम कर ली जाती है।

4. कैड, कैम (CAD, CAM): कैड अंग्रेजी के शब्द कंप्यूटर एडेड ड्राइंग का संक्षिप्त रूप है। इसके द्वारा इंजीनियरिंग ड्राइंग से संबंधित काम जैसे - ड्राइंग बनाना, डायमेन्शन्स देना, हैचिंग, कलर विवरणिका, नेम प्लेट बनाना आदि काम किये जाते हैं। इसी प्रकार कैम का अर्थ है कंप्यूटर एडेड मैन्युफैक्चरिंग। इसकी सहायता से व्यापार व वाणिज्य संबंधी डिजाइन और चार्ट बनाये जाते हैं।

5. वेन्चुरा, पेजमेकर (Ventura, PageMaker): इस सॉफ्टवेयर की सहायता से वर्ड प्रोसेसर द्वारा भंडारित पाठ्य सामग्री को छापने से पहले पेज में कोई खास आकार दिया जाता है। इसका कई तरह के डायग्राम, स्केच, डिजाइन, फ्रेम आदि बनाने में भी प्रयोग किया जाता है। वेन्चुरा प्रोग्राम एप्पल कंप्यूटर के लिए सुविधाजनक है जबकि पेजमेकर आई.बी.एम. कंपेटिबिल कंप्यूटरों पर सुविधा पूर्वक प्रयोग किया जाता है।

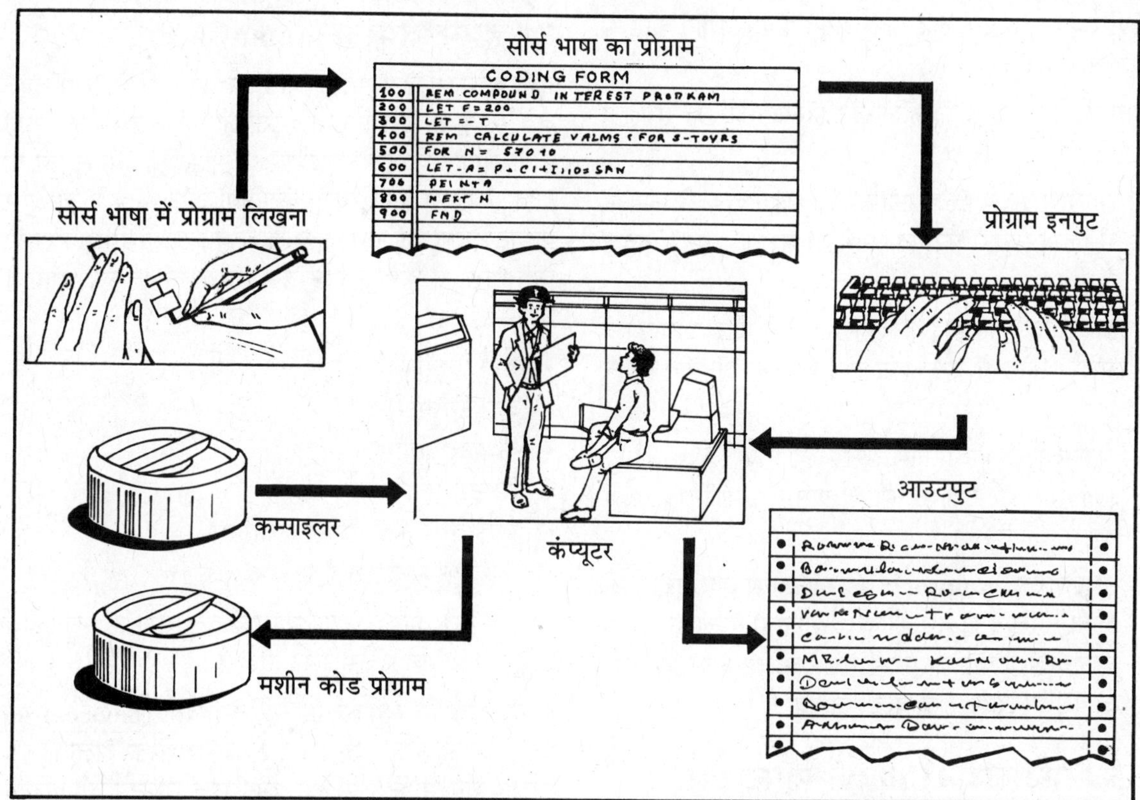

चित्र-7.2: कंप्यूटर द्वारा हाई लेवेल भाषा में लिखे प्रोग्राम द्वारा समस्या-समाधान

7.3.3 भाषा अनुवादक (Language Translators)

कंप्यूटर एक इलेक्ट्रॉनिक मशीन है जो कि विद्युतीय सिगनलों के अनुसार काम करती है। ये सिगनल विद्युतीय स्पंदन (Pulse) के रूप में होते हैं जो बायनरी पद्धति में लिखे मशीन कोड को समझते हैं। बायनरी पद्धति के दो अंकों 1 व 0 द्वारा मशीन कोड में लिखे अनुदेशों को लिखना, याद करना या समझना बहुत कठिन होता है इसलिए अनुदेशों को निमोनिक (Mnemonic Code) का प्रयोग करके असेम्बली लैंग्वेज (Assembly language) में लिखा जाता था। लेकिन इन्हें भी समझना कठिन था। इसलिए बाद में हाई लेवेल भाषाएं जैसे बेसिक, फोरट्रॉन, कोबोल, सी, पास्कल, लिस्प, पी.एल 1 आदि बनायी गयीं। हाई लेवेल भाषाओं के प्रोग्राम कंप्यूटर पर चलाने के लिए यह जरूरी है कि इन भाषाओं का कम्पायलर या इन्टरप्रेटर भी उसमें लगा हुआ हो, जो हाई लेवेल के प्रोग्राम को मशीन कोड में बदल सके। कम्पायलर पूरे प्रोग्राम का अनुवाद कर एक साथ और इन्टरप्रेटर प्रोग्राम की एक-एक लाइन का अनुवाद कर मशीन कोड में बदलता जाता है।

आगे पढ़ने से पहले निम्नलिखित परिभाषाओं को समझना जरूरी है।

- **कम्पायलर:** यह वह प्रोग्राम है जो हाई लेवल की भाषाओं में लिखे प्रोग्राम को एक साथ ही मशीन कोड में बदल देता है।
- **इन्टरप्रेटर:** यह हाई लेवल भाषाओं में लिखे प्रोग्राम को मशीन कोड में एक-एक लाइन करके अनुवाद करता है।
- **असेम्बलर:** यह प्रोग्राम असेम्बली भाषा (Assembly language) में लिखे हुए प्रोग्राम को मशीन कोड में बदल देता है।
- **इमुलेटर (Emulator):** यह सॉफ्टवेयर एक हाई लेवल भाषा में लिखे प्रोग्राम को दूसरी भाषा में बदल देता है या एक ऑपरेटिंग सिस्टम पर चलने वाले प्रोग्राम को दूसरे ऑपरेटिंग सिस्टम में चलने लायक बना देता है।

7.3.4 यूटिलिटी (Utility) सॉफ्टवेयर

कंप्यूटर चलाने में कई तरह के सॉफ्टवेयरों की जरूरत होती है जैसे कि वायरस को हटाने के लिए, गुम हुई फाइल ढूंढने के लिए या किसी सॉफ्टवेयर की क्वालिटी की माप के लिए। इस प्रकार के काम में आने वाले सॉफ्टवेयर को (यूटिलिटी सॉफ्टवेयर) कहते हैं। नार्टन यूटिलिटी, पी.सी.टूल्स, वायरस स्कैन नेशाट, वायरस एवं वैक्सीन आदि ऐसे कुछ सॉफ्टवेयरों के उदाहरण हैं।

7.3.5 एप्लीकेशन प्रोग्राम (Application Program)

कंप्यूटर प्रयोगकर्त्ता द्वारा स्वयं किसी विशेष कार्य के लिये लिखे गये प्रोग्राम एप्लीकेशन प्रोग्राम कहलाते हैं। यह प्रोग्राम सामान्यत: किसी हाई लेवेल लैंग्वेज़ जैसे BASIC, COBOL, PASCAL आदि में लिखे जाते हैं।

विभिन्न संस्थानों में उनके अपने प्रारूप के अनुसार कंप्यूटर द्वारा एकाउन्ट्स, बिल आदि बनाने के लिये उनके अपने प्रोग्रामर्स द्वारा एप्लीकेशन सॉफ्टवेयर बनाये जाते हैं।

7.4 ह्यूमनवेयर (Humanware)

छोटे कंप्यूटरों जैसे माइक्रो या मिनी कंप्यूटरों के लिए बहुत बड़े स्टाफ या विभिन्न कंप्यूटरविज्ञों की आवश्यकता नहीं होती लेकिन कंप्यूटर हार्डवेयर या सॉफ्टवेयर बनाने की या इनका वितरण करने वाली कंपनियों और मेनफ्रेम या सुपर कंप्यूटरों तथा कई टर्मिनल वाले कंप्यूटर प्रोसेसिंग इक्विपमेंट के मामलों में कई तरह के कर्मचारियों की जरूरत होती है जैसे-

- डेटा एन्टरी आपरेटर
- कंप्यूटर ऑपरेटर
- कंप्यूटर प्रोग्रामर
- सिस्टम एनालिस्ट
- सॉफ्टवेयर और नॉलेज इंजीनियर
- हार्डवेयर मेन्टीनेंस इंजीनियर

डाटा एन्टरी आपरेटर का काम केवल डेटा या जानकारी इनपुट (प्रविष्ट) कराने का होता है।

कंप्यूटर ऑपरेटर का काम सभी युक्तियों (devices) को सही ढंग से हैंडल करने का होता है। इसके अलावा यह एप्लीकेशन सॉफ्टवेयर और ऑपरेटिंग सिस्टम को चलाने तथा हाई लेवल भाषा में बने प्रोग्रामों के परिणामों (आउटपुट)

को प्रोग्रामर को वापस भेजने का भी काम करता है। कंप्यूटर प्रोग्रामर का काम हाई लेवल भाषाओं में कंप्यूटर प्रोग्राम बनाने और उनकी त्रुटियों को दूर करने का होता है। सिस्टम एनालिस्ट यह तय करता है कि उपभोक्ता के सभी कार्यों या कार्य के कुछ भागों को किस प्रकार कंप्यूटरीकृत किया जाए। कंप्यूटरीकरण का कार्य भी यह स्वयं ही करता है। सॉफ्टवेयर और नॉलेज इंजीनियर उच्च स्तरीय कंप्यूटर विशेषज्ञ होते हैं जो नये-नये सॉफ्टवेयर बना सकते हैं। इस काम के लिए सॉफ्टवेयर और प्रोग्रामिंग के ऊंचे स्तर की जानकारी के अलावा हार्डवेयर और माइक्रोप्रोसेसर आदि की भी पूरी जानकारी की जरूरत पड़ती है।

हार्डवेयर इंजीनियर के लिए कंप्यूटर और उससे जुड़े हुए अन्य भागों के रखरखाव (मेन्टीनेन्स) के अलावा अन्य उपकरणों जैसे वोल्टेज स्टेबलायजर, अनइन्ट्रप्टेड पावर सप्लाइ (UPS), इलेक्ट्रिकल स्विच या डिस्ट्रिब्यूशन बोर्ड आदि के रख-रखाव की जानकारी होना भी आवश्यक है।

7.5 इन्फ्रास्ट्रक्चर (Infrastructure)

कंप्यूटर उपकरण बहुत संवेदनशील होते हैं, जिनके लिए बहुत देखभाल और सावधानी की जरूरत है। कंप्यूटरों को धूल एवं धूपरहित वातावरण में रखना होता है। माइक्रो कंप्यूटर के अलावा सभी अन्य बड़े कंप्यूटर ऐसे वातानुकूलित कक्षों में लगाये जाते हैं जहां का तापक्रम 21 से 22 ° सेल्सियस और सापेक्षिक आर्द्रता (Relative Humidity) 50% के लगभग हो और 5 माइक्रॉन शुद्धिवाला एअर फिल्टर लगा हो। इसके अलावा कंप्यूटरों के लिए नियंत्रित वोल्टेज वाली इलेक्ट्रिक सप्लाई की जरूरत होती है, जिसके लिए वोल्टेज स्टेबलायजर या सी.वी.टी. या यू.पी.एस. की जरूरत होती है। यू.पी.एस. काफी महंगे होते हैं लेकिन इनके साथ बैटरियों के लगे होने के कारण बिजली चले जाने पर भी कंप्यूटर चलता रहता है और भरा गया डेटा नष्ट नहीं होता।

7.5.1 कंप्यूटर प्रोसेसिंग की विधाएं (Processing Modes)

कंप्यूटर पर कार्य करने की कई विधियां हैं :

- वैच प्रोसेसिंग (Batch Processing)
- टाइम शेयरिंग (Time Sharing)
- मल्टी प्रोग्रामिंग (Multi Programing)
- मल्टी प्रोसेसिंग (Multi Processing)

1. बैच प्रोसेसिंग: फ्लॉपी डिस्क के प्रचलन से पहले, जब केवल मेनफ्रेम कंप्यूटर ही उपलब्ध थे, यह विधि आम थी। इसमें सारे कंप्यूटर प्रोग्रामों को पंच्ड (छिद्रित) कर एक साथ या एक बैच में कंप्यूटर में डाला जाता था। पहले इन कार्डों पर पंच हुए प्रोग्रामों को छोटे कंप्यूटरों (जिन्हें Front End Processor कहा जाता था) की सहायता से मैग्नेटिक डिस्क पर उतार लिया जाता था और फिर डिस्क को मुख्य कंप्यूटर पर लोड करके प्रोग्रामों को execute कर लिया जाता था और संबंधित उपभोक्ताओं को निष्कर्ष प्रिन्ट या पंच करके दे दिये जाते थे। उपभोक्ता अपने-अपने प्रोग्राम की त्रुटियां निकालकर प्रोग्रामों को ऑपरेटर को दे देते थे जो उन्हें पुनः निष्पादित करके वापिस करता था। इस विधि द्वारा परिणाम प्राप्त करने के लिए उपभोक्ताओं को लगभग 4 से 8 घंटे इंतजार करना होता था।

2. टाइम शेयरिंग (Time Sharing): इस विधि में प्रत्येक उपभोक्ता के पास मुख्य कंप्यूटर के केबिलों से जुड़ा एक-एक सिरा (टर्मिनल) होता है (यह कंप्यूटर कम-से-कम मिनी कंप्यूटर अवश्य होना चाहिए)।

हर उपभोक्ता जब चाहे अपने टर्मिनल के द्वारा कंप्यूटर को प्रयोग कर सकता है। कंप्यूटर कई टर्मिनलों से भेजे प्रोग्रामों को एक साथ संपन्न न करके उन्हें एक-एक करके ही लेता है। परंतु हर प्रोग्राम में इतना कम समय लगता है कि हर उपभोक्ता को यह लगता है कि कंप्यूटर अपना पूरा समय उसी को दे रहा है। इस प्रकार कंप्यूटर अपना एक-एक माइक्रो सेकंड सभी टर्मिनलों को एक-एक करके देता है और लगभग सौ टर्मिनल एक साथ कार्य कर सकते हैं। बैच प्रोसेसिंग की तुलना में टाइम शेयरिंग संसाधन के कई लाभ हैं -

- समय और पैसे की बचत
- टर्न एराउंड समय की बचत क्योंकि उपभोक्ता अपना प्रोग्राम एक साथ ही ठीक कर सकता है।
- उपभोक्ता स्वयं ऑपरेट करते हैं इसलिए इस काम के लिए अलग से ऑपरेटर नहीं रखना पड़ता।

3. मल्टी प्रोग्रामिंग: इस विधि में मेमोरी कई भागों में बांट कर एक-एक भागीदार को दे दी जाती है जिसके बाद

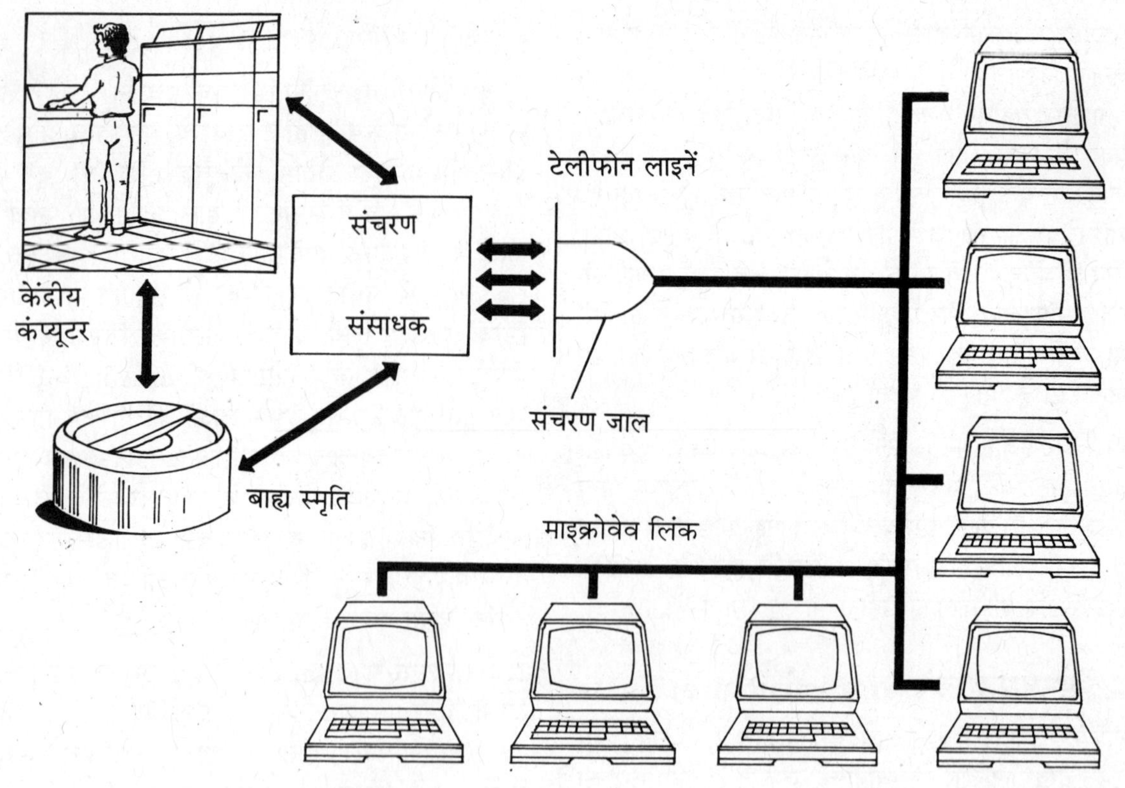

चित्र-7.3: टाइम शेयरिंग मोड में प्रोसेसिंग

प्रोसेसर में एक साथ ही हमारे काम टाइम शेयरिंग की तरह कर लिये जाते हैं। इस विधि में कई उपभोक्ता एक साथ कंप्यूटर का उपयोग कर सकते हैं यद्यपि इस विधि में बहुत अधिक आंतरिक स्मृति की जरूरत पड़ती है।

4. मल्टी प्रोसेसिंग: इस विधि में एक कंप्यूटर में कई प्रोसेसर लगे हुए होते हैं जिन पर अलग-अलग प्रोग्राम चलाये जा सकते हैं। सुपर कंप्यूटरों में इसी विधि के आधार पर काम होता है।

○○○

अध्याय–8

डेटा प्रोसेसिंग

8.1 कंप्यूटर एक मशीन

अपने दैनिक जीवन में हम कई मशीनों का उपयोग करते हैं। मशीनों में कच्चा माल डालकर उसकी 'प्रोसेसिंग' यानि उस पर काम किया जाता है, जिसके बाद हमें तैयार माल मिलता है। सामान्यत: प्रत्येक मशीन में तीन भाग होते हैं—

1. निवेश यानि कच्चा माल डालने का स्थान
2. संसाधक (प्रोसेसर) यानि कच्चे माल पर प्रक्रिया करने का स्थान और
3. निर्गम (आउटपुट) यानि तैयार माल देने का स्थान

उदाहरण के लिए आटा पीसने वाली मशीन का उदाहरण लें (चित्र 8.1)। मशीन के उस भाग को **इनपुट** (Input) कहा जाएगा जहां से हम पीसने के लिए गेहूं या अन्य अनाज डालते हैं। और उस हिस्से को जहां से आटा बाहर निकलता है, 'आउटपुट' कहा जाएगा। आटा पीसने वाले पत्थर के पाटों को 'प्रोसेसर' कहा जा सकता है क्योंकि यहां पर ही अनाज पीसने की प्रक्रिया (प्रोसेस) होती है।

हमारे दैनिक जीवन में प्रयोग में लाये जाने वाले डिजिटल कंप्यूटर में भी ऊपर दी गई मशीन की तरह तीन भाग स्पष्ट होते हैं। (चित्र 8.2)।

1. इनपुट यूनिट (Input Unit)
2. सेन्ट्रल प्रोसेसिंग यूनिट (Central Processing Unit)
3. आउटपुट यूनिट (Output Unit)

हम आगे पढ़ेंगे कि इन भागों द्वारा जानकारी कैसे प्राप्त की जाती है।

चित्र–8.1: मशीन के द्वारा प्रोसेसिंग

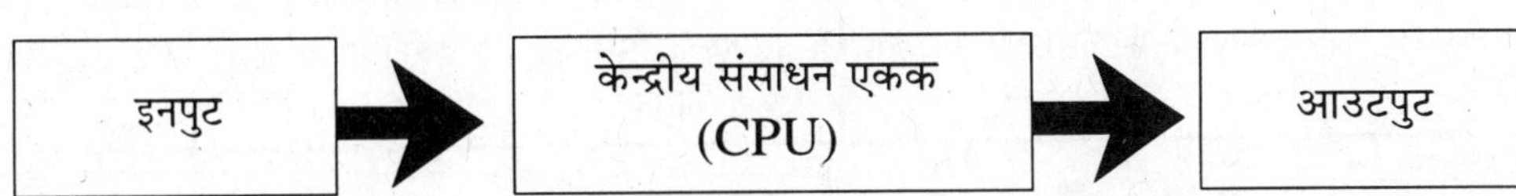

चित्र–8.2: डिजिटल कंप्यूटर के तीन आवश्यक भाग

8.2 कंप्यूटर द्वारा आंकड़ों का जानकारी में परिवर्तन

कंप्यूटर विभिन्न आंकड़ों को लेकर उन्हें संसाधित करने के बाद परिणाम प्रस्तुत करता है। अरबों आंकड़े संग्रहीत कर, उनकी सारिणी बना कर वांछित जानकारी देने में कंप्यूटर को पल भर भी नहीं लगता। डिजिटल कंप्यूटर में डेटा को डालने के बाद संसाधन के दौरान तार्किक व अंकगणितीय क्रियाएं होती हैं जिनके फलस्वरूप जानकारी प्राप्त होती है।

कंप्यूटर द्वारा डेटा को जानकारी में बदलने के काम की हम लोहे के अयस्क से शुद्ध लोहा प्राप्त करने की विधि से लगे संयंत्रों को प्रोसेसर कहा जाएगा।

ठीक उसी तरह कंप्यूटर के अंदर आंकड़ों पर प्रोसेसिंग होती है। सबसे पहले आंकड़ों को इनपुट यूनिट द्वारा संग्रहीत कराया जाता है। फिर इनपुट द्वारा ये आंकड़े केंद्रीय संसाधन एकक (सेंट्रल प्रोसेसिंग यूनिट) के एक भाग मेमोरी में जाते हैं। इसके बाद केंद्रीय संसाधन एकक इन आंकड़ों को तर्क तथा गणित का प्रयोग कर प्रोसेस करता है व जिस रूप में हम चाहें यानि लिखित, ध्वनि या चित्र आदि के रूप में, मांगे गये परिणाम (आउटपुट) प्रस्तुत करता है। चित्र 8.5 (कंप्यूटर की आंतरिक रचना) में यह क्रिया स्पष्ट की गई है।

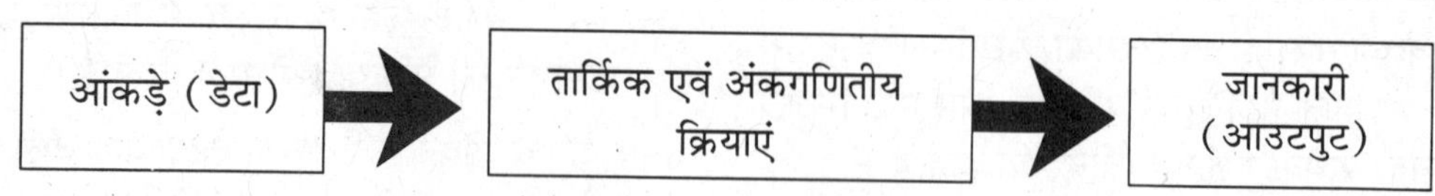

चित्र-8.3: कंप्यूटर की कार्यविधि

तुलना कर सकते हैं। लौह अयस्क को खान से प्राप्त करने के बाद उसे भट्टी में इनपुट कर उस पर संसाधन होता है। संसाधन (Processing) व शोधन (Purification) के बाद विशुद्ध लोहा प्राप्त होता है जिसका किसी फैक्ट्री में अन्य उत्पादों (जैसे कार) को बनाने के लिए प्रयोग किया जा सकता है। (चित्र 8.4)। इस क्रिया में कच्चे लोहे के अयस्क को इनपुट कहेंगे, लोहे की चादर को आउटपुट, लोहा बनाने की विधि को संसाधन और लोहे की भट्टी व उसके साथ

8.3 कंप्यूटर से सूचना या जानकारी प्राप्त करना

कंप्यूटर आंकड़ों पर कार्य कर (प्रोसेस कर) जो सूचना हमें देता है उसे मीनिंगफुल इन्फार्मेशन (Meaningful Information) कहा जाता है। इस बात को किसी प्रांत की मैट्रिक परीक्षा के परिणामों से बनी मेरिट लिस्ट के उदाहरण से समझाया जा सकता है।

चित्र-8.4: मशीन द्वारा लौह-संसाधन (कार का निर्माण)

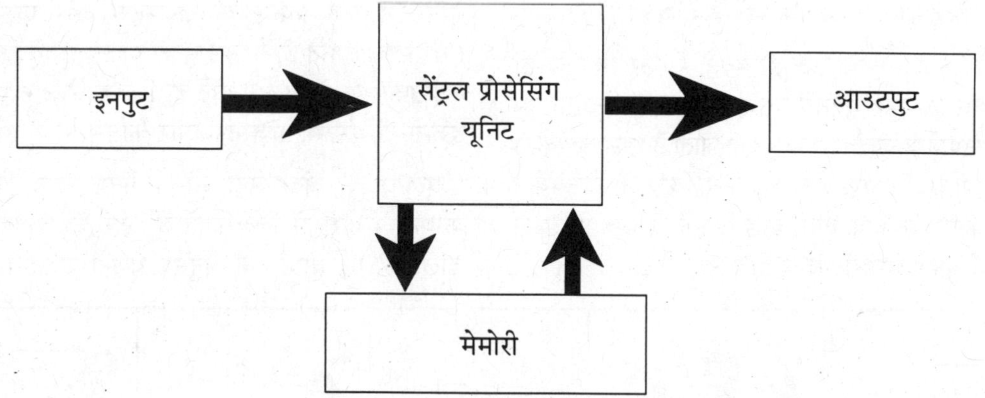

चित्र-8.5: कंप्यूटर का आंतरिक शिल्प

हमें संपूर्ण प्रदेश की मेरिट लिस्ट बनाने के लिए निम्न आंकड़े जमा करने होंगे:

समस्त विद्यालयों के नाम, प्रत्येक विद्यालय के समस्त छात्रों की सूची, उनके रोल नंबर तथा छात्रों द्वारा हर विषय में प्राप्त अंक। कंप्यूटर इन अंकों को जोड़कर हमें सभी विद्यार्थियों के प्राप्तांकों का योग देगा। यह जानकारी कंप्यूटर का आउटपुट कहलाएगी। इसी प्रकार मिले-जुले आंकड़ों में से किसी एक विद्यार्थी द्वारा प्राप्त किये गये अंकों की तालिका (मार्क-लिस्ट) को उस विद्यार्थी के विषय में प्राप्त हुई 'जानकारी' कहा जाएगा। यह भी हमें कंप्यूटर द्वारा 'आउटपुट' में मिलेगी।

इसी प्रकार संपूर्ण प्रदेश में सबसे ज्यादा अंक प्राप्त करने वाले 25 विद्यार्थियों की लिस्ट (मेरिट लिस्ट) को 'जानकारी' कहा जाता है। यहां यह बात ध्यान देने योग्य है कि **किसी एक क्रिया से प्राप्त हुई 'जानकारी' दूसरी क्रिया के लिए डेटा बन जाती है।** जैसे कि मार्क लिस्ट किसी एक विद्यार्थी के विषय में जानकारी है, लेकिन जब मेरिट लिस्ट बनानी हो तो यह जानकारी स्वयं इनपुट डेटा बन जाती है।

8.4 जानकारी संग्रह (Storage) एवं संग्रहीत जानकारी की पुनर्प्राप्ति (Retrieval)

हम अपने जीवन में कई ऐसी बातें सीखते हैं, जिनका आगे आने वाले जीवन में प्रयोग करते हैं; कभी तुरंत, तो कभी कुछ समय बीतने के बाद। इसीलिए यह जरूरी है कि जानकारी को भंडारित करके रखा जाए। यह जानकारी बदलती रहती है और धीरे-धीरे परिमार्जित होकर ज्ञान में बदल जाती है, इस तरह विवेक द्वारा परिमार्जित जानकारी को **ज्ञान** कहते हैं।

कंप्यूटर द्वारा जानकारी प्राप्त करने की विधि भी लगभग ऐसी ही होती है। सर्वप्रथम विभिन्न स्रोतों से जानकारी

चित्र-8.6: आंकड़े (डेटा और सूचना (जानकारी))

अर्थात आंकड़े प्राप्त कर लिये जाते हैं (चित्र 8.7)।

ये आंकड़े किसी भी प्रकार के हो सकते हैं फिर इन आंकड़ों को क्रमवार कंप्यूटर में प्रविष्ट किया जाता है जहां प्रोग्राम द्वारा इन्हें उपयोगी जानकारी में बदला जाता है। इस जानकारी के परिणामों का विभिन्न व्यवस्थाओं या क्रियाओं में उपयोग करने के लिए मैग्नेटिक टेपों, हार्ड डिस्क या फ्लॉपी डिस्क के रूप में बाह्य मेमोरी भंडार होता है।

यूनिट में कई प्रकार के रजिस्टर्स और एक्युमुलेटर्स (संचालक) होते हैं, जिनमें मुख्य गणना अवयव के रूप में कई प्रकार के गेट्स लगे होते हैं, जिनकी मूल रूप से रचना हजारों ट्रांजिस्टर्स, रेजिस्टेंस और कैपेसिटर्स से होती है।

ए.एल.यू. के अंदर डेटा और प्रोग्राम इनपुट यूनिट और कंप्यूटर मेमोरी से लिये जाते हैं और कंट्रोल यूनिट द्वारा डाल दिये गये प्रोग्राम के अनुसार गणना या अन्य कार्य कर

चित्र-8.7: कंप्यूटर द्वारा आंकड़ों का संसाधन: जानकारी

8.5 सेंट्रल प्रोसेसिंग यूनिट की संरचना

सेंट्रल प्रोसेसिंग यूनिट कंप्यूटर का सबसे महत्वपूर्ण भाग है। इसके तीन मुख्य भाग होते हैं। इनमें से प्रत्येक का विस्तृत विवरण नीचे दिया गया है। (चित्र 8.8)

अर्थमेटिक एवं लॉजिक यूनिट
कन्ट्रोल यूनिट
मेमोरी (स्मृति)

चित्र-8.8: सेंट्रल प्रोसेसिंग यूनिट की रचना

8.6 अर्थमेटिक और लॉजिक यूनिट (Arithmetic & Logic Unit)

ए.एल.यू. सेंट्रल प्रोसेसिंग यूनिट का वह भाग है जहां कंप्यूटर के कैलकुलेशन होते हैं। यह यूनिट इतनी तेजी से काम करती है कि पलक झपकते ही लाखों काम हो जाते हैं। इस तैयार जानकारी आउटपुट यूनिट को दे दी जाती है। इस यूनिट के दो मुख्य कार्य हैं:

1. जोड़, घटाना, गुणा, भाग आदि गणितीय कार्य करना।
2. गणितीय क्रियाओं या शब्दों से व्यक्त होने वाले कार्यों में तर्क (Logic) द्वारा निर्णय लेकर क्रिया के लिये दिशा-निर्धारण करना।

8.7 नियंत्रक (Controller)

कंप्यूटर की यह इकाई कंप्यूटर के सभी भागों के बीच समन्वय करने का काम करती है। इसकी तुलना हम अपने मस्तिष्क से कर सकते हैं। यह कंट्रोलर का ही काम है कि वह प्रोग्राम द्वारा दिये गये अनुदेशों का कंप्यूटर से पालन कराये। जब हम कंप्यूटर में कोई प्रोग्राम भरते हैं तो वह सीधे उसकी मेमोरी में चला जाता है। नियंत्रक, मुख्य मेमोरी से डेटा को अर्थमेटिक एंड लॉजिक यूनिट (A.L.U.) को स्थानांतरित करने का आदेश देता है, जहां उस पर गणना आदि कार्य संपन्न कराये जाते हैं। ए.एल.यू. (अर्थमेटिक एंड लॉजक यूनिट) से प्राप्त परिणामों को यह मेमोरी व वहां से आउटपुट यूनिट को स्थानांतरित कर देता है ताकि

उन्हें मुद्रित (Print) किया जा सके। स्पष्ट है कि नियंत्रक, सभी महत्वपूर्ण भागों जैसे प्रिंटर, डिस्क ड्राइव व ऑपरेटिंग सिस्टम से भी जुड़ा होता है। नियंत्रक का संबंध कंप्यूटर की एक क्लाक से होता है जो कि एक निर्धारित समय (10 नैनो सेकंड) में एक विद्युत तरंग छोड़ती रहती है।

8.8 मेन मेमोरी (Immediate Access Storage or Main Memory)

यह कंप्यूटर की अपनी भीतरी मेमोरी है, जिसका वह उपयोग करता है। इसे प्राइमरी आंतरिक या मेन मेमोरी भी कहते हैं। इस भाग में सूचनाएं या जानकारी स्टोर रहती हैं, जिन्हें जरूरत पड़ने पर बाहर निकाला जा सकता है। जानकारी बाहर निकालने में कुछ नैनो सेकंड ही लगते हैं।

कंप्यूटर पर गणना या प्रोसेसिंग के लिए जो प्रोग्राम बनाया जाता है, वह की-बोर्ड पर टाइप होने के बाद सीधा मेन मेमोरी में आ जाता है।

मेन मेमोरी दो प्रकार की होती है:

1. फेराइट कोर मेमोरी
2. अर्द्धचालक (Semi conductor) मेमोरी

ट्रांजिस्टरों के चलन से पहले फेराइट कोर मेमोरी का चलन था। उसके बाद सेमी कंडक्टर मेमोरी का प्रयोग होने लगा। इनके अलावा संग्रहीत करने के कुछ अन्य तरीके हैं, मर्करी डिले लाइन, चार्ज्ड कपल डिवाइसेज और बबल मेमोरी। कंप्यूटरों की क्षमता बढ़ाने के लिए ऐसी मेमोरी का प्रयोग किया जाता है जिसके द्वारा बहुत तेजी से सूचनाएं भेजी जा सकें। इस मेमोरी का मूल्य बहुत होता है इसीलिए यह सीमित मात्रा में बनाई जाती है। जरूरत पड़ने पर इसकी जगह बाह्य मेमोरी भंडार से काम चला लिया जाता है।

आंतरिक मेमोरी के दो भाग होते हैं:

1. रॉम (Read Only Memory: ROM)
2. रैम (Random Access Memory: RAM)

8.9 रॉम (Read Only Memory)

यह मेमोरी कंप्यूटर को बनाते समय उसमें स्थाई रूप से भर दी जाती है। अर्थात् ऐसे अनुदेश भर दिये जाते हैं जो कंप्यूटर को अपना कार्य करने के लिए मार्गदर्शन देते हैं। इस मेमोरी को, जैसा कि इसके नाम से ही स्पष्ट है, केवल पढ़ा जा सकता है। इसमें कुछ लिखने, छापने या टाइप करने की गुंजाइश नहीं होती। इसमें ऐसे प्रोग्राम भी भर दिये जाते हैं, जिनको बार-बार प्रयोग करने की जरूरत पड़ सकती है। जैसे कि वैज्ञानिक उपयोग के लिए बनाये गये कंप्यूटरों में त्रिज्यात्मक फलन भरे होते हैं।

फेराइटकोर मेमोरी: हर कंप्यूटर की मेमोरी में आंकड़ों, आदेशों व प्रोग्राम आदि को क्रमबद्ध रूप से रखा जाता है। ये सभी आंकड़े मशीनी कोड (बाइनरी पद्धति) के रूप में होते हैं। इस कोड के आधार पर कंप्यूटर में लगे हिस्से विद्युत सिगनल्स को जारी करते हैं। कंप्यूटर अपना पूरा कार्य इन डिजिटल सिगनल्स के आधार पर करता है। फेराइट कोर मेमोरी के अंतर्गत पहले आदेशों को विद्युत स्पंदनों में बदल लिया जाता और इसके बाद उन्हें फेराइट (लोहे का ऑक्साइड जिसमें कुछ अन्य धात्विक तत्व मिले होते हैं) की बनी हुई 0.4 से 0.8 मि.मी. व्यास की मुद्रिकाओं (गोल खोखले आकार) में जमा कर लिया जाता था। विद्युत आवेश के पहुंचने पर ये मुद्रिकाएं चुंबकीय हो जातीं है जिससे उनमें सूचना जमा हो जाती हैं।

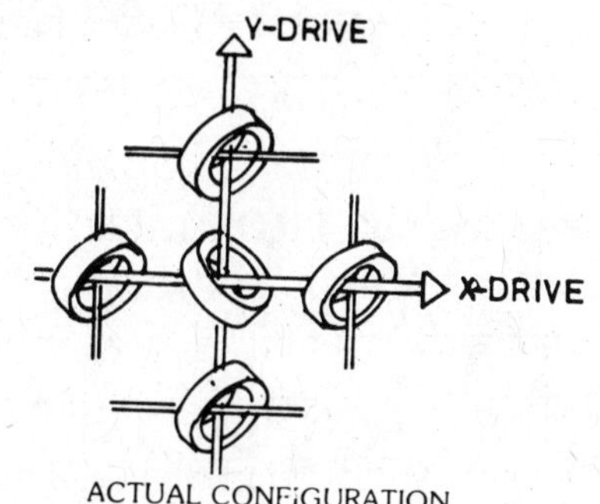

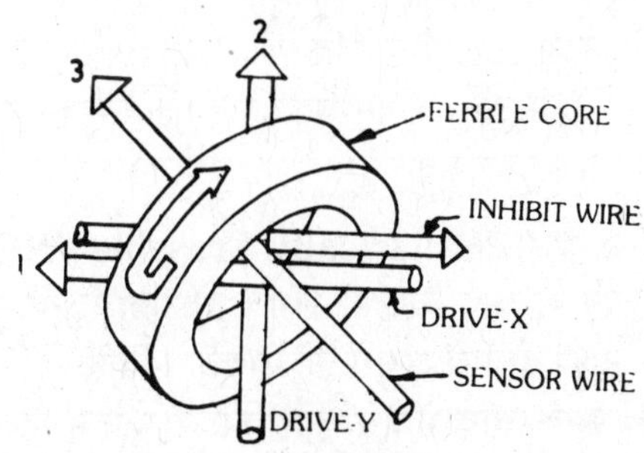

चित्र-8.9: चुंबकीय फेराइट कोर स्मृति

फेराइट लोहे का वह रूप है जिसमें चुंबक बनने की शक्ति सबसे ज्यादा होती है। कंप्यूटर की मेमोरी में एक बिट यानि 0 या 1 को स्टोर करने के लिए एक मुद्रिका (Ring) की जरूरत होती है। इस प्रकार छोटे से कंप्यूटर में भी लाखों फेराइट मुद्रिकाओं और कई किलोमीटर लंबे तारों की जरूरत होती थी। चिप के आविष्कार के बाद फेराइट कोर मेमोरी का प्रयोग लगभग बंद हो गया। बहुत से माइक्रो कंप्यूटरों में बेसिक नामक प्रोग्रामिंग भाषा को डाल दिया जाता है, जिससे यह बिना किसी बाहरी सॉफ्टवेयर के प्रयोग में लाया जा सकता है। इस मेमोरी को फर्मवेयर (Firmware) भी कहा जाता है।

रॉम के प्रकार

रॉम के बहुत सारे प्रकार प्रयोग में लाये जाते हैं—

(क) प्रॉम (Programmable Read Only Memory: PROM): प्रॉम में अपना प्रोग्राम स्टोर करने की सुविधा होती है। इसका प्रयोग करके ऑपरेटर मनचाहे ढंग से प्रयोग में ला सकता है। जैसे कि किसी प्रयोगशाला में किसी खास तरह की वैज्ञानिक सारिणी का बार-बार उपयोग किया जाना हो तो उसे 'प्रॉम' में भरा जा सकता है। लेकिन यहां पर यह बात ध्यान में रखने की है कि इसमें एक बार कोई प्रोग्राम डालने के बाद फिर उसे बदला नहीं जा सकता।

(ख) ईप्रॉम (Erasable PROM): जैसा कि हमने पढ़ा, प्रॉम में प्रोग्राम भरने के बाद फिर उसे बदला नहीं जा सकता इसीलिए ईप्रॉम की व्यवस्था की गई है, ताकि उसमें स्टोर किये गये प्रोग्राम की गलतियों को किसी विशेष ढंग से मिटाया जा सके और मेमोरी को किसी तरह का नुकसान भी न पहुंचे। इस काम के लिए मेमोरी के उस भाग को, जिसका परिमार्जन करना है, पराबैंगनी किरणों (Ultraviolet Rays) में लगभग 20 मिनट के लिए रख देते हैं। तृतीय जनरेशन के कंप्यूटरों में इस प्रकार की मेमोरी का प्रयोग किया गया था।

(ग) ई-ई-प्रॉम (Electrically Erasable PROM) के बन जाने के बाद यह भी संभव हो गया है कि इसमें गलती से टाइप हो गये अक्षरों को विद्युतीय विधि से मिटाया जा सके। इसके बाद मेमोरी को फिर से प्रोग्राम दिया जा सकता है। चतुर्थ जनरेशन के कंप्यूटरों में EPROM का प्रयोग किया जाता है।

8.10 रैम (RAM)

यह कंप्यूटर की आंतरिक मेमोरी का वह भाग है, जिसमें डेटा को बार-बार स्टोर करके मिटाया जा सकता है। इसमें कंप्यूटर का प्रोग्राम, जिन पर काम होना है वह डेटा तथा संसाधन (प्रोसेसिंग) के बाद के तैयार परिणाम स्टोर रहते हैं। इस मेमोरी की संचय क्षमता रॉम की तुलना में बहुत अधिक है लेकिन यह अस्थाई होती है। कंप्यूटर का स्विच ऑफ होते ही (बिजली जाते ही) इसमें स्टोर जानकारी विसर्जित हो जाती है। इसीलिए इस स्मृति को वोलेटाइल (Volatile) मेमोरी भी कहते हैं। रॉम (ROM) मेमोरी में संग्रहीत जानकारी का किसी बाह्य प्रोग्राम द्वारा प्रयोग नहीं किया जा सकता जबकि रैम में स्टोर जानकारी को जब चाहें आसानी से प्रयोग में ला सकते हैं। इस मेमोरी से डेटा को निकालने में 80 से 100 नैनो सेकंड समय लगता है।

रैम के प्रकार

यह मेमोरी दो प्रकार की होती है:

1. स्टैटिक रैम (Static RAM)
2. डायनेमिक रैम (Dynamic RAM)

स्टैटिक मेमोरी डायनेमिक मेमोरी से अधिक कीमती होती है। डायनेमिक मेमोरी में विद्युत आवेश कुछ ही मिलीसेकंड में लीक होने लगता है, जिससे इसमें स्टोर जानकारी के मिट जाने का भय बना रहता है। इसलिए डायनेमिक रैम को बार-बार एक निश्चित समय बाद पुनर्जीवित करते रहना पड़ता है। इसके विपरीत स्टैटिक रैम में विद्युत आवेश लीक न होने से ऐसी कोई अतिरिक्त सावधानी नहीं बरतनी पड़ती। इसलिए इस पर अधिक भरोसा किया जा सकता है। इसके अलावा स्टैटिक रैम से कोई जानकारी निकालने में केवल 80 नैनो सेकंड का समय लगता है, जबकि डायनेमिक रैम में 120 से 200 नैनो सेकंड समय लगता है।

8.11 बाह्य मेमोरी स्टोरेज (External Storage of Memory)

कंप्यूटर की अंदरूनी मेमोरी कम होती है इसलिए इसे बढ़ाने के लिए बाहरी मेमोरी भंडारों का उपयोग किया जाता है। इन्हें सेकंडरी, Auxilliary या बैक-अप मेमोरी भी कहते हैं। बाहरी स्मृति निम्न माध्यमों में संचित की जाती है:

- **मैग्नेटिक डिस्क**
  (क) फ्लॉपी डिस्क
  (ख) हार्ड डिस्क
- मैग्नेटिक टेप
- मैग्नेटिक ड्रम
- मैग्नेटिक बबल मेमोरी
- चार्ज्ड कपल डिवाइसेज

ये कंप्यूटर की मुख्य मेमोरी की अपेक्षा बहुत सस्ती होती हैं लेकिन इनकी क्षमता भी कम होती है। इनके विषय में आप अध्याय 12 में विस्तार से पढ़ेंगे।

8.12 माइक्रोकंप्यूटर की संरचना

चित्र 8.10 में माइक्रोकंप्यूटर के मदरबोर्ड पर लगने वाले सभी भागों को दर्शाया गया है जिनमें उसकी पावर सप्लाई, रॉम, रैम, इनपुट-आउटपुट-पोर्ट एक्सपैंशन स्लॉट, स्पीकर आउटपुट, टाइप रिले, कोडर, डिकोडर आदि सम्मिलित हैं।

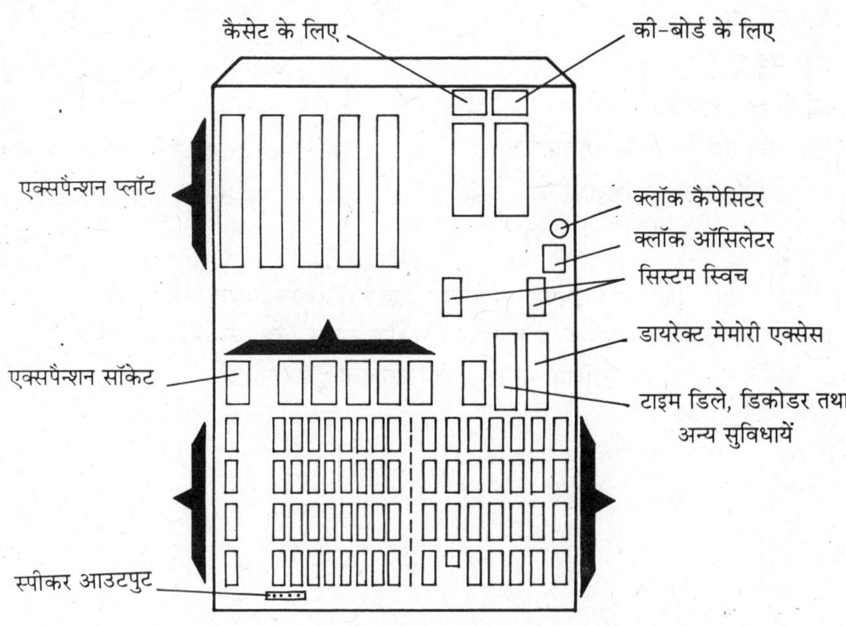

चित्र 8.10 माइक्रोकंप्यूटर का मदरबोर्ड

प्रश्नोत्तर

1. कंप्यूटर इतना अधिक प्रचलित उपकरण क्यों बन गया है? इसके उन अभिलक्षणों की व्याख्या कीजिए जिन्होंने इसे इतना प्रचलित कर दिया है।
2. कंप्यूटर एवं मानव मस्तिष्क में से कौन श्रेष्ठ है? इनके गुण-दोषों की व्याख्या कीजिए।
3. कंप्यूटर के आंतरिक रचना के मुख्य चार अवयव क्या हैं और इनके क्या कार्य हैं?
4. इनपुट डिवाइसेज से क्या कार्य लिया जाता है? किन्हीं पांच इनपुट डिवाइसेज के नाम लिखिए।
5. आउटपुट डिवाइसेज से क्या काम लिया जाता है? पांच आउटपुट डिवाइसेज के नाम लिखिए।
6. सेंट्रल प्रोसेसिंग यूनिट की संरचना विस्तार पूर्वक समझाइए।
7. अर्थमेटिक एंड लॉजिक यूनिट का क्या कार्य है? क्या इस यूनिट के बिना भी कंप्यूटर कार्य कर सकता है? कारण बताइए।
8. कंप्यूटर की मुख्य मेमोरी को किन-किन नामों से जाना जाता है? ये कितने प्रकार की होती हैं?

9. संक्षेप में टिप्पणियां लिखिए:
   (क) फेराइट कोर मेमोरी
   (ख) बाह्य मेमोरी भंडार
   (ग) माइक्रो कंप्यूटर की आंतरिक रचना
   (घ) मेन फ्रेम की आंतरिक रचना
   (च) कंप्यूटर के अभिलक्षण
   (छ) ई-प्रॉम
10. निम्नलिखित में अंतर स्पष्ट कीजिए:
   (क) मस्तिष्क एवं कंप्यूटर
   (ख) रॉम एवं रैम
   (ग) प्रॉम एवं ई-प्रॉम
   (घ) आंतरिक एवं बाह्य मेंमोरी
   (च) पेरीफेरल एवं आउटपुट डिवाइसेज
   (छ) इनपुट एवं आउटपुट डिवाइसेज
11. निम्नलिखित वाक्यों में रिक्त स्थानों की पूर्ति कीजिए:
   (क) .... युक्तियों की सहायता से आपरेटर का संबंध कंप्यूटर से होता है।
   (ख) सबसे तेज कंप्यूटर की सहायता से .... गणनाएं प्रति सेकंड की जा सकती हैं।
   (ग) मस्तिष्क में .... तंत्र कोशिकाएं (न्यूरान) होती हैं।
   (घ) जॉयस्टिक .... युक्ति है।
   (च) विजुअल डिस्प्ले यूनिट .... यूनिट है।
   (छ) कंप्यूटर में सारी अंकगणितीय संक्रियाएं .... यूनिट में होती हैं।
   (ज) एक नेनो सेकंड, सेकंड का .... हिस्सा होता है।

उत्तर

11 (क) इनपुट-आउटपुट (ख) 630 मेगाफ्लाप (ग) 100 खरब (घ) इनपुट (च) आउटपुट (छ) अर्थमेटिक एण्ड लॉजिक यूनिट (ज) अरबवां (समानांतर)

OOO

अध्याय-9

डेटा प्रोसेसिंग और कोडिंग

9.1 डेटा

हम अपने आसपास के वातावरण से जो जानकारी संग्रहीत करते हैं, वह अपने प्रारंभिक रूप में डेटा (data) कहलाती है। डेटा वस्तु, नाम, विचार, स्थान, गुण या आदान-प्रदान से संबंधित किसी भी तथ्य के बारे में हो सकते हैं। उदाहरण के लिए व्यक्तियों के नाम, व्यक्ति का वेतन, विद्यार्थी का नाम, विषयों के नाम व प्राप्तांक आदि डेटा के उदाहरण हैं।

9.2 डेटा के प्रकार

डेटा या जानकारी कई रूपों में दी जा सकती है। आधुनिक कंप्यूटर डेटा को सभी रूपों या माध्यमों से ग्रहण कर सकता है। डेटा मोटे तौर पर निम्न प्रकार के हो सकते हैं:

1. लिखित
2. दृश्य (विजुअल) मूलक
3. श्रव्य (ऑडियो) मूलक
4. मानवीय अनुभूतियों व चेष्टाओं के रूप में

लिखित डेटा वर्णात्मक (Alphabetic), अंकीय (Numeric), अंकवर्णीय (Alphanumeric) या विशिष्ट समप्रतीक श्रेणियों के हो सकते हैं। इनके उदाहरणों से इनके बीच अंतर स्पष्ट हो जाएगा।

- अलफाबेटिक डेटा के उदाहरण हैं - अंग्रेजी वर्णमाला के 26 बड़े (Capital) व छोटे (Small) अक्षर (Alphabet) — जैसे ABCD... या abcd... आदि।
- अंकीय या न्युमेरिक डेटा में इंडो अरेबियन पद्धति के 10 अंक — 0, 1, 2, 3. . . 9 आते हैं।
- अंकवर्णीय (Alphanumeric) आंकड़ों में अंक और वर्णों का सम्मिलित रूप होता है जैसे DNH-4871, C-142, R-14 इत्यादि।
- विशिष्ट संप्रतीकों (चिह्नों) में गणित, विज्ञान, भाषा, तर्क और वाणिज्य में प्रयोग किये जाने वाले चिह्न सम्मिलित किये जाते हैं जैसे कि +, –, /, *, ×, =, @, $, >, <, “, ”, ? आदि।

9.3 इन्फार्मेशन (Information)

डेटा को सुनियोजित कर प्रस्तुत करने पर वे **इन्फार्मेशन** बन जाते हैं। उदाहरणार्थ एक विद्यार्थी के नाम, रोल नंबर, विषयों के नाम व प्राप्तांकों सहित दिये गये विवरण से प्रोसेसिंग के बाद प्राप्त परीक्षाफल को हम **इन्फार्मेशन** कहेंगे।

9.4 डेटा प्रोसेसिंग (Data Processing)

डेटा का संचय करके उपयोगी जानकारी में बदलने की विधि को डेटा प्रोसेसिंग कहते हैं। केवल प्रोसेसिंग का अर्थ भी यही समझा जाता है। डेटा प्रोसेसिंग की दो विधियां होती हैं जो निम्न प्रकार हैं:

1. हस्तचालित, डेटा प्रोसेसिंग (Manual Data Processing)
2. इलेक्ट्रॉनिक (स्वचालित) डेटा प्रोसेसिंग (Electronic Data Processing)

9.5 मैनुअल डेटा प्रोसेसिंग

इनकी तीन श्रेणियां हैं:

(क) पूर्णत: हस्तचालित

(ख) यांत्रिक अर्द्धहस्तचालित और

(ग) वैद्युत-यांत्रिक अर्द्धहस्तचालित

जो कार्य मनुष्य बिना किसी यंत्र की सहायता से अपने हाथों से करता है, पूर्णत: हस्तचालित कहे जाते हैं। जैसे अबेकस (Abacus) द्वारा, हाथों की अंगुलियों से गिनकर, स्लेट या कॉपी पर लिखकर या सारिणी या लघुगणक का प्रयोग करके गणना करना। यह गणना करने का पुराना तरीका है।

9.6 अर्द्धहस्तचालित डेटा प्रोसेसिंग

इस तरह की डेटा प्रोसेसिंग के यांत्रिक और वैद्युत-यांत्रिक दो प्रकार हैं। जेकार्ड ने अपने हथकरघों में पंच्ड कार्डों का प्रयोग किया था। बाद में हर्मन होलेरिथ ने अपने विद्युत-यांत्रिक यंत्रों में पंच्ड कार्डों का प्रयोग किया। फेसिट नामक कंपनी ने यांत्रिक कैलकुलेटरों को विश्व बाजार में प्रचलित किया था। इनके विकसित रूप को यूनिट रिकार्ड मशीन के नाम से जाना गया। इस मशीन में कुल छह यंत्र थे (चित्र 9.1)। यह मशीन अर्द्ध स्वचालित रूप से काम करती थी। पत्रकों को एक यंत्र से दूसरे यंत्र में ले जाने का काम ऑपरेटर को स्वयं करना पड़ता था, जिसमें काफी समय लगता था। मशीन के छ: भाग निम्न प्रकार से कार्य करते थे:

1. **सॉर्टर (Sorter):** इस यंत्र द्वारा पंच्ड कार्डों को अंकीय या वर्णमाला के क्रम में छांटा जाता था।
2. **पुनरोत्पादक (Reproduction):** इसकी सहायता से एक कार्ड में डाले गये डेटा को दूसरे कार्ड में ऑटोमेटिक रूप से पंच कर दिया जाता था।

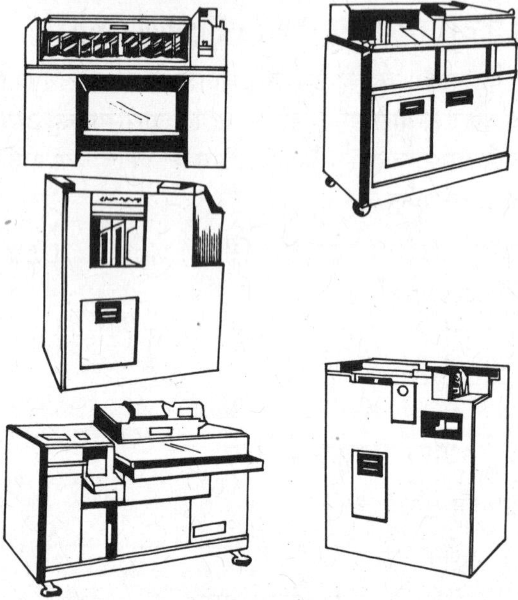

चित्र-9.1: अर्द्धहस्तचालित डेटा प्रोसेसिंग

3. **समानुक्रमित्र (Collator):** यह कार्डों की विभिन्न गड्डियों को इस तरह रखता था कि उन पर काम करना आसान हो जाए।
4. **लेखा-यंत्र (Accounting Machine):** इसका कार्य केवल योग (जोड़), व्यकलन (घटाना) और परिणामों को कार्डों पर छिद्रित करना था।
5. **कैलकुलेटर (Calculator):** इसका काम जोड़, घटाना, गुणा, भाग आदि करना था। इसकी आउटपुट यूनिट (Output unit) द्वारा कार्डों पर परिणाम ऑटोमेटिक रूप से पंच (छिद्रित) हो जाते थे।
6. **इन्टरप्रेटर (Interpreter):** यह आउटपुट यूनिट के ऊपर छेदों द्वारा दिखलाये गये सांकेतिक परिणामों को रोमन लिपि में बदलता था।

9.7 इलेक्ट्रॉनिक डेटा प्रोसेसिंग

मनुष्य हमेशा से इस तरह के ऑटोमेटिक यंत्रों की कामना करता रहा, जो बिना किसी रुकावट के बिजली की गति से अपना गणना कार्य संपन्न कर सकें। कार्डों के द्वारा डेटा को इनपुट करने और परिणाम प्राप्त करने में बहुत समय लगता था इसलिए इस काम के लिए मैग्नेटिक टेप का प्रयोग किया गया, जिनके द्वारा डेटा को तेजी के साथ डालना और टेप के द्वारा इलेक्ट्रॉनिक कंप्यूटर में भेजा जाना संभव हुआ। इसी प्रकार परिणाम की प्रिंटिंग भी होने लगी। कुछ समय बाद ऐसे की-बोर्ड बनाये जाने लगे जिनसे कंप्यूटर भाषाओं द्वारा डेटा को सीधे ही कंप्यूटर में भेजा जाना संभव हो गया। कंप्यूटर भाषाओं द्वारा गणना करने का तरीका भी कंप्यूटर को समझा दिया जाता था।

कंप्यूटर द्वारा किये जाने वाले इस कार्य को (चित्र 9.2) इलेक्ट्रॉनिक डेटा प्रोसेसिंग कहा जाने लगा। इलेक्ट्रॉनिक डेटा प्रोसेसिंग दो प्रकार की होती है।

- वैज्ञानिक (Scientific) और
- वाणिज्यिक (Commercial) डेटा प्रोसेसिंग।

वाणिज्यिक डेटा प्रोसेसिंग में मुख्य काम फाइलें बनाने का होता है।

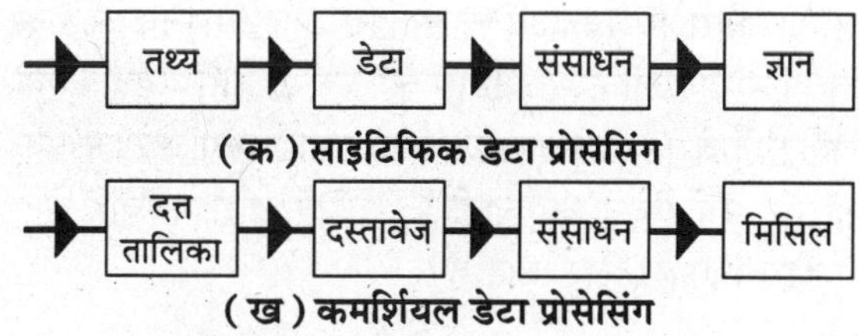

चित्र-9.2: इलेक्ट्रॉनिक डेटा प्रोसेसिंग

9.8 इलेक्ट्रॉनिक डेटा प्रोसेसिंग और हस्त चालित पंच्ड कार्डों की तुलना

1. इलेक्ट्रॉनिक प्रोसेसिंग बहुत तेजी के साथ होती है। एक मध्यम आकार का कंप्यूटर बिना किसी गलती के एक सैकंड में कम-से-कम 5 लाख जोड़ कर सकता है। पंच्ड कार्डों द्वारा 10 घंटों में होने वाले काम को इलेक्ट्रॉनिक कंप्यूटर 10 मिनट में कर लेता है।
2. पंच्ड कार्डों के प्रयोग से कचरा और प्रदूषण अधिक होता है।
3. डेटा प्रोसेसिंग के लिए कार्डों को एक यंत्र से दूसरे यंत्र में डालने में देर तो लगती ही है, कार्ड गलत जगह डाल देने की संभावना भी बनी रहती है।
4. इलेक्ट्रॉनिक कंप्यूटर दिये गये प्रोग्राम के अनुसार ऑटोमेटिक रूप से गणना करते हैं। इस प्रकार एक ही अनुदेश का पालन इनसे बार-बार कराया जा सकता है।
5. इलेक्ट्रॉनिक डेटा प्रोसेसिंग के लिए विशेष विधि से विकसित कंप्यूटर भाषाओं का जानना जरूरी होता है। वैसे यह काम कंप्यूटर की मशीन स्वयं कर लेती है। ऑपरेटर को केवल टाइप करना भी आये तो वह डेटा प्रोसेसिंग कर सकता है।

9.9 डेटा प्रोसेसिंग के विभिन्न चरण (Steps in Data Processing)

डेटा प्रोसेसिंग के पांच चरण होते हैं:

- प्रारंभीकरण (Initialisation)
- विरचन या तैयारी
- इनपुट (Input)
- संसाधन एवं संचय (Processing)
- आउटपुट (Output)

1. प्रारंभीकरण: इस चरण में तथ्यों को उनके मूल रूप में इकट्ठा किया जाता है। जिन प्रलेखों से ये डेटा एकत्र किये जाते हैं उन्हें सोर्स डाक्यूमेंट (Source Document) कहा जाता है — जैसे कि आदेश, जांच पुस्तिका, बिल, चालान फार्म, समयपत्रक आदि। इस प्रकार प्राप्त डेटा को हस्तचालित प्रोसेसिंग विधि में पेपर टेप पर कोड के अनुसार छिद्रित कर लिया जाता है। ऑटोमेटिक इलेक्ट्रॉनिक विधि में इन्हें मैग्नेटिक टेप द्वारा या फिर कंप्यूटर के की-बोर्ड में टाइप कर कंप्यूटर में इनपुट कर लिया जाता है।

2. विरचन या तैयारी: संगृहीत किये गये डेटा को एक सिस्टम एनालिस्ट (System Analyst) प्रोग्रामर की सहायता से एक कोडिंग शीट पर इस प्रकार लिख लिया जाता है जिससे गणना करने में आसानी हो।

दूसरे शब्दों में, यह कि डेटा को कंप्यूटर की भाषा में अनुवाद कर ऐसा बना लिया जाता है कि कंप्यूटर इसके हर चरण में छिपे हुए आशय, निर्देश व तर्क समझकर ऑटोमेटिक रूप से गणना कर ले।

3. इनपुट: विशेषज्ञों द्वारा बनाये गये कंप्यूटर प्रोग्राम को इनपुट यूनिट द्वारा कंप्यूटर के सेंट्रल प्रोसेसिंग यूनिट में पहुंचा दिया जाता है। इनपुट यूनिट कई तरह की होती हैं जैसे फ्लॉपी डिस्क आदि। (विस्तृत विवरण 12वें अध्याय में दिया गया है)।

4. संसाधन: डेटा का संसाधन सेंट्रल प्रोसेसिंग यूनिट में होता है। जैसा कि आप पढ़ चुके हैं, इस कार्य में सेंट्रल प्रोसेसिंग यूनिट के तीन भागों अर्थमेटिक एंड लॉजिक यूनिट (Arithmetic and logic unit), कंट्रोल यूनिट (Control Unit) व मेमोरी की प्रमुख भूमिका है। मेमोरी में पड़े आंकड़ों पर नियंत्रक इकाई (Controller) की देखरेख में अंकगणितीय व तर्क एकक (Arithmetic and Logic Unit) द्वारा दिये गये आदेशों के अनुसार काम किया जाता (processing) है। यानि इच्छित गणनाएं या अन्य कार्य किये जाते हैं। संसाधन के बाद आंकड़े पुन: मेमोरी में चले जाते हैं।

5. आउटपुट (Output): संसाधित डेटा यानि परिणाम को आउटपुट यूनिट (Output Unit) द्वारा कंप्यूटर से बाहर उस रूप में निकाल लिया जाता है जो आम आदमी की समझ में आ सके। ये परिणाम जैसा कि आपने पढ़ा, पंच्ड कार्ड, पेपर टेप, प्रिंटर, स्क्रीन आदि माध्यमों द्वारा प्राप्त किये जाते हैं।

9.10 डेटाबेस (Data Base)

डेटाबेस ने आधुनिक युग के ऑटोमेटिक दफ्तर के सपने को सच कर दिखाया है। इन दफ्तरों में सारा काम कंप्यूटर और दूरसंचार विधियों पर आधारित उपकरणों द्वारा किया जाता है। इन दफ्तरों में सारी फाइलें, लेख, पत्र आदि मैग्नेटिक टेप या फ्लॉपी डिस्कों पर स्टोर होते हैं। दफ्तर से संबंधित कोई भी जानकारी विजुअल डिस्प्ले यूनिट या स्क्रीन पर आ जाती है। लेकिन इस सब के लिए यह जरूरी है कि डेटा को सुव्यवस्थित किया जाए ताकि मेमोरी में कम-से-कम जगह घिरे। यह केंद्रीय डेटा बेस सभी उपभोक्ताओं के लिए बना होता है और अपने उपयोग के लिए किसी 'प्रोग्राम' पर निर्भर नहीं करता। इस प्रकार एक ही फाइल को कई उपभोक्ता स्वतंत्र रूप से देख सकते और एक ही समय में एक साथ उपयोग में ला सकते हैं।

9.11 डेटा बेस मैनेजमेंट सिस्टम

यह कंप्यूटर पर आधारित एक विशेष तरीका है, जिसके द्वारा डेटा बेस को बनाया जा सकता है, उसका विस्तार किया जा सकता है और उसे लंबे समय तक सुरक्षित रखा जा सकता है। सभी प्रकार के डेटा इस प्रकार संशोधित व नियोजित करके रखे जाते हैं ताकि किसी भी समय उसके किसी अंश का उपयोग किया जा सके अर्थात् आसानी से उसे प्राप्त किया जा सके। डेटा बेस मैनेजमेंट सिस्टम एक सॉफ्टवेयर है जो डेटा और उसका प्रयोग करने वाले के बीच माध्यम का काम करता है। विभिन्न डेटा आइटमों को संग्रह करते समय उनके साथ विशेष इंडेक्स (Index) आदि का प्रयोग किया जाता है, जिससे डेटा आइटमों के बीच संबंध स्पष्ट हो। इसके लिए डेटा को एक मैग्नेटिक डिस्क पर स्टोर करके उनकी एक लाइब्रेरी बनाई जाती है, जिसकी एक Directory (निर्देशिका) भी होती है जिसकी सहायता से डिस्क पर उपस्थित फाइलों को स्क्रीन पर देखा जा सकता है।

किन्हीं खास विशेषताओं वाले डेटा आइटम निकालने के लिए किसी एप्लीकेशन प्रोग्राम की जरूरत नहीं पड़ती। एक 'क्वैरी लैंग्वेज' (प्रश्नात्मक भाषा) का प्रयोग कर के एक फॉरमेट रिपोर्ट बना ली जाती है, जिसके द्वारा मनचाहे डेटा आइटम निकाल लिए जाते हैं।

दिये गये चित्र में एक लाइब्रेरी डेटाबेस दिखाया गया है। मान लीजिए, कोई किताब लेनी है, जो बिजनेस, कंप्यूटर, इंडस्ट्रियल कंट्रोल सिस्टम या मैथमेटिक्स के किसी भी सेक्शन में मिल सकती है, ऐसी दशा में 'की' दबाकर एंक्वायरी की जाएगी, जिससे विभिन्न रेफ्रेंस नंबरों और लोकेशन में स्थित किताबों की सूचियां स्क्रीन पर आ जाएंगी। यदि प्रश्न केवल यह है कि कोई विशेष किताब लाइब्रेरी में है भी या नहीं, तब जांच दूसरी तरह से होगी। जैसा कि चित्र में दिखाया गया है प्रश्न लाइब्रेरी के लैंडिंग डिपार्टमेंट से होता हुआ इसके 'इशू' (Issue) रिकॉर्ड में और फिर रेफरेन्स नंबर से होता हुआ इशू करने की तारीख, रिजर्व किताब, वापसी की तारीख या खो जाने की जानकारी तक पहुंच जाएगा।

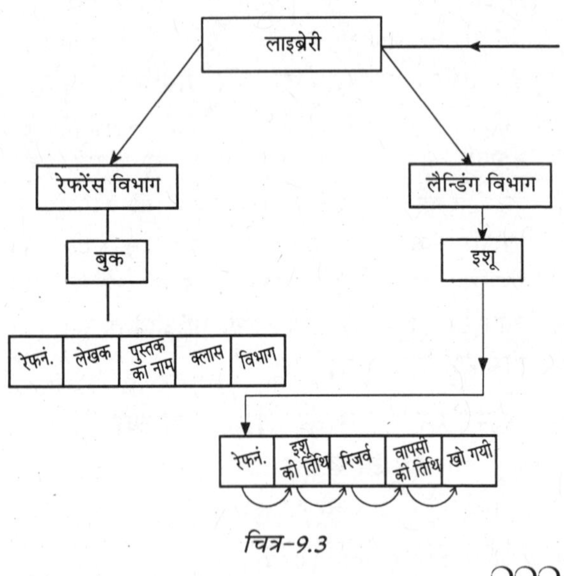

चित्र-9.3

○○○

अध्याय–10

इनपुट यूनिट

10.1 इनपुट यूनिट क्या है?

वे यूनिटें जो कंप्यूटर और मानव के बीच संपर्क बनाती हैं, इनपुट यूनिट और आउटपुट यूनिट कहलाती हैं। इनपुट यूनिटों द्वारा कंप्यूटर में डेटा और प्रोग्राम डाले जाते हैं तथा आउटपुट यूनिटों द्वारा कंप्यूटर से संसाधित (Processed) जानकारी प्राप्त की जाती है। जैसा कि पहले बताया जा चुका है, लिखित, ध्वनि (आवाज), दृश्य (देखी जा सकने योग्य जैसे चित्र, रेखांकन या ग्राफ) और यांत्रिक मानवीय चेष्टा के रूप में हो सकता है। इन सभी तरह के इनपुटों को विद्युतीय संकेतों में बदल लिया जाता है। ये संकेत बाइनरी कोड (0 और 1) में होते हैं। बाइनरी कोड के अनुसार विद्युतीय पल्स (संवेदन) के होने को 1 और न होने को 0 प्रदर्शित करता है।

10.2 इनपुट डिवाइसेज

इन युक्तियों द्वारा कंप्यूटर में डेटा या प्रोग्राम डाला जाता है। इनका कामइनपुट विद्युतीय संकेतों को मशीन कोड में बदलना होता है ताकि कंप्यूटर इन्हें समझ सके।

किसी भी कंप्यूटर तंत्र में निम्न में से किन्हीं इनपुट युक्तियों का प्रयोग होता है:

1. की–बोर्ड, 2. ग्राफिक टेबलेट, 3. माउस, 4. ट्रैकरबॉल 5. जॉय स्टिक, 6. डिजिटायजर या ग्राफिक पैड, 7. लाइट पेन, 8. ऑडियो इनपुट यूनिट, 9. मैग्नेटिक इंक कैरेक्टर रीडर, 10. बार कोड और कोड रीडर, 11. ऑप्टिकल मार्क रीडर और सेंसर।

उपरोक्त में से कुछ लिखित, कुछ श्रव्य, कुछ ध्वनि और कुछ दृश्य मूलक डेटा को ग्रहण करते हैं।

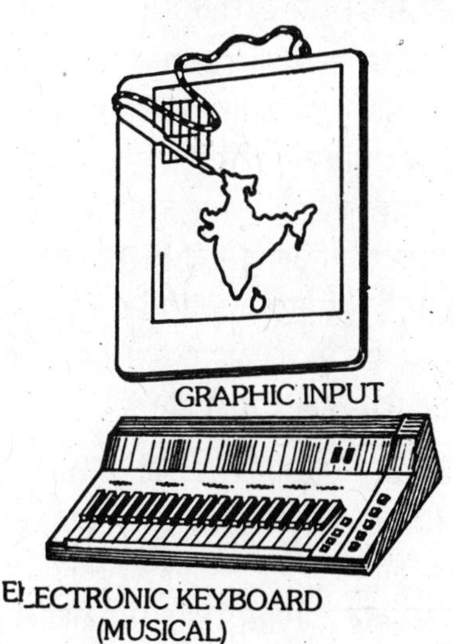

चित्र–10.1: विभिन्न प्रकार की इनपुट युक्तियां

कंप्यूटरों में प्रयोग की जाने वाली कुछ डिवाइसेज का वर्णन नीचे दिया गया है:

10.3 की–बोर्ड (Keyboard)

- की–बोर्ड एक इनपुट डिवाइस है।
- इसमें टाइप करने के लिए कई Keys बनी होती हैं, जिनमें से कुछ पर एक तथा अन्य कुछ पर दो कैरेक्टर (अक्षर) बने होते हैं जैसे अंग्रेजी वर्णमाला के 26 अक्षर 0 से लेकर 9 तक के अंक तथा गणित के +, - आदि।
- बड़ी Keys कुछ न कुछ कार्य करने के लिए प्रयोग में लायी जाती हैं जैसे अक्षर मिटाने के लिए DEL या लाइन बदलने के लिए ENTER कुंजी।
- छोटी कुंजियों में से किसी भी कुंजी को दबाने पर उस

पर लिखा हुआ चिह्न कंप्यूटर की मेमोरी में चला जाता है और फिर उसके स्क्रीन पर उभर आता है। इस प्रकार हम स्क्रीन देखकर अपना टाइप किया हुआ शब्द चेक कर सकते हैं।

- प्रत्येक 'की' के नीचे एक इलेक्ट्रॉनिक स्विच लगा होता है (चित्र 10.2) जिसके द्वारा कुंजी दबाने पर अक्षर के कोड के अनुसार बिजली के स्पंदन (pulses) पैदा होते हैं, जिन्हें कंप्यूटर रूपी मशीन समझ सकती है। बिजली के इन स्पंदनों से चुंबकत्व पैदा कर डेटा को किसी भी चुंबकीय माध्यम से सुरक्षित रख सकते हैं।
- की-बोर्ड का ऊपरी हिस्सा एक टाइपराइटर की तरह होता है। और इसमें उसी तरह रोमन लिपि के अक्षर या अन्य चिह्न आदि बने होते हैं। पर्सनल व होम कंप्यूटरों के की-बोर्ड अलग-अलग तरह के होते हैं। प्रत्येक होम कंप्यूटर का अपना एक विशेष डिजाइन का की-बोर्ड होता है। पर्सनल कंप्यूटरों PCs में लगभग एक से ही की-बोर्ड होते हैं। आमतौर से (स्टैंडर्ड) की-बोर्ड 84 और 101 Keys वाले होते हैं।

इस Keyboard में कुछ फंक्शन 'की' (Function Keys) भी लगी होती हैं, जिनकी सहायता से कुछ बार-बार होने वाले कामों को आसानी से किया जा सकता है। जैसे कि कोई पैराग्राफ किसी प्रोग्राम में बार-बार आता है तो उस पूरे पैराग्राफ का एक नाम देकर उसे किसी फंक्शन 'की' से संबंधित कर दिया जाता है। अब इस 'की' के दबाते ही पूरा पैराग्राफ स्क्रीन पर आ जाएगा।

10.4 ग्राफिक टेबलेट

इसे ग्राफिक पैड, डिजिटायजर टेबलेट या संक्षिप्त में डिजिटायजर भी कहा जाता है। इसकी सहायता से ग्राफिक या एनालॉग डेटा को डिजिटल डेटा में बदला जाता है जिसके बाद उसे मेमोरी में सुरक्षित रखा जा सकता है। यह ड्राइंग बोर्ड की आकृति का 30 सेमी. वर्ग का पैड होता है जिसे किसी भी छोटे टेबल पर रखा जा सकता है। इस टेबलेट का कनेक्शन कंप्यूटर के पीछे बने RS-232-C सीरियल इन्टरफेस में प्लग सॉकेट जोड़कर दिया जाता है। टेबलेट का सम्पर्क कंप्यूटर की सेन्ट्रल प्रोसेसिंग यूनिट से हो जाता है। ग्राफिक टेबलेट दो प्रकार की होती हैं:

1. विद्युत संवेदीय मैकेनिज्म सहित स्टायलस
2. माउस

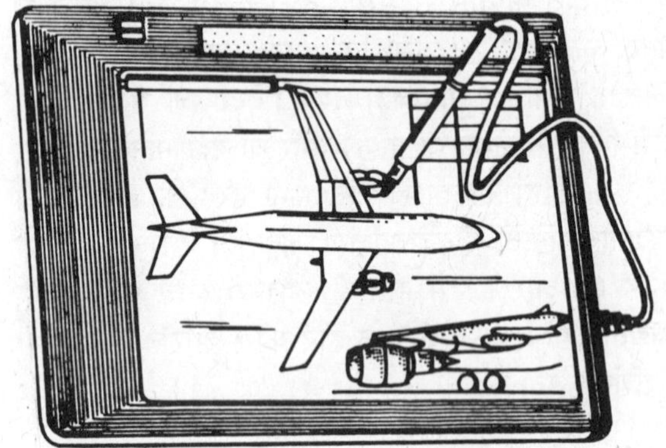

चित्र-10.3: ग्राफिक टेबलेट तथा पेन

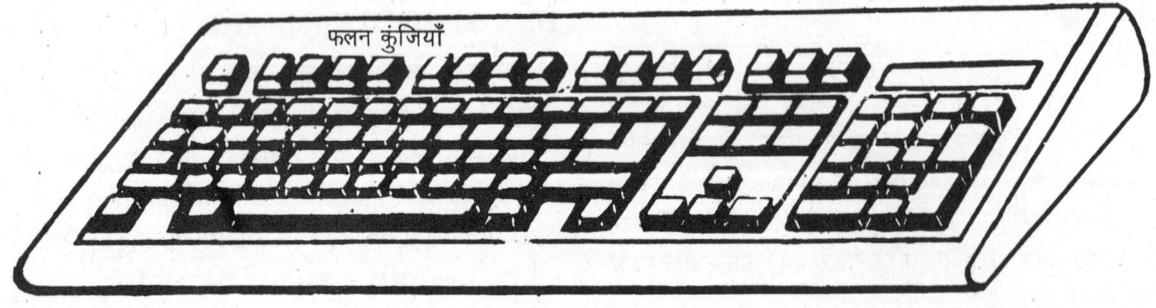

चित्र-10.2: पर्सनल कंप्यूटर का की-बोर्ड

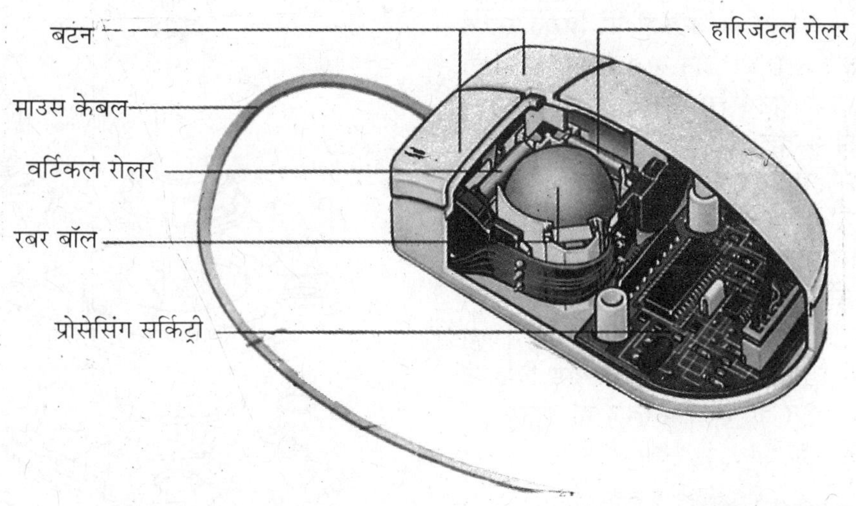

चित्र-10.4: डिजिटायजर (टेबलेट या पेड) एवं उसमें लगे माउस

पहली विधि में टेबलेट की सतह के नीचे बहुत महीन वायरों से बना एक परिपथ होता है जिसमें लगातार विद्युत प्रवाह होता रहता है। जब टेबलेट के किसी बिंदु पर पेंसिल के समान स्टॉयलस को रखा जाता है और उस पर लगा स्विच बंद कर दिया जाता है तो उसकी नोक का परिपथ के जाल से विद्युत चुंबकीय संपर्क हो जाता है। जिस बिंदु पर सम्पर्क होता है कम्प्यूटर के स्क्रीन पर भी उसके समान निर्देशांकों वाले बिन्दु पर प्रसंकेतक (कर्सर) आ जाता है। अब जैसे-जैसे हम टेबलेट पर स्टॉयलस को घुमाएंगे, उसी प्रकार कंप्यूटर के स्क्रीन पर कर्सर घूमता जाएगा। ऐसा इसलिए हो पाता है क्योंकि ग्राफिक टेबलेट द्वारा एनालॉग संकेतों को डिजिटल संकेतों में बदल दिया जाता है।

चित्र, फोटो, पिक्चर या स्केच आदि का अंकरूपण करने के लिए एक लेंस जैसे कर्सर का उपयोग किया जाता है, जिसमें किसी बिंदु को निर्धारित करने के लिए बहुत पतला क्रॉस (x) बना होता है। जब कर्सर को ग्राफिक टेबलेट के ऊपर रखते हैं तो कंप्यूटर के स्क्रीन पर भी एक कर्सर बिंदु आ जाता है। अब जैसे-जैसे नीचे वाले कर्सर को घुमाते हैं, वैसे-वैसे कंप्यूटर के स्क्रीन पर भी कर्सर घूमता जाएगा। इस प्रकार ग्राफिक टेबलेट पर किसी चित्र या स्केच पर बनी रेखाओं पर कर्सर घुमाने पर कंप्यूटर स्क्रीन पर भी उसी आकार में रेखाएं खिचती जाती हैं। कंप्यूटर पर बनी इस आकृति को कंप्यूटर की मेमोरी में स्टोर कर सकते हैं और बाद में आवश्यकतानुसार इसकी चाहे जितनी कापियां बना सकते हैं।

इस विधि द्वारा कई कार्य स्वचालित रूप से किये जा सकते हैं। कंप्यूटर एडेड डिजाइन (CAD या कैड) नाम की प्रोग्राम डिस्क की सहायता से इंजीनियरिंग ड्राइंग का काम किया जा सकता है। किसी लाइन की लंबाई या किसी आयत का क्षेत्रफल, ड्राइंग के नेम बोर्ड बनाने या डायमेन्शन्स देने का काम भी कैड की सहायता से हो जाता है।

इस टेबलेट के साथ मेग्नेटिक डिस्क के पास काम करना ठीक नहीं है क्योंकि टेबलेट में पैदा होने वाले विद्युत चुंबकीय स्पंदनों से डिस्क में स्टोर डेटा नष्ट हो सकते हैं।

10.5 माउस

माइक्रोमाउस को माउस भी कहते हैं। यह प्लास्टिक के चूहे (Mouse) के आकार का होता है, जिसके आधार में दो धातु के बने चक्के लगे होते हैं, जिनके अक्ष एक दूसरे के समकोण पर होते हैं। इन चक्कों के चलने पर इनकी अक्ष (Axis) से लगे इलेक्ट्रॉनिक शेफ्ट इनकोडर से विद्युत स्पंदन (Pulses) पैदा होने लगते हैं। पर्सनल कंप्यूटर के साथ उपयोग में आने वाले माउस में एक 'बॉल' लगी होती है।

माइक्रोमाउस को किसी भी समतल जगह पर रख सकते हैं और इसमें विद्युत चुंबकीय ग्रिड वाली किसी टेबलेट की

जरूरत नहीं होती। माउस को सरकाने पर विद्युत स्पंदन (पल्स) पैदा होते हैं। 10 माइक्रॉन या 1 मिमी. का सौवां भाग सरकाने पर 1 विद्युत पल्स पैदा होती है। ये स्पंदन कंप्यूटर की मेमोरी में चले जाते हैं जहां से इन स्पंदनों के अनुसार विजुअल डिस्प्ले यूनिट (स्क्रीन) को निर्देश दिये जाते हैं। इन निर्देशों का पालन स्क्रीन पर कर्सर द्वारा किया जाता है। जैसे-जैसे माउस ड्राइंग के ऊपर घूमता है, वैसे-वैसे स्क्रीन पर कर्सर घूमता जाता है और स्क्रीन पर ड्राइंग बनती चली जाती है। माउस के मुंह पर या साइड में पुश बटन लगे होते हैं जिनसे कई प्रकार के कमांड दिये जा सकते हैं। 'स्टार्ट' बटन के दबाने के बाद ही माउस को इधर-उधर घुमाया जाता है।

10.6 ट्रैकर बॉल (Tracker Ball)

यह बॉल (चित्र 10.5) उल्टे माउस की तरह होती है, जिसमें चक्कों की जगह केवल एक अत्यंत चिकनी बॉल होती है जिसके द्वारा ट्रैकर बॉल को चारों तरफ घुमा सकते हैं। ट्रैकर बॉल खासकर बच्चों के लिए बनाई जाती है जिसके द्वारा वे कंप्यूटर पर गेम्स खेल सकते हैं।

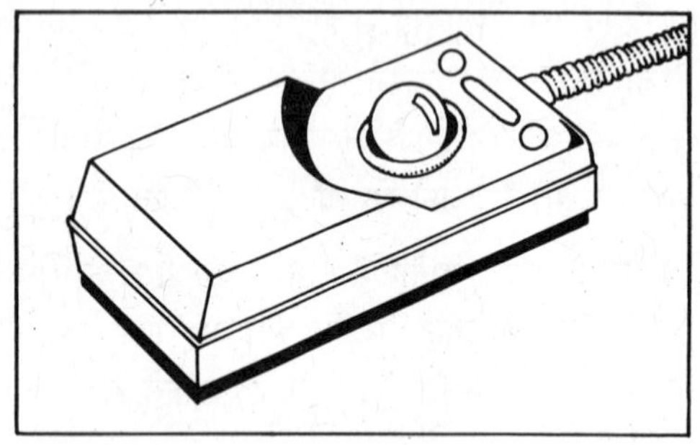

चित्र-10.5: ट्रैकर बॉल

10.7 जॉय स्टिक (Joy Stick)

इस युक्ति का प्रयोग वीडियो गेम्स में होता है। यह एक विद्युत यांत्रिक युक्ति है। इससे कंप्यूटर के स्क्रीन पर कर्सर या किसी आकृति को आगे-पीछे घुमाया जा सकता है।

जॉय स्टिक का ऊपरी हिस्सा एक हैंडिल या स्टिक के समान होता है, जिसे उसके नीचे लगे सॉकेट में घुमाया जा सकता है। इसके हैंडिल के पास ही एक ट्रिगर बटन होता है जिसके दबाने से स्क्रीन पर धमाके जैसा प्रभाव पैदा होता

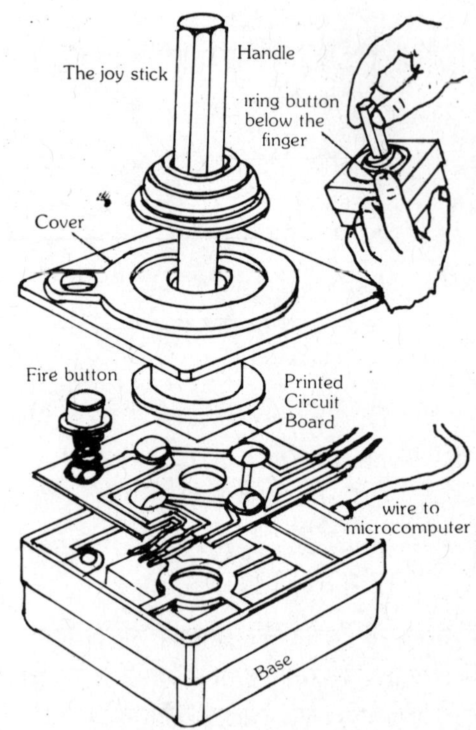

चित्र-10.6: जॉय स्टिक की आंतरिक रचना

है। स्टिक एक सॉकेट जैसे आधार पर लगी होती है जिसके नीचे प्रिंटेड सर्किट (परिपथ) बोर्ड लगा होता है, जो स्टिक की यांत्रिक गतियों (Mechanical Movements) को एनालॉग विधि से विद्युतीय स्पंदन (Pulses) में बदल देता है। इन संकेतों के अनुसार ही स्क्रीन पर बनी आकृति का चालन होता है।

कंप्यूटर में खेल खेलने के लिए एक कार्टरिज की जरूरत होती है जो एक कैसेट के समान होता है। इसमें किसी खेल से संबंधित प्रोग्राम भरा होता है, जिसकी मदद से कंप्यूटर का स्क्रीन खेल खेलने के लिए एक पर्दे के रूप में बदल दिया जाता है। जॉय स्टिक से हम किसी एक वस्तु को पर्दे पर प्रदर्शित कर सकते हैं और उसे इधर-उधर घुमा भी सकते हैं। Space Invader जैसे वीडियो गेम में सॉफ्टवेयर (प्रोग्राम) द्वारा स्क्रीन पर अंतरिक्ष का दृश्य उभर आता है जिसमें विभिन्न ग्रह और तारे दिखाये जाते हैं और कई प्रकार की शत्रु-गतिविधियां शुरू हो जाती हैं। अब खेलने वाले व्यक्ति को अपने अंतरिक्ष यान को इन गतिविधियों से बचाकर सुरक्षापूर्वक निकलना होता है। यह अंतरिक्ष यान

ही एक कर्सर है जिसे स्क्रीन पर ऐसे घुमाना है कि वह शत्रुओं के प्रहार से बच सके।

जॉय स्टिक से कर्सर चलाने का काम बहुत शुद्धता से नहीं हो पाता। ये दो प्रकार की होती हैं।

पहले डिजाइन में चार दिशाओं के लिए चार स्विच बने होते हैं और दूसरे डिजाइन में एनालॉग संकेतों को डिजिटल संकेतों में बदलने वाली युक्ति लगी होती है। दूसरे डिजाइन में कर्सर मूवमेंट ज्यादा आसान होता है।

10.8 वीडियो डिजिटॉयजर (Video Digitizer)

इस युक्ति द्वारा वीडियो कैमरे या वीडियो टेप में भरी दृश्य सामग्री को स्क्रीन पर प्रदर्शित किया जाता है।

इस विधि में कैमरे या वीडियो टेप से डिजिटॉयजर को एनालॉग इनपुट मिलता है जिन्हें यह बाइनरी संकेतों में बदल कर स्क्रीन पर प्रदर्शित कर देता है।

10.9 लाइट पेन (Light pen)

इस पेन (चित्र 10.7) द्वारा स्क्रीन पर सीधे ही किसी आकृति को बनाया या लिखा जा सकता है। यदि स्क्रीन पर कोई आकृति पहले से ही बनी हो तो उसमें इस पेन द्वारा संशोधन किया जा सकता है।

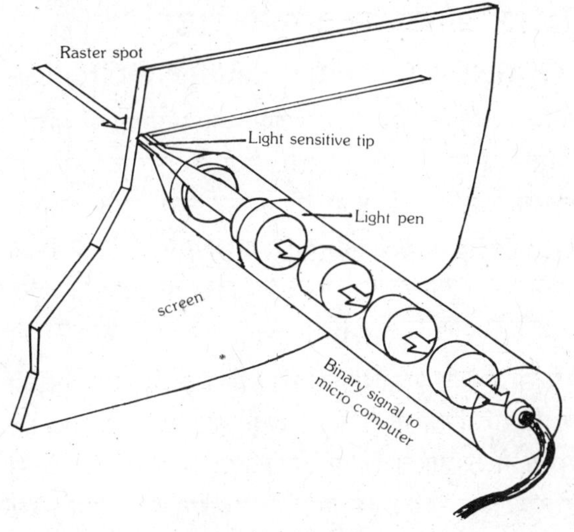

चित्र-10.7: लाइट पेन

इस पेन की नोक प्रकाश संवेदनशील होती है जो स्क्रीन के पीछे से आने वाली किरणों से प्रतिक्रिया करती है। इस प्रतिक्रिया के फलस्वरूप बाइनरी संकेत उत्पन्न होते हैं जो कंप्यूटर के नियंत्रक (कंट्रोल यूनिट) तक पहुंच जाते हैं। लाइन पेन द्वारा छोटे-से-छोटे बिंदु से लेकर 13 मिमी. के वर्ग के बराबर अक्षर लिखे जा सकते हैं।

10.10 ऑडियो इनपुट यूनिट (Audio Input Unit)

इन युक्तियों की सहायता से कंप्यूटर को माइक्रोफोन पर बोलकर सीमित मात्रा में निर्देश दिये जा सकते हैं। (चित्र 10.8)

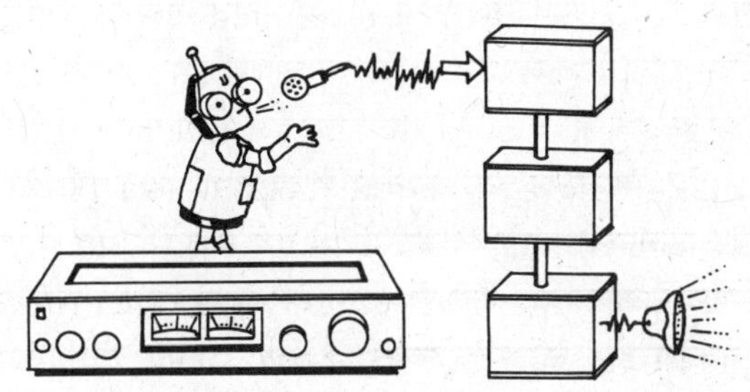

चित्र-10.8: ऑडियो इनपुट यूनिट

सीमित निर्देश इसलिए दिये जाते हैं क्योंकि सारी भाषाएं वैज्ञानिक नहीं हैं। जिनका बाइनरी संकेतों में अनुवाद हो सके। उन कार्यों में जहां एक या दो शब्द बोलकर काम चलाया जा सके, जैसे कि फिल्म की शूटिंग में, इस विधि का प्रयोग होता है उदाहरण के लिए यहां पर 'कट', 'कैमरा', 'लाइट्स ऑन', 'क्लैप', 'एक्शन' और 'साउंड' जैसे शब्दों के प्रयोग के बाद कोई खास मशीनरी अपना काम करना शुरू कर देती है, जैसे कि 'कैमरा' बोलकर कंप्यूटराइज्ड स्टूडियो के ऑटोमेटिक कैमरे को स्वचालित रूप से काम करने को बाध्य किया जा सकता है। इस विधि की तकनीक यह है कि 'कैमरा' शब्द बोलकर इस ध्वनि को रिकॉर्ड कर लिया जाता है और इस ध्वनि के कंपनों को बाइनरी संकेतों में बदलकर कंप्यूटर की मेमोरी में स्टोर कर लिया जाता है। अब कंप्यूटर दोबारा जब 'कैमरा' शब्द सुनेगा तो उसका रिकॉर्डर इस ध्वनि के कंपनों को रिकॉर्ड कर लेगा जो फिर से बाइनरी संकेतों में बदल जाएंगे। कंप्यूटर अपनी मेमोरी में पहले से स्टोर 'कैमरा' के इस प्रतिरूपक (pattern) की

पहचान कर लेगा और अन्य यंत्रों की सहायता से कैमरे को स्वचालित रूप से 'ऑन' कर देगा। इस पद्धति को Audio Data Entry System कहते हैं।

10.11 मैग्नेटिक इंक कैरेक्टर रीडर (Magnetic Ink Character Reader)

1950 के आसपास मैग्नेटिक इंक द्वारा आलेखन की विधि का विकास हुआ। इस विधि में माइक्रोप्रोसेसर विधि द्वारा कई कोडों (Codes) का प्रयोग कर के चीजों के नंबर आदि चेक किये जाते थे। इस विधि द्वारा बहुत तेजी से जांच करना संभव था। सबसे पहले इसका प्रयोग बैंकों में चेकों की जांच के लिए किया गया था। इस विधि में मैग्नेटिक इंक से लिखे शब्दों को पढ़ा जाता है। मैग्नेटिक इंक में आयरन ऑक्साइड के कण होते हैं जिनके कारण इससे लिखे शब्दों में चुंबकत्व आ जाता है। मैग्नेटिक इंक से प्राप्त कोड्स को MICR-मैग्नेटिक इंक करेक्टर रीडर द्वारा पढ़ लिया जाता है। आजकल भारतीय बैंकों में भी एम.आइ.सी.आर पद्धति से चेकों की जांच होती है। चेक के सबसे निचले सिरे पर चुंबकीय इंक की सहायता से (चित्र 10.9) चेक नंबर, ब्रांच नंबर और उपभोक्ता का नंबर लिखा हुआ होता है। बाद में इनमें चेक की राशि एक अन्य मशीन द्वारा डाल दी जाती है।

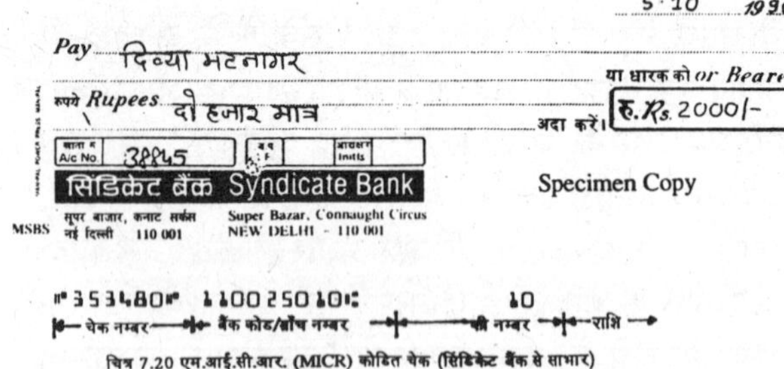

चित्र-10.9: M.I.C.R. कोडित चेक

क्लियर करने वाले बैंक में इकट्ठा हुए हजारों चेकों को एम.आइ.सी.आर. द्वारा पढ़ लिया जाता है और चेकों की लिस्ट भी आसानी से बना ली जाती है।

1966 में इंटरनेशनल स्टैंडर्ड आर्गेनाइजेशन (आइ.एस.ओ.) द्वारा एम.आइ.सी.आर. की दो खास स्टाइलों का मानकीकरण किया गया, जिन्हें ई-13बी. और सी.एम.सी.-7 स्टाइल कहा जाता है [चित्र 10.10 (क) और (ख)]

0123456769
ABCDEFGHIJKLM
NOPQRSTUVWXYZ

चित्र-10.10 (क): सी.एम.सी.-7 स्टाइल

मेग्नेटिक इन्क कैरेक्टर रिकॉग्निशन चार्ट

चित्र-10.10 (ख): E13B स्टाइल में

ई-13बी स्टाइल संयुक्त राज्य अमेरिका और सी.एम.सी.-7 स्टाइल फ्रांस और ब्रिटेन में प्रचलित हुईं।

10.12 ऑप्टिकल कैरेक्टर रीडर (Optical Character Reader-OCR)

मनुष्य बहुत लंबे समय से मशीन की सहायता से पढ़ने-लिखने व एक भाषा से दूसरी भाषा में अनुवाद करने का इच्छुक रहा है। इस काम में मुश्किल यह है कि एक ही अक्षर अनेक आकारों में लिखा या छापा जाता है। विभिन्न टाइपराइटरों या अलग-अलग व्यक्तियों के हाथों से लिखे अक्षरों के आकार भी अलग-अलग स्टाइल के होते हैं।

इस समस्या के समाधान के लिए कैरेक्टर रिकॉग्निशन की पद्धति ढूंढ़ निकाली गई है, जिसमें कुछ सुधार के बाद यह संभव हो जाएगा कि किन्हीं दो लिखित दस्तावेजों का मिलान हो सके। यह धारणा इस बात पर आधारित है कि एक अक्षर को चाहे कितने भी तरीकों से लिखें उसमें एक विशेषता

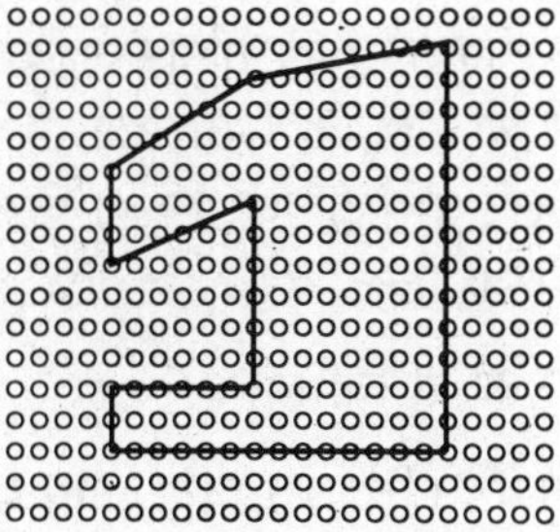

चित्र-10.11: अंक 1 को बिंदुओं के समूह द्वारा लिखा जाना

OCR A

0 1 2 3 4 5 6 7 8 9
A B C D E F G H I J
K L M N O P Q R S T
U V W X Y Z

OCR B

0 1 2 3 4 5 6 7 8 9
A B C D E F G H I J
K L M N O P Q R S T
U V W X Y Z
a b c d e f g h i j
k l m n o p q r s t
u v w x y z

चित्र-10.12: दो विभिन्न ओ.सी.आर. कोड (ऊपर OCR-A तथा नीचे OCR-B)

होती है जो उसे अन्य वर्णों से अलग करती है और यही विशेषता उसकी पहचान होती है।

ओ.सी.आर. सभी अक्षरों या चिह्नों की जांच करते समय उन्हें सैकड़ों बिंदुओं में बांट कर उसकी मानक अक्षरों से तुलना करता है। जिस भी मानक अक्षर (स्टेंडर्ड अक्षर) के बिंदुओं से उस अक्षर के बिंदु सबसे अधिक मिलते हैं, कंप्यूटर उस अक्षर की उस रूप में पहचान कर लेता है।

साथ में दिये गये चित्रों [10.12 (क) व (ख)] में ऑप्टिकल कैरेक्टर रिकॉग्निशन सिस्टम के दो मानक (स्टेंडर्ड) ओ.सी.आर.ए. (अमेरिकन) व ओ.सी.आर.बी. (यूरोपियन) कैरेक्टर सेट दिखाये गये हैं।

10.13 ऑप्टिकल मार्क रीडर और सेंसर (Optical Mark Reader)

इस युक्ति को प्रश्नपत्र या इसी तरह के अन्य दस्तावेज पढ़ने के लिए बनाया गया है। ऑब्जेक्टिव टाइप प्रश्नों के उत्तर देने के लिए प्रश्न के कई संभावित उत्तरों के अंत में वर्गाकार जगह छोड़ दी जाती है। परीक्षार्थी को निर्देश दिया जाता है कि वे उस वर्ग में पेंसिल का निशान लगाएं, जिसके सामने का उत्तर उन्हें सही लगता हो। ये उत्तर पुस्तिकाएं ऑप्टिकल मार्क रीडर द्वारा जांची जाती हैं। उत्तर पुस्तिका के आर-पार एक तेज प्रकाश पुंज फेंका जाता है। जिस वर्ग को पेंसिल से अंकित किया गया है, उसके आर-पार कम प्रकाश जा पाता है जिससे रीडर मशीन को पता चल जाता है कि उस वर्ग को अंकित किया गया है। उत्तर सही होने पर निर्धारित अंक दे दिया जाता है। इस प्रकार सभी उत्तर पुस्तिकाएं बहुत तेजी से जांची जा सकती हैं। 1 घंटे में लगभग 10,000 दस्तावेज जांचे जा सकते हैं।

इस मशीन के प्रयोग से मानवीय भूलों (Human error) और पक्षपात से भी बचा जा सकता है। दूसरे प्रकार की मशीनें चिह्न संवेदी (मार्क सेंसिंग) कहलाती हैं। ये मार्क रीडिंग मशीनों से ज्यादा सही और तेजी से काम करती हैं। इनमें कई वर्गाकार खानों में ग्रेफाइट वाली पेंसिल से बिंदु या क्रॉस के रूप में सही और गलत के निशान लगाये जाते हैं।

Multiple Choice Answer Sheet

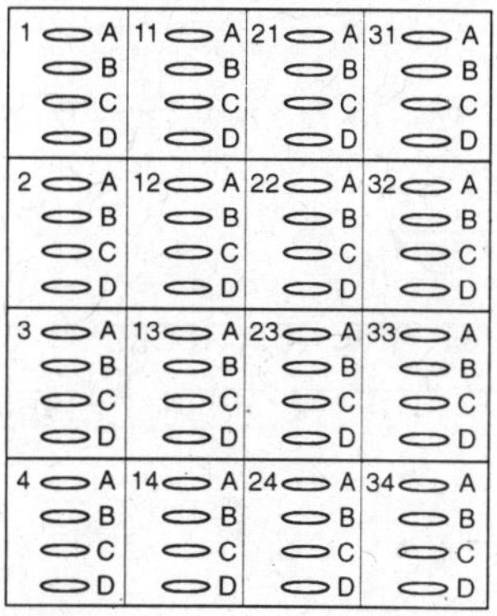

ऊपर एक मल्टीपल च्वाइस उत्तर पुस्तिका दिखलाई गयी है, तथा नीचे बने हुये चार्ट में नम्बर-351 को काटा हुआ दिखाया गया है।

1 A B C D	11 A B C D	21 A B C D	31 A B C D
2 A B C D	12 A B C D	22 A B C D	32 A B C D
3 A B C D	13 A B C D	23 A B C D	33 A B C D
4 A B C D	14 A B C D	24 A B C D	34 A B C D

0	1	2	3	4	5	6	7	8	9
0	1	2	3	4	5	6	7	8	9
0	1	2	3	4	5	6	7	8	9

चित्र-10.13: ऑप्टिकल मार्क रीडर कार्ड प्रिंटेड सर्किट बोर्ड

इनकी जांच करने के लिए संबंधित फार्म या कार्ड को एक प्लेट के ऊपर रख देते हैं, जिसमें दो विद्युताग्र बने होते हैं। ग्रेफाइट विद्युत का सुचालक है, इसलिए जहां निशान होता है वहां दोनों विद्युताग्रों के बीच सम्पर्क बन जाता है जिससे कार्ड को जांचा जा सकता है। चित्र 10.13 में ऐसा एक कार्ड दिखाया गया है व साथ में दिये गये चार्ट में नंबर 351 को काटा हुआ दिखाया गया है।

10.14 बार कोड (Bar Code) एवं कोड रीडर (Code Reader)

बार कोड की सहायता से उपभोक्ताओं के पास पहुंचने वाली वस्तुओं को एक पहचान-चिह्न प्रदान किया जाता है, जिसकी सहायता से चीजों की गिनती या जांच हो सकती है। इसकी सहायता से लाइब्रेरी से निकलने वाली पुस्तकों, सुपर बाजार से निकलने वाले सामान आदि की जांच और गिनती कंप्यूटर की सहायता से सरलता से की जा सकती है। जांच के लिए इलेक्ट्रॉनिक पेन या लेज़र स्केनर की सहायता भी ली जा सकती है।

बार कोड पढ़ने की दो विधियां हैं:

(क) लाइट पेन बेंड (चित्र 10.14क) और (ख) मैग्नेटिक बेंड (चित्र 10.14ख)। बार कोड में धुंधली और गहरी रेखाओं या पतली और मोटी रेखाओं और खुले स्थानों की सहायता से चिह्नित किया जाता है। रेखा का अर्थ 1 और खुले स्थान का अर्थ 0 होता है। प्रत्येक अक्षर के लिए दो रेखाओं या खुले स्थानों का प्रयोग किया जाता है। अमेरिका में सुपर बाजार या डिपार्टमेंटल स्टोरों में बैजों या टैग आदि के रूप में बारकोड लगाया जाता है, जिनमें दस अंकों वाले कोड का प्रयोग किया जाता है।

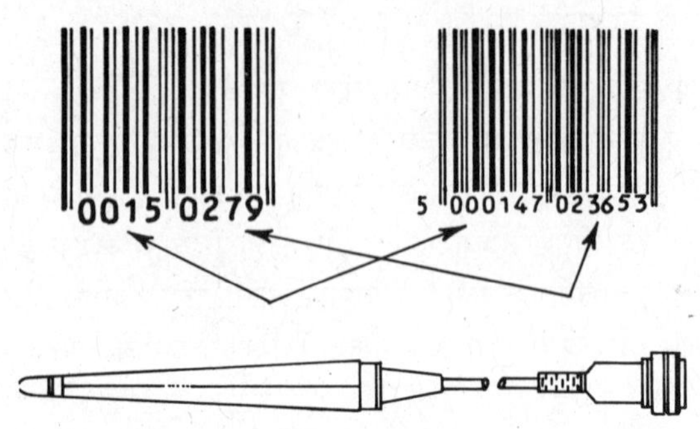

चित्र-10.14 (क): लाइट पेन एवं उससे संबंधित बार कोड

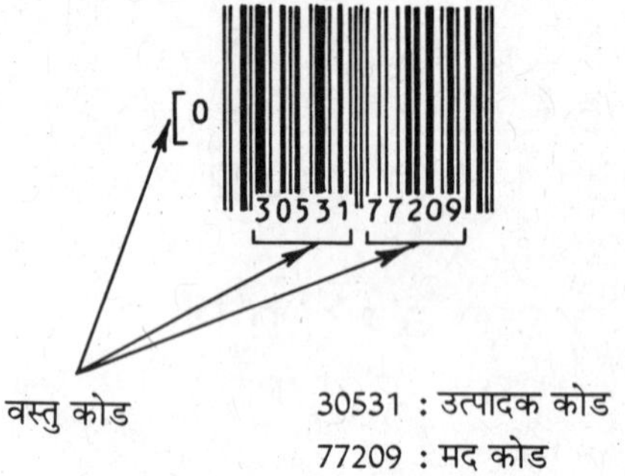

चित्र-10.14 (ख): मेग्नेटिक बार कोड

OOO

स्केनर

इस यूनिट की सहायता से किसी भी दस्तावेज, ग्राफिक या पिक्चर को सीधा स्केन करके कंप्यूटर की मेमोरी में डाला जा सकता है। यह लगभग फोटोस्टेट मशीन जैसा होता है।

OOO

अध्याय-11

आउटपुट यूनिट

11.1 आउटपुट यूनिट क्या है?

आउटपुट यूनिट वे युक्तियां हैं जो कंप्यूटर के सेन्ट्रल प्रोसेसिंग यूनिट द्वारा दिये जाने वाले संकेतों को उस रूप में बदल देते हैं जिस रूप में हम उनका प्रयोग करना चाहते हैं। ये संकेत को लिखित रूप में, ग्राफ या रेखा चित्र, ध्वनि या दृश्य रूप में दे सकते हैं। इस तरह ये युक्तियां कंप्यूटर और मानव के बीच एक माध्यम का काम करती हैं। कुछ आम युक्तियां (चित्र 11.1) इस प्रकार हैं:

- विजुअल डिस्प्ले यूनिट (स्क्रीन या मॉनीटर)
- प्रिंटर्स
- प्लाटर और ट्रेसर्स
- माइक्रोफिश
- रोबोटिक आर्म

कंप्यूटर से प्राप्त होने वाली जानकारी बाइनरी रूप में यानि डिजिटल होती है। इसे मानवीय भाषा में बदला जाना जरूरी है। कई बार जानकारी विद्युत-स्पंदनों के रूप में प्राप्त होती है जिसे **'मोडेम'** नामक युक्ति द्वारा translate करना होता है। इसके बाद ही इन विद्युतीय संकेतों को टेलीफोन द्वारा दूर भेजा जा सकता है। कंप्यूटर से प्राप्त होने वाली जानकारी को सीधे ही छाप लिया जाए तो इसे हार्ड कॉपी कहते हैं। फ्लॉपी, हार्डडिस्क आदि पर स्टोर की गयी फाइल को सॉफ्ट कॉपी कहते हैं।

11.2 स्क्रीन (Screen)

इसे मॉनीटर या विजुअल डिस्प्ले भी कहते हैं। कई कंप्यूटरों में की-बोर्ड मॉनीटर के साथ लगा हुआ मिलता है। फ्लॉपी डिस्क ड्राइव लगा होना तो बहुत आम हो गया है। मॉनीटर की स्क्रीन curved या सपाट और एकरंगी (मोनोक्रोम) या बहुरंगी (मल्टी कलर) हो सकती है।

स्क्रीन वास्तव में एक कैथोड रे ट्यूब होती है, जिसे पिक्चर ट्यूब भी कहा जा सकता है। इसका प्रयोग टी.वी. में भी

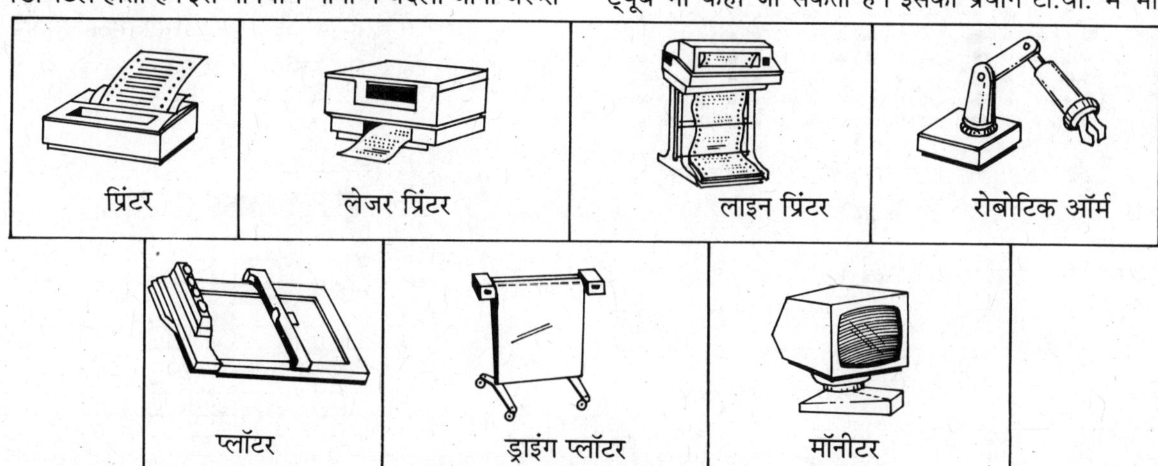

चित्र-11.1: विभिन्न आउटपुट यूनिटें

किया जाता है। मानीटर को सी.आर.टी. टर्मिनल भी कहा जाता है। की-बोर्ड पर Key दबाकर इसमें डेटा टाइप किये जाते हैं। यह ट्यूब CPU से भी जुड़ी होती है।

Key को दबाकर डेटा डालने पर विद्युत संवेदन या पल्स उत्पन्न होती हैं। यही सिगनल दृश्य रूप में स्क्रीन पर दिखाई देते हैं। पर्दे पर 20 से 40 लाइनें होती हैं, जिनमें से प्रत्येक में 80 कैरेक्टर (अक्षर) के बराबर स्थान होता है। विजुअल डिस्प्ले यूनिट में लगभग 1 किलो बाइट मेमोरी स्टोरेज की क्षमता होती है। स्क्रीन पर किये जा रहे डिस्प्ले के समय विजुअल डिस्प्ले यूनिट की अपनी मेमोरी डेटा स्टोर करने का काम करती है।

वीडियो स्क्रीन पर अक्षरों की रचना: वीडियो के स्क्रीन पर अक्षरों की रचना डॉट मैट्रिक्स द्वारा होती है जैसा कि (चित्र 11.2) में दिखाया गया है। इसमें अक्षर की रचना 5 × 7 बिंदुओं से होती है, जो पांच कॉलम और सात लाइनों में व्यवस्थित होते हैं। स्क्रीन पर डेटा के प्रदर्शन के लिए साधारणतया 'प्रोग्रामिंग मोड' का तरीका अपनाया जाता है, जिसमें बिना किसी एप्लीकेशन प्रोग्राम की सहायता के 'की' दबाकर डेटा को सीधे ही कंप्यूटर में भेजा जा सकता है। नक्शे व इंजीनियरिंग ड्राइंग आदि के लिए कंप्यूटर को ग्राफिक मोड में डाला जाता है, किसी अक्षर या अंक के बनने की क्रिया में प्रकाश के छोटे-छोटे कण परस्पर इकट्ठा होकर उक्त आकार ले लेते हैं।

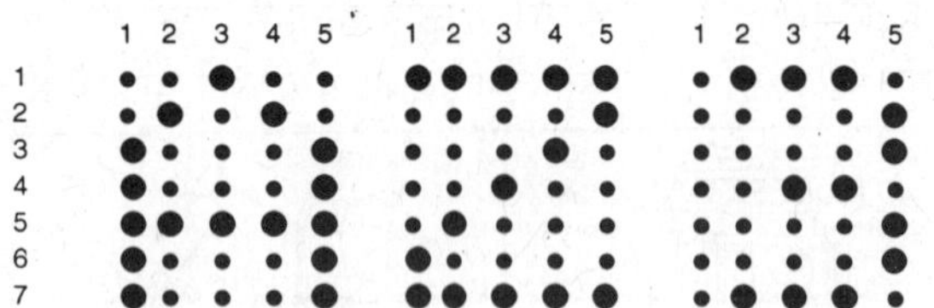

चित्र11.2: वर्ण AZ3 का स्क्रीन पर डाट मैट्रिक्स रूप में प्रदर्शन

स्क्रीन की पिक्चर ट्यूब (चित्र 11.3) का भीतरी हिस्सा फॉस्फोरस के बिंदुओं से ढका रहता है, जिन्हें पिक्सेल (Pixel) कहते हैं। पिक्चर ट्यूब में स्थित इलेक्ट्रॉन गन की सहायता से ट्यूब के अंदर 'इलेक्ट्रॉन' भेजे जाते हैं जो फॉस्फोरस के बिंदुओं को प्रदीप्त कर देते हैं। इलेक्ट्रॉनों के इस पुंज को 'रॉस्टर' (Raster) व इस क्रिया को 'स्कैनिंग'

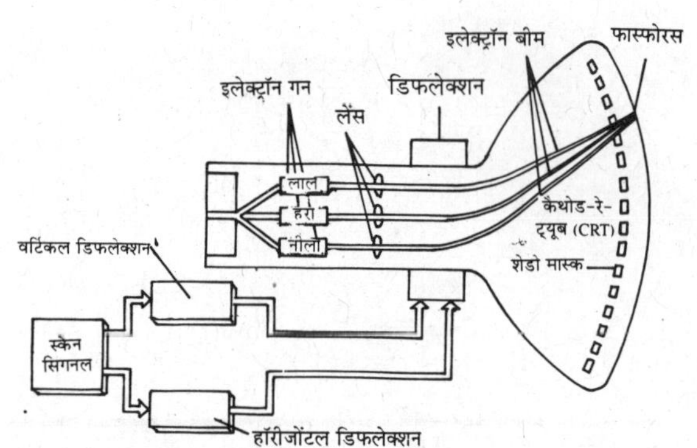

चित्र-11.3: रंगीन प्रकाश की उत्पत्ति

कहते हैं। इलेक्ट्रॉनिक पुंज की तीव्रता का कम या ज्यादा होना कंप्यूटर द्वारा नियंत्रित होता है। बाइनरी कोड के अनुसार जहां जीरो (0) होता है वहां कोई संकेत नहीं जाता, न ही इलेक्ट्रॉनिक पुंज डाला जाता है और जहां एक (1) होता है, वहां संकेत जाता है और इलेक्ट्रॉनिक पुंज की तीव्रता बढ़ जाती है। रंगीन प्रकाश पुंज को सेंट्रल प्रोसेसिंग यूनिट से नियंत्रित कर पर्दे पर डाला जाता है जहां वह संबंधित जानकारी पर्दे पर प्रदर्शित कर देता है।

उदाहरण के लिए हमें कंप्यूटर के स्क्रीन पर स्वास्तिक का चिह्न बनाना है। कल्पना कीजिए कि यह चित्र एक ग्राफ पर बना हुआ है। कंप्यूटर प्रोग्राम प्रारंभ होते ही कोडित (Coded) इलेक्ट्रॉनिक पुंज सबसे पहले पहली लाइन से गुजरेगा। चूंकि पहली व दूसरी लाइनों में कोई डेटा नहीं है इसलिए स्क्रीन पर कोई पिक्सेल नहीं चमकेगा। लेकिन तीसरी लाइन के चौथे व सातवें से दसवें वर्ग के स्थान पर पिक्सेल चमकने लगेगा। इस तरह रॉस्टर स्कैनिंग द्वारा एक-एक कर सभी

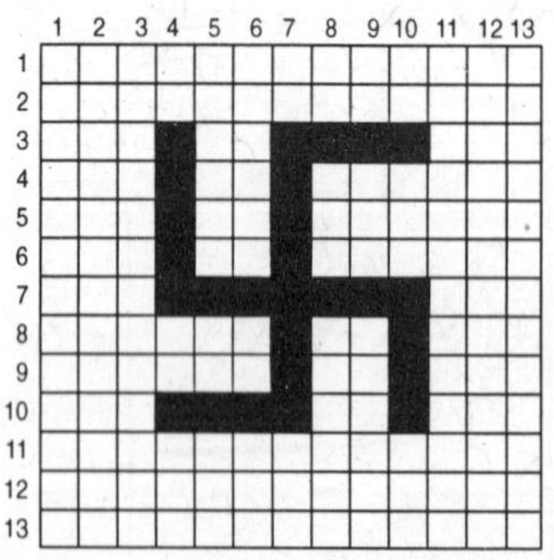

चित्र-11.4 (क): बनाये जाने वाले चित्र का ग्राफ

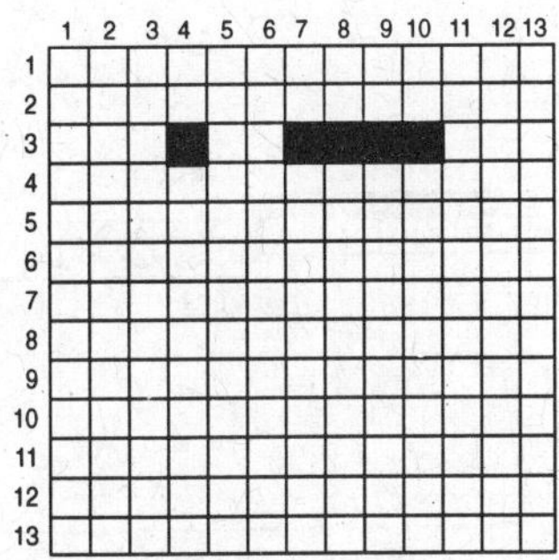

चित्र-11.4 (ख): रॉस्टर स्कैनिंग द्वारा स्वास्तिक के चिह्न की प्रथम लाइन की स्कैनिंग (बिंदु दर बिंदु)

लाइनों का काम समाप्त कर लिया जाता है। यह सब काम बहुत तेजी से होता है।

11.3 प्रिंटर (Printer)

प्रिंटर वह युक्ति है जो कंप्यूटर से प्राप्त जानकारी को किसी मानवीय भाषा में छापती है। लेकिन, कंप्यूटर से जानकारी का आउटपुट बहुत तेजी से मिलता है और प्रिंटर उतनी तेजी से काम नहीं कर पाता, इसलिए यह जरूरी हो जाता है कि यह जानकारी प्रिंटर में कहीं स्टोर की जा सके। इसलिए प्रिंटर में भी एक मेमोरी होती है। कंप्यूटर से प्रिंटर की इस मेमोरी में जानकारी को भेज दिया जाता है जहां से जानकारी निकाल कर धीरे-धीरे छापी जाती है। यदि कंप्यूटर से मिलने वाली जानकारी इतनी अधिक हो कि इस भंडार में स्टोर न की जा सके तो इसके लिए एक बफर लगाया जाता है जो एक या दो सैकंड में कंप्यूटर से सारे डेटा ले लेता है जहां से ये धीरे-धीरे प्रिंटर में जाते हैं।

मुख्यत: प्रिंटिंग दो तरह से होती है। पहली है इम्पैक्ट (Impact) प्रिंटिंग और दूसरी Non Impact) प्रिंटिंग। इम्पैक्ट प्रिंटिंग में (जैसा कि टाइपराइटर में होता है), धातु के बने हुए एक लेटर-हैड को एक छोटे हथौड़े जैसे भाग से धक्का लगाया जाता है। कागज और लेटर-हैड के बीच कार्बन या कार्बन रिबन लगा होता है जिसमें लगी हुई स्याही से संबंधित अक्षर कागज पर छप जाता है। नॉन इम्पैक्ट प्रिंटिंग में शब्दों की छपाई का काम किसी आघात या इम्पैक्ट से न होकर अन्य तरीकों से, जैसे कि उष्मा या इलेक्ट्रोस्टेटिक या लेज़र तरीकों द्वारा किया जाता है।

आमतौर से प्रयोग में आने वाले कुछ प्रिंटरों का विवरण कुछ इस प्रकार है:

1. डेजी व्हील प्रिंटर (Daisy Wheel Printer): इस प्रिंटर में एक व्हील या चक्र की मदद से छपाई की जाती है। यह व्हील या चक्र डेजी के फूल जैसा दिखता है इसीलिए इसे डेजी व्हील प्रिंटर कहते हैं। जितने चिह्न या अक्षर छापने होते हैं, उतनी ही तीलियां इस प्रिंटर की व्हील पर लगी होती हैं। हर तीली के सिरे पर एक चिह्न, प्रतीक या अक्षर बना होता है। व्हील को मोटर द्वारा घुमाया जाता है और जिस शब्द, अक्षर या प्रतीक को छापना हो, कागज पर उसके पहुंचते ही एक विद्युतीय हथौड़ा उस अक्षर को स्याही लगे रिबन पर धक्का देकर कागज पर छाप देता है। इस प्रिंटर का फायदा यह है कि व्हील को बदल कर मनचाहे प्रतीक छापे जा सकते हैं। इसके अलावा इनकी छपाई बहुत सुंदर एवं तीक्ष्ण होती है। हां ये महंगे अवश्य हैं और इनकी छपाई भी धीमी गति से (लगभग 60 अक्षर प्रति सैकंड) होती है।

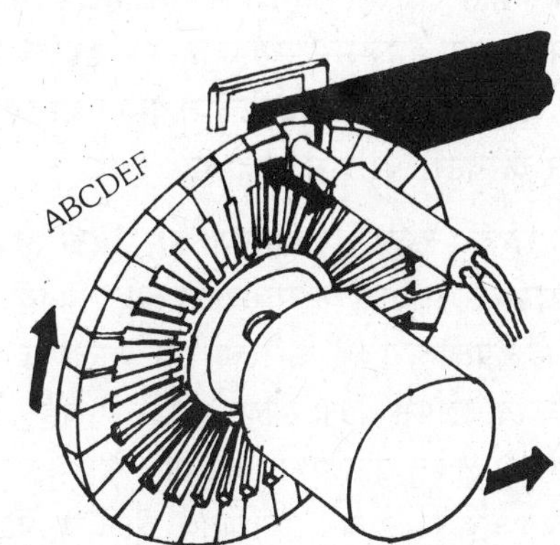

चित्र-11.5: डेजी-व्हील

2. लाइन प्रिंटर (Line Printer): ये प्रिंटर एक पूरी लाइन या पंक्ति एक बार में छाप सकते हैं। इनकी स्पीड अपेक्षाकृत काफी तेज, लगभग 20 से 80 लाइन प्रति सैकंड होती है। लाइन प्रिंटरों के कुछ उदाहरण ड्रम, चेन व बैंड प्रिंटर हैं जो एक मिनट में 100 से 150 लाइनें छापते हैं। इन प्रिंटरों में छपाई की गति कागज के खिसकने की गति पर निर्भर करती है। इनमें एक विशेष प्रकार का कागज प्रयोग किया जाता है जिन पर कुछ धब्बों के रूप में इलेक्ट्रोस्टेटिक चार्ज होता है। छपाई के दौरान इन धब्बों के स्थान पर 'कैरेक्टर' (अंक या

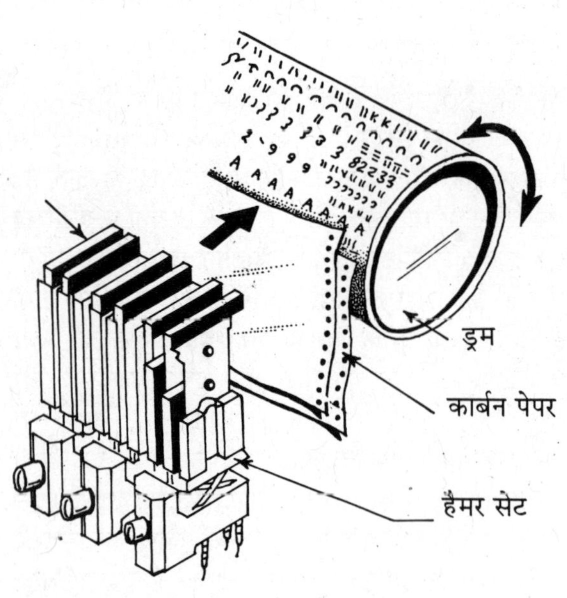

चित्र-11.6: ड्रम प्रिंटर

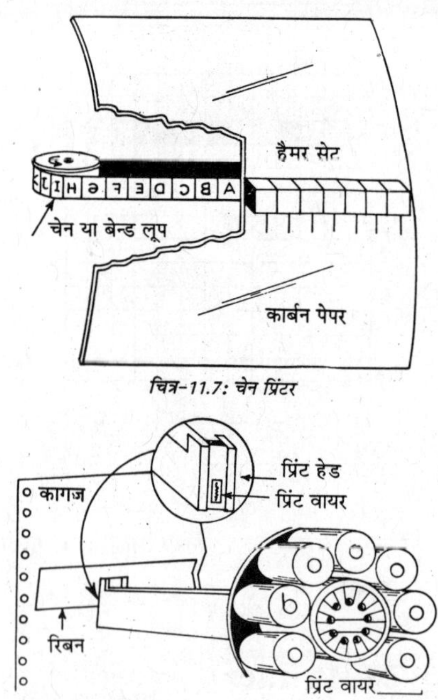

चित्र-11.7: चेन प्रिंटर

अक्षर) बन जाते हैं। इस कागज को स्याही के पाउडर में होकर गुजारा जाता है जिसमें स्याही का पाउडर इन कैरेक्टरों में चिपक जाता है। इसके बाद ऊंचे तापमान पर यह स्याही पिघल कर कैरेक्टरों पर जम जाती है।

लाइन प्रिंटरों का स्टैंडर्ड उदाहरण ड्रम प्रिंटर है। (चित्र 11.6) इस प्रिंटर में अक्ष के समानांतर 64 पंक्तियों में चिह्न खुदे होते हैं। प्रत्येक चिह्न के लिए एक अलग प्रतिघातक (आघात करके छापने वाला लीवर) होने से बहुत तेजी से, लगभग 2000 लाइनें प्रति मिनट की गति से छपाई हो जाती है। विद्युतीय चुंबकों से बने प्रतिघातक वाले ये प्रिंटर महंगे होते हैं और बड़े कंप्यूटर आर्गेनाइजेशन में इस्तेमाल किये जाते हैं।

लाइन प्रिंटर का दूसरा प्रमुख उदाहरण चेन (Chain) प्रिंटर है। इस प्रिंटर में एक चेन होती है जो दो गियरों के बीच तेजी से घूमती रहती है। इस चेन पर 64 सम्प्रतीकों (चिह्नों) के चार समूह खुदे होते हैं। कंप्यूटर से आदेश मिलते ही प्रतिघातक (Hammer) द्वारा वार होता है जिससे एक विशेष अक्षर कागज पर छप जाता है।

3. डॉट मैट्रिक्स प्रिंटर (Dot Matrix Printers): इस प्रिंटर का प्रयोग एक स्थाई रिकॉर्ड बनाने के लिए किया जाता है। इस प्रिंटर की विशेषता यह है कि इसमें सिम्बॅल या चिह्न (अक्षर, अंक आदि) ठोस न होकर बिंदुओं के समूह से बनते हैं। (चित्र 11.8) जो एक 7×5 की मैट्रिक्स के आकार में व्यवस्थित होते हैं। प्रिंटर हैड में सुइयां लगी होती हैं। ये सुइयां कंप्यूटर के आदेशानुसार मुद्रण हैड से निकल कर कागज के ऊपर रखे हुए कार्बन पर वार करती हैं और एक विशेष अक्षर छप जाता है। इस तरह कुछ विशिष्ट सुइयों के संयोजन से एक अक्षर बनता है। इस प्रिंटर का उपयोग विशेष रूप से ग्राफ के आकार में छपाई करने के लिए किया जाता है। फोटोग्राफ छापने के लिए भी इनका प्रयोग होता है। ऐसा ही एक फोटोग्राफ चित्र 11.9 में दिखाया गया है।

4. इंकजेट प्रिंटर (Inkzet Printer): डाट मेटरिक्स प्रिंटर से भी सस्ता और उच्च क्वालिटी के प्रिंट देने वाला यह प्रिंटर आजकल हर आफिस में पाया जाता है। इसकी प्रिंट स्पीड डाट मेटरिक्स प्रिंटर से अधिक और लेजर प्रिंटर से कम होती है। इसके द्वारा श्वेत-श्याम और कलर प्रिंट दोनों ही प्राप्त किये जा सकते हैं। श्वेत-श्याम प्रिंट लगभग 1 से लेकर 2 रुपये तथा रंगीन लगभग दुगुने दाम में प्राप्त किया जा सकता है। यह बहुत कम स्थान घेरता है।

5. लेज़र प्रिंटर (Laser Printer): इस डिवाइस ने प्रिंटिंग की दुनिया में क्रांति ला दी है और अब छोटी-सी जगह में ही छापाखाना बनाया जा सकता है। इन्हें लेज़र जीरोग्राफिक

चित्र-11.9: डॉट मैट्रिक्स प्रिंटर द्वारा छापा गया चार्ल्स बैबेज का फोटोग्राफ

प्रिंटर भी कहा जाता है। इस पद्धति में पूरा का पूरा पेज एक साथ प्रिंट हो जाता है। लेज़र की सहायता से एक किरण पुंज एक दर्पण की सहायता से मॉडुलेटर से होता हुआ बहुदर्पणी ड्रम पर फेंका जाता है। इस प्रकाश पुंज के कारण छपने वाले चिह्न या आकार के गुप्त प्रतिबिंब की प्रकाश चालक सतह आवेशित हो जाती है। इस आवेशित सतह पर एक खास किस्म का पाउडर डाला जाता है जिससे कागज की सतह पर अक्षर उभर आते हैं। इस प्रकार के प्रिंटर से 1500 लाइनें प्रति मिनट (DPI या dots per inch) की क्वालिटी वाली छपाई की जा सकती है। लेज़र प्रिंटरों की छपाई सभी से अच्छी होती है। पोस्ट स्क्रिप्ट प्रिंटर नाम का एक लेज़र प्रिंटर बनाया गया है जो महंगा लेकिन हर दृष्टि से श्रेष्ठ है।

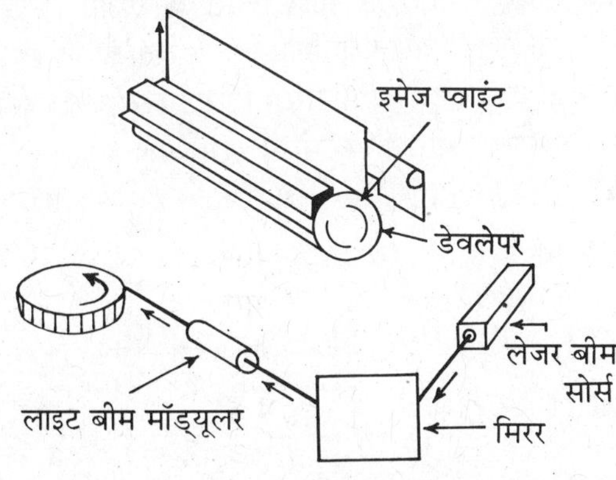

चित्र-11.10: लेजर प्रिंटर का मैकेनिज्म

11.4 प्लॉटर (Plotter)

इस विधि में कंप्यूटर के प्रोग्राम के अनुसार स्टॉयलस (पूर्व वर्णित विशेष प्रकार का पेन) एक कागज की सतह पर संचालित होते हैं, जिनके निर्देशानुसार ड्राइंग बन जाती है।

प्लॉटर सपाट सतह (Flat Surface) और ड्रम प्लॉटर (Drum Plotter) दो प्रकार के होते हैं। चित्र (11.11)। जैसा कि चित्र से स्पष्ट है सपाट सतह प्लाटर में स्टॉयलस X और Y दोनों अक्षों पर चलता है, जबकि ड्रम प्लॉटर में केवल Y अक्ष पर।

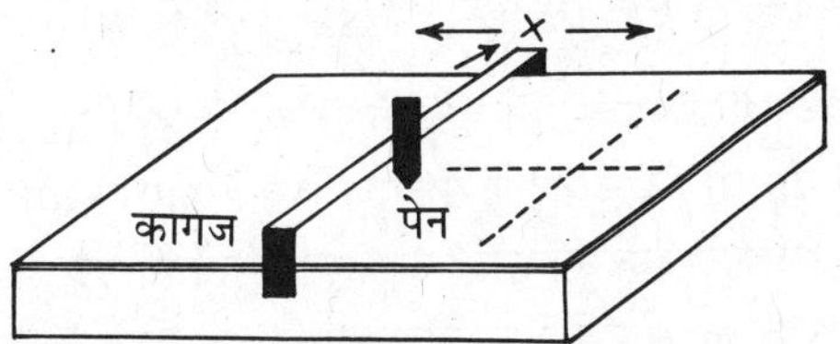

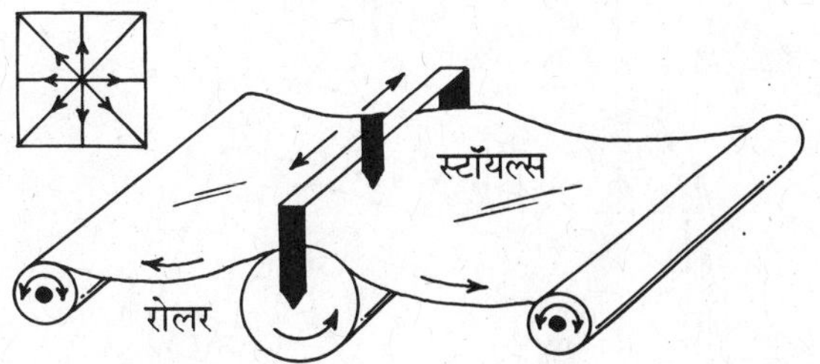

चित्र-11.11: सपाट स्तर व ड्रम प्लॉटर

प्लॉटर की हर गतिविधि कंप्यूटर द्वारा नियंत्रित होती है कागज लगाने व इंक भरने की क्रिया हाथों से करनी होती है। प्लॉटर श्वेत-श्याम या रंगीन दोनों तरह के होते हैं। स्टॉयलस की संख्या 1 से अधिक लेकिन ज्यादा-से-ज्यादा 8 होती है।

11.5 टेलीटाइप टर्मिनल

इस यूनिट को इनपुट व आउटपुट दोनों तरह की युक्तियों के रूप में प्रयोग किया जा सकता है। इसे एक केबिल द्वारा सीधे ही कंप्यूटर से जोड़ा जा सकता है या फिर, जैसा कि 'टाइमशेयरिंग' में वर्णित है, संपूर्ण डेटा संचार नेटवर्क से जोड़ा जा सकता है। इसमें प्रयोग होने वाले मुख्य उपकरण हैं डेटा भेजने के लिए एक की-बोर्ड और आउटपुट (जानकारी) छापने के लिए एक विद्युतीय टाइपराइटर।

की-बोर्ड की 'की' दबाने पर एक 8 बिट एस्काई (ASCII) कोड उत्पन्न होता है जो एक विद्युतीय संकेत में बदल जाता है। यह संकेत टेलीफोन लाइन के जरिए कंप्यूटर से भेजा या कंप्यूटर द्वारा रिसीव किया जाता है।

11.6 स्पीच सिंथेसायजर (Speech Synthesizer)

किसी आवाज स्पीच को रिकॉर्ड करते समय उसे 0 व 1 के बाइनरी रूप में बदलकर कंप्यूटर की मेमोरी में स्टोर कर लिया जाता है।

स्पीच सिंथेसायजर इन बाइनरी संकेतों (डिजिटल सिग्नल) को दोबारा ध्वनि तरंगों में बदलने का काम करता है। जब सिंथेसायजर को आवाज पैदा करनी होती है, उस समय 0 व 1 के उक्त संकेत फिर वह आकार ले लेते हैं, जो मूल आवाज के आकार से मिलता-जुलता है। सिंथेसायजर एक

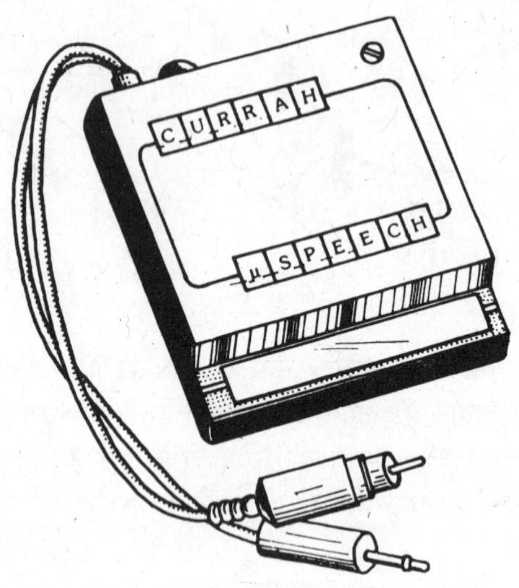

चित्र-11.12: सिन्क्लेयर का स्पीच सिंथेसायजर

इलेक्ट्रॉनिक संकेत देता है, जिसके फलस्वरूप लाउड-स्पीकर में आवाज पैदा होने लगती है।

यह विधि बहुत जटिल है क्योंकि विभिन्न लोगों के बोलने का तरीका भिन्न होने से कोडिंग में कठिनाई होती है। इसमें बहुत ज्यादा मेमोरी की भी जरूरत होती है।

11.7 फोटोग्राफिक फिल्म आउटपुट युक्तियां (Photographic Output)

आधुनिक फोटोग्राफिक फिल्मों — माइक्रोफिल्म (Microfilm) और माइक्रोफीश (Microfiche) द्वारा काफी जगह घेरने वाली पाठ्यसामग्री को बहुत कम जगह में स्टोर किया जा सकता है। इसीलिए डेटा स्टोर करने या डाक द्वारा एक स्थान से दूसरे स्थान को भेजने के लिए यह बहुत उपयुक्त विधि है। माइक्रोफिल्म 16 मिमी. चौड़ाई वाली एक सामान्य फिल्म है। माइक्रोफीश 105mm × 148mm की एक फिल्म है जिसमें 25 गुना छोटे आकार (Reduction) के 80 पेज या 72 गुना रिडक्शन के 224 पेजों के बराबर स्थान होता है। (एक अल्ट्राफीश सिस्टम में तो 150 गुना रिडक्शन के साथ 3010 पेजों का स्थान भी होता है)। इन पृष्ठों को पढ़ने के लिए विशेष आवर्धकों (आकार बढ़ाने वाली युक्तियों) का प्रयोग किया जाता है। इन फिल्मों से सामान्य फोटोग्राफ भी लिए जा सकते हैं, लेकिन विशेष कंप्यूटर आउटपुट ऑन माइक्रोफिल्म इकाइयों (COM) द्वारा कैथोड रे ट्यूब और लाइट ऐमिटिंग डायोड्स द्वारा ये परिणाम मात्र थोड़े से फोटोग्राफिक डेवलेपमेंट के बाद सीधे ही प्राप्त किये जा सकते हैं।

ब्रिटिश लाइब्रेरी द्वारा इस माइक्रोफीश का प्रयोग अपनी किताबों की लिस्ट बनाने के लिए किया जाता है। बैंकों में ग्राहकों के एकाउन्ट्स या हाउसिंग डिपार्टमेंट्स के किरायों का लेखा-जोखा भी इन फिल्मों में रखा जाता है।

○○○

अध्याय-12

डेटा रिकॉर्डिंग माध्यम

12.1 डेटा रिकॉर्डिंग

मनुष्य ने आसपास की जानकारी व ज्ञान का इतना विशाल भंडार एकत्र कर लिया है जिसे मस्तिष्क की सहायता से सहेज कर रखना संभव नहीं है। इस काम के लिए समय-समय पर भिन्न-भिन्न माध्यमों का विकास होता रहा है। कंप्यूटर की सहायता से जानकारी को संग्रहीत रखने के लिए अनेक युक्तियों (devices) का प्रयोग होता है जिनमें मैग्नेटिक टेप, मैग्नेटिक डिस्क, माइक्रोफिश और लेज़र डिस्क आदि उल्लेखनीय हैं। इस अध्याय में हम डेटा रिकॉर्डिंग के निम्नलिखित माध्यमों की जानकारी देंगे:

1. पंच्ड कार्ड (Punched card)
2. पंच्ड पेपर टेप (Punched paper Tape)
3. मैग्नेटिक टेप (Magnetic Tape)
4. मैग्नेटिक डिस्क (Magnetic Disk)
5. मैग्नेटिक ड्रम (Magnetic Drum)
6. फ्लॉपी डिस्क (Floppy Disk)
7. विंचेस्टर डिस्क (Winchester Disk)
8. लेज़र डिस्क (Laser Disk)
9. टेप कैसेट (Tape cassette)
10. रैम कार्टरिज (Ram Cartridge)
11. बबल मेमोरी (Bubble Memory)

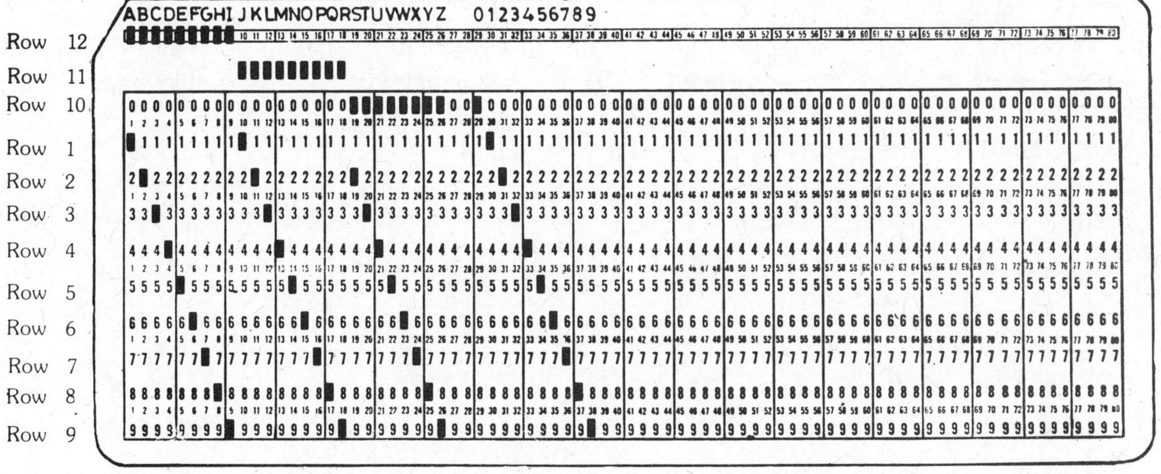

चित्र-12.1: होलेरिथ के द्वारा आई.बी.एम. (IBM) के लिये बनाया गया 80 कॉलम वाला पंच कार्ड, जो सर्वप्रथम कंप्यूटर में आंकड़ों के इनपुट के प्रयोग में लाया गया। कालम 1 से 26 में एक-एक सम्प्रतीक पंच किया हुआ दिखलाया गया है। फिर 0 से 9 तक दस अंकों को दर्ज किया हुआ दिखाया गया है।

12.2 पंच्ड कार्ड

कंप्यूटर में डेटा डालने के लिए सबसे पहले पंच्ड कार्डों का ही प्रयोग किया गया था। सन् 1887 में, हर्मन होलेरिथ ने अमेरिका की जनगणना में इनका प्रयोग किया था।

यह (चित्र 12.1) लगभग पोस्टकार्ड की साइज (19 cm × 8 cm) का कार्ड होता है, जिसमें 80 कॉलम और 12 पंक्तियां होती हैं। सबसे ऊपर की दो पंक्तियां (11वीं और 12वीं पंक्तियों) (1 to 10) 'जोन पंच' कहलाती हैं जबकि नीचे की 10 पंक्तियां को 'जोन ऑफ-न्यूमेरिक पंच' कहा जाता है।

प्रत्येक कार्ड में ज्यादा-से-ज्यादा 80 कैरेक्टर्स आ सकते हैं। किसी संदेश में इससे अधिक कैरेक्टर होने पर उन्हें अलग कार्ड पर ले लिया जाता है। संदेश देने का काम एक 'विशेष की-पंच टाइपराइटर' द्वारा होता है जो वर्गाकार छिद्रों के जरिए रोमन भाषा में संदेश देता है। प्रत्येक अक्षर (letter) या अंक के लिए छिद्र बनाने का स्थान तय होता है जो होलेरिथ के पंचकार्ड कोडिंग की मानक संहिता द्वारा (सारिणी 12.1) स्पष्ट किया जा रहा है।

जैसा कि मानक संहिता से स्पष्ट है, होलेरिथ के पंच्ड कार्ड में रोमन भाषा के 26 वर्ण, 10 अंक, सामान्य पंक्चुएशन के चिह्न (, '' . आदि) और वाणिज्य एवं गणना से संबंधित अन्य चिह्न (+, -, = आदि) मौजूद हैं।

पंच्ड कार्ड (चित्र 12.1) में A से लेकर Z तक के वर्णों का कोड प्रारंभ के 26 कॉलमों में व 0 से 9 तक के दशमलव अंकों को दो कॉलम छोड़कर दर्शाया गया है।

इसके बाद फिर दो कॉलम खाली छोड़कर शेष चिह्न दर्शाये गये हैं।

प्रत्येक वर्ण को दो पंक्तियों के छिद्रों के विशेष संयोग से दिखाया गया है। उदाहरण के लिए वर्ण A का कोड '12वीं पंक्ति और पहली पंक्ति (Row) में एक-एक छिद्र' है। इसी तरह वर्ण 'B' का कोड है '12वीं और दूसरी पंक्ति में एक-एक छिद्र'। इसी तरह अंकों व अन्य गुणा, भाग आदि के चिह्नों का कोड भी किन्हीं विशेष पंक्तियों में छिद्रों द्वारा निर्धारित है। अंकों के लिए एक-एक पंक्ति में छिद्र व अन्य चिह्नों के लिए 1 से लेकर 3 पंक्तियों में छिद्र होते हैं। छिद्र बनने की इस क्रिया को कंप्यूटर विज्ञान में लेखन (Write) की क्रिया और इन छिद्रों की मदद से किसी अक्षर को पढ़ने की क्रिया को रीड (Read) कहा जाता है।

सारिणी-12.1 होलेरिथ की पंचकार्ड कोडिंग की मानक संहिता

वर्ण	जिन स्थानों पर छिद्र बनाना है	वर्ण	जिन स्थानों पर छिद्र बनाना है	अंक/ चिह्न	जिन स्थानों पर छिद्र बनाना है	चिह्न	जिन स्थानों पर छिद्र बनाना है
A	12 & 1	N	11 & 5	0	0	#	3 & 8
B	12 & 2	O	11 & 6	1	1	.	0, 3, 8
C	12 & 3	P	11 & 7	2	2	$	11, 3, 8
D	12 & 4	Q	11 & 8	3	3	.	12, 3, 8
E	12 & 5	R	11 & 9	4	4	+	3, 8
F	12 & 5	S	0 & 2	5	5	–	3, 8
G	12 & 7	T	0 & 3	6	6	(	11, 5, 8
H	12 & 8	U	0 & 4	7	7	)	12, 5, 8
I	12 & 8	V	0 & 5	8	8	&	12
J	11 & 1	W	0 & 6	9	9	?	0, 6, 8
	11 & 2	X	0 & 7	/	0, 1	'	7, 8
	11 & 3	Y	0 & 8	%	0, 4, 8	"	7, 8
	11 & 4	Z	0 & 9	*	11, 4, 8	=	12, 4, 8

अक्षर को पढ़ने की क्रिया में, पंच कार्ड को एक मशीन में डाला जाता है जिसे कार्ड रीडर कहते हैं। यह मशीन छिद्रों के स्थान के अनुसार अंकों या अक्षरों को पढ़ लेती है और इस जानकारी को विद्युतीय संकेतों में बदल देती है जिन्हें विद्युत चुंबकीय विधि से मेमोरी में स्टोर कर लिया जाता है। कार्ड रीडर इस काम में फोटो सेल की सहायता लेता है, जिससे निकलने वाली किरणें छिद्रों से गुजरकर उनकी स्थिति की जानकारी देती हैं। सामान्यतया कार्ड रीडर द्वारा एक मिनट में 100 से 2000 कार्ड पढ़े जा सकते हैं।

12.3 पंच्ड पेपर टेप

यह एक रील पर लिपटा हुआ 12.5 मिमी. से लेकर 75 मि.मी. चौड़ा फीता होता है जिसकी लंबाई 100 से 300 मीटर तक होती है। इसमें गोल छिद्रों की सहायता से डेटा अंकित किये जाते हैं (पंच्ड कार्ड में छिद्र चौकोर होते हैं)। इसका कोड भी अलग होता है। प्राप्त जानकारी को 5, 7 और 8 चैनलों में स्टोर किया जाता है। चित्र 12.2 में 8 चैनल 44 कोड (25 मि.मी.) को दिखाया गया है। आठ चैनल वाले टेप में एस्काई कोड (ASCII) के अनुसार पंचिंग की गई है। 25 मि.मी. लंबे इस फीते में कुल आठ चैनल हैं, जिनमें से सात में डेटा डाले जाते हैं और आठवीं पेरिटी चेनल होती है। इन आठ चैनलों के अलावा प्रथम तीन चैनलों के बाद एक पंक्ति छोटे छिद्रों की होती है, जो गाइड चैनल कहलाती है। पेरिटी चैनल से डेटा के निवेश में हुई गलती का पता चलता है।

पेपर टेप में छिद्रण (Punching) व मुद्रण (Printing) टेप रीडर नामक मशीन (चित्र 12.3) द्वारा किया जाता है। यह टाइपराइटर की तरह कार्य करती है। पेपर टेप स्प्रोकेट गियर

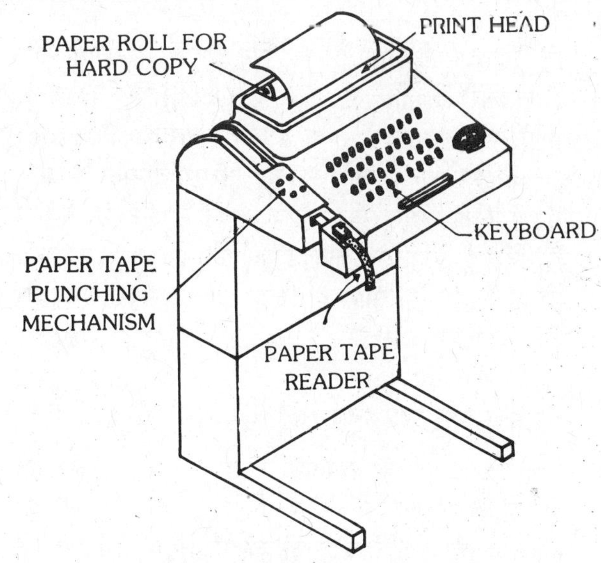

चित्र-12.3: पेपर-टेप रीडर

की सहायता से मशीन पर आगे चलता है। स्प्रोकेट गियर के दांत फीते के बीचोंबीच बनी हुए गाइड चैनल में फंसकर फीते को आगे बढ़ाते हैं। सामान्यतया इसी समय एक अलग कागज पर कैरेक्टर भी छपते जाते हैं। मशीन की स्पीड लगभग 300 कैरेक्टर प्रति सेकंड होती है।

टेप रीडर दो प्रकार के होते हैं: विद्युत यांत्रिकीय (Electro-mechanical) और प्रकाश-वैद्युतीय (Optical)।

विद्युत यांत्रिकीय टेप रीडर की क्षमता 10-60 कैरेक्टर प्रति सेकंड होती है जबकि प्रकाश वैद्युतीय (Optical) की 1000 से 2000 कैरेक्टर प्रति सेकंड।

कंप्यूटर से प्राप्त होने वाले परिणाम पेपर टेप पर भी पंच किये जाते हैं। इसके लिए पेपर टेप को छिद्रित करने के लिए सॉलेनाइड (Solenoid) से चलने वाले धात्विक पंचों

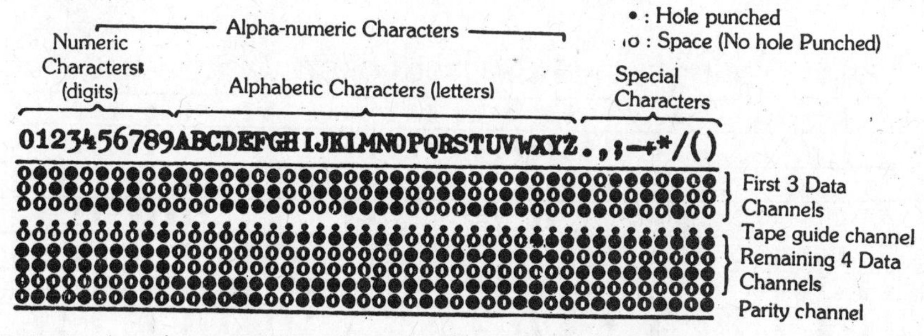

चित्र-12.2: 8 चैनल 44 पेपर कोड (25 मि.मी.)

की सहायता ली जाती है। कंप्यूटर से प्राप्त परिणामों को, जो बाइनरी (Binary), ऑक्टल (Octal) या बी.सी.डी. पद्धति में हो सकते हैं, एक डीकोडर परिपथ (Decoder Circuit) से गुजारा जाता है। यह परिपथ कंप्यूटर से प्राप्त परिणामों को विद्युत संकेतों में बदल देता है। फिर इन संकेतों के निर्देश के अनुसार सालेनाइड पंचों की सहायता से परिणामों को पांच, सात या आठ चैनल वाले कोड से पेपर टेप पर पंच कर लिया जाता है।

12.4 मैग्नेटिक टेप (Magnetic Tape)

मैग्नेटिक टेप चुंबकीय पदार्थों में लिपटे प्लास्टिक से बने होते हैं जिससे इनमें चुंबकीय क्षमता आ जाती है। ये बहुत पतले बनाये जाते हैं व इनकी चौड़ाई 12.5 मिमी. से 25 मिमी. तक होती है। ये 500 मी. से लेकर 1200 मीटर तक लंबे होते हैं।

कंप्यूटरों में इनका प्रयोग ज्यादातर मेमोरी स्टोर करने के लिए किया जाता है, लेकिन इनका प्रयोग इनपुट व आउटपुट युक्तियों में भी किया जा सकता है। मैग्नेटिक टेप के हर ट्रैक में प्रति सेमी. 320 से 2500 चिह्न (संप्रतीक) भरे जा सकते हैं। इस तरह 9 ट्रैकों में 22500 संप्रतीक (चिह्न) तक भरे जा सकते हैं। एक पूरे टेप में 2 करोड़ (20 मिलियन) बिटों की जानकारी भरी जा सकती है। इनमें जानकारी स्टोर करने की गति 15,000 से 3,50,000 संप्रतीक प्रति सेकंड होती है। टेप को एक स्पूल में बांध कर एक Tape Drive Unit द्वारा चलाया जाता है।

मैग्नेटिक टेप में डेटा रिकॉर्ड करने के लिए बाइनरी (Binary) या एब्सीडिक कोड, किसी का भी प्रयोग किया जा सकता है।

मैग्नेटिक टेप में डेटा इनपुट करने का काम एक घोड़े की नाल (Shoe) की आकृति के लेखन-शीर्ष से किया जाता है। इस लेखन शीर्ष में कोई विद्युत स्पंदन प्रवाहित करने पर चुंबक बन जाता है जिससे इसके नीचे रखे फीते में प्रेरित चुंबकत्व (Induced Magnetism) आ जाता है। जैसा कि प्रेरित चुंबकत्व में होता है, मैग्नेटिक टेप में ऊपर वाले चुंबक के विपरीत ध्रुव बन जाते हैं। टेप का यह छोटा हिस्सा जो चुंबक बन जाता है, एक बाइनरी डिजिट मान लीजिए, 0 को प्रदर्शित करता है। अब यदि विद्युत स्पंदन की दिशा बदल दी जाए तो विद्युतीय चुंबक के ध्रुव बदल जाएंगे, साथ ही प्रेरित चुंबकत्व द्वारा चुंबक बने टेप के हिस्से में भी ध्रुवों का क्रम उलट जाएगा। यह विपरीत क्रम वाला मैग्नेटिक टेप दूसरी बाइनरी डिजिट जैसे 1 को प्रदर्शित करेगा। जैसा कि चित्र 12.4 में स्पष्ट है, उक्त विधि द्वारा मैग्नेटिक टेप में 101101 नंबर को स्टोर किया गया है।

–
+
S N
BINARY 1
+
–
N S
BINARY 0
1 0 1 1 0 1
S NN SS NS NN SS N

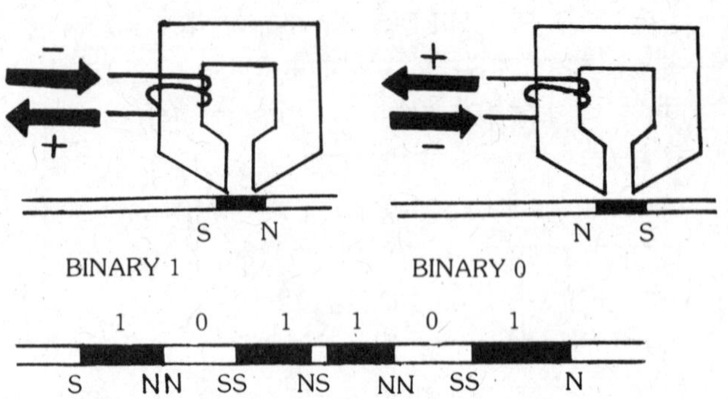

चित्र-12.4: मैग्नेटिक टेप में बाइनरी डिजिट को स्टोर करना

मैग्नेटिक टेप का भी अपना एक कोडिंग सिस्टम होता है जैसा कि चित्र 12.5 और 12.6 में दिखाया गया है। इनमें सात या नौ ट्रैक होते हैं। सात ट्रैक वाले मैग्नेटिक टेप में सबसे ऊपर पैरिटी चैनल या जांच प्रणाल होता है। इस ट्रैक

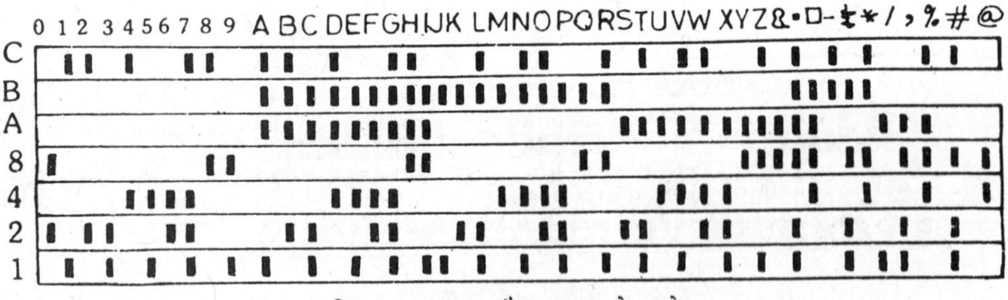

0 1 2 3 4 5 6 7 8 9 A B C D E F G H I J K L M N O P Q R S T U V W X Y Z
C
B
A
8
4
2
1

चित्र-12.5: सात चैनल वाला टेप कोड

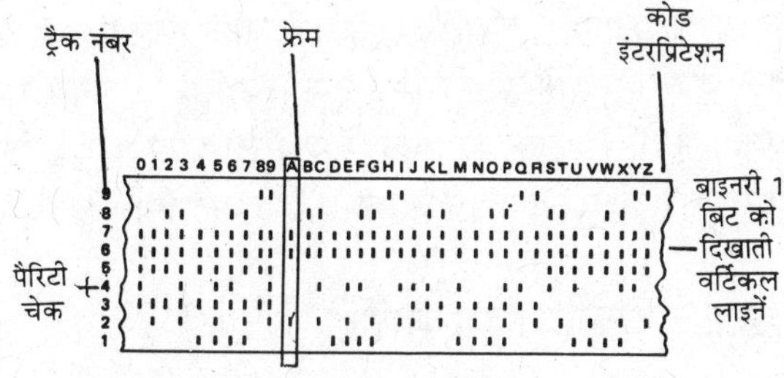

चित्र-12.6: नौ चैनल वाला टेप-कोड

के नीचे के दो ट्रैक क्षेत्र प्रणाल व आखिरी चार अंकीय प्रणाल कहलाते हैं।

मैग्नेटिक टेप में अंकित डेटा को कंप्यूटर में इनपुट कराने के लिए मैग्नेटिक टेप ड्राइव (Magnetic Tape Drive) (चित्र 12.7) का प्रयोग किया जाता है। चित्र में मैग्नेटिक टेप का प्रविष्टि रील से शुरू होकर, लूप लेते हुए, मार्जक (Eraser), लेखन और पठन शीर्ष से होकर ग्राहक रील में लिपटना दिखाया गया है।

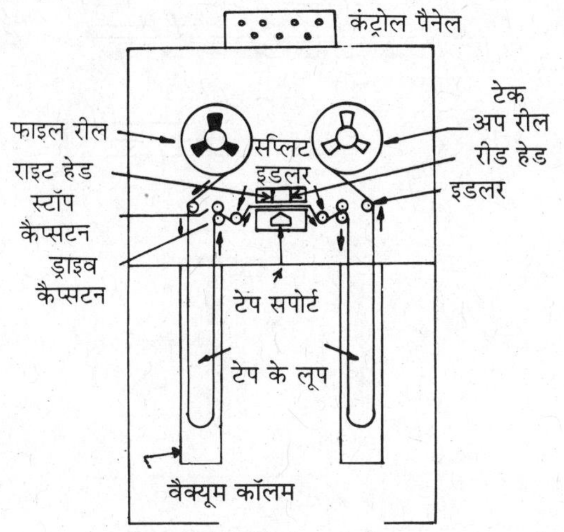

चित्र-12.7: मैग्नेटिक टेप ड्राइव

टेप में डेटा लिखने के लिए इसके स्पूल को तेजी के साथ लेखन/पठन शीर्ष के नीचे से गुजारा जाता है। इस दौरान कंप्यूटर की आंतरिक मेमोरी से निकल कर डेटा टेप में अंकित हो जाता है।

कई कंप्यूटर प्रणालियों में पिंच रोलर यंत्रावली के नीचे से टेप को तेजी से गुजार कर जानकारी को स्टोर कर लिया जाता है। इस यंत्रावली का लाभ यह है कि लूप लेकर आने वाले फीते के केवल उतने हिस्से को ही गुजार दिया जाता है, जितने की आवश्यकता है। शेष भाग नीचे इकट्ठा हो जाता है।

मैग्नेटिक टेप में (चित्र 12.8) दो विभाग स्पष्ट होते हैं। वह विभाग, जिसमें डेटा भरे होते हैं - ब्लॉक और वह विभाग, जो खाली होता है - इन्टरब्लॉक गैप (Inter Block Gap-IBG) कहलाता है। डेटा के ब्लॉकों को कंप्यूटर से लेना या देना एक समय में ही संचालित होता है।

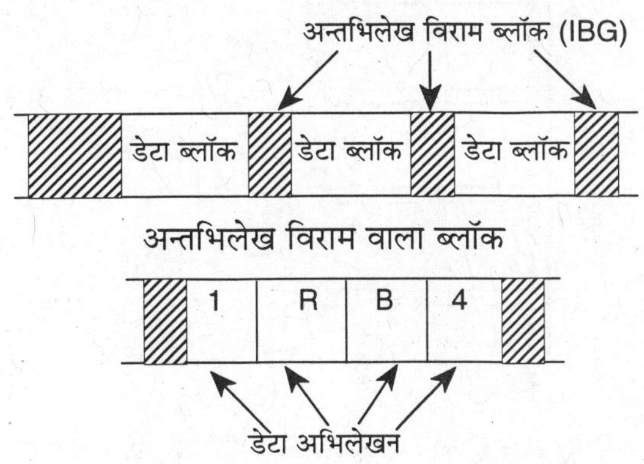

चित्र-12.8: चार अभिलेखों वाला ब्लॉक

12.5 मैग्नेटिक डिस्क (Magnetic Disk)

मैग्नेटिक डिस्क को इनपुट या आउटपुट युक्तियों की तरह या फिर कंप्यूटर की मेमोरी के रूप में प्रयोग किया जा सकता है। मोडेम युक्त कंप्यूटरों के साथ इनका बहुत प्रयोग होता है। यह ग्रामोफोन रिकॉर्ड से बहुत मिलती-जुलती होती है। अंतर यह है कि इस पर फैरोमैग्नेटिक (चुंबकीय गुण युक्त धातु) पदार्थों का लेप होता है और यह बहुत तेजी से - लगभग 1800 से 3600 आर.पी.एम. (Revolutions Per Minute) की स्पीड से घूमती है। इन डिस्कों पर संचित जानकारी में से किसी भी जानकारी तक शीघ्र पहुंचने के लिए पठन/लेखन (Read/write) हेडों का प्रयोग किया जाता है। इनके द्वारा डिस्क पर कहीं पर भी स्थित जानकारी तक शीघ्र पहुंचा जा सकता है, चुंबकीय डिस्क पर कुछ गोलाकार दायरे (concentric Tracks) होते हैं जिनमें चुंबकीय विधि से सूचनाएं भरी होती हैं। डिस्क को दोनों ओर से प्रयोग किया जाता है। चित्र 12.9 में एक मल्टी डेस्क सिस्टम दर्शाया गया है।

चित्र में एक मल्टी डिस्क मेमोरी डिवाइस है जिसमें छह

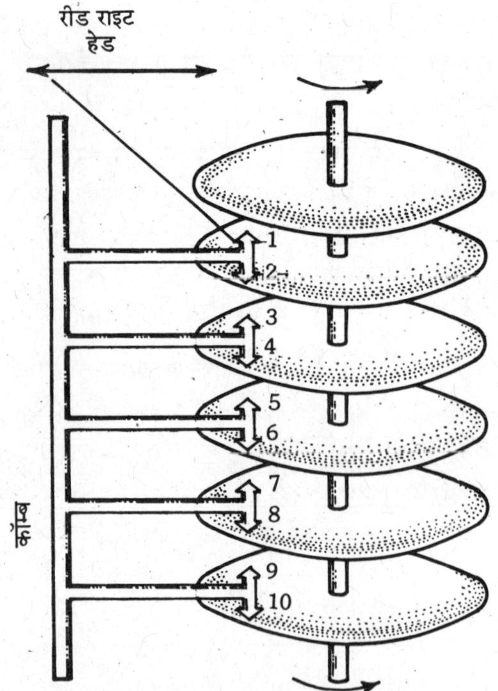

चित्र-12.9 (क): मल्टी डिस्क मेमोरी में डेटा व्यवस्था

डिस्क एक के ऊपर एक व्यवस्थित हैं। प्रत्येक डिस्क को इच्छानुसार प्रयोग किया जा सकता है। डिस्क मेमोरी में डेटा को श्रेणी (Serial) या समानांतर (Parallel) दोनों तरह से डाला जा सकता है। एक हैड, प्रति ट्रैक सिस्टम में डेटा का अंतरण (transfer) सीरियल तरीके से होता है लेकिन मल्टी (बहु) हेड सिस्टम में डेटा अंतरण समानांतर क्रम में होता है। यहां पर एक ही अक्षर के 'बिट' अलग-अलग ट्रैकों पर होते हैं। चित्र 12.9(ख) में दिखाया गया है कि एक प्रारूप

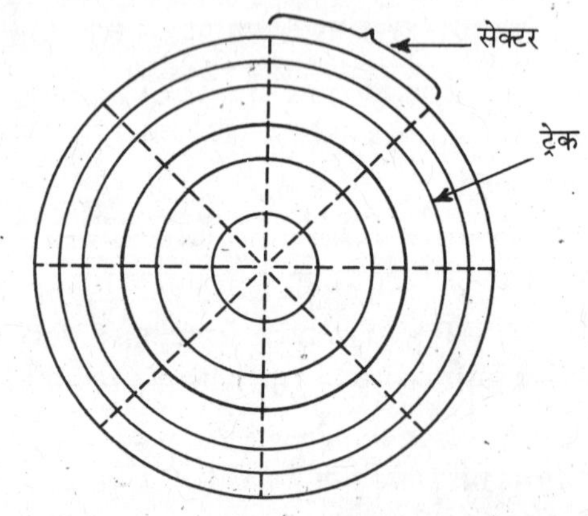

चित्र-12.9 (ख) मैग्नेटिक डिस्क में ट्रैक एवं सेक्टर्स

डिस्क में डेटा कैसे व्यवस्थित होता है। गोलाकार डिस्क का एक चक्र पूरा होने पर टाइमिंग ट्रैक नये सिरे से समय सेट करता है। डिस्क के हर पैक में 20 लाख से 10 करोड़ कैरेक्टर (अक्षर) तक स्टोर किये जा सकते हैं।

12.6 चुंबकीय ड्रम मेमोरी

ड्रम मेमोरी एक वृत्ताकार मेमोरी सिस्टम है। ये सूचना स्टोर करने का एक अपेक्षाकृत सस्ता माध्यम है। इनसे जानकारी प्राप्त करने में समय भी ज्यादा नहीं लगता।

ये ड्रम सिलिंडर के आकार के होते हैं, जिनका व्यास (डायमीटर) 30 से.मी. और लंबाई 20 से.मी. होती है। इस पर फैरोमैग्नेटिक ऑक्साइड (एक चुंबकीय गुण युक्त रसायन) का लेप चढ़ाया गया होता है (चित्र 12.10)।

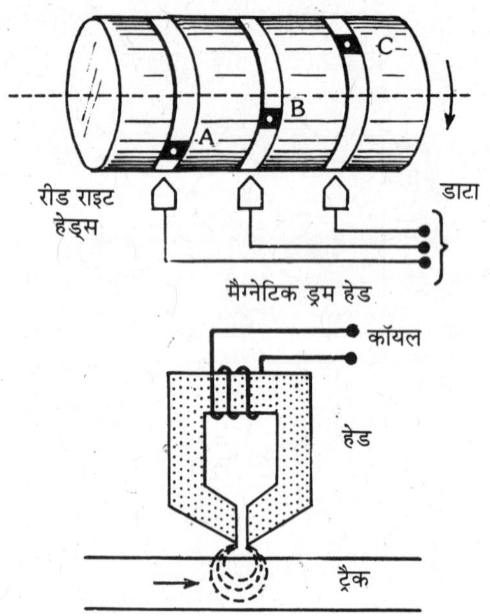

चित्र-12.10: रीड-राइट (पठन-लेखा शीर्ष) हैडों से डेटा रिकार्डिंग

ड्रम अपनी ऊर्ध्वाधर या खड़ी अक्ष (Vertical Axis) पर 1200 से 15000 आर.पी.एम. (Revolution per minute) की स्पीड से घूमता रहता है। ड्रम की बाहरी सतह कुछ ट्रैकों (पथों) में बंटी होती है। 1 सेमी. की दूरी में लगभग 10 ट्रैक बने होते हैं। कुछ ड्रमों में समानांतर डेटा अंतरण के लिए हर ट्रैक में कई रीड/राइट हैड बने होते हैं। इन ट्रैक्स के कुछ निश्चित स्थानों (चित्र में ए.बी. व सी.)

में (Magnetization) चुंबकत्व के रूप में बाइनरी सूचनाएं जमा रहती हैं। इस तरह हर ट्रैक 80 बिट प्रति सेमी. के हिसाब से बड़ी संख्या में 'बिटों' का संचय कर सकता है। इस तरह औसत साइज के एक ड्रम में दस लाख बिट से भी ज्यादा जानकारी संचित की जा सकती है।

मैग्नेटिक ड्रम की ट्रैक में पूर्व में वर्णित चुंबकीय प्रक्रिया (Magnetic Action) द्वारा (चित्र 12.10) जानकारी भरी जाती है।

12.7 फ्लॉपी डिस्क

फ्लॉपी डिस्क कंप्यूटर द्वारा जानकारी स्टोर करने के लिए प्रयोग की जाती हैं। यद्यपि कंप्यूटर के अंदर हार्ड डिस्क होती है जिसमें सूचनाएं डाली जा सकती हैं लेकिन उसे कंप्यूटर से हटाया नहीं जा सकता, जबकि फ्लॉपी डिस्क एक कंप्यूटर से दूसरे कंप्यूटर में ले जाई जा सकती है।

फ्लॉपी डिस्क चित्र (12.11) प्लास्टिक की बनी होती है। इसका व्यास 20 सेमी. होता है व इस पर .007 सेमी. मोटी फेराइट की परत चढ़ी रहती है। इसे फ्लॉपी इसलिए कहते हैं क्योंकि यह लचीले प्लास्टिक की बनी होती है। फ्लॉपी बहुत नाजुक चीज है इसलिए इसे एक प्लास्टिक या कार्डबोर्ड के कवर के अंदर रखा जाता है। इस कवर को हटाए बिना ही फ्लॉपी की सफाई आदि की जा सकती है। फ्लॉपी के बीचोंबीच एक छेद होता है जिसमें से होकर ड्राइव यूनिट की स्पिंडिल फ्लॉपी डिस्क को घुमाती है। फ्लॉपी डिस्क 5.25" और 3.5" के दो साइजों में उपलब्ध हैं। दोनों साइजों में डबल और हाइडेन्सिटी डिस्क मिलती हैं।

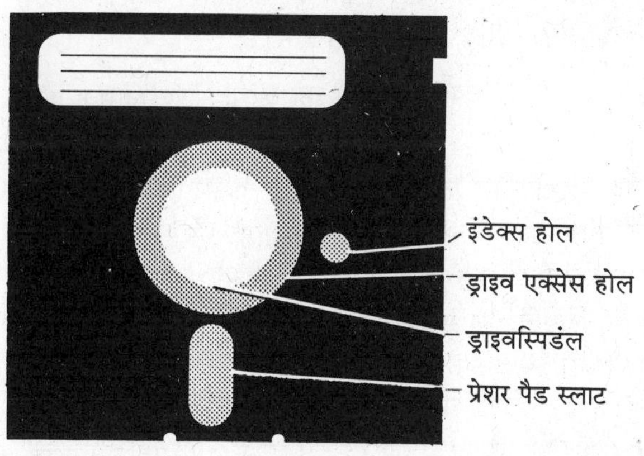

चित्र-12.11: फ्लॉपी डिस्क

नीचे दी गई सारिणी में फ्लॉपी डिस्कों की साइज व क्षमता दी गई है:

डिस्क साइज	घनत्व (डेंसिटी)	स्टोरेज क्षमता (लगभग)
5.25"	डबल डेंसिटी	360 किलोबाइट
5.25"	हाइ डेंसिटी	1.2 मेगाबाइट
3.5"	डबल डेंसिटी	720K
3.5"	हाइ डेंसिटी	1.4Mb
3.5"	डबल डेंसिटी	2.8Mb

फ्लॉपी डिस्क को डिस्केट भी कहते हैं। आदर्श मानक (Standard) फ्लॉपी डिस्क में 80 डेटा ट्रैक होते हैं जिनमें से प्रत्येक में 64 शब्द आ सकते हैं। यह डिस्क काम को देखते हुए मैग्नेटिक टेप से मिलती-जुलती है। इस डिस्क के घूमने की गति 360 आर.पी.एम. (रिवॉल्यूशन प्रति मिनट) होती है, इसीलिए रिकॉर्डिंग हैड के खराब हो जाने की समस्या रहती है। इससे बचने के लिए कंप्यूटर में ऐसी व्यवस्था होती है कि रिकॉर्डिंग हैड केवल रिकॉर्डिंग के समय ही डिस्क के संपर्क में आये।

12.8 विंचेस्टर डिस्क/हार्ड डिस्क

हार्ड डिस्क इन्फोर्मेशन स्टोर करने वाली वह युक्ति है, जो कंप्यूटर के अंदर स्थाई रूप से लगी होती है। छोटी से छोटी हार्ड डिस्क की भंडारण क्षमता फ्लॉपी डिस्क के मुकाबले 250 गुना होती है। हार्ड डिस्क की संचय क्षमता मेगाबाइट में नापी जाती है और उसी अनुसार इनकी क्षमता क्रमशः 120 Mb, 240 Mb या 512 Mb इत्यादि होती है।

चित्र-12.12: हार्ड डिस्क

हार्ड डिस्क के अंदर एक हार्ड एल्यूमीनियम डिस्क, जिस पर चुंबकीय पदार्थ की परत (coating) चढ़ी होती है, डेटा स्टोर करने के लिए प्रयोग की जाती है।

हार्ड डिस्क बहुत नाजुक होती है इसलिए इसे धूलरहित (dustfree) धातु के केस में रखा जाता है।

12.9 काम्पेक्ट डिस्क (Compact Disk)

हथेली के साइज की इस गोलाकार डिस्क में अद्भुत स्टोरेज क्षमता होती है। इसे सी डी या सी डी रोम भी कहा जाता है। सी डी रोम इसलिए कहा जाता है, क्योंकि पहले पहल जब यह डिस्क आई थी तो सिर्फ एक बार इस पर लिखा जा सकता था जैसा कि रोम में मेमोरी के साथ होता है। एक सी डी में 670 मेगाबाइट स्टोरेज क्षमता होती है। काम्पेक्ट डिस्क का सबसे अच्छा फायदा यह है कि इसमें वायरस नहीं आता है। एक खाली काम्पेक्ट डिस्क 20/- रुपये की आती है। आजकल कंप्यूटर पत्रिकाओं के साथ फ्री आने वाली काम्पेक्ट डिस्क में 40,000 से 50,000 पेजों की सामग्री आ जाती है। ज्यादातर इनमें गेम्स, कंप्यूटर प्रोगाम तथा वाल पेपर्स होते हैं।

चित्र- 12.13: काम्पेक्ट डिस्क

12.10 टेप कैसेट (Tape Cassette)

ये घरों में प्रयोग की जाने वाली आम रिकॉर्डिंग युक्तियां हैं (चित्र 12.14) जिन्हें कैसेट रिकॉर्डर पर चलाया जाता है। एक अन्य प्रकार की कैसेट भी उपलब्ध हैं, जो पतली व अधिक लंबी टेप वाली होती हैं लेकिन स्टेंडर्ड टेप कैसेट ही ज्यादा विश्वसनीय एवं प्रचलित हैं।

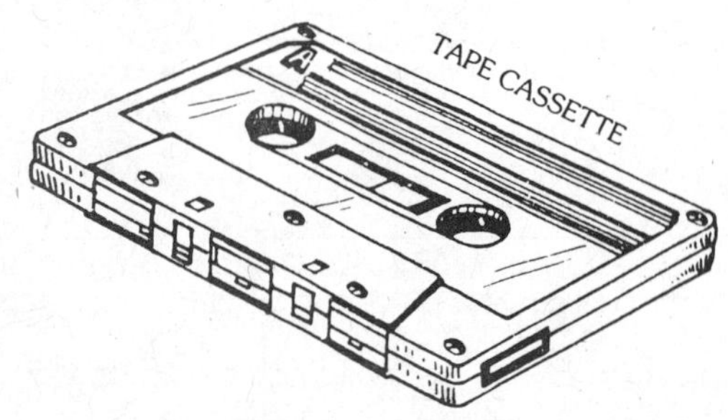

चित्र-12.14: टेप कैसेट

12.11 रैम कार्टरिज (RAM Cartridge)

किसी भी पर्सनल कंप्यूटर की मेमोरी बढ़ाने के लिए छोटे से कैसेट जैसी रैम कार्टरिज (चित्र 12.15) को लगाया जाता है। होम कंप्यूटर की मेमोरी 4 किलोबाइट होती है जिसे रैम कार्टरिज लगाकर दोगुना किया जा सकता है। होम कंप्यूटर द्वारा बेसिक, फोरट्रॉन आदि भाषाओं में प्रोग्रामिंग की जा सके इसके लिए इस प्रकार की हर भाषा का एक कार्टरिज लगाया जा सकता है।

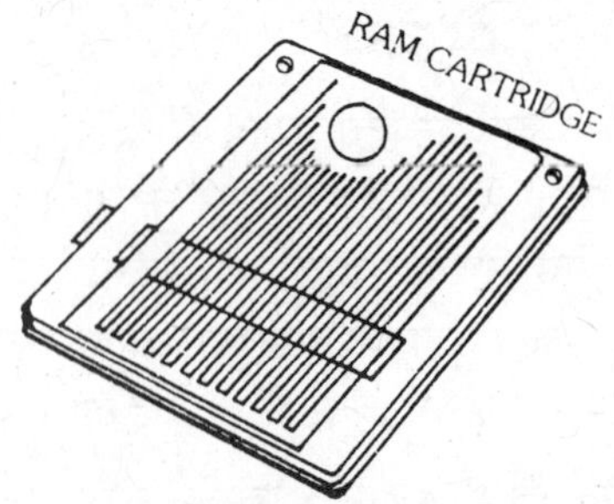

चित्र-12.15: रैम कार्टरिज

12.12 बबल मेमोरी (Bubble Memory)

इस युक्ति की खोज कंप्यूटर की आंतरिक मेमोरी बढ़ाने के उद्देश्य से की गई। कंप्यूटर की बाह्य स्मृति के विस्तार के लिए प्रयोग में लायी जा रही चुंबकीय युक्तियों के बारे में हमने पढ़ा, जो सस्ती भी हैं और जिनसे जानकारी लेने में ज्यादा समय भी नहीं लगता। किंतु आंतरिक मेमोरी संचय करने वाले फेराइट कोर और मॉस्फेट (MOSFET) मेमोरी की क्षमता बढ़ाना बहुत महंगा पड़ता है। आंतरिक मेमोरी को कम लागत पर बढ़ाने के लिए बोबेक ने सन् 1969 में बबल मेमोरी का आविष्कार किया।

बबल मेमोरी (चित्र 12.16) को ऑर्थोफेराइट नामक एक पदार्थ से बनाया जाता है जो प्रकृति में स्वतंत्र रूप से पाया जाता है। इस पदार्थ में सांप की तरह के फीते होते हैं जिनमें धनात्मक (+) और ऋणात्मक (-) चुंबकत्व होता है। अगर एक ऑर्थोपेराइड के टुकड़े की सतह पर एक धातु के लूप से एक विद्युतीय स्पंदन भेजें तो सबसे पास स्थित सर्पिलाकार फीता एक पतले चुंबकीय सिलेंडर में बदल जाता है - इसी आकार को बबल कहते हैं। बबल के होने को बाइनरी डिजिट 1 और न होने को 0 से प्रदर्शित करते हैं। इस विधि द्वारा बनाया गया बबल फिर अपने इसी आकार

चित्र-12.16 (a)

चित्र-12.16 (b)

में बना रहता है। लेकिन वह एक जगह पर न रह कर कुछ दायरों में घूमता रहता हैं।

एक प्रारूप बबल मेमोरी में 200 ऐसे छोटे लूप होते हैं जिनमें से प्रत्येक में लगभग 500 बबल होते हैं। इस तरह एक बबल मेमोरी का अर्थ है 6,250,000 बिट प्रति वर्ग सेमी.। यह आधुनिक मेमोरी युक्तियों में सबसे ज्यादा सघन मेमोरी (Highest Density) वाली युक्ति है।

सस्ती होने के अलावा इसका एक और लाभ यह भी है कि यह 'नॉन वोलाटाइल' मेमोरी है यानि बिजली चली जाने के बाद भी बबल या उनमें संचित मेमोरी नष्ट नहीं होती।

12.13 डिजीटल व्हिडियो डिस्क (Digital Video Disk)

इन डिस्कों में काम्पेक्ट डिस्क से भी 6-7 गुना मेटर आ जाता है, लेकिन अभी इनका प्रचलन अधिक नहीं है।

OOO

अध्याय-13

नंबर सिस्टम और कोडिंग

13.1 डेटा

पिछले अध्यायों में हमने कई प्रकार के डेटा कंप्यूटर में डालने के बारे में जानकारी प्राप्त की। ये डेटा लिखित रूप में, आवाज के रूप में या किसी यंत्र की गति के रूप में होते हैं। यहां पर हमें लिखित डेटा के बारे में कुछ और जानकारी प्राप्त करनी है। लिखित डेटा तीन रूपों में हो सकते हैं -

1. पाठ्यवस्तु या टैक्स्ट के रूप में (Textual)
2. ग्राफ के रूप में (Graphic)
3. चित्र के रूप में (Pictorial)

13.2 डेटा कोडिंग (Data Coding)

कंप्यूटर एक ऐसा इलेक्ट्रॉनिक यंत्र है जो केवल विद्युत पल्स के **होने** या **न होने** (इलेक्ट्रॉनिक बाइनरी सिस्टम) को ही समझता है। इसलिए यह जरूरी है कि सभी डेटा विद्युत स्पंदनों में बदल लिये जाएं। विद्युत स्पंदन का होना '1' और न होना '0' वर्गों के समूह के रूप में बदल लिया जाता है। यह काम कंप्यूटर द्वारा स्वयं किया जाता है। इसी बाइनरी कोड के आधार पर कंप्यूटर काम करता है। बाइनरी कोड में डेटा के बदलने की क्रिया को कोडिंग (Coding) कहते हैं। हमारे दैनिक जीवन में हम कई तरह के कोड प्रयोग में लाते हैं जैसे इंद्रधनुष के सात रंगों के समूह को VIBGYOR (Violet के लिए V, Indigo के लिए I, Blue के लिए B आदि) के रूप में लिखा जाता है। इसी तरह कार के पंजीकृत नंबर DIR 7063 के रूप में लिखे जाते हैं। शब्दों व अंकों के मेलजोल से बना यह नंबर याद रखने के लिए ज्यादा सरल है। इसके अलावा यह कोड यह भी बताता है कि यह कार दिल्ली में पंजीकृत करायी गयी है।

टेलीग्राफ में प्रयोग में लाये जाने वाले मोर्स (Morse) कोड के बारे में तो हम जानते ही हैं जिसमें अंग्रेजी की पूरी वर्णमाला व अंकों को केवल डैश (-) व डॉट (.) की मदद से संदेशों में बदला जाता है। रसायन शास्त्र में भी सिल्वर (Argentum) को Ag व सोने (लेटिन में Aurum) को Au प्रतीकों के नाम देना भी एक तरह की कोडिंग ही है। इन साधारण प्रतीकों व मशीनों के कोडों में अंतर बस इतना ही है कि हमारे द्वारा दिये गये कोडों को कंप्यूटर या अन्य मशीनें विद्युत स्पंदनों की भाषा में बदल लेती हैं जिन्हें फिर से हमारी भाषा में बदलने के लिए डीकोडिंग (Decoding) करनी होती है।

13.3 डेटा कैरेक्टर

डेटा को कोड में बदलने के लिए कुछ चिह्नों या प्रतीकों की मदद ली जाती है। इन प्रतीकों में अंग्रेजी वर्णमाला के A-B-C-D...आदि 26 अक्षर, 10 हिन्दी-अरबी अंक (0,1,2...9) व कुछ अंकगणित या भाषा आदि में प्रयोग किये जाने वाले चिह्न शामिल हैं। इस तरह कंप्यूटर के प्रतीकों को हम निम्न चार श्रेणियों में बांट सकते हैं -

1. रोमन वर्णमाला के 26 अल्फाबेट A,B,C,D......... Z
2. हिन्दी-अरबी डेसिमल पद्धति के 10 अंक 0,1,2,3,4,5,6,7,8,9
3. अन्य चिह्न

   (अ) गणित में प्रयोग किये जाने वाले चिह्न जैसे धन (+), ऋण (-), गुणा (×), भाग (/), घातांक (^) व दशमलव (.)।

(ब) तुलना के चिह्न जैसे बराबर या equal to (=), महत्तर या greater than (>) व लघुतर या Less than (<)

(स) विराम चिह्न जैसे कौमा (,), अर्द्धविराम या semicolon(;), विसर्ग या कॉलन (:) फुल-स्टॉप (.) व कोटेशन मार्क (" ")

(द) विशिष्ट चिह्न जैसे डॉलर ($), at the rate of (@), प्रतिशत (%), &, #,! आदि।

13.4 न्यूमेरिकल डेटा (Numerical Data)

आमतौर से पाठ्य डेटा अल्फाबेटिकल (ABCD.....), अंकीय या न्यूमेरिकल (1,2,3 आदि या अल्फान्यूमेरिक (अंकों व अल्फाबेट के समूह जैसे CSIR52) रूपों में होते हैं। यहां पर हम अंकीय (न्यूमेरिकल) डेटा के बारे में पढ़ेंगे।

न्यूमेरिकल डेटा दो प्रकार के होते हैं –

1. इन्टीजर (Integer) या पूर्णांक
2. वास्तविक या रियल (Real) नंबर

1. इन्टीजर या पूर्णांक: शून्य सहित सभी पॉजिटिव व निगेटिव संख्याओं को पूर्णांक कहते हैं।

जैसे 0, +1, -1, +2, -2 आदि। यहां पर निम्न बातें ध्यान में रखने की हैं।

(क) जिन संख्याओं के पहले ऋण (Minus) का चिह्न नहीं होता उन्हें धनात्मक (+) या Positive ही समझा जाता है जैसे 25 का अर्थ है +25। निगेटिव या ऋणात्मक संख्याओं के पहले ऋण (-) चिह्न लगा होना जरूरी है। इन धनात्मक संख्याओं को प्राकृतिक संख्या या नैचुरल नंबर कहते हैं क्योंकि प्रकृति में हर चीज धनात्मक होती है, नकारात्मक रूप में (-) कोई चीज नहीं पायी जा सकती।

(ख) किन्हीं पूर्णाकों को अन्य पूर्णाकों से भाग देने पर प्राप्त संख्या का पूर्णांक होना जरूरी नहीं। जैसे 4 में 3 से भाग देने पर उत्तर 3.33 प्राप्त होता है जो कि पूर्णांक नहीं है।

(ग) किसी पूर्णांक के चिन्ह के बिना दिखलाये गये मान को उसकी ऐब्सोल्यूट वैल्यू या निरपेक्ष मान कहते हैं। जैसे, -30 व +30 दोनों की ही ऐब्सोल्यूट वैल्यू 30 है। +30 व -30 दोनों की ही ऐब्सोल्यूट वैल्यू बराबर है जबकि चिह्नों को देखते हुए +30 बड़ा है। इसी तरह +6 का वास्तविक मान +3 से ज्यादा है जबकि -6 का वास्तविक मान -3 से कम होता है।

(घ) किसी पूर्ण संख्या में किसी अंक के दो मान हो सकते हैं एक उसका स्थानीय मान (place value) और दूसरा उसका निरपेक्ष मान (absolute value या face value)। उदाहरण के लिए 9753 में अंक 7 का निरपेक्ष मान या ऐब्सोल्यूट वैल्यू 7 है जबकि प्लेस वैल्यू 7×100 = 700 है।

(च) किसी पूर्णांक में सबसे अधिक स्थानीय मान वाले अंक को सर्वाधिक सार्थकता अंक (Most Significant Digit) व सबसे कम स्थानीय मान वाले अंक को न्यूनतम सार्थकता अंक (Least Significant Digit) कहते हैं। उदाहरण के लिए संख्या 9753 में 9 का स्थानीय मान सबसे अधिक 9000 है व 3 का स्थानीय मान सबसे कम, केवल 3 है। इसलिए 9 मोस्ट सिग्निफिकेंट डिजिट व 3 लीस्ट सिग्निफिकेंट डिजिट है।

2. रियल (Real) नंबर: सभी प्रकार की संख्याएं रियल नंबर कहलाती हैं। इनमें धनात्मक, ऋणात्मक, पूर्णांक या भिन्नें सभी शामिल हैं। उदाहरण 0, -6, +9, 1/8, 0.225, 11.33, -36×10^9 आदि।

दशमलव बिंदु वाले रियल नंबर में दो भाग होते हैं, पूर्णांक व प्रभाजी भाग।

गणना कार्य के लिए वास्तविक संख्याओं को दो तरह से लिखा जा सकता है।

(क) स्थिर बिंदु या Fixed point representation
(ख) चल बिंदु या Floating point representation

(क) स्थिर बिंदु या फिक्स्ड प्वाइंट रिप्रेजेन्टेशन: जब गणना की जाने वाले संख्याओं के सभी अंक बराबर हों तो स्थिर बिंदु या फिक्स्ड प्वाइंट रिप्रेजेन्टेशन का प्रयोग किया जाता है। इस विधि में दशमलव बिंदु को उसके स्थान से हटाया नहीं जाता जैसे कि 15.667 को 15.67 किया जा सकता है लेकिन बिंदु को उसके स्थान से हटाया नहीं जाता।

(ख) चल बिंदु या फ्लोटिंग प्वाइंट रिप्रेजेन्टेशन: जब गणना में प्रयोग होने वाली संख्याओं के मान में बहुत अंतर होता है तब इस विधि का प्रयोग किया जाता है। इसमें घातांक (Indices) की सहायता से दशमलव बिंदु को उसके स्थान से हटाया जाता है।

उदाहरण के लिए 7297700000000 को 0.00000045968 से गुणा करने के लिए घातांकों की सहायता से दशमलव को खिसकाया जाता है। उक्त उदाहरण में पहली संख्या का मान = 72977×10^8 व दूसरी का मान 45.968×10^{-8} है। इस तरह घातांकों की सहायता से कम मेमोरी में ही यह गणना कार्य किया जा सकता है। इस प्रकार की बड़ी संख्याओं का प्रयोग वैज्ञानिक व इंजीनियरिंग कार्यों में अक्सर ही होता है इसलिए फ्लोटिंग प्वाइंट रिप्रेजेन्टेशन का महत्त्व बढ़ जाता है। इस विधि के अनुसार 1989 को निम्न प्रकार से लिख सकते हैं –

$1989 = 1989\times10^0$ (याद रहे $10^0 = 1$)
$1989 = 198.9\times10^1$(याद रहे $10^1= 10$)
$1989 = 19.89\times10^2$ ($10^2 = 100$)
$1989 = 1.989\times10^3$ ($10^3 = 1000$)
$1989 = 0.1989\times10^4$ ($10^4 = 10000$)

इस उदाहरण से स्पष्ट है कि दशमलव बिंदु खिसका कर, घातांकों में बदलाव लाकर एक ही संख्या को कई तरह से लिख सकते हैं। याद रहे कि जैसे –जैसे घातांक बढ़ता है दशमलव बिंदु दाईं से बाईं ओर खिसकता जाता है।

फ्लोटिंग प्वाइंट रिप्रेजेन्टेशन के अंतर्गत किसी वास्तविक संख्या को निम्न सूत्र-रूप में लिख सकते हैं –

$\mathbf{m \times r^n}$, जहां m = अपूर्ण संख्या, r =आधार या मूलांक जो दशमलव पद्धति में 10 होता है और n=घातांक या exponent जो एक पूरी संख्या जैसे 2,3,4 आदि होता है।

जैसा कि हमने ऊपर के उदाहरणों में देखा, बढ़ती-घटती घातों के साथ अपूर्ण संख्या m को कई तरह से लिखा जा सकता है लेकिन स्टैंडर्ड तरीका यह है कि m का मान 0.1 व 1 के बीच हो यानि 1989 को प्रचलित तरीके से 1.989×10^3 न लिख कर 0.1989×10^4 लिखा जाए। यह समझने के लिए कुछ उदाहरण दिये जा रहे हैं:

13.1. *निम्नलिखित संख्याओं में से कौन सी संख्या स्टैंडर्ड पद्धति से लिखी गयी है?*

(1) 2.52×10^7 *(2)* 0.0072×10^6 *(3)* $0.0263\times10^{+12}$
(4) -0.237×10^{-5} *(5)* 10^8 *(6)* $0.2352\times10^{-6.2}$
(7) $1.27\times10^{-2/3}$

हल: इस उदाहरण में केवल -0.237×10^{-5} स्टैंडर्ड विधि में लिखी गई है। पहली संख्या में अपूर्ण संख्या .1 व 1 के बीच नहीं है (2 से अधिक है), दूसरी में यह .1 से कम है, तीसरी संख्या में भी यह .1 से कम है, साथ ही, घातांक में + चिह्न लगाया गया है जो गलत है, पांचवीं संख्या में अपूर्ण हिस्सा है ही नहीं। छठी संख्या में घातांक में दशमलव लगा हुआ है जबकि यह पूर्णांक में ही होना चाहिए। सातवीं संख्या में भी घातांक भिन्न 2/3 के रूप में है जबकि यह पूर्णांक होना चाहिए।

13.2. *निम्नलिखित संख्याओं को स्टैंडर्ड संकेतन विधि से लिखिए:*

(1) 1983.65 (2) -798 (3) 4523987421.01
(4) 0.0001 (5) 0

हल:

1. 0.198365×10^4 (चूंकि दशमलव बिंदु चार स्थान बाईं ओर विस्थापित हुआ है इसलिए 10 का घातांक 4 होगा।
2. -0.798×10^3 (दशमलव बिंदु तीन स्थान बाईं ओर विस्थापित हुआ है इसलिए 10 का घातांक 3 है।)
3. $0.452398742101\times10^{10}$
4. 0.1×10^{-3} (इस उदाहरण में दशमलव बाईं ओर नहीं बल्कि तीन स्थान दाईं ओर ले जाया गया है इसलिए 10 का घातांक –3 है।)
5. 0 (शून्य) को स्टैंडर्ड विधि से नहीं लिखा जा सकता क्योंकि 0 में किसी भी संख्या से गुणा करने पर शून्य प्राप्त होता है। इसलिए प्रत्येक दशा में अपूर्ण हिस्सा 0 होगा जो 0.1 व 1 के बीच नहीं है।

13.5 नंबर सिस्टम (Number Systems)

कंप्यूटर एक ऐसा गणना यंत्र है जो सारा काम गिनती के आधार पर करता है। यह काम बाइनरी (Binary) या हेक्साडेसिमल (Hexa-Decimal) पद्धति में होता है। इन दोनों में से भी ज्यादातर बाइनरी तरीके का ही प्रयोग होता

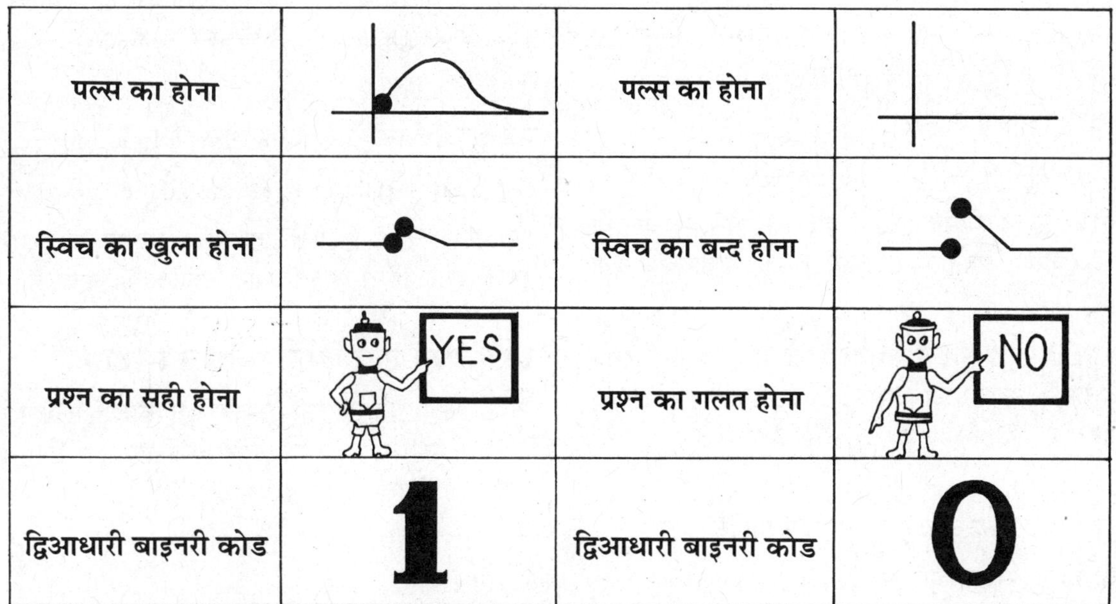

चित्र 13.1 बाइनरी स्थितियां

है क्योंकि इसका मुख्य कार्य एक प्रकार के स्विच से होता है, जिसके बंद होने पर विद्युत स्पंदन या पल्स पैदा होती है और खुला होने पर नहीं। चित्र 13.1 में ये बाइनरी स्थितियां दिखलायी गयी हैं।

इस प्रकार विद्युत स्पंदन होने या न होने की दो स्थितियों में गणना-कार्य किया जाता है। विभिन्न मेमोरी डिवाइसेज में ये दो स्थितियां निम्नलिखित हो सकती हैं:

- मैग्नेटिक टेप और डिस्क - चुंबकत्व है या नहीं।
- चार्ज्ड कपल - विद्युत आवेश है या नहीं।
- पंच्ड कार्ड्ज - छेद हैं या नहीं।
- गेट - स्विच खुला है या बंद है।
- स्विचिंग सर्किट - विद्युत पल्स है या नहीं।

13.6 डेसिमल पद्धति (Decimal System)

इस विधि में 0 से लेकर 9 तक कुल 10 अंक होते हैं। लिखी गई संख्या के प्रत्येक अंक का मान (स्थानीय मान या place value), जैसा कि आप जानते हैं, उसके दाईं ओर लिखे अंक से दस गुना होता है। इसलिए किसी भी अंक के निरपेक्ष मान या face value को संख्या में उसके स्थान के अनुसार 1,10,100 या 1000 आदि से गुणा करके उसका स्थानीय मान निकालते हैं। उदाहरण के लिए संख्या 89 में 9 की फेस वैल्यू तो 9 है ही उसका स्थानीय मान भी 9×1=9 ही है। लेकिन 8 की फेस वैल्यू तो 8 है परंतु स्थानीय मान या प्लेस वैल्यू 8×10=80 है। इस तरह दोनों अंकों के मानों का योग 80+9=89 प्राप्त हुआ जो कि दी गई संख्या है।

इसी तरह से एक दूसरे उदाहरण 1987 में -

इकाई प्लेस पर स्थित 7 का मान	=	7×1	=	7
दहाई का टेन्स (Tens) प्लेस पर स्थित 8 का मान	=	8×10	=	80
सैकड़े या Hundred प्लेस पर स्थित 9 का मान	=	9×100	=	900
तथा हजार या Thousand प्लेस पर स्थित 1 का मान	=	1×1000	=	1000
संख्या का कुल मान	=			1987

इसे हम इस तरह भी लिख सकते हैं -

$$1987 = (1\times1000) + (9\times100) + (8\times10) + (7\times1)$$
$$= 1\times10^3 + 9\times10^2 + 8\times10^1 + 7\times10^0$$

(याद रहे $10^0 = 1$ और $10^1 = 10$)

इस तरह 10^0 इकाई को, 10^1 दहाई को, 10^2 सैकड़ा को और 10^3 हजार स्थान को दर्शाता है।

इस तरह यह स्पष्ट हो जाता है कि डेसिमल पद्धति का आधार अंक 10 है। इस पद्धति में कोई संख्या इस सूत्र से लिखी जा सकती है -

$$N=d_n \times r^{n-1}+.............d_3 \times r^2+d_2 \times r^1+d_1 \times r^0$$

यहां पर N=कोई संख्या, d_n= दाईं ओर से nवें स्थान का अंक, (जैसे 4 अंकों की संख्या में $d_n=d_4$ या चौथे स्थान का अंक)

d_3, d_2, d_1=दाईं ओर से क्रमशः पहले, दूसरे व तीसरे स्थान के अंक, r=आधार का अंक यानि 10, घातांक= (अंक का स्थान-1)

उदाहरण 13.3

संख्या 2497 को उक्त सूत्र के अनुसार लिखें -

हल: दी गई संख्या चार अंकों की है यानि n=4

इस तरह संख्या $2497=d_n \times r^{n-1}+........d_1 \times r^0$

$= (d_4 r^{4-1})+(d_3 \times r^{3-1})+(d_2 \times r^{2-1})+(d_1 \times r^{1-1})$

$= (d_4 \times r^3)+(d_3 \times r^2)+(d_2 \times r^1)+(d_1 \times r^0)$

$= (2 \times 10^3)+(4 \times 10^2)+(9 \times 10^1)+(7 \times 10^0)$

13.7 दशमलव भिन्नों को सूत्र में लिखना

ऊपर हमने एक पूर्ण अंक या इन्टीजर के बारे में पढ़ा कि जैसे-जैसे कोई अंक बाईं ओर जाता है, इसका मान क्रमशः 10 गुना, 100 गुना, 1000 गुना आदि होता जाता है। दशमलव बिंदु के बाद के अंकों के स्थानीय मान के बारे में भी यही बात लागू होती है। जैसे-जैसे दाईं ओर जाते हैं स्थानीय मान अंक की फेस वैल्यू के क्रमशः $\frac{1}{10}$, $\frac{1}{100}$, व $\frac{1}{1000}$ होते जाते हैं। इस तरह संख्या 0.543 में प्रत्येक अंक का स्थानीय मान लिखने पर -

$$0.543 = \left(5 \times \frac{1}{10}\right)+\left(4 \times \frac{1}{100}\right)+\left(3 \times \frac{1}{1000}\right)$$

$= 5 \times 10^{-1} + 4 \times 10^{-2} + 3 \times 10^{-3}$ (घातांकों को नीचे से ऊपर ले जाने पर वे निगेटिव हो जाते हैं, $\frac{1}{10^2} = 1 \times 10^{-2}$)

यानि दशमलव बिंदु से अगले अंक में घातांक -1, उसके बाद -2 व उसके बाद -3 आदि होती जायेगी। आधार अंक (r) 10 ही रहेगा।

सूत्र रूप में लिखने पर दी गई भिन्न या Fraction

$$F = d_{-1} \times r^{-1} + d_{-2} \times r^{-2}+d_{-3} \times r^{-3}.........d_{-n} \times r^{-n}$$

यहां पर d_{-1}, d_{-2}, d_{-3} व d_{-n} दशमलव बिंदु के बाद क्रमशः पहले, दूसरे, तीसरे व nवें स्थान के अंक को बताते हैं।

13.8 दशमलव भिन्न मिश्रित संख्याएं

इन संख्याओं को मूलांक 10 की घात रूप में लिखने के लिए हम इन्टीजर व फ्रैक्शन दोनों के लिए ऊपर दिये गये सूत्रों का प्रयोग करेंगे।

इस प्रकार मिश्रित संख्या 1789.635 को हम इस तरह लिखेंगे -

$$1789.635 = (1 \times 10^3)+(7 \times 10^2)+(8 \times 10^1)+(9 \times 10^0)+ (6 \times 10^{-1})+(3 \times 10^{-2})+(5 \times 10^{-3})$$

उपरोक्त दोनों संख्या को संयुक्त रूप से इस तरह याद करे मिश्रित संख्या $M= [d_n r^{n-1}+d_{-n} \times r^{-N}]$

13.9 बाइनरी संख्याएं

सभी डिजिटल कंप्यूटर बाइनरी विधि से काम करते हैं। जैसा कि पहले बताया जा चुका है कि ये विद्युत पल्स के होने को 1 व न होने को 0 समझते हैं।

जिस तरह दशमलव विधि में बाईं ओर जाने पर अंकों का मान 10 गुना होता जाता है, बाइनरी विधि में अंकों का मान क्रमशः दोगुना होता चला जाता है।

इस विधि में किसी संख्या का स्थानीय मान निकालने के लिए यूनिट या इकाई स्थान के अंक को $1(2^0=1)$, दहाई या Tens स्थान के अंक के मान को $2(2^1=2)$, तीसरे स्थान के अंक के मान को 4 से $(2^2=4)$ व चौथे स्थान के अंक को $8(2^3=8)$ से गुणा करना होता है। इस तरह 10101 संख्या का बाइनरी विधि से मान इस प्रकार होगा:

दाईं ओर से बाईं ओर चलते हुए

1 का मान = 1×1 = 1

0 का मान = 0×2 = 0

1 का मान = 1×4 = 4

0 का मान = 0×8 = 0

1 का मान = 1×16=16

इसे इस तरह भी लिख सकते हैं –

$(10101)_2=(1\times1)+(0\times2)+(1\times4)+(0\times8)+(1\times16)$

$= (1\times2^0)+(0\times2^1)+(1\times2^2)+(0\times2^3)+(1\times2^4)$

$= (21)$

$(10101)_2$ लिखने का अर्थ यह है कि यह संख्या बाइनरी है। इसी तरह कोष्ठक के बाद 10 लिखने का अर्थ होगा कि संख्या डेसिमल पद्धति पर आधारित है।

उदाहरण 13.4

संख्या $(11001)_2$ का मान निकालिए।

हल: $(11001)_2$

$= (1\times2^4) + (1\times2^3) + (0\times2^2) + (0\times2^1) + (1\times2^0)$

$= (1\times16)+(1\times8)+(0\times4)+(0\times2)+(1\times1)$

$= 16 + 8 + 0 + 0 + 1 = 25$

13.10 डेसिमल पद्धति से बाइनरी पद्धति में बदलना

किसी संख्या को बाइनरी पद्धति में बदलने के लिए उसे 2 से विभाजित करते हैं। शेषफल (1 या 0) को लिख लेते हैं। भागफल या quotient में फिर 2 से भाग देकर शेषफल 1 या 0 लिख लेते हैं। ऐसा तब तक करते जाते हैं जब तक कि भागफल के स्थान पर 0 नहीं आ जाता। इसके बाद अंतिम शेषफल 1 से शुरू करते हुए बाद के सभी शेषफलों के अंक 1 या 0 लिख लेंगे। नीचे दिये हुए उदाहरण से यह स्पष्ट हो जाएगा।

उदाहरण 13.5 संख्या 205 को बाइनरी विधि से लिखिए –

हल:

दी गई संख्या = $(11001101)_2$

हम अपने उत्तर की इस तरह जांच कर सकते हैं –

$(11001101)_2$

भाजक	भाज्य (Dividend)	भागफल (Quotient)	शेषफल (Reminder)
2	205	102	1 ↖
2	102	51	0 ↖
2	51	25	1 ↖
2	25	12	1 ↖
2	12	6	0 ↖
2	6	3	0 ↖
2	3	1	1 ↖
2	1	0	1 ↖

$= (1\times2^7)+(1\times2^6)+(0\times2^5)+(0\times2^4)+(1\times2^3)+(1\times2^2)$
$+(0\times2^1)+(1\times2^0)$

$= 128 + 64 + 0 + 0 + 8 + 4 + 0 + 1$

$= 205$

इस प्रकार हम किसी भी संख्या को बाइनरी विधि से लिख कर पुन: डेसीमल विधि में बदल कर उसका सही मान होने की जांच कर सकते हैं।

उदाहरण 13.6

संख्या 24 को बाइनरी विधि से लिखिए

(उत्तर 11000)

13.11 दशमलव भिन्न को बाइनरी विधि में लिखना

डेसिमल भिन्नों को बाइनरी विधि से लिखने के लिए डेसिमल के बाद के अंकों को 2 से गुणा किया जाता है। गुणा करने से मिलने वाले पूर्णांक को ओवरफ्लो कहते हैं जिसे f से दर्शाया जाता है। इस तरह डेसिमल के बाद के अंकों को 2 से गुणा करते जाते हैं और क्रमश: f_1, f_2, f_3 आदि को नोट कर लेते हैं। गुणा की विधि तब तक जारी रखते हैं जब तक कि दशमलव बिंदु के बाद 00 नहीं आ जाता। यदि 7-8 चरण में भी ऐसा नहीं होता, तो उतना ही मान लेकर गणना बंद कर दी जाती है।

उदाहरण 13.7: *0.625 को बाइनरी विधि से लिखें।*

हल:

$$
\begin{array}{rl}
 & \boxed{0}\ .625 \\
 & \quad\ \times 2 \\
\hline
f_1 \leftarrow & \boxed{1}\ .250 \\
 & \quad\ \times 2 \\
\hline
f_2 \leftarrow & \boxed{0}\ .500 \\
 & \quad\ \times 2 \\
\hline
f_3 \leftarrow & \boxed{1}\ .000
\end{array}
$$

इसलिए $(0.625)_{10} = 0.f_1, f_2, f_3 = (0.101)_2$

उदाहरण 13.8: *0.66 को बाइनरी विधि से लिखें -*

हल:

$$
\begin{array}{rl}
 & \boxed{0}.66 \\
 & \ \times 2 \\
\hline
f_1 \rightarrow & \boxed{1}.32 \\
 & \ \times 2 \\
\hline
f_2 \rightarrow & \boxed{0}.64 \\
 & \ \times 2 \\
\hline
f_3 \rightarrow & \boxed{1}.28 \\
 & \ \times 2 \\
\hline
f_4 \rightarrow & \boxed{0}.56 \\
 & \ \times 2 \\
\hline
f_5 \rightarrow & \boxed{1}.12 \\
 & \ \times 2 \\
\hline
f_6 \rightarrow & \boxed{0}.24 \\
 & \ \times 2 \\
\hline
f_7 \rightarrow & \boxed{0}.48 \\
 & \ \times 2 \\
\hline
f_8 \rightarrow & \boxed{0}.96
\end{array}
$$

इसलिए $(0.66)_{10} = (0.f_1, f_2, \ldots\ldots\ldots\ldots f_8)$

$= (0.10101000\ldots\ldots\ldots)_2$

यह उत्तर बिल्कुल शुद्ध नहीं है क्योंकि गुणनफल 0 नहीं हो पाया है। इसका हल पूरी तरह शुद्ध निकाला भी नहीं जा सकता (जिस तरह कि $\frac{2}{3}$ का मान डेसिमल में बिल्कुल शुद्ध नहीं निकाला जा सकता)। $\frac{1}{5}, \frac{1}{2}, \frac{1}{4}$ आदि भिन्नें जिन्हें डेसिमल भिन्न में पूरा-पूरा लिखा जा सकता है उन्हीं को बाइनरी विधि में भी पूरी तरह से शुद्ध लिखा जा सकेगा।

13.12 बाइनरी संख्याओं को डेसिमल पद्धति में लिखना

जिस प्रकार डेसिमल विधि में गणना करते हुए 0,1,2,3,4...........8,9 के बाद फिर 1 आता है जिसके आगे 0,1,2,3,4 आदि रखने से गिनती 10,11,12,13 आदि बनती है, उसी तरह बाइनरी पद्धति में भी 0 व 1 का एक क्रम होता है। इस विधि में पहले 0, फिर 1 व फिर 10 आता है। इसके बाद 11,100,101,110,111 आदि आते हैं जैसा कि सारिणी 13.1 में दिखाया गया है।

जैसा कि हमने पढ़ा, बाइनरी पद्धति में इकाई के अंक का स्थानीय मान 1 होता है, इसके बाद के अंक का 2, फिर इसी क्रम में 4,8 व 16 आदि होता है। इसी अनुसार बाइनरी विधि में लिखी हुई संख्या के अंकों को इन मानों से गुणाकर प्रत्येक अंक का स्थानीय मान निकाल लेते हैं। सभी अंकों के मान जोड़ लेने पर संख्या डेसिमल पद्धति में आ जाएगी।

उदाहरण 13.9: *बाइनरी संख्या 101 को डेसीमल पद्धति में लिखिए।*

हल:

बाइनरी संख्या	1	0	1
स्थानीय मान	×4	×2	×1
वास्तविक मान	4	0	1
जोड़ने पर	4+0+1 = 5		

$\therefore\ (101)_2 = (5)_{10}$

उदाहरण 13.10: *बाइनरी संख्या 11001101 को डेसीमल पद्धति में बदलिए।*

हलः

बाइनरी संख्या	1	1	0	0	1	1	0	1
स्थानीय मान	×128	×64	×32	×16	×8	×4	×2	×1
वास्तविक मान (गुणा करने के बाद)	128	64	0	0	8	4	0	1
कुल योग	128+64+8+4+1 = 205							

$\therefore (11001101)_2 = (205)_{10}$

इस गणना के लिए हम इस सूत्र को भी प्रयोग में ला सकते हैं -

$N = d_n 2^{n-1} + d_n 2^{n-2} + ...+ d_3 2^2 + d_2 2^1 + d_1 2^0$

जहां N= दशमलव संख्या

d_n = दाईं ओर से nवें स्थान का अंक

(नोट करें, जिस स्थान का अंक 2 है, उसकाका घातांक उससे 1 कम है।)

इस सूत्र द्वारा हम निम्न उदाहरण को हल करेंगे।

उदाहरण 13.11: *$(10111)_2 = (.........)_{10}$*

हलः बाइनरी संख्या में 5 अंक हैं इसलिए n=5

ऊपर दिये गये सूत्र में मान रखने पर

$N = (d_5 \times 2^4) + (d_4 \times 2^3) + (d_3 \times 2^2) + (d_2 \times 2^1) + (d_1 \times 2^0)$

$= (1 \times 2^4) + (0 \times 2^3) + (1 \times 2^2) + (1 \times 2^1) + (1 \times 2^0)$

$= 16 + 0 + 4 + 2 + 1$

$= (23)_{10}$

उदाहरण 13.12: *बाइनरी संख्या 1100101 को डेसीमल विधि से लिखिए*

इस संख्या में 7 अंक हैं यानि n=7

सूत्र में मान रखने से

$N = (d_7 \times 2^6) + (d_6 \times 2^5) + (d_5 \times 2^4) + (d_4 \times 2^3) + (d_3 \times 2^2) + (d_2 \times 2^1) + (d_1 \times 2^0)$

$= (1 \times 2^6) + (1 \times 2^5) + (0 \times 2^4) + (0 \times 2^3) + (1 \times 2^2) + (0 \times 2^1) + (1 \times 2^0)$

$= 64 + 32 + 0 + 0 + 4 + 0 + 1 = 101$

इसलिए $(1100101)_2 = (101)_{10}$

13.13 डबल डेड (Double Dadd) विधि

बाइनरी संख्या को डेसीमल संख्या में बदलने का यह एक सरल तरीका है। इस विधि में दी गई संख्या के सबसे बाईं ओर के अंक को दोगुना कर लेते हैं। प्राप्त गुणनफल में बाईं ओर से दूसरे अंक को जोड़ कर फिर दो गुना कर लेते हैं। इस तरह प्राप्त गुणनफल में तीसरे अंक को जोड़ लेते हैं। इस तरह 3 अंकों की संख्या डेसीमल संख्या में बदल जाएगी। दोगुना करके जोड़ने की क्रिया तब तक जारी रखते हैं जब तक सारे अंक खत्म न हो जायें।

उदाहरण 13.13: *बाइनरी संख्या 10101 को डेसीमल पद्धति में बदलिए।*

हलः इस संख्या का बाईं ओर से पहला अंक 1 है। इसे दोगुना करने पर गुणनफल 2 आया। इसमें बाईं ओर का दूसरा अंक 0 जोड़ा जिसे फिर दोगुना किया। 4 में तीसरा 1 अंक जोड़ा व दो गुना किया। प्राप्त संख्या 10 में 0 जोड़ कर दोगुना किया। 20 में अंतिम अंक 1 जोड़ने से 21 आया। इसलिए $(10101)_2 = (21)_{10}$

सारिणी 13.1 बराबर मान की बाइनरी संख्याएं

दशमलव संख्या	बराबर मान की बाइनरी संख्या
0	0 = 0×2^0
1	1 = 1×2^0
2	10 = $(1 \times 2^1)+(0 \times 2^0)$
3	11 = $(1 \times 2^1)+(1 \times 2^0)$
4	100 = $(1 \times 2^2)+(0 \times 2^1)+(0 \times 2^0)$
5	101 = $(1 \times 2^2)+(0 \times 2^1)+(1 \times 2^0)$
6	110 = $(1 \times 2^2) + (1 \times 2^1) + (0 \times 2^0)$
7	111 = $(1 \times 2^2) + (1 \times 2^1) + (1 \times 2^0)$
8	1000 = $(1 \times 2^3) + (0 \times 2^2) + (0 \times 2^1) + (0 \times 2^0)$
9	1001 = $(1 \times 2^3) + (0 \times 2^3) + (0 \times 2^1) + (1 \times 2^0)$

13.14 बाइनरी भिन्नों को डेसीमल पद्धति में लिखना

जिस तरह डेसीमल पद्धति में 7.23 को सात दशमलव दो तीन पढ़ते हैं, बाइनरी पद्धति में 1.101 को एक, बाइनरी

बिंदु एक शून्य एक पढ़ेंगे। इस संख्या के भिन्न वाले भाग .101 को हम निम्न सूत्र से लिख सकते हैं -

$F = (d_{-1}\times2^{-1}) + (d_{-2}\times2^{-2}) + (d_{-3}\times2^{-3})$ .... $(d_n\times2^{-n})$

इसमें जैसा कि पहले बताया गया है $d_{-1}, d_{-2}......d_n$ बाइनरी बिंदु के बाद क्रमशः पहले, दूसरे व nवें स्थान पर स्थित अंक हैं। निम्न उदाहरण से यह बात स्पष्ट हो जाएगी -

उदाहरण 13.14: *निम्न को डेसीमल संख्याओं में बदलो -*

(क) $(0.1010)_2$ (ख) $(0.10111)_2$

हल: (क) 0.1010

$= 1\times2^{-1} + 0\times2^{-2} + 1\times2^{-3} + 0\times2^{-4}$

$$=\left(1\times\frac{1}{2^1}\right)+\left(0\times\frac{1}{2^2}\right)+\left(1\times\frac{1}{2^3}\right)+\left(0\times\frac{1}{2^4}\right)$$

$$=\frac{1}{2}+\left(0\times\frac{1}{4}\right)+\frac{1}{8}+\left(0\times\frac{1}{16}\right)$$

= .5 + 0 + .125 + 0

= .625

(ख) 0.10111 - इसे हम दूसरी तरह से भी हल कर सकते हैं -

बाइनरी संख्या	1	0	1	1	1
अंकों का स्थानीय मान	1/2 0.5	1/4 0.25	1/8 0.125	1/16 0.0625	1/32 0.03125
गुणा करने पर वास्तविक मान	1×.5 =0.5	0×.25 =0	1×.125 =.125	1×.0625 =.0625	1×.03125 =.03125
जोड़ने पर कुल योग	=0.71875				

इसलिए $(0.10111)_2 = (0.71875)_{10}$

13.15 मिश्रित संख्याओं का बदलना

(क) बाइनरी को डेसीमल में बदलना: पूर्णांक व भिन्न मिश्रित संख्याओं को बाइनरी से डेसीमल विधि में बदलने के लिए पहले बताये गये सूत्र का प्रयोग कर सकते हैं।

$M = [d_n2^{n-1} + ...d_22^1 + d_1\times2^0] + [d_{-1}\times2^{-1} + d_{-2}\times2^{-2}.........]$

जहां n= बाइनरी संख्या के कुल अंक

यह निम्न उदाहरण से स्पष्ट हो जाएगा -

उदाहरण 13.15 (a): संख्या $(101.1101)_2$ =

$= [1\times2^2+0\times2^1+1\times2^0] + [1\times2^{-1}+1\times2^{-2}+0\times2^{-3}+1\times2^{-4}]$

$+[4+0+1] + [1\times1/2^1 + 1\times1/2^2 + 0\times1/2^3 + 1\times1/2^4]$

= [5] + [1/2 + 1/4 + 0 1/162]

= 5 + .8125

= 5.8125

(ख) डेसीमल को बाइनरी में बदलना - इसके लिए मिश्रित संख्या के पूर्ण अंक व भिन्न वाले अंशों को अलग-अलग बाइनरी रूप में बदल कर फिर जोड़ लिया जाता है।

उदाहरण 13.15 (b): संख्या 17.25 का बाइनरी अंक निकालिए।

हल: हम पहले $(17)_{10}$ का व फिर $(.25)_{10}$ का मान निकालेंगे।

पहले बताई विधि से

भाजक	भाज्य	भागफल	शेषफल
2	17	8	1
2	8	4	0
2	4	2	0
2	2	1	0
2	1	0	1

इस तरह $(17)_{10}$ = 10001

अगले चरण में भिन्न का रूपांतरण करेंगे -

```
         .25
          ×2
f1 →     .50
          ×2
f2 →    1.00
```

यानि $(.25)_{10} = (.01)_2$

इस तरह $(17.25)_{10}$ = 10001 + .01

$= (10001.01)_2$

हम अपने उत्तर की जांच कर सकते हैं -

$(10001.01)_2 = (1\times2^4) + (0\times2^3) + (0\times2^2) + (0\times2^1) + (1\times2^0) + (0\times2^{-1}) + (1\times2^{-2})$

$= 16 + 0 + 0 + 0 + 1 + 0 + \frac{1}{2^2}$

$= 16 + 1 + .25 = 17.25$

13.16 ऑक्टल (Octal) नंबर सिस्टम

इस विधि में 0 से लेकर 7 कुल अंकों का प्रयोग किया जाता है इसलिए इसे ऑक्टल सिस्टम कहते हैं। कंप्यूटर में 2 या 2 के घातांकों वाली संख्याओं का प्रयोग किया जाता है इसलिए जब अधिक अंकों वाली संख्याएं हों तो ऑक्टल (Octal) और Hexadecimal हेक्ज़ाडेसिमल आधारी विधियों का प्रयोग किया जाता है।

13.17 ऑक्टल संख्याओं को डेसीमल पद्धति में बदलना

इस पद्धति में संख्या को बदलने की विधि बिल्कुल बाइनरी पद्धति की तरह है, अन्तर बस इतना है कि यहां बेस या आधार अंक 2 की जगह 8 होता है। निम्न उदाहरणों से यह विधि स्पष्ट हो जाएगी -

उदाहरण 13.16: निम्न ऑक्टल संख्याओं के बराबर की (Equivalent) डेसीमल संख्या निकालिए व अपने उत्तर की जांच कीजिए।

(क) 47 (ख) 365

हल: (क) $(47)_8 = (4\times8^1)+(7\times8^0)$

$= (4\times8)+(7\times1) = 32+7=39$

अब हम $(39)_{10}$ को ऑक्टल संख्या में बदलेंगे

भाजक	भाज्य	भागफल	शेष
8	39	4	7
8	4	0	4

उत्तर: $(47)_8$

(ख) $(365)_8 = (3\times8^2)+(6\times8^1)+(5\times8^0)$

$= 192+48+5 = (245)_{10}$

$(245)_{10}$ को ऑक्टल अंक में बदलने के लिए -

भाजक	भाज्य	भागफल	शेषफल
8	245	30	5
8	30	3	6
8	3	0	3

$= (365)_8$

13.18 डेसीमल भिन्नों को ऑक्टल पद्धति में लिखना

जैसा कि बाइनरी पद्धति में हम पढ़ चुके हैं, यहां पर भिन्न को 8 से गुणा किया जाता है व प्राप्त (हासिल) ओवरफ्लो को f_1, f_2 के रूप में बिंदु के बाद लिख कर ऑक्टल भिन्न प्राप्त कर ली जाती है।

उदाहरण 13.17: *निम्नलिखित डेसीमल भिन्नों को ऑक्टल संख्याओं में बदलें: (क) 0.75 (ख) 0.3125*

हल: (क)

$$\begin{array}{rr} & .75 \\ & \times8 \\ \hline f_1 \rightarrow & 6.00 \\ \hline \end{array}$$

यहां पर गुणनफल शून्य हो गया है इसलिए गणना यहीं पर खत्म हो जाती है इसलिए $(0.75)_{10} = (0.6)_8$

(ख)

$$\begin{array}{rr} & 0.3125 \\ & \times8 \\ \hline f_1 \rightarrow & \boxed{2.}5000 \\ & \times8 \\ \hline f_2 \rightarrow & 4.000 \\ \hline \end{array}$$

इसलिए $(0.3125)_{10} = (0.24)_8$

उदाहरण 13.18: *निम्नलिखित मिश्रित डेसीमल संख्याओं को ऑक्टल में बदलिए व फिर से डेसीमल में बदल कर अपने उत्तर की जांच कीजिए।*

(क) $(45.125)_{10}$ *(ख)* $(123.665)_{10}$

हल: (क) 45.125 के पूर्ण अंश 45 को ऑक्टल अंक में बदलने की विधि:

भाजक	भाज्य	भागफल	शेषफल
8	45	5	5
8	5	0	5

$= (55)_8$

अपूर्ण अंश को .125 ऑक्टल भिन्न में बदलने की विधि:

$$\begin{array}{r} .125 \\ \times 8 \\ \hline f_1 \rightarrow \boxed{1}\ .000 \end{array} = (.1)_8$$

उत्तर की जांच: $(55)_8 = (5\times8^1) + (5\times8^0)$

$= (5\times8) + (5\times1) = 40+5 = 45$

$(.1)_8 = 1\times8^{-1} = \frac{1}{8^1} = \frac{1}{8} = .125$

(ख) $(123.625)_{10}$ को ऑक्टल विधि में लिखना:

8	123	15	3
8	15	1	7
8	1	0	1

$(123)_{10} = (173)_8$

अपूर्ण अंश को .625 ऑक्टल विधि में लिखना:

$$\begin{array}{r} .625 \\ \times 8 \\ \hline f_1 \rightarrow \boxed{5}\ .000 \end{array}$$

इसलिए पूरी संख्या $(123.625)_{10} = (173.5)_8$

जांच: $(173)_8 = (1\times8^2) + (7\times8^1) + (3\times8^0)$

$= 64 + 56 + 3 = 123$

$(.5)_8 = 5\times8^{-1} = \frac{5\times1}{8} = .625$

13.19 बाइनरी को ऑक्टल में बदलना

इस विधि को बाइनरी ट्रिपलेट विधि कहते हैं। इसमें बाइनरी संख्या को तीन-तीन के समूह में बांट लेते हैं। पूर्णांक में समूह बनाने के लिए दाईं से बाईं ओर और बाइनरी बिंदु के बाद के भिन्न के समूह बनाने के लिए बाईं से दाईं ओर चलते हैं। इन 'ट्रिपलेट्स' को सारिणी 13.2 के अनुसार ऑक्टल में बदल लेते हैं।

सारिणी 13.2

बाइनरी	ऑक्टल	बाइनरी	ऑक्टल
000	0	1010	12
001	1	1011	13
010	2	1100	14
011	3	1101	15
100	4	1110	16
101	5	1111	17
110	6	10000	20
111	7	10001	21
1000	10	10010	22
1001	11	10011	23

इस विधि से प्राप्त उत्तर की जांच करने के लिए, अथवा सारिणी न होने पर, बाइनरी संख्या को पहले डेसीमल संख्या में बदल लेते हैं, फिर डेसीमल संख्या को ऑक्टल में बदल लेते हैं।

उदाहरण 13.19: *निम्न बाइनरी संख्याओं को ऑक्टल में बदलिए:*

(क) 111110 (ख) 101101 (ग) 10101.11

हल: (क) 111110 - पहले हम इस संख्या को तीन-तीन बिटों के समूह में बांटेंगे व फिर सारिणी में देखकर इनके ऑक्टल मान लिख लेंगे।

बाइनरी	111	110
	↓	↓
ऑक्टल मान	7	6

इसलिए $(111110)_2 = (76)_8$

उत्तर की जांच करने के लिए हम ऊपर लिखी दूसरी विधि के अनुसार दी गई संख्या को पहले डेसीमल व फिर ऑक्टल में बदलेंगे:

$(111110)_2 = (1\times2^5) + (1\times2^4) + (1\times2^3) + (1\times2^2) + (1\times2^1) + (0\times2^0)$

$= 32 + 16 + 8 + 4 + 2 + 0$

$= (62)_{10}$

$(62)_{10}$ =

8	62	7	6
8	7	0	7

$= (76)_8$

इस तरह दोनों विधियों से समान उत्तर आने से उत्तर की जांच हो गई है।

(ख)$(10101)_2 = (—)_8$?

I. हम दाईं ओर से 3 बिटों के समूह बनाते हैं। दूसरे समूह में केवल 1,0 दो बिट हैं। इसलिए सबसे बाईं ओर एक शून्य (0) रख लेते हैं। इस तरह दो समूह 010 और 101 बन जाते हैं। सारिणी में देख कर इनके ऑक्टल मान निकाल लेते हैं।

010 → 2   101 → 5

II. दूसरी विधि के अनुसार 10101 को डेसिमल में बदलने पर-

$$(1\times2^4) + (0\times2^3) + (1\times2^2) + (0\times2^1) + (1\times2^0)$$
$$= 16 + 0 + 4 + 0 + 1 = (21)_{10}$$

अब $(21)_{10}$ को ऑक्टल में बदलेंगे

8	21	2	5
8	2	0	2

= (25)8

(ग) 10101.11

हल: सबसे पहले दी गई बाइनरी संख्या के तीन-तीन के समूह तीर के निशान की दिशा में बना लेंगे। खाली स्थानों पर 0 रख लेंगे। 010, 101 और .110 तीन समूहों के मान

↓ 2   ↓ 5   ↓ .6

सारिणी में देख लेंगे।

इस तरह ऑक्टल विधि में दी गई संख्या का मान $(25.6)_8$ होगा।

जांच: 010101 का मान ऑक्टल विधि में 25 होने की जांच हम (ख) में कर चुके हैं। अब सिर्फ भिन्न की जांच करना शेष है। पहले हम बाइनरी फ्रैक्शन को डेसिमल विधि में लिखेंगे:

$$(.11)_2 = (1\times2^{-1}) + (1\times2^{-2})$$

$$= \left(1\times\frac{1}{2}\right)+\left(1\times\frac{1}{2^2}\right)$$

$$= \frac{1}{2}+\frac{1}{4} = .5 + .25 = (.75)_{10}$$

अब $(.75)_{10}$ को हम ऑक्टल में लिखेंगे:

$$\begin{array}{r} .75 \\ \times\ 8 \\ \hline \boxed{6}\ .00 \end{array} = (.6)_8$$

इस तरह 10101 का मान 25.6 ही प्राप्त हुआ।

13.20 ऑक्टल से बाइनरी में बदलना

यह कार्य सारिणी 13.2 की सहायता से किया जा सकता है।

उदाहरण 13.20: ऑक्टल संख्या 64.256 को बाइनरी में बदलिए।

हल: सारिणी 13.2 के अनुसार मान रखने पर:

ऑक्टल	6	4	2	5	6
	↓	↓	↓	↓	↓
बाइनरी	110	100	010	101	110

$$\therefore (64.256)_8 = (110100.010101110)_2$$

13.21 हेक्साडेसिमल (Hexadecimal) नंबर पद्धति

जैसा कि हमने पढ़ा, किसी संख्या को बाइनरी पद्धति से लिखने पर डेसिमल पद्धति की तुलना में कहीं ज्यादा अंकों की जरूरत होती है। बाइनरी की तुलना में ऑक्टल पद्धति के लिए कम अंक चाहिए लेकिन उसमें भी डेसिमल की तुलना में ज्यादा अंक लगते हैं। वैज्ञानिकों ने इसीलिए हैक्साडेसिमल पद्धति को ढूंढ़ निकाला, जो 2 की घातांक ($2^4 = 16$) पर काम भी कर सके और जिसमें डेसिमल विधि से भी कम अंक लगते हों। इस पद्धति को हेक्स पद्धति भी कहते हैं। इस पद्धति में आधार (बेस) अंक 16 होता है। इस पद्धति का प्रयोग सबसे पहले आई.बी.एम. ने अपने मेनफ्रेम कंप्यूटर में किया। इस विधि में कुल सोलह बिटों का प्रयोग होता है जिनमें दस डेसिमल प्रणाली के अंक (0, 1, 2, 3, 4, 5, 6, 7, 8, 9) व छह रोमन लिपि के शुरू के वर्ण (A, B, C, D, E, F) होते हैं।

इस विधि में संख्या को 4 अंकों में दर्शाया जाता है। 4 अंकों के समूह को निब्बल (Nibble) कहा जाता है। हेक्साडेसिमल संख्या को कोष्ठक के बाहर 16 या H [जैसे $(0001)_{16}$] लिखकर दर्शाया जाता है। 'H' हेक्साडेसिमल का संक्षिप्त रूप है। 4 अंकों की इस संख्या में सबसे दाहिनी ओर के अंक को इकाई मानने पर उससे बाईं ओर के अंक का मान उससे 16 गुना, तीसरे अंक का मान उसका भी 16 गुना व सबसे बाईं ओर के अंक का मान तीसरे अंक का भी 16 गुना होता है।

इस विधि की तकनीक इस तरह समझें। मान लीजिए कि हम एक कार चला रहे हैं जिसमें एक पथमापी (ओडोमीटर) लगा हुआ है जो बताता है कि कार कितने कि.मी. चल चुकी है। इस पथमापी में चक्रिका या ह्वील लगी हुई है जो हेक्साडेसिमल-आधारी यानि 16 दांतों वाली है। हर दांत एक-एक चिह्न को बतलाता है। सबसे दाईं ओर का चक्र 16 बार घूम जाने पर उसके बाईं ओर का चक्र एक बार घूमेगा व उसका भी बायां केवल एक दांत के बराबर घूमेगा। इस प्रकार हेक्साडेसिमल अंक मीटर पर बदलते जाएंगे। इस ओडोमीटर को कार चलाने से पहले 0000 पर सेट कर दिया जाए तो मीटर के अंक इस तरह बदलेंगे:

0001 (एक)	0009 (नौ)
0002 (दो)	000A (दस)
0003 (तीन)	000B (ग्यारह)
0004 (चार)	000C (बारह)
0005 (पांच)	000D (तेरह)
0006 (छः)	000E (चौदह)
0007 (सात)	000F (पंद्रह)
0008 (आठ)	

यहां यह बात ध्यान देने की है कि 0009 के बाद 0010 नहीं आया क्योंकि यह डेसीमल विधि न होकर हेक्सा डेसीमल विधि है जिसमें 9 के बाद 'A' आता है। फिर उसी क्रम में B, C, D, E व F आते हैं। इस तरह 15 तक गिनती हो चुकने के बाद आगे के अंक इस तरह होंगे: 0010, 0011, 0012, 0013, 0014, 0015, 0016, 0017, 0018, 0019, 001A, 001B, 001C, 001D, 001E, 001F । इकत्तीस तक गिनती हो चुकने के बाद दाहिनी से दूसरे स्थान का 1अंक 2 में बदलकर गिनती इसी तरह चलेगी। उसके बाद इसी स्थान पर क्रमशः 3, 4, 5, 6, 7, 8, 9 व फिर A, B, C, D, E, व F रखकर इसी तरह गिनती चलेगी। 00FF तक गिनती हो जाने के बाद दाईं ओर से तीसरा अंक 0 से 1 हो जाएगा। इसी तरह तीसरे स्थान पर F आ जाने के बाद सबसे बाईं ओर का अंक 0 से 1 हो जाएगा इस तरह हेक्साडेसिमल आधारी सिस्टम का आखिरी अंक FFFF होगा।

क्या आप बता सकते हैं कि 8FFF के बाद वाली संख्या क्या होगी? चूंकि दाईं ओर का पहला अंक इस विधि का सबसे बड़ा अंक है इसलिए इसमें 1 जोड़ने पर 16 यानि 0010 प्राप्त होगा अतः इस अंक के स्थान पर शून्य आ जाएगा (0010 = 16) व हासिल 1 बाईं ओर चला जाएगा। बाईं ओर के F में 1 जुड़ने पर भी 16 यानि 0010 प्राप्त होगा जिसका 0 दूसरे स्थान पर बना रहेगा व हासिल 1 तीसरे स्थान पर चला जाएगा। इसी तरह तीसरे स्थान पर भी F में 1 जोड़ने से 0 वहां बना रहेगा व हासिल 1 को सबसे बाएं अंक 8 में जोड़ लिया जाएगा। इस तरह अगली संख्या 9000 होगी। आगे चलकर 9000 के बाद की गिनती में भी इसी क्रम से 900F, 90FF व 9FFF आएंगे जिसके बाद अगली संख्या A000 होगी क्योंकि 9 के बाद अगला अंक A होता है। इसके बाद अगली संख्याएं क्रमशः B, C, D, E व F से शुरू होंगीं।

13.22 हेक्साडेसिमल से बाइनरी में बदलना

कंप्यूटर के सेंट्रल प्रोसेसिंग यूनिट के अलावा सभी भागों में हेक्साडेसिमल सिस्टम प्रयोग में लाया जाता है जबकि सेंट्रल प्रोसेसिंग यूनिट में बाइनरी सिस्टम का प्रयोग होता है। इसलिए यह जरूरी हो जाता है कि संख्याएं एक से दूसरी विधि में बदली जा सकें। इसके लिए नीचे दी गई सारिणी 13.3 की सहायता ली जाती है। साथ में दिये गये उदाहरण से यह जानकारी स्पष्ट हो जायेगी।

उदाहरण 13.21. *नीचे दिये गये हेक्साडेसिमल नंबर को बाइनरी विधि में लिखिए:*

(क) $(7D)_H$
(ख) $(375)_{16}$

डेसिमल	बाइनरी	हेक्साडेसिमल
0	0000	0
1	0001	1
2	0010	2
3	0011	3
4	0100	4
5	0101	5
6	0110	6
7	0111	7
8	1000	8
9	1001	9
10	1010	A
11	1011	B
12	1100	C
13	1101	D
14	1110	E
15	1111	F

सारिणी 13.3

(कोष्ठक के बाहर लिखा H या 16 बताता है कि संख्या हेक्साडेसिमल है।)

हल: सारिणी 13.3 की सहायता से 7 और D के बाइनरी इक्विैलेंट लिख लेंगे।

$(7)_H = (0111)_2$
$(D)_H = (1101)_2$

इसलिए 7D = $(0111\ 1101)_2$। यही पूछे गये प्रश्न का उत्तर है। ध्यान रहे कि दोनों निबलों (Nibbles) के बीच में एक स्थान छोड़ दिया जाए।

(ख) $(375)_{16}$

हल: सारिणी की मदद से हम इनके मान लिख लेंगे।

हेक्साडेसिमल	3	7	5
बाइनरी	0011	0111	0101

इसलिए $(375)_{16} = (0011\ 0111\ 0101)_2$

उदाहरण 13.22: नीचे दिये गये सूत्र में X का मान ज्ञात कीजिए:

$$(CF47)_H = (X)_2$$

हल: पिछले उदाहरण की तरह सारिणी देखकर मान लिख लेंगे।

हेक्साडेसिमल अंक	C	F	4	7
बाइनरी इक्विलेंट	1100	1111	0100	0111

इसलिए $(CF47)_H = (1100111101000111)_2$
इसलिए x = 1100111101000111

13.23 बाइनरी से हेक्साडेसिमल में बदलना

बाइनरी संख्याएं 8 या 16 बिटों वाली बाइट के रूप में रहती हैं। चार-चार बिटों के समूह यानि निब्बल बनाकर इनके मान सारिणी से देख लिये जाते हैं।

उदाहरण 13.23: नीचे दी हुई बाइनरी संख्याओं को हेक्साडेसिमल में बदलिए:

(क) $(11011111)_2$ (ख) $(1111101101110110)_2$

हल:

(क) सारिणी देखकर बाइनरी को हेक्सा में बदल लेंगे:

बाइनरी	1101	1111
	↓	↓
हेक्साडेसिमल	D	F

इसलिए $(1101\ 1111)_2 = (DF)_H$

(ख) सारिणी देखकर हेक्साडेसिमल मान निकाल लेंगे:

1111	1011	0111	0110
↓	↓	↓	↓
F	B	7	6

इसलिए $(1111\ 1011\ 0111\ 0110)_2 = (FB76)_4$

13.24 हेक्साडेसिमल को डेसिमल पद्धति में बदलना

इसे हम दो तरीके से कर सकते हैं। पहले स्थानीय मान तरीके में दाहिने से बाईं ओर के अंकों को क्रमशः 16^0, 16^1, 16^2 व 16^3 से गुणा कर उनके डेसिमल मान निकाल लेते हैं।

दूसरे तरीके में हेक्साडेसिमल अंकों को सारिणी देखकर बाइनरी सिस्टम में ले आएंगे। उसके बाद स्थानीय मान विधि से उन्हें डेसिमल सिस्टम में बदल लेंगे।

उदाहरण 13.24: *निम्नलिखित संख्याओं को दो अलग-अलग विधियों से डेसिमल पद्धति में बदलिए:*

(क) 3C (ख) 465 (ग) 9F3

हल: I. स्थानीय मान विधि से

(क) $(3C)_{16} = (3\times16^1) + (C\times16^0)$

$= (3\times16) + (12\times1)$

[नोट: हेक्साडेसिमल पद्धति के अक्षर C का मान डेसिमल पद्धति में 12 होता है।]

$= 48 + 12 = (60)_{10}$

जांच: $(60)_{10} =$

भाजक	भाज्य	भागफल	शेषफल
16	60	3	12
16	3	0	3

$= (3C)_{16}$ चूंकि (C = 12)

(ख) $(465)_{16} = (4\times16^2) + (6\times16^1) + (5\times16^0)$

$= 1024 + 96 + 5 = 1125$

(ग) $(9F3)_{16} = (9\times16^2) + (F\times16^1) + (3\times16^0)$

$= (9\times256) + (15\times16) + (3\times1)$

$= 2304 + 240 + 3 = (2547)_{10}$

II. दूसरी विधि से:

(क) 3C को सारिणी देखकर बाइनरी बना लेंगे

$$\begin{array}{cc} 3 & C \\ \downarrow & \downarrow \\ 0011 & 1100 \end{array}$$

अब इन्हें स्थानीय मान विधि से डेसिमल पद्धति में बदल लेंगे।

$(0011\ 1100)_2 = (0\times2^7) + (0\times2^6) + (1\times2^5) + (1\times2^4) + (1\times2^3) + (1\times2^2) + (0\times2^1) + (0\times2^0)$

$= 0 + 0 + 32 + 16 + 8 + 4 + 0 + 0$

$= (60)_{10}$

(ख) $(465)_{16}$ सारिणी देखकर इन अंकों को बाइनरी बना लेंगे:

$$\begin{array}{ccc} 4 & 6 & 5 \\ \downarrow & \downarrow & \downarrow \\ 0100 & 0110 & 0101 \end{array} = (010001100101)_2$$

इस संख्या को अब स्थानीय मान विधि से डेसिमल संख्या बना लेंगे।

$(010001100101)_2 = (0\times2^{11}) + (1\times2^{10}) + (0\times2^9) + (0\times2^8) + (0\times2^7) + (1\times2^6) + (1\times2^5) + (0\times2^4) + (0\times2^3) + (1\times2^2) + (0\times2^1) + (1\times2^0)$

$= 0 + 2^{10} + 0 + 0 + 0 + 2^6 + 2^5 + 0 + 0 + 2^2 + 0 + 1$

$=1024 + 64 + 32 + 4 + 1 = (1125)_{10}$

(ग) $(9F3)_{16} = (1001\ 1111\ 0011)_2$ (सारिणी देखकर बाइनरी मान रखने से)

अब इस बाइनरी संख्या के अंकों का स्थानीय मान रखेंगे।

$= (1\times2^{11}) + (0\times2^{10}) + (0\times2^9) + (1\times2^8) + (1\times2^7) + (1\times2^6) + (1\times2^5) + (1\times2^4) + (0\times2^3) + (0\times2^2) + (1\times2^1) + (1\times2^0)$

$= 2048+0+0+256+128+64+32+16+0+0+2+1$

$= (2547)_{10}$

उदाहरण 13.25: *नीचे दी गई हेक्साडेसिमल भिन्नों को उनके डेसिमल रूप में बदलिए।*

(क) $(0.72)_H$ (ख) B3.275 (ग) F.27B

हल: **(क)** $(0.72)H = 7\times16^{-1} + 2\times16^{-2}$

$$= \frac{7}{16} + \frac{2}{16^2} = 0.4375 + .00078125 = 0.4453125$$

(ख) $(B3.275)_{16}$

$= (B\times16)+(3\times16^0)+(2\times16^{-1}) +(7\times16^{-2})\times(5\times16^{-3})$

$$= (11\times16)+(3\times1)+\frac{2}{16}+\frac{7}{16^2}+\frac{5}{16^3}$$ [चूंकि B = 11]

$= 176+3+(2\times.0625)+(7\times.00390625) + (5\times .00024414)$

$= 179+.1250+.02734375+0.00122070$

$= 179.15356445$

(ग) $(F.27B)_{16} = (15\times16^0) + (2\times16^{-1}) + (7\times16^{-2})+(11\times16^{-3})$

[चूंकि F=15 व B=11]

$= (15\times1)+(2\times.0625)+(7\times.00390625)+ (11\times.00024414)$

$= 15 + .1250 + .02734375 + .00268554$

$= [15.15502929]_{10}$

13.25 डेसिमल से हेक्साडेसिमल पद्धति में बदलना

दी गई संख्या को 16 से विभाजित कर शेषफल को लिख लिया जाता है। भागफल को फिर से 16 से भाग देकर शेषफल को लिख दिया जाता है। यह क्रिया तब तक करेंगे जब तक भागफल 0 नहीं हो जाता। प्राप्त शेषफलों को उल्टे क्रम से लिखने पर उत्तर मिल जाता है।

उदाहरण 13.26: *निम्न डेसिमल संख्याओं का हेक्साडेसिमल मान बताइए:*

(क) 379 (ख) 45.325

भाजक	भाज्य	भागफल	शेषफल
16	379	23	11 (11 = B)
16	23	1	7
16	1	0	1

इसलिए $(379)_{10} = (17B)_{16}$

जांच: $(17B)_{16} = (1\times16^2) + (7\times16^1) + (B\times16^0)$

$= (1\times256) + (7\times16) + (11\times1)$ [चूंकि B=11]

$= 256 + 112 + 11 = (379)_{10}$

(ख) $(45.325)_{10}$

पहले दी गई मिश्रित संख्या के पूर्णांक को हेक्साडेसिमल बना लेंगे–

भाजक	भाज्य	भागफल	शेषफल	
16	45	2	13	13 = D
16	2	0	2	= (2D)16

अब भिन्न वाले अंश को हेक्साडेसिमल बनाएंगे:

$$\begin{array}{ll} & 0.325 \\ & \times16 \\ \hline f_1 & 5.200 \\ & \times16 \\ \hline f_2 & 3.200 \\ & \times16 \\ \hline f_3 & 3.200 \end{array}$$

दिये गये भिन्न वाले अंश में बार-बार .2 प्राप्त हो रहा है, अत: इसे पूरा करना संभव नहीं है।

इसलिए $(.325)_{10} = (.533)_{16}$

जांच: $(2D.533)_{16}$

$= (2\times16^1)+(D\times16^0)+(5\times16^{-1})+(3\times16^{-2})+(3\times16^{-3})$

$=(2\times16)+(13\times1)+\left(5\times\frac{1}{16^1}\right)+\left(3\times\frac{1}{16^2}\right)+\left(3\times\frac{1}{16^3}\right)$

$= 32 + 13 + (5\times.0625) + (3\times.00390625) + ... + ...$

$= 45+0.3125 + .01171875 + ...$

$= 45.32421875+.........+......$

उदाहरण 13.27: हेक्साडेसिमल संख्या $(FFF)^{16}$ को डेसिमल सिस्टम में बदलिए।

$(FFFF)_{16} = (F\times16^3) + (F\times16^2) + (F\times16^1) + (F\times16^0)$

$= (15\times16^3) + (15\times16^2) + (15\times16) + (15\times1)$

(चूंकि F=15)

$= 61440 + 3840 + 240 + 15$

$= 65535$

13.26 बाइनरी संख्याओं के जोड़

कंप्यूटर के सारे कैलकुलेशन्स बाइनरी सिस्टम में होते हैं। इन कैलकुलेशन्स में सबसे ज्यादा महत्त्वपूर्ण 'जोड़' (addition) है, क्योंकि कंप्यूटर की सभी गणनाएं मूल रूप से जोड़ पर ही आधारित हैं।

बाइनरी जोड़ के चार नियम हैं:

(क) 0+0 = 0 (ख) 0 + 1 = 1 (ग) 1 + 0 = 1

(घ) 1 + 1 = 10 या 1 + 1 = 0 (10 का 1 हासिल बनकर बाएं अंक के साथ जुड़ जाएगा। नियम (घ) को डेसिमल पद्धति के उदाहरण से समझ सकते हैं। डेसिमल सिस्टम में हम 0, 1, 2 से लेकर 6, 7, 8, 9 तक गिनते हैं। इसके बाद 10 आता है किंतु बाइनरी पद्धति में 0 के बाद 1 व उसके बाद 10 आता है यानि 1 व 1 मिलकर 10 बनता है जिसका शून्य पहले स्थान पर व हासिल 1 दूसरे स्थान पर जोड़ दिया जाता है।

इस क्रिया को हम कुछ उदाहरणों से आसानी से समझ सकते हैं।

हेक्साडेसिमल सिस्टम के लाभ: कंप्यूटर की मेमोरी में हर बाइट के लिए एक स्थान निश्चित रहता है और इस स्थान को ढूंढ़ने के लिए उसका पता (address) शब्द के साथ रहता है। मान लीजिए कोई कंप्यूटर 64 किलोबाइट मेमोरी वाला है यानि उसमें 64×1024 = 65536 बाइटें आ

सकती हैं। इसका अर्थ यह हुआ कि इस कंप्यूटर में 65336 (2^{16} - 1) स्थान हैं जिनमें से प्रत्येक में 8 बिटों को स्टोर किया जा सकता है। जैसा कि हम पहले पढ़ चुके हैं, इस सिस्टम में बड़ी से बड़ी संख्या FFFF होती है जो कि 65535 (2^{16} - 1) के बराबर है। इसलिए 16 बिटों पर आधारित कंप्यूटर में 65535 लोकेशनों के पते हो सकते हैं। मान लीजिए किसी व्यक्ति को यह देखना है कि 78वीं लोकेशन में क्या है, इसके लिए वह बाइनरी या हेक्साडेसिमल दोनों पद्धतियों का प्रयोग कर सकता है। इन दोनों के बराबर मान इस प्रकार हैं।

$(78)_{10} = (0100\ 1110)_2$
$(78)_{10} = (4E)_H$

स्पष्ट है कि जिस लोकेशन को हेक्साडेसिमल सिस्टम में केवल दो प्रतीकों से ढूंढ़ा जा सकता है, उसी को बाइनरी सिस्टम में आठ प्रतीकों से ढूंढ़ा जाएगा। इसी तरह 68 किलोबाइट की मेमोरी वाले कंप्यूटर की अंतिम लोकेशन (65535 वीं) को ढूंढ़ने के लिए हेक्साडेसिमल सिस्टम में केवल चार प्रतीकों (FFFF) की जरूरत होगी जबकि बाइनरी सिस्टम में इसके लिए पांच निब्बलों (Nibbles) यानि 20 अंकों की जरूरत होगी। बाइनरी पद्धति की इतनी बड़ी संख्याओं को हेक्साडेसिमल पद्धति की छोटी संख्याओं में बदलने की विधि को चन्किंग कहते हैं।

उदाहरण 13.28.: *$(111)_2 + (10)_2 = ?$*

हल: इसे हम सारिणी बनाकर हल करेंगे:

1	1			हासिल
	1	1	1	पहली संख्या
+		1	0	दूसरी संख्या
1	0	0	1	योगफल

पहले स्थान में, नियम (ग) के अनुसार 1 + 0 = 1 आया। दूसरे स्थान पर नियम (घ) के अनुसार 1 + 1 = 10 आया। इसका 0 योगफल में तथा 1 हासिल में दाएं से तीसरे कॉलम में सबके ऊपर लिखा गया। अब तीसरे कॉलम को जोड़ने पर फिर 1 + 1 = 10 आता है जिसका 0 तीसरे कॉलम में योगफल के स्थान पर व 1 चौथे स्थान पर चला जाता है। इसलिए $(111)_2 + (10)_2 = (1001)_2$

उदाहरण 13.29: 110011 को 101001 से जोड़ें

हल:

```
    11
 110011
+101001
=1011100
```

इसे हम इस प्रकार लिख सकते हैं:

1. पहले स्थान पर 1+1=0 (हासिल में 1 आया जिसे दूसरे स्थान पर ले गये।)
2. दूसरे स्थान पर हासिल का 1 जोड़ने से 1+1 = 0 आया। (हासिल तीसरे स्थान पर ले गये।)
3. तीसरे स्थान पर 0+0 = 0 आया जिसमें हासिल का 1 जोड़ने पर 0+1 = 1 आया।
4. चौथे स्थान पर 0 + 1 = 1 आया।
5. पांचवें स्थान पर 1 + 0 = 1 आया।
6. छठे स्थान पर 1 + 1 = 10 आया। इस प्रकार उत्तर आया 1011100

13.27 बाइनरी संख्याओं का घटाना

इस विधि में घटाने की क्रिया बिलकुल डेसिमल सिस्टम की तरह ही है। अंतर इतना ही है कि जब छोटे अंक में से बड़ा अंक घटाया जाता है तो बाईं ओर से मांगे जाने वाले (borrowed) अंक का मान 10 के स्थान पर 2 होता है। संक्षिप्त में घटाने के चार नियम इस प्रकार हैं:

(क) 0 – 0 = 0
(ख) 1 – 0 = 1
(ग) 1 – 1 = 0
(घ) 0 – 1 = 1

घटाने के नियम सामान्य नियमों की तरह ही हैं। नियम में 0 में से 0घटाने के लिए बाईं ओर से उधार लिया जाता है। जिस प्रकार डेसिमल पद्धति में बाईं ओर के 1 अंक का मान दाईं ओर आने पर 10 हो जाता है, बाइनरी पद्धति में इस अंक का मान 2 हो जाता है। इस प्रकार प्राप्त 2 में से 1 घटाने पर 1 उत्तर आता है।

उदाहरण 13.30: *$(0101)_2$ को $(1110)_2$ में से घटाइए।*

हल: इसे हम कॉलम बनाकर समझेंगे।

B_1	B_2	B_3	B_4	स्थान
		0	1	ऋण लेने के बाद बदला हुआ अंक
1	1	1	0	राशि, जिसमें से घटाना हो
-	1	0	1	राशि, जिसे घटाना है
1	0	0	1	ऋणफल

इसे हम निम्न चरणों में समझेंगे:

प्रथम चरण: सबसे दाईं ओर के अंक 0 में से 1 नहीं घटता इसलिए बाईं ओर के अंक से उधार मांगा जाता है। इस अंक से 1 घटाने पर 1 आता है। (नियम घ)

दूसरा चरण: दाईं ओर से दूसरे कॉलम में 1 में से 1 उधार दे दिए जाने के बाद 0 बचता है। 0 में से 0 घटाने पर 0 आता है। (नियम क)

तीसरा चरण: दाईं ओर से तीसरे कॉलम में 1 अंक है जिसमें से 1 घटाने पर 0 आता है। (नियम ग)

चौथा चरण: सबसे बाईं ओर के कॉलम में 1 है जिसमें से कोई अंक नहीं घटाना है इसलिए इसे इसी सीध में ऋणफल लिख लेंगे। (नियम ख)

इस प्रकार 1001 उत्तर प्राप्त होता है।

जांच: $(1110)_2$

$= (1\times2^3) + (1\times2^2) + (1\times2^1) + (1\times2^0)$

$= 8 + 4 + 2 + 0 = (14)_{10}$

$(101)_2 = (1\times2^2) + (0\times2^1) + (1\times2^0)$

$= 4 + 0 + 1 = (5)_{10}$

$(1001)_2 = (1\times2^3) + (0\times2^2) + (0\times2^1) + (1\times2^0)$

$= 8 + 0 + 0 + 1 = (9)_{10}$

चूंकि $(14)_{10} - (5)_{10} = (9)_{10}$ ही होता है, अत: हमारा उत्तर सही है।

उदाहरण 13.31: *$(1100)_2$ में से $(0101)_2$ घटाएं।*

हल:

```
  2 2   उधार
  1100  राशि जिसमें से घटाना है
– 0101  राशि जिसे घटाना है
  ----
  0111
```

इसे इस प्रकार समझिए। सबसे दाईं ओर का कॉलम तीसरे कॉलम से उधार मांगता है, जिसके बाद दाएं कॉलम पर 2 का मान आ जाता है जिसमें से 1 घटाने पर 1 आता है। दाएं से दूसरे कॉलम के मान 2 में से 1 चला जाने पर 1 रह जाता है जिसमें से 0 घटाने पर 1 आता है। तीसरे कॉलम का 1 चला जाने से अब इसे चौथे कॉलम से मांगना पड़ता है। प्राप्त मान 2 में से 1 घटाने पर 1 आता है। बाएं चौथे कॉलम में से 1 चला जाने पर 0 रह जाता है जिसमें से 0 घटाने पर 0 ही आता है।

उदाहरण 13.32: *$(01011)_2$ को $(10110)_2$ से घटाइए।*

हल: इसे हम निम्न चरण में हल करते हैं।

	चरण-1	चरण-2	चरण-3	चरण-4	चरण-5
उधार	01	001	001	0001	0001
	10110 –1011 1	10110 1011 11	10110 1011 011	10110 1011 1011	10110 1011 01011

उदाहरण 13.33: *$(1000)_2$ में से $(0001)_2$ को घटायें।*

हल: विभिन्न स्टैप्स में हल करने से-

चरण-1	चरण-2	चरण-3	चरण-4	
11	111	0111	0111	उधार
1000 -0001 1	1000 -0001 11	1000 -0001 111	1000 -0001 0111	

13.29 संख्याओं के पूरक (Complements of a number)

कंप्यूटरों में बाइनरी विधि में घटाने की क्रिया के लिए काम्प्लीमेंट की विधि का प्रयोग किया जाता है। काम्प्लीमेंट की संख्याएं दो प्रकार की होती हैं फर्स्ट काम्प्लीमेंट संख्याएं और सेकंड काम्प्लीमेंट संख्याएं। आइए, इनका अर्थ समझें—

(क) फर्स्ट काम्प्लीमेंट संख्याएं (1'S Complement): किसी बाइनरी संख्या की फर्स्ट काम्प्लीमेंट संख्या प्राप्त करने के लिए उस संख्या के सभी अंकों को उलट देते हैं अर्थात् 0 को 1 और 1 को 0 में बदल देते हैं। जैसे 1001 की फर्स्ट संख्या संख्या 0110 है। इस तरह स्पष्ट है कि किसी संख्या की फर्स्ट काम्प्लीमेंट संख्या वह संख्या स्वयं होगी। चूंकि 1 – 0 = 1 और 0 – 1 = 1 इसलिए केवल अंकों को बदलने से ही फर्स्ट काम्प्लीमेंट संख्या प्राप्त हो जाती है।

(ख) सेकंड काम्प्लीमेंट संख्या (2'S Complement): किसी बाइनरी संख्या की सेकंड काम्प्लीमेंट संख्या उस संख्या की फर्स्ट काम्प्लीमेंट संख्या में 1 जोड़ने पर प्राप्त हो जाती है या सेकंड काम्प्लीमेंट संख्या = फर्स्ट काम्प्लीमेंट संख्या + 1 ।

सेकंड काम्प्लीमेंट संख्या को रियल काम्प्लीमेंट भी कहते हैं। मान लीजिए हमें 1010 की सेकंड काम्प्लीमेंट संख्या निकालनी है, इसके लिए पहले हम इसके अंक बदल कर फर्स्ट काम्प्लीमेंट संख्या निकालेंगे यानि 0101 । अब इस संख्या में 1 जोड़ेंगे।

इस तरह 0101 + 1 = 0110 दी गई संख्या की सेकंड काम्प्लीमेंट संख्या होगी।

13.29: फर्स्ट काम्प्लीमेंट संख्या विधि से घटाना (Subtraction):

I. इस विधि में घटाई जाने वाली संख्या का फर्स्ट काम्प्लीमेंट निकालकर दी गई संख्या (जिसमें से घटाना है) में जोड़ दिया जाता है।

II. यदि किनारे पर हासिल या find carry over आता है तो योगफल में अलग से जोड़ देते हैं। प्राप्त योगफल ही दिये गये घटाने का उत्तर होगा।

III. यदि हासिल या find carry over नहीं आता तो प्राप्त उत्तर का फिर से फर्स्ट काम्प्लीमेंट निकालते हैं और उत्तर से पहले ऋण का चिह्न लगा देते हैं। निम्न उदाहरण से यह क्रिया स्पष्ट हो जाएगी।

उदाहरण 13.34: *फर्स्ट काम्प्लीमेंट विधि से $(1111)_2$ में से $(1001)_2$ घटाइए।*

हल: घटाई जाने वाली संख्या 1001 की फर्स्ट काम्प्लीमेंट संख्या = 0110 दी गई संख्या के नीचे इसे रखकर जोड़ेंगे।

हासिल या फाइनल कैरी ओवर	
	1 1 1 1
	0 1 1 0
1	0 1 0 1

हासिल जोड़ने पर

```
 0 1 0 1
      +1
 -------
 0 1 1 0
```

इसलिए ऋणफल यानि $(1111)_2 - (1001)_2 = (110)_2$

उदाहरण 13.35: $(1010)_2$ में से $(1101)_2$ घटाइये।

हल: 1101 की फर्स्ट काम्प्लीमेंट संख्या = 0010

जोड़ने पर

```
   1010
 + 0010
 ------
 □ 1100
```

यहां पर end around carry over नहीं आया। इसलिए ऊपर बताये गये अनुसार फिर से इसकी पूरक संख्या निकालकर ऋण का चिह्न लगाएंगे।

1100 की फर्स्ट काम्प्लीमेंट संख्या = 0011

ऋण का चिह्न लगाने पर उत्तर = -0011

उत्तर की जांच:

1010 $= (1\times2^3) + (0\times2^2) + (1\times2^1) + (0\times2^0)$
$= 8 + 0 + 2 + 0 = 10$

1101 $= (1\times2^3) + (1\times2^2) + (0\times2^1) + (1\times2^0)$
$= 8 + 4 + 1 = 13$

-0011 $= -[(1\times2^1)+(1\times2^0) = [2+1] = -3$

चूंकि 10-13=-3 ही होता है अतः हमारे उत्तर की पुष्टि होती है।

13.30 सेकंड काम्प्लीमेंट विधि (2'S complement method) से घटाना

इस विधि में निम्न चरण होते हैं:

I. घट्राई जाने वाली संख्या की सेकंड काम्प्लीमेंट संख्या निकाल लेते हैं।

II. इस संख्या को दी गई संख्या (जिसमें से घटाना है) में जोड़ लेते हैं।

III. फाइनल कैरी ओवर को हटाकर प्राप्त संख्या का शेष भाग ही हमारे प्रश्न का उत्तर है।

IV. अगर फाइनल कैरी ओवर नहीं आता, तो प्राप्त उत्तर में से घटाकर फिर से उसकी फर्स्ट काम्प्लीमेंट संख्या निकालेंगे। इस तरह प्राप्त उत्तर में ऋण का चिह्न (Negative sign) लगाना होगा।

उदाहरण 13.36: *सेकंड काम्प्लीमेंट विधि से $(1101)_2$ में से $(1010)_2$ घटाइए।*

हल: 1010 का फर्स्ट काम्प्लीमेंट = 0101
सेकंड काम्प्लीमेंट = 0101 + 1 = 0110

दी गई संख्या में जोड़ने पर 1101

$$\begin{array}{r} +0110 \\ \hline \boxed{}1\ 0011 \\ \hline \end{array}$$

फाइनल कैरी ओवर हटाने पर प्राप्त उत्तर = 0011

इसलिए 1101 - 1010 = 0011

उदाहरण 13.37: *सेकंड काम्प्लीमेंट विधि से $(1010)_2$ में से $(1101)_2$ घटाइए।*

हल: घटायी जाने वाली संख्या का सेकंड काम्प्लीमेंट =0010

$$\begin{array}{lr} & +1 \\ \text{योगफल} & \overline{0011} \end{array}$$

दी गई संख्या में घटाई जाने वाली 1010
संख्या का सेकंड काम्प्लीमेंट जोड़ने पर +0011

$$\begin{array}{r} \hline 0010 \\ \hline \end{array}$$

यहां पर कोई फाइनल कैरी ओवर नहीं आया है इसलिए उत्तर में से 1 घटाना होगा व प्राप्त उत्तर का फिर से फर्स्ट काम्प्लीमेंट निकालना होगा।

1 घटाने पर 1101
-1
1100

1100 का फर्स्ट काम्प्लीमेंट = 0011

ऋण का चिह्न लगाने पर = -0011

जांच: $(1010)_2 = (10)_{10}$
$(1101)_2 = (13)_{10}$

-11 = -310 - 3 = -3 ही होता है जिससे उत्तर की पुष्टि होती है।

13.31 बाइनरी संख्याओं का गुणा (Binary Multiplication)

यहां पर गुणा की विधि डेसीमल संख्याओं के गुणा की विधि की तरह ही होती है। गुणा के चार सरल नियम इस प्रकार हैं:

I. $0 \times 0 = 0$ II. $0 \times 1 = 0$

III. $1 \times 0 = 0$ IV. $1 \times 1 = 1$

निम्न उदाहरणों से यह विधि स्पष्ट हो जाएगी।

उदाहरण 13.38. *$(111)_2$ व $(101)_2$ को आपस में गुणा कीजिए।*

हल:

$$\begin{array}{r} 111 \\ \times 101 \\ \hline 111 \\ 000\times \\ 111\times\times \\ \hline 100011 \\ \hline \end{array}$$

उदाहरण 13.39: *$(1111)_2$ से $(0111)_2$ का गुणा कीजिए।*

हल:

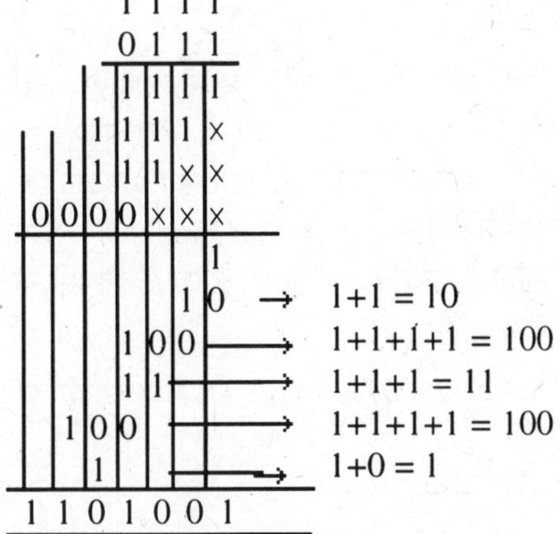

हमने यह उत्तर इस प्रकार प्राप्त किया।

1. दाईं ओर के पहले कॉलम से 1 प्राप्त हुआ।
2. दूसरे कॉलम में 1+1=10 प्राप्त हुआ जिसका 1 कैरी ओवर बनकर तीसरे कॉलम में लिख लिया गया व 0 गुणनफल में आ गया।
3. तीसरे कॉलम में 1+1+1 में कैरी ओवर जोड़ने पर 100 आया जिसका 0 गुणनफल में व 10 कैरी ओवर पांचवें व चौथे कॉलम में चला गया।
4. चौथे कॉलम में 1+1+1+0 हासिल जोड़ने पर योग 11 आया, जिसका गुणनफल में व 1 कैरी ओवर लिख लिया गया।

5. पांचवें कॉलम में 1+1 में 1+1 कैरी ओवर जोड़ने से 100 आया जिसका गुणनफल में कैरी ओवर लिख लिया गया।
6. छठे कॉलम में 1 अंक गुणनफल में लिख लिया।
7. सातवें कॉलम में भी कैरी ओवर का 1 लिख लिया गया।

   इस तरह उत्तर 1101001 प्राप्त हुआ।

13.32 बाइनरी संख्याओं के भाग

ये भी डेसीमल सिस्टम के भाग की ही तरह होते हैं। भाग के नियम इस प्रकार हैं:

1. $0 \div 1 = 0$
2. $1 \div 1 = 1$

3. 0 या 1 में 0 से भाग देने का यहां पर भी कोई अर्थ नहीं है। इस विधि में कोई जटिलता नहीं है जैसा कि निम्न उदाहरणों के हल देखने से स्पष्ट हो जाता है। बस इतना ही है कि बाइनरी विधि होने से भागफल (Quotient) में 1 या 0 ही लाया जाता है तथा घटाने में इसी विधि के नियमों का पालन किया जाता है।

उदाहरण 13.40: *$(11001)_2$ को $(101)_2$ से भाग दीजिए।*

```
           101
      ┌──────
हल: 101) 11001
         101
        ─────
          101
          101
         ─────
          000
         ─────
```

उत्तर: भागफल 101 शेषफल 0

उदाहरण 13.41: *1001000 में 1100 से भाग दीजिए।*

```
             110
       ┌─────────
हल: 1100) 1001000
          1100
         ────────
          01100
           1100
         ────────
             0
```

उत्तर: भागफल 110 शेषफल 0

13.33 कोडिंग की विधियां

हम पढ़ चुके हैं कि कोई भी जानकारी कंप्यूटर द्वारा हमारी भाषा में सीधे ही ग्रहण नहीं की जाती। इसके लिए जरूरी है कि वह जानकारी अंग्रेजी में हो व कंप्यूटर उसे अपनी भाषा में बदल ले। किसी जानकारी के कंप्यूटर की भाषा में बदल लिये जाने को कोडिंग कहते हैं। इस कोडिंग की प्रक्रिया में रोम अक्षरों (A,B,C,D..) भारत-अरबी अंकों (1,2,3,4....) व अन्य विशेष चिह्नों को कंप्यूटर की भाषा में बदला जाता है।

डेटा के कोडिंग की बहुत सी विधियां प्रचलित हैं, जिनमें से निम्न मुख्य हैं:

1. बाइनरी कोडेड डेसिमल या बी.सी.डी.
2. एस्काई (American Standard Code for Information Inter Change)
3. एब्सीडिक (External Binary Coded Decimal Interchange Code - EBCDIC)

1. **बाइनरी कोडेड डेसिमल:** इस विधि में किसी डेटा-संख्या के प्रत्येक अंक को एक-एक करके उसके बराबर के (Equivalent) बाइनरी अंक में बदला जाता है। सारिणी की सहायता से डेसीमल संख्या को बाइनरी बनाने की यह विधि हम पढ़ चुके हैं।

कंप्यूटर में डेटा डालने के लिए हम टाइपराइटर की तरह के की-बोर्ड का इस्तेमाल करते हैं। कुंजी दबा कर डाले गये इन डेटा को बाइनरी पद्धति में बदलने का काम इलेक्ट्रानिक विधि द्वारा अपने आप हो जाता है।

2. अमेरिकन स्टैंडर्ड कोड या एस्काई: यह संसार की सबसे ज्यादा स्टैंडर्ड मानी जाने वाली विधि है।

इसमें कंप्यूटर में प्रयोग होने वाले सभी स्टैंडर्ड चिह्न, जिनमें रोमन लिपि के सभी अक्षर, इन्डो अरेबियन अंक, अंकगणित व बीजगणित में प्रयुक्त होने वाले सभी चिह्न व अन्य विशेष चिह्न सम्मिलित हैं, जिन्हें बाइनरी पद्धति में बदल लिया जाता है। इस संहिता को सारिणी 13.1 की सहायता से समझा जा सकता है।

सारिणी-13.1:

Zone	Area					
	0010	0011	0100	0101	0110	0111
0000	SP	0	@	P		p
0001	!	1	A	Q	a	q
0010	"	2	B	R	b	r
0011	#	3	C	S	c	s
0100	$	4	D	T	d	t
0101	%	5	E	U	e	u
0110	&	6	F	V	f	v
0111	7	G	W	g	w	
1000	(	8	H	X	h	x
1001	)	9	I	Y	i	y
1010	*	:	J	Z	j	z
1011	+	;	K		k	
1100	<	,	L		l	
1101	–	=	M		m	
1110	•	>	N		n	
1111	/	?	O		o	

इस कोड के अनुसार सारिणी में दिया गया हर चिह्न आठ अंकों की संख्या से दिखलाया जाता है जिनमें से चार सारिणी के खड़े कॉलम (Vertical Column) और चार प्रतीक की सीध में आने वाली आखिरी पंक्तियों से लिये जाते हैं।

इस कोड में K को 0100, 1011 लिखेंगे क्योंकि सारिणी के अनुसार K वाले कॉलम में सबसे ऊपर बाइनरी संख्या 0100 (क$_1$ क$_2$ क$_3$ क$_4$) और K की सीध में बाइनरी संख्या 1011 (क$_5$, क$_6$, क$_7$, क$_8$) आती हैं। इसी प्रकार M को बाइनरी कोड 0110, 1101 और $ के चिह्न को 0010, 0100 से दर्शाया जाएगा। यह ध्यान में रखने की बात है कि अंत में हमेशा 0 ही है इसलिए साधारणत: एस्काई संख्याओं को केवल सात अंकों से लिखा जाता है यानि शुरू के 0 को छोड़ दिया जाता है। इस प्रकार K को 1001011 लिखा जाता है व A को 1000001 लिखा जाता है।

3. **एब्सीडिक (Extened Binary Coded Decimal Inter-change Code):** यह कोड बड़े मेनफ्रेम कंप्यूटरों में प्रयोग किये जाते हैं। इसमें आठ बिटों का प्रयोग किया जाता है। इस विधि द्वारा जानकारी को कार्डों से सीधे ही कंप्यूटर में डाला जा सकता है। इस कोड में पहले वर्णित बी.सी.डी. का भी उपयोग होता है।

○○○

अध्याय-14

प्रोग्रामिंग तकनीक

14.1 प्रोग्राम क्या है?

हमने पिछले अध्यायों में यह पढ़ा है कि कंप्यूटर में अपनी कोई बुद्धि नहीं होती और यह स्वयं निर्णय लेकर जटिल गणनाएं अथवा कोई भी कार्य नहीं कर सकता। इसलिए कंप्यूटर के लिए प्रोग्राम की व्यवस्था की गयी है, जिनके अनुसार जारी विद्युत पल्सों से कंप्यूटर जानकारी लेता है व उसके अनुसार काम करता है। चौथी जनरेशन के कंप्यूटर में ऐसी भी सुविधाएं विकसित हो गई हैं कि कंप्यूटर अपने सॉफ्टवेयर द्वारा आपरेटर को दिशा-निर्देश दे ताकि कम-से-कम मेहनत से कार्य किया जा सकें।

प्रोग्राम शब्द हमारे दैनिक जीवन में भी प्रयोग होता रहता है। हम अपने दिनभर के कामों को चरण में बांटकर प्रोग्राम बनाते हैं। उदाहरण के लिए सामान खरीदने के लिए बाजार जाना हो तो हम कई चरण में अपना प्रोग्राम बनाते हैं। ये चरण इस प्रकार है:

- किस समय बाजार जाएं कि ज्यादातर दुकानें खुली हुई हों और बाजार में भीड़ भी न हो?
- किस दिन सस्ता सामान मिल सकेगा?
- क्या-क्या खरीदेंगे?
- कितने रुपयों की, रेजगारी या बैग आदि की जरूरत पड़ेगी?
- किस सवारी या रूट से जाएंगे?
- किसके साथ बाजार जाएंगे?
- खरीदारी के अलावा और क्या काम निबटा सकेंगे?

इस तरह आप समझ सकते हैं कि एक छोटे से काम के लिए भी कितनी बातों का ध्यान रखना पड़ता है और एक भी चरण के भूल जाने पर कितना समय, धन या परिश्रम नष्ट होता है।

कंप्यूटर को भी एक निश्चित प्रोग्राम के अनुसार चलाया जाता है। ये प्रोग्राम, जैसा कि हमने पढ़ा है, हाई लेवेल भाषाओं में, किन्हीं विशेष व्याकरण-नियमों के अनुसार बनाये जाते हैं। प्रोग्राम किसी एक भाषा में बनाये जाते हैं और कंप्यूटर में उसको प्रोग्राम चलाये जाने से पहले उस भाषा के कंपायलर या इंटरप्रेटर का कंप्यूटर में होना जरूरी होता है।

किसी प्रोग्राम में निम्नलिखित चरण होते हैं

1.**समस्या परिभाषण (Problem Definition):** इस चरण में समस्या को पूरी तरह से समझा जाता है अर्थात् समस्या के हल द्वारा क्या सिद्ध किया जाना है या क्या निष्कर्ष निकाले जाने हैं, यह स्पष्ट कर लिया जाता है।

2. **प्रोग्राम डिजाइन:** समस्या को कई चरणों में बांटकर उसे बीजगणितीय एल्गोरिद्म के अनुसार लिख लिया जाता है। एल्गोरिद्म बनाने के लिए फ्लो-चार्ट आदि की सहायता ली जाती है। लो-लेवेल भाषाओं में फ्लोचार्ट की जगह निमोनिक (Mnemonic) चिह्नों से काम चलाया जाता है। डीकोड और निर्णय सारिणियों (जिनके बारे में हम इस अध्याय में पढ़ेंगे) का भी प्रयोग किया जा सकता है।

3.**कोडिंग:** एल्गोरिद्म बन जाने के बाद प्रोग्राम के प्रत्येक चरण को हाई लेवेल भाषाओं के, आदेशों के अनुरूप व क्रमानुसार लिख लिया जाता है जैसे कि बेसिक, कोबोल या फोरट्रॉन। इन आदेशों को फ्लोचार्ट की मदद से चेक कर लिया जाता है ताकि प्रत्येक आदेश का उतनी ही बार पालन हो, जितनी बार उसकी आवश्यकता हो।

4. प्रोग्राम एक्जीक्यूशन (Program Execution): कंप्यूटर भाषा में उपरोक्त विधि से बनाये गये प्रोग्राम को हार्ड डिस्क या फ्लॉपी डिस्क में भर लिया जाता है। कंप्यूटर

में प्रोग्राम डालते हुए इस बात का ध्यान रखा जाता है कि संबंधित कंप्यूटर-भाषा के वाक्यविन्यास (Syntax) के सभी नियमों का पालन हो।

5. डीबगिंग: पूरी सावधानी रखने के बाद भी प्रोग्राम में कई तरह की गलतियां रह ही जाती हैं। इसलिए प्रोग्राम को त्रुटिहीन करने के लिए उसे कंप्यूटर पर कई बार चलाया जाता है। कई भाषाओं के कंपायलर में एक डीबगर प्रोग्राम होता है, जो प्रोग्राम की हर लाइन में हुई गलती बता देता है। इन त्रुटियों के बारे में आप आगे पढ़ेंगे।

6. प्रोग्राम टेस्टिंग: आम गलतियां निकाल लेने के बाद भी प्रोग्राम में लॉजिक की गलतियां रह ही जाती हैं। अत: प्रोग्राम की जांच के लिए हम एक ऐसी समस्या का हल मांगते हैं जिसका सही परिणाम हमें पहले से मालूम हो जैसे कि हम जांच कर सकते हैं कि प्रोग्राम ने 9 का वर्गमूल 3 निकाला या नहीं।

7. प्रोग्राम डॉक्यूमेन्टेशन: कई प्रोग्राम इतने जटिल व लंबे हो जाते हैं कि उनके किस चरण में क्या सिद्ध होना है यह पता नहीं चल पाता। इसी तरह कंप्यूटर या डिस्कों में इतने ज्यादा प्रोग्राम हो जाते हैं कि कौन-सा प्रोग्राम कब और किसने बनाया यह पता ही नहीं चलता। एक व्यक्ति अपने ही बनाये प्रोग्राम को कई साल के बाद समझ ही नहीं पाता कि प्रोग्राम क्या था और क्यों बनाया गया था। इन सभी कामों के लिए प्रत्येक प्रोग्राम के प्रारंभ, अंत और अन्य स्थानों पर नाम, विषयसूची टिप्पणियां आदि डाल दी जाती हैं। प्रारंभ में प्रोग्रामर का नाम प्रोग्राम नंबर, दिनांक, समय आदि दर्ज किये जाते हैं और अंत में प्रोग्राम के द्वारा कंप्यूटर पर लिया गया समय, कंप्यूटर भाषा एवं संस्करण का नाम आदि दर्ज कर लिया जाता है।

8. प्रोग्राम मेन्टीनेन्स: प्रोग्राम सही साबित हो जाने के बाद उसका आउटपुट प्रिन्ट कर लिया जाता है और यदि जरूरी हो तो प्रोग्राम को स्थाई मेमोरी में डालकर सुरक्षित कर लिया जाता है।

प्रोग्रामिंग के इन आठ स्टैप्स को नीचे चित्र 14.1 में दिखाया गया है।

14.2 अच्छे प्रोग्राम की विशेषताएं

कंप्यूटर विकास के आरंभिक युग में कंप्यूटर की मेमोरी का उत्पादन महंगा था इसलिए प्रोग्राम लिखते समय यह बात ध्यान में रखने योग्य थी कि कम-से-कम कंप्यूटर मेमोरी का प्रयोग हो। अब यह बात इतनी महत्त्व की नहीं रही है, कुछ अन्य बिंदु ज्यादा महत्त्वपूर्ण हो गये हैं इसलिए प्रोग्राम लिखते समय नीचे दिये गये बिंदुओं पर ध्यान रखना आवश्यक है:

1. विश्वसनीयता (Reliability): यह जरूरी है कि प्रोग्राम बिना किसी व्यवधान के वही काम करे, जिसके लिए उसे बनाया गया है। मान लीजिए, हमने एक ऐसा प्रोग्राम बनाया जिसमें भिन्नात्मक किसी संख्या का 'हर' (Denominator) कोई चर (Variable) हो जो घटते-घटते शून्य हो जाता है। ऐसी दशा में संख्या का मानफल अनंत (Infinity) हो जायेगा

चित्र 14.1 : प्रोग्रामिंग के आठ स्टैप्स

और प्रोग्राम काम करना बंद कर देगा। ऐसी दशा में आगे के परिणाम नहीं मिल पाएंगे।

इसलिए इस तरह के प्रोग्राम में ऐसी व्यवस्था होनी चाहिए कि यदि 'हर' में शून्य आ जाए तो इस चरण का मान निकाले बिना प्रोग्राम अगले चरण में अपने आप चला जाए।

2. लचीलापन (Flexibility): प्रोग्राम इतना लचीला होना चाहिए कि जब चाहें उसे बढ़ा सकें या उसमें और कोई बदलाव ला सकें। इस गुण को मेन्टेनेबिलिटी (Maintainability) भी कहते हैं। उदाहरण के लिए यदि किसी प्रोग्राम में 20 वर्षों के लिए ब्याज निकालने की व्यवस्था है तो उसमें यह भी व्यवस्था होनी चाहिए कि जरूरत पड़ने पर उसमें 25 वर्ष का ब्याज निकालने के लिए आवश्यक बदलाव लाया जा सके।

3. पोर्टेबिलिटी: प्रोग्राम इस तरह से लिखा होना चाहिए कि वह एक भाषा से दूसरी भाषा, एक ऑपरेटिंग सिस्टम से दूसरे ऑपरेटिंग सिस्टम, किसी भाषा के एक संस्करण (Version) से दूसरे संस्करण में अनुवादित हो सके।

4. सुपाठ्यता (Readability): प्रोग्राम में जगह-जगह इस तरह के मार्गदर्शक स्टेटमेन्टस होने चाहिए जो बाद में किसी भी व्यक्ति द्वारा समझे जा सकें। इन स्टेटमेंट्स से पहले प्रोग्राम का उद्देश्य व रूटीन तथा सबरूटीन का काम आदि लिख देना चाहिए।

5. परफॉर्मेन्स (Performance): प्रोग्राम कम-से-कम समय में अपना काम सिद्ध कर लेने योग्य होना चाहिए।

14.3 समस्या प्रतिपादन (Problem Formulation)

किसी समस्या का सही हल तब तक प्राप्त नहीं किया जा सकता, जब तक उसे पूरी तरह समझ न लिया जाए। समस्या के विश्लेषण के लिए निम्न चरण जरूरी है:

- समस्या का प्रस्तुतिकरण
- उद्देश्य निर्धारण
- उपयोगी स्त्रोतों का संकलन
- परिणाम नियोजन

समस्या को प्रारंभ में ही ठीक से न समझने पर परिणाम मिलने में बहुत परिश्रम व समय लग सकता है। समस्या के हल के लिए हमें कई स्त्रोतों से जानकारी मिल सकती है इसलिए समस्या से जुड़े सभी पहलुओं व स्त्रोतों की जानकारी होना बहुत जरूरी है।

समस्या समाधान के लिए हमारे क्या उद्देश्य हैं? यह निर्धारित करने से काफी श्रम बच सकता है। कई बार हम प्रोग्राम को ऐसा बनाना चाहते हैं कि वह न केवल किसी दी गई समस्या का हल निकाल सके बल्कि उसी तरह की दूसरी समस्याओं या उसी समस्या का बदली हुई परिस्थितियों में भी हल निकाल सके। उद्देश्य निर्धारित करते हुए यह भी तय कर लेना चाहिए कि परिणाम किस सीमा तक शुद्ध होना चाहिए, अर्थात परिणामों की शुद्धता (Accuracy) का भी निर्णय कर लेना चाहिए। विभिन्न स्त्रोतों से मिलने वाली कच्ची जानकारी (डेटा) को प्रोग्राम में उपयोग करने से पहले खास रूप में बदलना पड़ता है और प्रोग्राम में यह व्यवस्था कर ली जाती है कि परिणाम वांछित रूप में प्राप्त हो सके।

14.4 एल्गोरिद्म (Algorithm)

दैनिक जीवन में हमें सैकड़ों समस्याओं का सामना करना पड़ता है, जिनको हल करने के लिए हम अपने अनुभव से कोई तरीका ढूंढ लेते हैं। तार्किक व गणित संबंधी समस्याओं को सुलझाने के लिए हम ऐसी तकनीकें अपनाते हैं जिनमें समय भले ही ज्यादा लगे लेकिन परिणाम शुद्ध और अधिकतम यथार्थता से मिले। आमतौर से हम यह काम अपने दिमाग से लेते हैं लेकिन इससे अक्सर गलतियां हो जाती हैं इसलिए हम ऐसी विधि चुनते हैं जिससे कम-से-कम समय में शुद्ध-से-शुद्ध परिणाम मिल सके। ऐसी ही एक तकनीक का नाम एल्गोरिद्म है जो किसी समस्या का हल ढूंढने में हमारी सहायता करती है। कौन सी एल्गोरिद्म को अपनाया जाना है, यह उपलब्ध डेटा की शुद्धता, साधनों की क्वालिटी या कितने आयाम (Dimension) का प्रोग्राम बनाया जाना है, इस पर निर्भर करता है।

'किसी भी समस्या के निश्चित समाधान के लिए अनुक्रमिक (Serially), चरणबद्ध रूप में (Stepwise) अपनाई जाने वाली लिखित प्रक्रिया का दूसरा नाम एल्गोरिद्म है।' दूसरे शब्दों में, **'एल्गोरिद्म किसी समस्या का हल निकालने के लिए विभिन्न चरणों में बंटे आदेशों की शृंखला होती है।'**

वैज्ञानिक समस्याओं के समाधान के लिए एल्गोरिद्म अक्सर बीजगणितीय सूत्रों के रूप में लिखी जाती है जबकि वाणिज्य संबंधी कामों के लिए इसे प्रक्रियाओं (Procedures) के रूप में लिखते हैं।

एल्गोरिद्म की विशेषताएं: एल्गोरिद्म में निम्नलिखित विशेषताएं होनी चाहिए:

- यह एकदम सरल होना चाहिए।
- यह स्पष्ट व संक्षिप्त होना चाहिए।
- इसके द्वारा समस्या का निश्चित हल मिलना चाहिए।
- दिये गये चरणों में काम पूरा हो जाना चाहिए।
- इस विधि में ऐसी व्यवस्था अवश्य हो कि कोई अन्य समस्या आ खड़ी होने पर (जैसे कि अंक को शून्य से विभाजित करने पर) उसका हल मिल सके।

एल्गोरिद्म किस तरह लिखे जाते हैं यह निम्न उदाहरणों से स्पष्ट हो जाएगा।

उदाहरण 14.1: निम्नलिखित समीकरण की सहायता से C का मान निकालने के लिए एल्गोरिद्म लिखें:

$$C = A + B$$

हल: एल्गोरिद्म

चरण 1. प्रक्रिया का आरंभ

चरण 2. वेरिएबल A का मान पढ़ना

चरण 3. वेरिएबल B का मान पढ़ना

चरण 4. A और B के मान का योग निकालना

चरण 5. A और B के योगफल को C के स्थान पर रखना

चरण 6. C के मान को प्रिंट करना

चरण 7. प्रक्रिया की समाप्ति की घोषणा करना।

उदाहरण 14.2: *दो वेरिएबल राशियों में से कौन सी बड़ी है इसे ज्ञात करने तथा उसका मान प्रिंट करने के लिए बनने वाले प्रोग्राम की एल्गोरिद्म बनाइए। क्या इस काम को किसी अन्य तरीके से भी किया जा सकता है?*

हल: एल्गोरिद्म

मान लीजिए वे वेरिएबल A और B हैं

चरण 1. प्रक्रिया को आरंभ करना

चरण 2. A और B के दिये गये मान को पढ़ना या कंप्यूटर में प्रविष्ट कराना

चरण 3. A के मान को चर M के बराबर रखना

चरण 4. जांच करना कि A का मान B के बराबर है या उससे ज्यादा है। यदि उत्तर 'हां' है, तो नियंत्रण बिंदु स्टैप 6 पर चला जाएगा अन्यथा स्टैप 5 पर।

चरण 5. B के मान को चर M से निरुपित करना।

चरण 6. चर M के मान को प्रिंट करना।

चरण 7. प्रक्रिया की समाप्ति

उपरोक्त कार्य को हम एक अन्य विधि से इस प्रकार भी कर सकते हैं -

चरण 1. प्रक्रिया आरंभ

चरण 2. A और B के दिये गये मान को पढ़ना या कंप्यूटर में इनपुट कराना।

चरण 3. A के मान को वेरिएबल M के बराबर रखना

चरण 4. जांच करना कि A का मान B के बराबर है या उससे ज्यादा है। यदि इसका उत्तर 'हां' है तो नियंत्रण बिंदु चरण 6(अ) पर जाएगा अन्यथा 6(ब) पर।

चरण 5. B के मान को वेरिएबल M से निरूपित करना

चरण 6(अ). A के मान को प्रिंट करने के बाद चरण 7 पर जाना।

चरण 6(ब). B के मान को प्रिंट करने के बाद चरण 7 पर जाना।

चरण 7. प्रक्रिया की समाप्ति।

इस तरह यह स्पष्ट हो जाता है कि एक ही तरह की समस्या को हम विभिन्न प्रकार के तर्कों पर आधारित कर कई तरह से हल कर सकते हैं।

14.5 फ्लोचार्ट

प्रोग्राम बनाने के लिए पहले एल्गोरिद्म, फिर फ्लोचार्ट और अंत में हाईलेवेल भाषा में प्रोग्राम बनाया जाता है। फ्लोचार्ट किसी प्रोग्राम में शमिल होने वाली तार्किक क्रियाओं के

कदम-दर-कदम (Stepwise) क्रमबद्ध तरीके से आगे बढ़ने की क्रिया को रेखाचित्र के रूप में दर्शाता है।

इस प्रकार फ्लोचार्ट के अंदर निम्न बिंदु शामिल हैं -

1. सभी संक्रियाएं, जिनमें इनपुट, आउटपुट और बीच के काम शामिल हैं, क्रमबद्ध रूप से होती हैं।

2. बार-बार दोहराई जाने वाली क्रियाएं लूप के माध्यम से दिखाई जाती हैं।

3. तार्किक क्रियाओं में निम्न शामिल हैं—

- तुलना कर छोटा, बड़ा या बराबर का पता करना
- किसी स्थिति के होने या न होने का पता करना
- वैकल्पिक निर्णय

4. गलतियों, अशुद्धियों आदि का पता करना

5. प्रोग्राम में यूटिलिटी सब रुटीन को शमिल करना।

फ्लोचार्ट प्रतीक

फ्लोचार्ट बनाने के लिए कई तरह के स्टैंडर्ड प्रतीकों का प्रयोग किया जाता है। इन्हें सारिणी 14.1 में दिखाया जा रहा है। ये स्टेंडर्ड प्रतीक अंतर्राष्ट्रीय मानक संस्थान (International Standard Organization - ISO) द्वारा स्वीकृत किये गये हैं।

1. टर्मिनेटर: यह एक अंडाकार आकृति होती है, जिसके द्वारा किसी प्रोग्राम की शुरूआत और समाप्ति को दर्शाया जाता है।

START END

2. इनपुट-आउटपुट बॉक्स: ये समानान्तर चतुर्भुज जैसी आकृति होती है। जिसके द्वारा इनपुट या आउटपुट क्रियाओं को दर्शाया जाता है जैसे कि INPUT, READ, SAVE, PRINT, DATA इत्यादि।

3. प्रॉसेस बॉक्स: इस आयताकार चिह्न से कंप्यूटर में प्रौसेस होने वाली क्रियाओं को सूत्ररूप में दर्शाया जाता है। इन क्रियाओं में डेटा का संचय, गणितीय क्रियाएं व चर (variable), अचर (cContant) राशियों को एक-दूसरे के रूप में निरूपित करना आदि सम्मिलित हैं। अक्सर इसमें LET X = Y + 1 जैसे सूत्र लिखे जाते हैं।

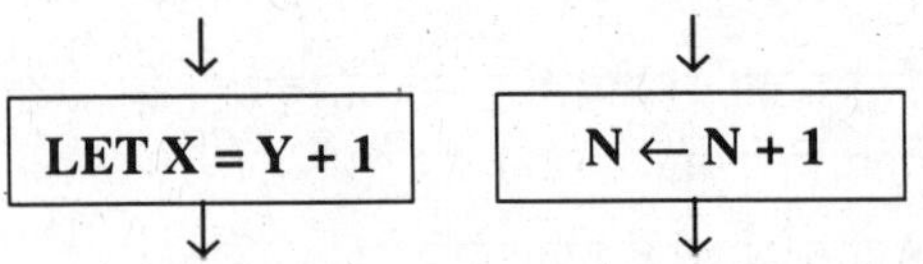

4. डिसीज़न बॉक्स (Decision Box): जब कभी प्रोग्राम में किसी तार्किक क्रिया को दिखाना होता है तो डिसीजन बॉक्स का प्रयोग किया जाता है जो कि एक डायमंड जैसी आकृति का होता है। इसमें ऊपर की तरफ से प्रवेश किया जाता है और इसके आगे दो रास्ते 'Yes' और 'No' अंकित होते हैं। पूछे गये प्रश्न का जो उत्तर होता है डिसीजन बॉक्स से आगे का वही रास्ता अपनाया जाता है। कभी-कभी इसमें एक तीसरा रास्ता भी बना दिया जाता है।

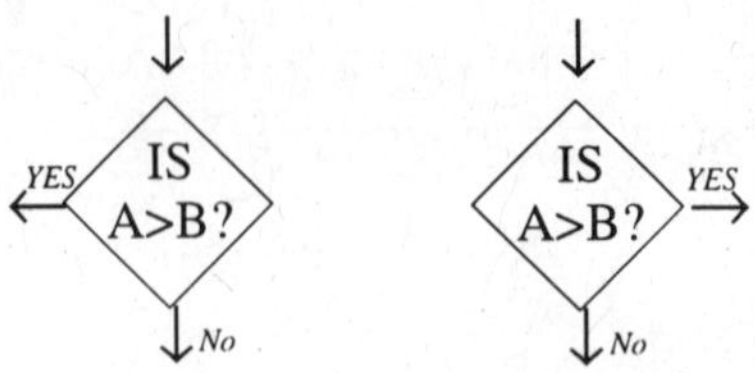

5. ऐरो (Arrow): सूचना या जानकारी की दिशा को तीर के द्वारा दिखाया जाता है। हर स्टेप के बाद अगला कौन सा स्टैप अपनाना है यह तीर के निशान से दिखाया जाता है। ऊपर से नीचे जाते हुए तीर से प्रोग्राम लगातार तब तक बढ़ता है जब तक कि दायीं या बायीं ओर का तीर न आ जाए। दिशा परिवर्तन तभी होता है जब तीर के रास्ते में कोई डिसीजन बाक्स आ जाता है।

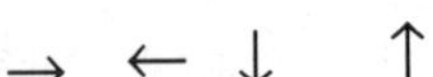

6. कनेक्टर (Connector): कनेक्टर गोले के आकार (O) का होता है। इसके द्वारा फ्लोचार्ट के एक हिस्से को दूसरे हिस्से से जोड़ा जाता है। फ्लोचार्ट का पहला हिस्सा जहां खत्म होता है वहां एक वृत्त (O) बनाकर (1) लिख दिया जाता है और दूसरा हिस्सा जहां से शुरू होता है, वहां भी (1) लिख दिया जाता है। ऐसा करना तब जरूरी होता है जबकि फ्लोचार्ट बहुत लंबा हो और एक स्तंभ या पेज में न आ रहा हो।

इस तरह फ्लोचार्ट के दो हिस्से, जिनके दो किनारों से जुड़े कनेक्टर्स में एक ही संख्या हो, को देखकर समझा जा सकता है कि उन्हें आपस में जोड़ा जाना है।

चाहिए कि वे एक-दूसरे को क्रॉस न करें। यदि क्रॉस करना जरूरी हो तो वास्तव में क्रॉस न करके कनेक्टर की सहायता से क्रॉस किया जा सकता है।

सारिणी-14.1

प्रतीक	नाम	उपयोग
	समापक (Terminator)	START, STOP आदि जैसी संक्रियायें
	इनपुट/आउटपुट बॉक्स (I/O)	INPUT, READ, PRINT, SAVE, DATA
	प्रॉसेस बॉक्स (Process Box)	सभी प्रकार की (Processing Steps)
	डिसीजन बॉक्स (Decision Box)	सभी प्रकार के तार्किक कार्य
→←	तीर (Arrow)	प्रवाह-दिशा संकेतक
	अनुयोजक (Connector)	प्रोग्राम के भिन्न-भिन्न स्थानों वाले हिस्सों को जोड़ना
	कमेन्ट बाक्स	टिप्पणियाँ लिखने के लिये
	तैयारी (Preparation)	जिनसे प्रोग्राम परिवर्तित हो
	पंच्डकार्ड	निवेश/निर्गम
	मैग्नेटिक टेप	दत्त अभिलेखी माध्यम का प्रोग्राम में उपयोग
	पंच पेपर टेप	डेटा इनपुट/आउटपुट
	पेपर-प्रलेख	
	हस्तलिखित कार्य	
	प्रिंट इंडीकेटर मुद्रण कार्य	

फ्लोचार्ट बनाने के नियम: फ्लोचार्ट बनाने के लिए निम्नलिखित नियमों का पालन करना जरूरी है:

1. जहां तक संभव हो केवल स्टैंडर्ड प्रतीकों का प्रयोग किया जाना चाहिए। (सारिणी 14.1) लेकिन यदि जरूरत हो तो प्रयोग करने वाले अपना प्रतीक स्वयं बना सकते हैं।
2. तीरों के द्वारा फ्लोचार्ट में सम्मिलित क्रियाओं की दिशा दिखाई जाती है।
3. आमतौर से फ्लोचार्ट में फ्लो की दिशा ऊपर से नीचे या बायें से दायें होती है।
4. फ्लोचार्ट में दिशा दिखाने वाली रेखाओं को ऐसा बनाना
5. प्रतीकों के अंदर क्षैतिज (Horizontal) तीर का अर्थ होता है कि तीर के दोनों ओर लिखी राशियों के मान बराबर हैं। कई बार इसका अर्थ यह भी होता है कि दी हुई चर राशि (Variable) का मान हर बार इस रूट से गुजरने पर एक बढ़ा दिया जाये। ऐसा तब होता है जबकि लूपों का प्रयोग किया जाये।
6. डिसीजन बॉक्स के अंदर लिये जाने वाले तर्क या प्रश्न का उत्तर 'हां' में है तो फ्लो की गति बायें से दायें और उत्तर 'नहीं' में है तो दायें से बायें दर्शाई जाती है।
7. जब दो फ्लो लाइनों को आपस में मिलाना हो तो ज्वाइंट पर एक गहरा बिंदु बनाना चाहिए जो यह बतलाएगा

कि दो निर्णय एक ही आदेश को जारी करने के लिए दिये जा रहे हैं।

फ्लोचार्ट की कमियां: समस्याओं का हल निकालने के लिए फ्लोचार्ट बहुत उपयोगी है लेकिन इसमें कुछ कमियां भी हैं जिनके कारण यह स्यूडोकोड Pseudocode (इसके विषय में आगे पढ़ेंगे) की तुलना में नीचा ठहरता है। ये कमियां इस प्रकार हैं:

- फ्लोचार्ट का हाई लेवेल की भाषा में अनुवाद करना काफी कठिन काम है जबकि स्यूडोकोड Pseudocode से प्रोग्राम सीधे ही बना सकते हैं।
- फ्लोचार्ट बनाने में समय ज्यादा लगता है और यह जगह भी ज्यादा घेरता है। इसके मुकाबले स्यूडोकोड Pseudocode में लिखा प्रोग्राम बहुत कम जगह में लिखा जा सकता है।

14.6 स्यूडो कोड (Pseudocode)

किसी प्रोग्राम को लिखते समय प्रोग्रामर उसकी एल्गोरिद्म तैयार करता है और उसे अपनी भाषा में संक्षिप्त में लिख लेता है जिसे Pseudocode कहते हैं। स्यूडोकोड में कुछ शब्द जैसे BEGIN, END, WHILE, ENDWHILE, IF और THEN आदि प्रोग्रामिंग भाषा के होते हैं और शेष संबंधित क्रिया के संक्षिप्त विवरण के रूप में जैसे कि तापक्रम का सूत्र, तुलना करना आदि। इसके अलावा निम्न प्रतीकों का भी प्रयोग किया जाता है।

प्रतीक	अर्थ
क < ख	क का मान ख से कम है।
क ख	क का मान ख से कम या बराबर है।
क >= ख	क का मान ख के बराबर है।
क > ख	क का मान ख से अधिक है।
क ख	क का मान ख के बराबर या अधिक है।
क >= ख	क को ख से निरूपित करना।
क ← ख	क के पुराने मान को मिटाकर उसमें ख का मान रखना।
क <> ख	क का मान ख के बराबर नहीं है।

स्यूडोकोड की कमियां:

1. हर व्यक्ति द्वारा बनाया गया स्यूडोकोड अलग तरह का होता है जबकि फ्लोचार्ट स्टैंडर्ड तरीके से बनाये जाते हैं। फ्लोचार्ट के लिए किसी भी भाषा का प्रयोग किया जा सकता है।
2. स्यूडोकोड प्रोग्राम से तर्क वाली स्थितियों को ठीक तरह नहीं दर्शाया जा सकता। फ्लोचार्ट द्वारा ऐसी स्थिति दो लूपों के एक-दूसरे को क्रॉस करने में स्पष्ट हो जाती है।

14.7 स्ट्रक्चर्ड प्रोग्रामिंग (Structured Programming)

1906 में प्रोफेसर ई.दि. जख्म ने स्ट्रक्चर्ड प्रोग्रामिंग का विचार प्रस्तुत किया, जिसे आई.बी.एम. ने अपने कंप्यूटरों पर लागू किया।

1960 में दो इतालवी वैज्ञानिकों, सी.बॉम और जी. जेकापिनी ने स्ट्रक्चर्ड प्रोग्रामिंग पर सिद्धांत प्रस्तुत किये। उनके अनुसार फ्लोचार्ट निम्नलिखित तीन तरह की संरचनाओं में होते हैं:

- सरल अनुक्रम (Simple Sequence)
- सरल वरण (Simple Selection)
- सरल पुनरावृत्ति (Simple Repetition)

स्ट्रक्चर्ड प्रोग्रामिंग के कई लाभ हैं जैसे कि—

- प्रोग्रामिंग समस्याओं के समाधान के लिए इनका बराबर प्रयोग होता है इसलिए इन्हें आसानी से पहचाना जा सकता है।
- इनका प्रयोग करना आसान है क्योंकि इनमें सिर्फ एक अन्तरण बिंदु और केवल एक आउटपुट बिंदु होता है।
- इनके लिए बार-बार प्रोग्राम नहीं बनाना पड़ता।

फ्लोचार्ट की तीनों संरचनाओं को निम्नलिखित उदाहरणों से आसानी से समझा जा सकता है:

1. सरल अनुक्रम (Simple Sequence): इस तरह के आकार में एक के बाद एक आदेश दिये जाते हैं और प्रोग्राम खत्म हो जाता है। इसकी बनावट इस तरह की होती है –

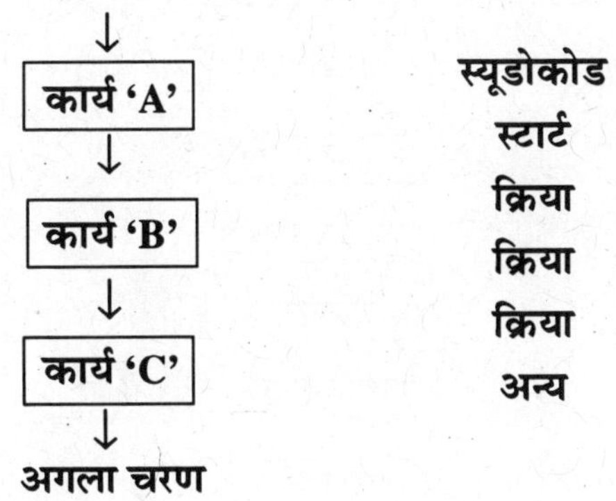

चित्र 14.2 सरल अनुक्रम

इसे हम चाय बनाने वाले प्रोग्राम से समझ सकते हैं। कार्य शुरू होने के बाद एक के बाद एक चरण क्रम से आते-जाते हैं। इसे साथ में दिये गये चित्र में समझाया गया है।

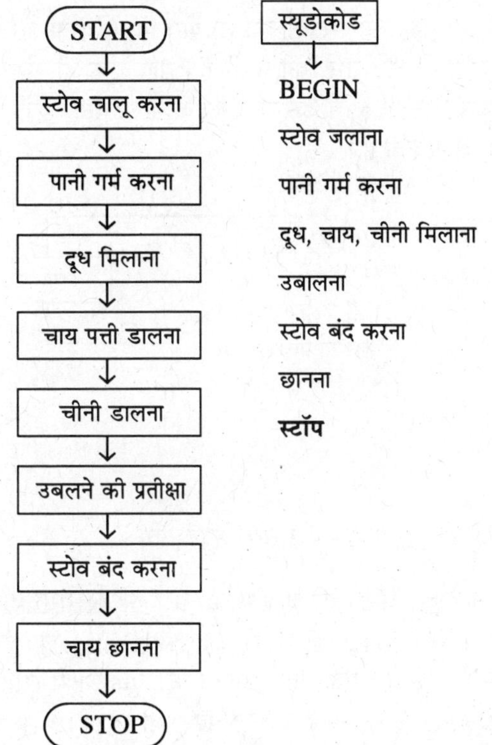

चित्र 14.3 सरल अनुक्रम

2. सरल वरण (Simple Selection)

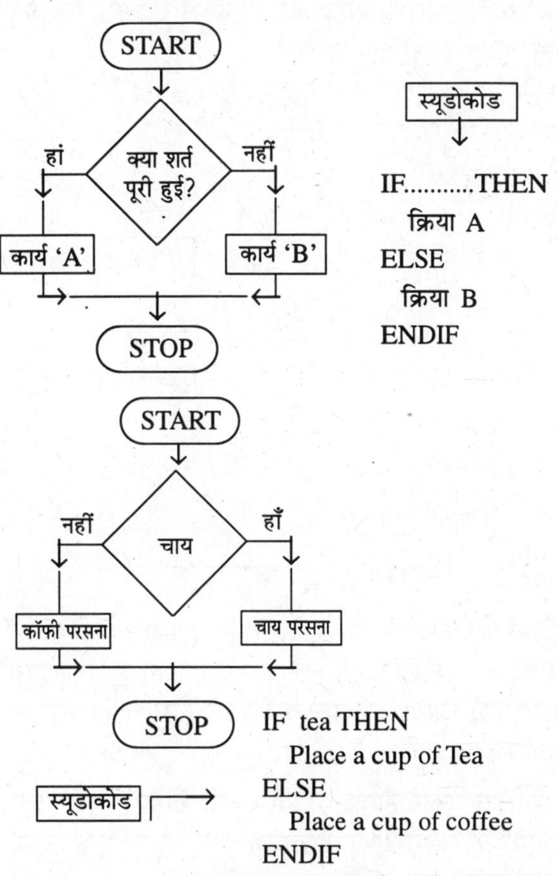

चित्र 14.4 सरल वरण

इस संरचना में दो स्थितियों में से एक या दोनों का चुनाव किया जाता है, जिसके लिए कुछ परीक्षण किया जाता है। यह परीक्षण तर्क के आधार पर होता है। शर्त पूरी होने पर एक एवं अपूर्ण रहने पर दूसरा रास्ता चुना जाता है। इस रचना को ऊपर वाले चित्र में मेहमान के स्वागत में चाय या कॉफी पेश करने के उदाहरण से आसानी से समझा जा सकता है। हम मेहमान से पूछते हैं कि क्या चाय चाहिए उसके 'हां' कहने पर चाय और 'न' कहने पर कॉफी पेश की जाती है। इसके बाद अगले स्टेप पर आया जाता है। यह उदाहरण दो में से एक मार्ग के चुनाव का है जब तीन या उससे ज्यादा चीजों में चुनाव करना हो तो दूसरे तरह की संरचनाएं बनानी पड़ती हैं, जैसा कि चित्र 14.6 में दर्शाया

गया है। यह काम थोड़ा और जटिल हो जाता है। दिये गये फ्लोचार्ट में कोला, रसना और ऑरेन्ज में से किसी एक पेय का चुनाव करना दिखाया गया है।

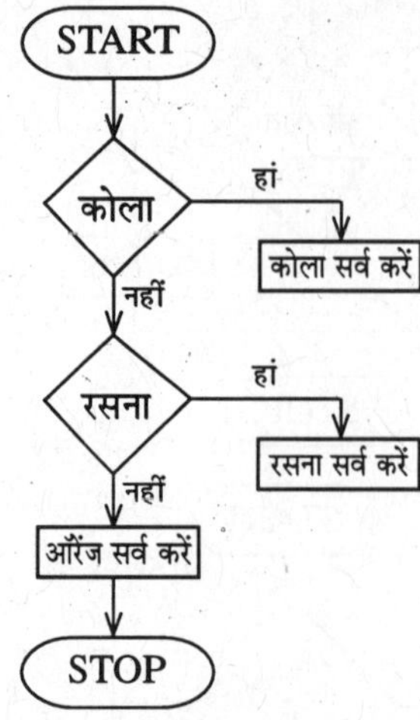

चित्र 14.5 सरल वरण का उदाहरण

पहले हम कैम्पा कोला के लिए पूछेंगे। यदि जवाब 'हां' में है तो कैम्पा कोला की बोतल खोल दी जाएगी अन्यथा दूसरा प्रश्न पूछा जाएगा। इस प्रश्न के लिए फिर वरणात्मक संरचना की जरूरत होगी।

प्रश्न इस प्रकार होगा – 'क्या रसना चाहिए?' यदि उत्तर 'हां' में हैं तो रसना की बोतल खोलकर गिलास में रसना का शर्बत बना दिया जाएगा अन्यथा ऑरेन्ज की बोतल खोलकर दे दी जाएगी। इस तरह एक सरल संरचना में दूसरी संरचना गुंथ जाएगी।

इसका स्यूडोकोड निम्नानुसार होगा:

```
IF drink ........... Campa
    THEN Open the Campa's Bottle and Serve
ELSE IF drink ............. Rasna
    THEN Open the Rasna's Bottle and Serve
ELSE
    Open the Orange Bottle and serve
END IF.
```

इस संरचना को IF-THEN-ELSE भी कहते हैं।

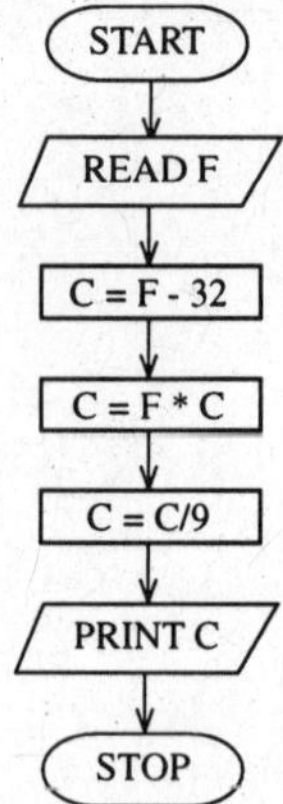

चित्र 14.6 IF-THEN-ELSE

3. सरल पुनरावृत्ति (Simple Repetition): जब एक ही काम बार-बार करना हो और निश्चित संख्या में करना हो तो इस तरह की संरचना का उपयोग किया जाता है। ये संरचनाएं भी तीन तरह की होती हैं। यदि एक ही संख्या पांच बार लिखनी हो तो इस तरह का काम संरचना (क) से किया जा सकता है।

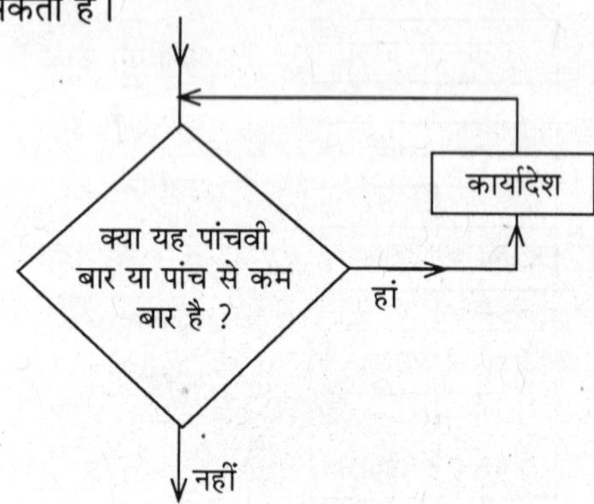

चित्र 14.7 सरल पुनरावृत्ति

संरचना (ख) और (ग) एक सी ही हैं जिन्हें REPEAT-UNTIL और WHILE NOT (या WHILE) लूप भी कहते हैं। इन्हें हम एक कील ठोकने के उदाहरण से समझ सकते हैं। इनके बारे में हम आगे पढ़ने जा रहे हैं।

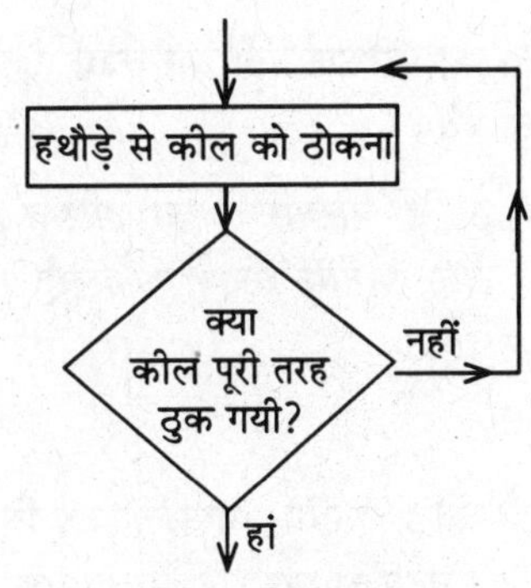

चित्र 14.8 लूप का फ्लोचार्ट

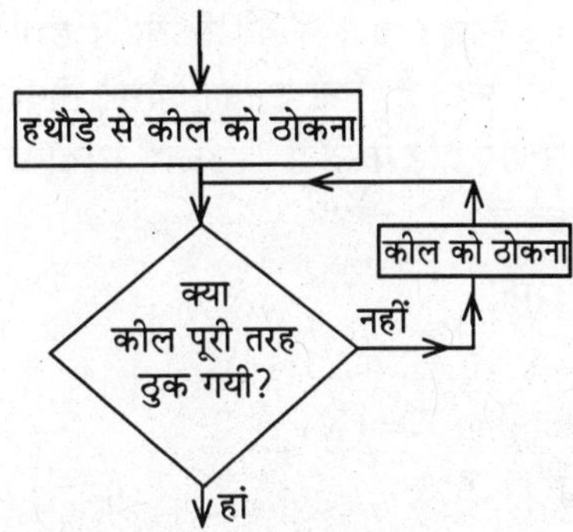

चित्र 14.9 WHILE लूप का फ्लोचार्ट

पुनरावृत्ति (Repetition)लूप: कंप्यूटर प्रोग्राम के किसी हिस्से को बार-बार दोहराने के लिए पुनरावृत्ति (रिपीटिशन) लूपों का सहारा लिया जाता है। रिपीटिशन लूप प्रोग्रामिंग की वह तकनीक है जिसके द्वारा प्रोग्राम की किसी नियंत्रण संरचना को कंप्यूटर पर तब तक बार-बार चलाया जाता है जब तक कि दी गई शर्त पूरी होती रहे। शर्त के पूरे न होने पर प्रोग्राम अगले स्टेप पर चला जाता है। यह दो कार्य प्रकार से होता है:

1. व्हाइल एंड लूप (While End Loop)

इसकी बनावट निम्न प्रकार की होती है:

WHILE CONDITION	जब तक A शर्त पूरी हो रही हो,
ACTION B	तो कार्य B करें।
END WHILE	अन्यथा लूप बंद करके अगले चरण पर जाएं।

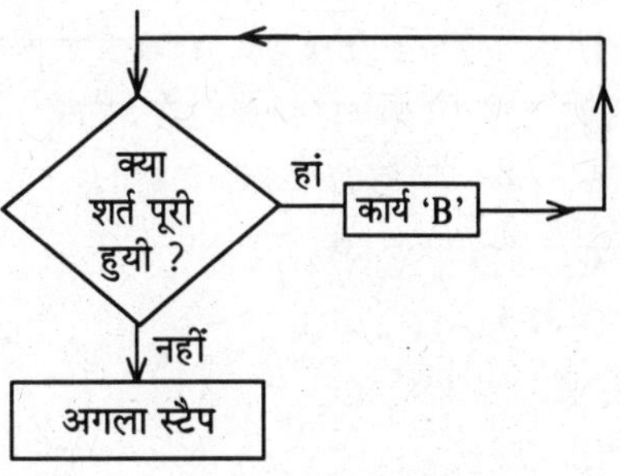

चित्र 14.10 WHILE-END लूप

2. रिपीट-अनटिल लूप (Repeat Until Loop): यह संरचना भी व्हाइल एंड के समान है, जिसके द्वारा किसी शर्त के पूरी होने पर कंप्यूटर प्रोग्राम के किसी भाग को बार-बार चलाया जाता है। आमतौर से इसकी बनावट इस तरह की होती है:

स्यूडोकोड

REPEAT	काम B को करते रहो
ACTION B	जब तक शर्त A पूरी हो रही हो।
UNTIL A	

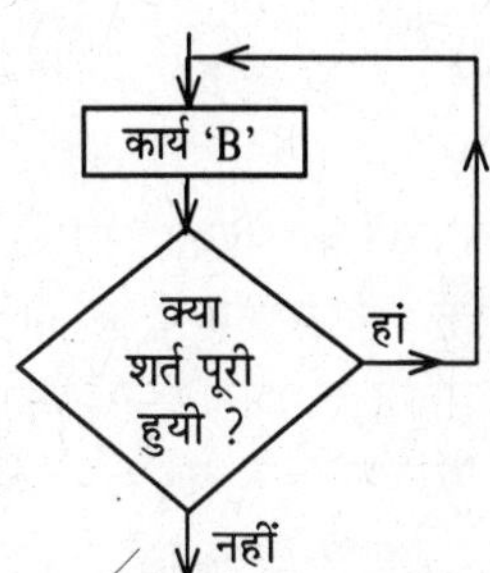

चित्र 14.11 REPEAT-UNTIL लूप

कंप्यूटर प्रोग्राम के वे हिस्से जिनके द्वारा कोई निर्णय लेकर अगले चरण पर आगे या पीछे जाया जाता है, नियंत्रण संरचनाएं कहलाती हैं। ये संरचनाएं कई तरह की होती हैं और स्यूडोकोड में इनका बहुत प्रयोग होता है। नियंत्रण संरचनाएं कई तरह की होती हैं:

1. इफ-देन-एल्स (IF-THEN-ELSE): इसका अर्थ है यदि शर्त पूरी हो तो ऐसा करें अन्यथा दूसरे प्रकार से। दूसरे शब्दों में यह कि आगे दो विकल्प हैं जिन्हें हम A और B कह सकते हैं। यदि दी गई शर्त पूरी हो जाए तो विकल्प A पर दिखाये गये आदेश के अनुसार काम करना है अन्यथा

विकल्प B पर जाना है। इसे हम इस तरह से लिख सकते हैं– यदि शर्त पूरी हो तो काम 'A' करें अन्यथा काम 'B'। स्यूडोकोड में इसे पूरी तरह लिखा जाएगा:

```
IF CONDITION A
THEN ACTION B
ELSE ACTION C
END IF
```

शब्द END-IF से नियंत्रण संरचना की समाप्ति दिखाई जाती है।END के बाद लगाया गया। IF यह दर्शाता है कि यहां पर संरचना का ही अंत हुआ है न कि पूरे प्रोग्राम का। उदाहरण के लिए यदि किसी स्कूल की परीक्षा में पास होने के लिए कम-से-कम प्राप्तांक 35 होने चाहिए तो मार्कलिस्ट बनाने के स्यूडोकोड प्रोग्राम की नियंत्रण संरचना इस तरह की होगी –

```
IF Marks   35
THEN declare pass
ELSE
declare fail
END IF
```

इस तरह की संरचनाओं का पहला और आखिरी शब्द एक ही होता है जैसा कि इस संरचना में IF आया है। बेसिक में बनाया गया प्रोग्राम भी लगभग ऐसा ही दिखता है। IF-THEN-ELSE संरचना एक बहुत महत्त्वपूर्ण संरचना है जिसका कंप्यूटर प्रोग्राम में बार-बार प्रयोग किया जाता है। इस संरचना का फ्लोचार्ट नीचे दिया गया है। फ्लोचार्ट में END IF को नहीं दिखाया जाता है।

यहां यह बात ध्यान देने की है कि इस तरह के लूप में काम कम-से-कम एक बार जरूर होगा भले ही शर्त पूरी हो या न

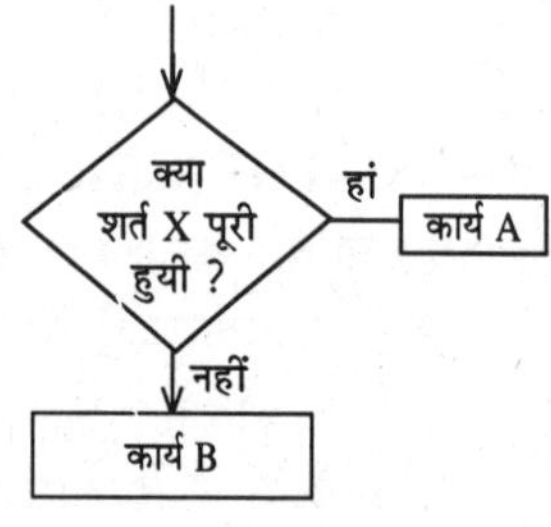

चित्र 14.12

हो क्योंकि शर्त का परीक्षण एक बार काम हो जाने के बाद ही किया जाता है।

उदाहरण 14.3: *दो संख्याओं का औसत (Average) निकालने के लिए, प्रोग्राम बनाने के लिए फ्लोचार्ट और स्यूडोकोड बनाइए।*

हल: स्यूडोकोड

पहले हम स्यूडोकोड लिखेंगे– मान लीजिए कि दो संख्याएं X और Y हैं व उनका औसत Z है। प्रोग्राम की शुरूआत में हम BEGIN (START) लिखेंगे और अंत में STOP (END)। औसत निकालने की क्रिया में हम पहले दोनों संख्याओं को पढ़ते हैं, फिर उनका औसत निकालते हैं और बाद में परिणाम प्रिंट करते हैं। इसलिए स्यूडोकोड इस तरह लिख सकते हैं

```
BEGIN
X,Y
Calculate Z = (X+Y)/2
PRINT Z
STOP
```

फ्लोचार्ट: इसे हम निम्न क्रम में लिखेंगे:

- फ्लोचार्ट की शुरूआत में START और अंत में STOP को अंडाकार आकृतियों के अंदर लिखेंगे।
- X और Y के मान पढ़ेंगे। यह एक इनपुट की क्रिया है इसलिए इसे समानांतर चतुर्भुज के अंदर लिखेंगे।
- औसत निकालने व उनके मानों को ठीक जगह पर रखने का काम प्रोसेसिंग का काम है, इसलिए इन्हें आयतों के अंदर लिखेंगे।
- परिणाम को प्रिंट करने का काम आउटपुट की क्रिया है, जिसे फिर समानांतर चतुर्भुज के अंदर लिखेंगे। इस तरह फ्लोचार्ट चित्र 14.13 की तरह बन जाएगा।

1. फ्लोचार्ट का प्रारंभ
2. मेमोरी स्थान X और Y में दो संख्याओं का पढ़ना
3. X और Y के योग को Z स्मृति स्थान में रखना।
4. Z में संचित संख्याओं को 2 से भाग देकर औसत निकालना।
5. औसत को आउटपुट करके प्रिंट करना।
6. समाप्ति

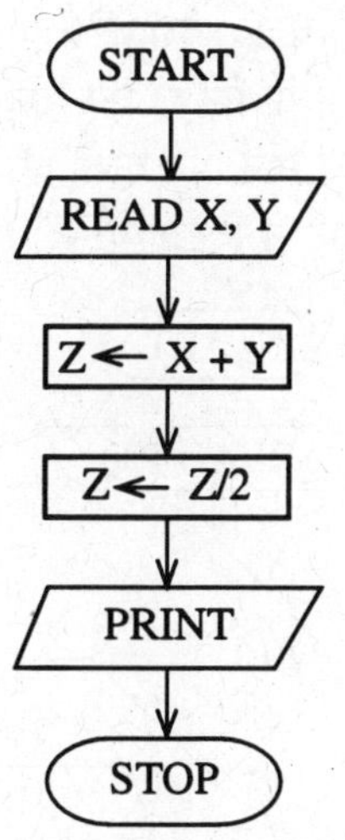

चित्र 14.13

साधारणतया स्टेप 3 और 4 को एक ही ब्लॉक में दिखाया जाता है। उस दशा में फ्लोचार्ट इस तरह बनेगा –

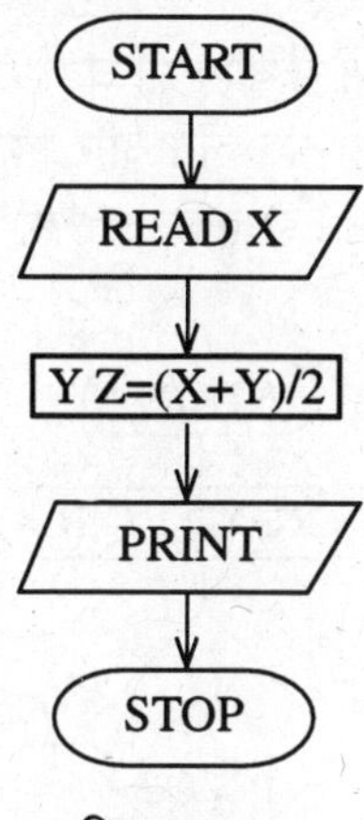

चित्र 14.14

उदाहरण 14.4: *(क) सेल्सियस में दिये गये तापक्रम को फारेनहाइट में बदलने के लिए फ्लोचार्ट व स्यूडोकोड लिखिए। (ख) इसके बाद फारेनहाइट से सेल्सियस में बदलने के लिए भी फ्लोचार्ट और स्यूडोकोड लिखिए।*

हल: (क) पहले हम सेल्सियस को फारेनहाइट में बदलने के लिए सूत्र लिखेंगे जो इस प्रकार है –

C/S = (F - 32)/9
1.8C = F - 32
F = 1.8C + 32

स्यूडो कोड BEGIN

```
READ C
F ← 1.8C + 32
PRINT F
END
```

फ्लोचार्ट

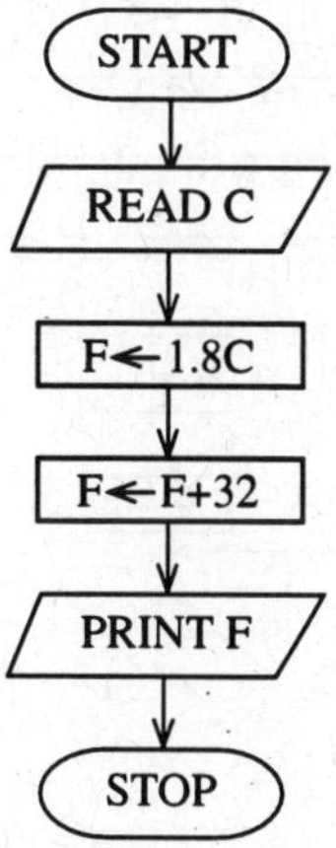

START
READ C
F ← 1.8C
F ← F+32
PRINT F
STOP

चित्र - 14.15

(ख) फारेनहाइट को सेल्सियस में बदलने के लिए

$$C = (F - 32) \times 5/9$$

स्यूडोकोड

```
BEGIN
READ F
C ← F-32
C ← C × 5
C ← C9
PRINT C
END
```

फ्लोचार्ट

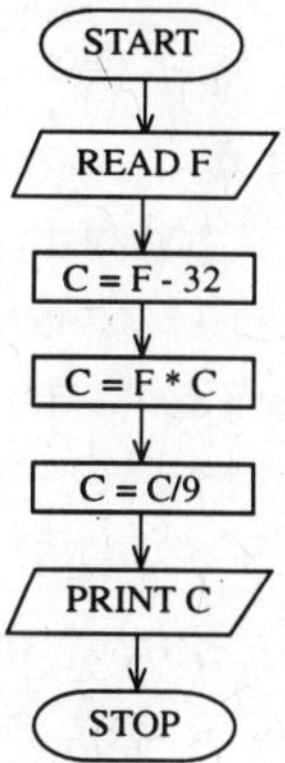

START
READ F
C = F - 32
C = F * C
C = C/9
PRINT C
STOP

चित्र 14.16

उदाहरण 14.5: *एक ऐसे प्रोग्राम के लिए फ्लोचार्ट बनाइए जिसके द्वारा 10°C के स्टेप में 40°C से लेकर 200°C तक के तापक्रमों को फारेनहाइट में बदला जा सके।*

हल: सबसे पहले हम पिछले उदाहरण की तरह सेल्सियस ताप को फारेनहाइट स्केल में बदलने के लिए सूत्र लिखेंगे –

$$F = 1.8C + 32$$

अब C का मान 40° मानेंगे और प्रोग्राम में इस बात की व्यवस्था करेंगे कि इसका मान फारेनहाइट में बदल कर प्रिंट होने के बाद, C का मान 10-10 डिग्री बढ़ता रहे जब तक कि वह 200° न हो जाए। 200°C तक तापक्रम बढ़ने के स्टेप्स लिये जा चुके हैं इस बात की जांच के लिए डिसीजन बाक्स की सहायता लेनी पड़ेगी और हर बार मान बढ़ाने के लिए 'इन्क्रीमेंट' प्रक्रिया की आवश्यकता पड़ेगी। यह प्रक्रिया ऐसी होती है जिसमें प्रोग्राम में ऑटोमेटिक रूप से तापक्रम का मान 10-10° बढ़ता जाएगा लेकिन इस प्रोग्राम का फ्लोचार्ट ऐसा बनेगा -

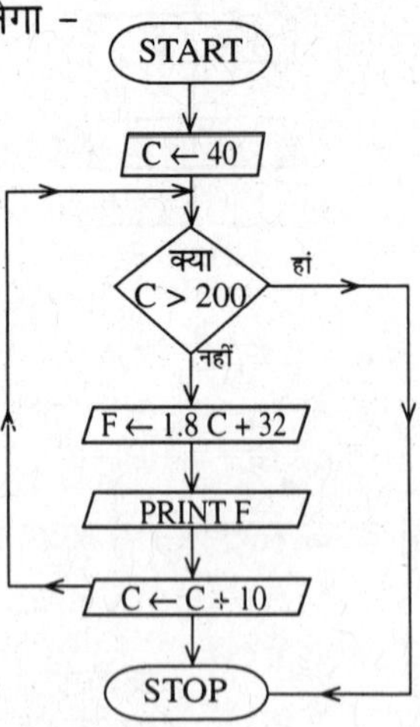

START
C ← 40
क्या
C > 200
हां
नहीं
F ← 1.8 C + 32
PRINT F
C ← C + 10
STOP

चित्र 14.17

हर बार तापक्रम में से 10°C की बढ़ोत्तरी के बाद C का मान स्टेप 3 (C > 200?) पर जाएगा जहां से नहीं के उत्तर में अगले स्टेप्स द्वारा वह फारेनहाइट में बदल कर प्रिंट कर लिया जाएगा। जब C का ताप 200 हो जाएगा तो स्टैप 3 में (C > 200?) प्रश्न का उत्तर 'हां' में पाकर प्रोग्राम फ्लोलाइन के अनुसार 'स्टॉप' पर आकर रुक जायेगा।

उदाहरण 14.6: *दी गई दो संख्याओं में से कौन सी संख्या बड़ी है, यह मालूम करने के लिए बनाये गये प्रोग्राम का फ्लोचार्ट बनाइए। इसी का विकास कर तीन दी गई संख्याओं में कौन सबसे बड़ी है, यह ज्ञात करने के लिए भी फ्लोचार्ट बनाइए।*

हल: यह सरल वरण (Simple Selection) का केस है। हम पहले इन संख्याओं को पढ़ लेंगे और फिर देखेंगे कि दोनों में से कौन सी बड़ी है। तुलना का काम हमेशा डिसीजन बॉक्स द्वारा होता है। यहां यह प्रश्न पूछा जायेगा कि क्या P,Q से बड़ी है। यदि इस प्रश्न का उत्तर 'हां' में आए तो P के मान को प्रिंट करने का आदेश देंगे। यदि उत्तर 'नहीं' में आए तो इसका अर्थ होगा कि Q का मान बड़ा है इसलिए हम कंप्यूटर को Q का मान प्रिंट करने का आदेश देंगे। इसे नीचे दिये गये फ्लोचार्ट में दिखाएंगे -

START
READ P,Q
नहीं
क्या
P > Q?
हां
PRINT Q
PRINT P
STOP

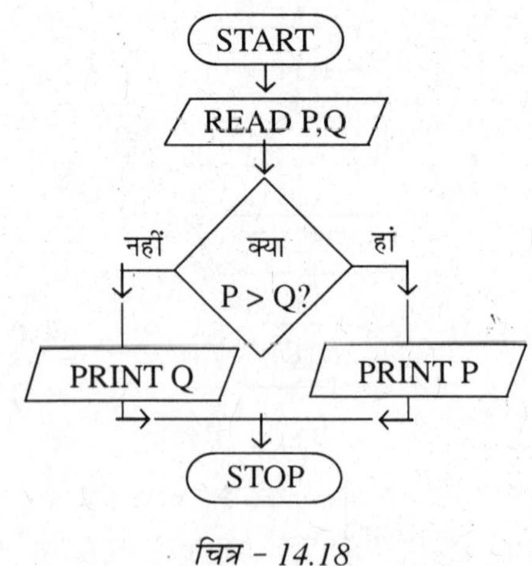

चित्र - 14.18

जब तीन संख्याओं में से कौन सी बड़ी है यह ज्ञात करना हो तो पहले P,Q,R को पढ़ लेंगे और फिर तुलना करेंगे कि क्या P, Q से बड़ी है। इसका उत्तर 'हां' या 'नहीं' दोनों में मिल सकता है।

START
READ P,Q,R
नहीं
Is
P > Q?
हां

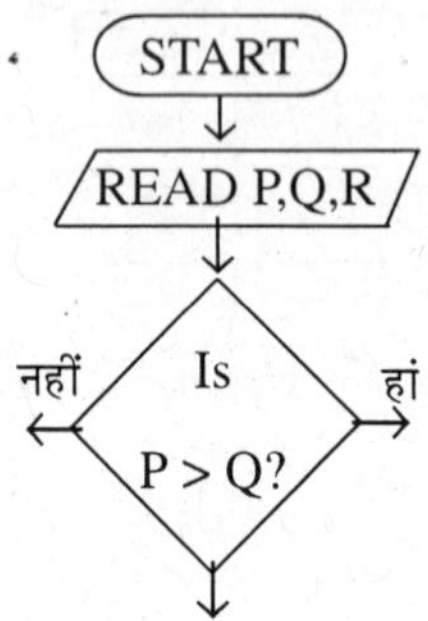

चित्र 14.19

चित्र (14.19) के अनुसार अब हम 'हाँ' की संभावना को लेंगे। यदि P, Q से बड़ी है तो हमारा अगला प्रश्न होगा, क्या P R से भी बड़ी है। इसके दोनों उत्तर संभव है। यदि P, R से बड़ी है तो उत्तर 'हां' में आएगा और हम 'P' को प्रिन्ट करा लेंगे। इसके विपरीत यदि P, R से बड़ी 'नहीं' है तो निश्चय ही R, P से बड़ी है इसलिए R को प्रिन्ट करा लेंगे।

इस तरह P > Q? की 'हां' संभावना को हम फ्लोचार्ट द्वारा दिखाएंगे -

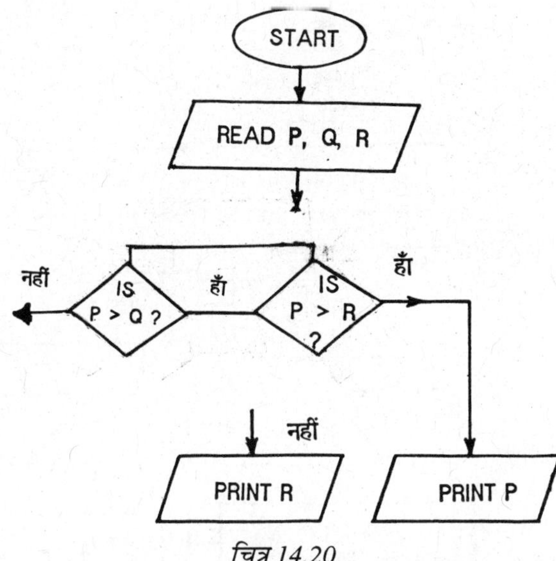

चित्र 14.20

अब हम P > Q? की 'नहीं' संभावना को लेंगे। यदि P Q से बड़ी नहीं है, तो निश्चय ही Q P से बड़ी होगी। इसलिए हमारा अगला प्रश्न होगा कि Q > R ? यदि इसका उत्तर 'हां' है तो इसका अर्थ है कि Q सबसे बड़ी है; इसलिए इसके मान को प्रिंट करा लेंगे। यदि इसका उत्तर 'नहीं' है, तो इसका मतलब होगा कि R ही सबसे बड़ी है, इसलिए R के मान को प्रिंट करा लेंगे। अब चूंकि R को प्रिंट कराने का आदेश हम पिछली संभावना में दे चुके हैं, इसलिए इस आदेश रेखा को हम पिछली आदेश रेखा से जोड़ देंगे। पूरा फ्लोचार्ट अब निम्न प्रकार दिखेगा:

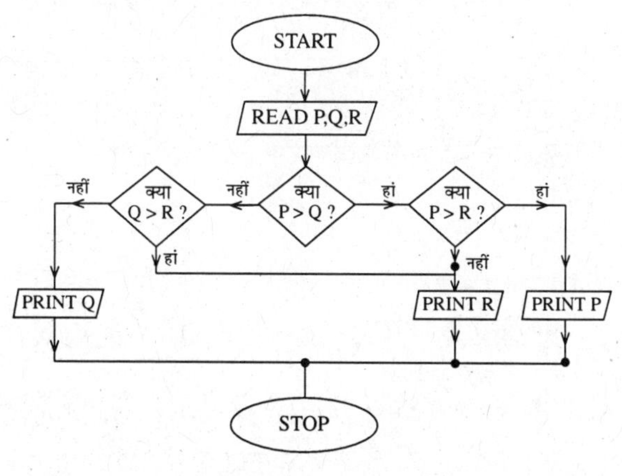

चित्र 14.21

14.8 काउन्टर्स का उपयोग

उदाहरण 14.3 में कई तापक्रमों को सेल्सियस से फारेनहाइट में बदलने के लिए बने प्रोग्राम के अंत में एक स्टेप थी $C \leftarrow C + 10$; जिसका अर्थ है कि C के पुराने मान में 10 को जोड़कर प्राप्त हुए मान के साथ फिर प्रोग्राम दोहराना। दिये गये प्रोग्राम में 200° तक तापक्रम बढ़ने की व्यवस्था थी। इस तरह एक दी हुई सीमा तक ही प्रोग्राम दोहराया जाये इसे सुनिश्चित करने के लिए डिसीजन बॉक्स में टेस्ट किया जाता है। इस काम को और भी अच्छे ढंग से करने के लिए काउन्टर्स का प्रयोग किया जाता है। दूसरे शब्दों में, **'जहां प्रोग्राम का कोई भाग दोहराया जाना है और वह कितनी बार दोहराया जाना है, इसकी गिनती रखनी है, वहां काउन्टर्स का प्रयोग किया जाता है।'**

काउन्टर एक चर या वैरिएबल संख्या है, जिसे शुरू में ही कोई मान दे दिया जाता है। हर बार प्रोग्राम के दोहराने पर काउंटर का मान अन्य दी गई संख्या के बराबर बढ़ता जाता है। जब निर्धारित मान मिल जाता है तो इसका अर्थ है कि दोहराने का काम समाप्त हो गया है। मान लीजिए किसी प्रोग्राम में 25 कार्ड पढ़े जाने हैं। इसके लिए हम I नामक काउंटर का प्रयोग करते हैं। यह कैसे किया जाता है इसे समझने के लिए हम एक-एक स्टेप देखते हैं। जब कोई कार्ड पढ़ा नहीं गया है तब हम काउंटर का मान 0 रखेंगे। इसे स्यूडोकोड में इस तरह लिखेंगे - $I \leftarrow 0$

इसका अर्थ I को 0 का मान प्रदान करना है। एक कार्ड पढ़ने के बाद I का मान 1 के बराबर बढ़ जाएगा। (यदि 1-1 कार्ड छोड़कर पढ़ा जा रहा हो तो I का मान 2 से बढ़ेगा)। यहां पर 1 कार्ड पढ़ने के बाद काउंटर का मान स्यूडोकोड में ऐसे लिखेंगे -

$I = I + 1$ इसका मतलब है

I नवीन = I पुराना + 1 यानि I के पुराने मान को एक से बढ़ाकर नया मान 0+1 = 1 प्राप्त किया गया है जो यह बताता है कि सिर्फ एक कार्ड पढ़ा गया है।

उदाहरण 14.7: *x और n के दिये गये मान के लिए नीचे दी गई श्रृंखला का योगफल निकालने के लिए बनाये जाने वाले प्रोग्राम का फ्लोचार्ट बनाइए। इस फ्लोचार्ट में परिणाम प्रिंट करने की व्यवस्था भी होनी चाहिए।*

$$1 + x + x^2 + \ldots\ldots\ldots\ldots + x^n$$

हल: इस श्रृंखला को हल करने के तीन चरण हैं, जिनके समूह को बार-बार तब तक दोहराना है जब तक n खत्म न हो जाए। इस श्रृंखला को देखने से ही पता चलता है कि हर पद को पिछले पद में x से गुणा करके प्राप्त किया जा सकता है। इस पूरी श्रृंखला का योग निकालने के लिए एक पद में दूसरा पद जोड़ेंगे व इनके योगफल में तीसरा पद जोड़ेंगे। इस तरह योग तब तक करते जाएंगे जब तक n+1 पदों का योग न निकल आये। योगफल का मान भी हर पद के बाद बदलता जाता है इसलिए इसे भी एक चर नाम SUM से सम्बोधित करेंगे। इस प्रोग्राम को निम्न चरण में लिखा जा सकता है -

1. X और N के मान को INPUT करना या पढ़ना (READ)।
2. श्रृंखला के पदों के योग SUM का प्रारंभिक मान शून्य मानकर पदों के योग की क्रिया की शुरुआत करना यानि S ← 1
3. प्रत्येक पद T का प्रारंभिक मान 1 मानकर पद का मान निकालने की क्रिया की शुरुआत यानि T ← 1
4. काउंटर I का मान 1 मानकर गिनने (काउन्टिंग) की क्रिया की शुरूआत I ← 1
5. यहां SUM← SUM + Term या संक्षेप में S← S + T
6. अगले पद का मान निकालने के लिए (यदि पिछले पद का मान T है तो) T ← T × C
7. अब I का मान 1 से हर बार बढ़ाना चाहिए जब तक कि वह N के बराबर न हो जाए।
8. जांच कीजिए कि I < N
9. यदि I < N सिद्ध हो जाए तो स्टेप 5 से स्टेप 8 तक की क्रियाओं को बार-बार दोहराना चाहिए।
10. यदि I < N नहीं है तो योगफल S को प्रिंट करा लेना चाहिए।

उदाहरण 14.6: *N के दिये गये मान के लिए N! (क्रमगुणित या Factorial) का मान निकालने के लिए फ्लोचार्ट बनाइए।*

हल: N! का अर्थ होता है:

$$N = N \times (N-1) \times (N-2) \times (N-3) ---------$$

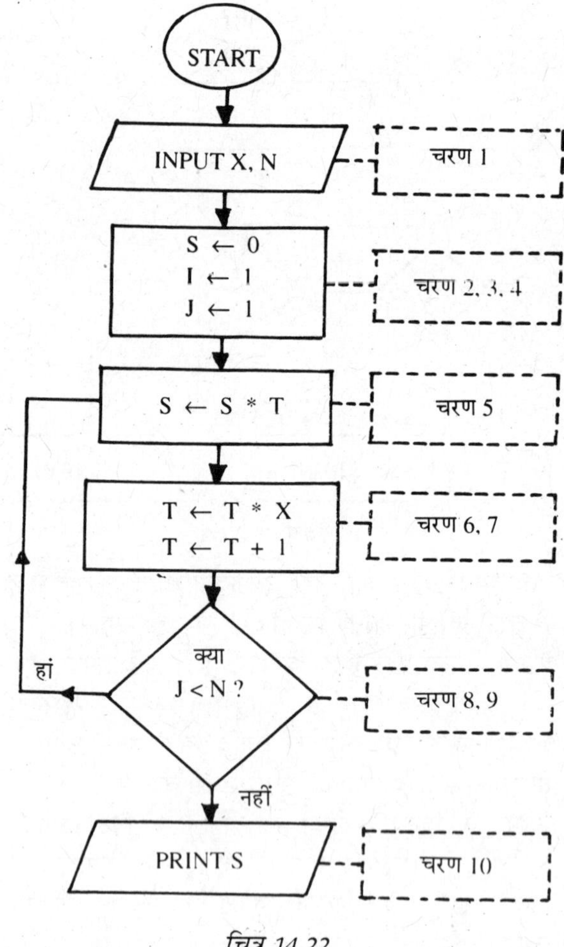

चित्र 14.22

फ्लोचार्ट बनाने के लिए हम नीचे दिये गये स्टेप्स पर चलेंगे-

1. सबसे पहले हम N का मान पढ़ेंगे (N को इनपुट करेंगे)
2. काउंटर को 1 पर सेट करेंगे
   I ← 1
3. काउंटर को प्रारंभ करेंगे
   I ← I + 1
   अब हम फैक्टोरियल का सूत्र रखेंगे।
4. FACT ← FACT × I
5. प्रिंट करने से पहले टेस्ट करें कि क्या I < N
6. यदि I < N हो तों फिर से स्टेप 4 व 5 को दोहराएं अन्यथा फेक्टोरियल FACT को प्रिन्ट करें।

फ्लोचार्ट

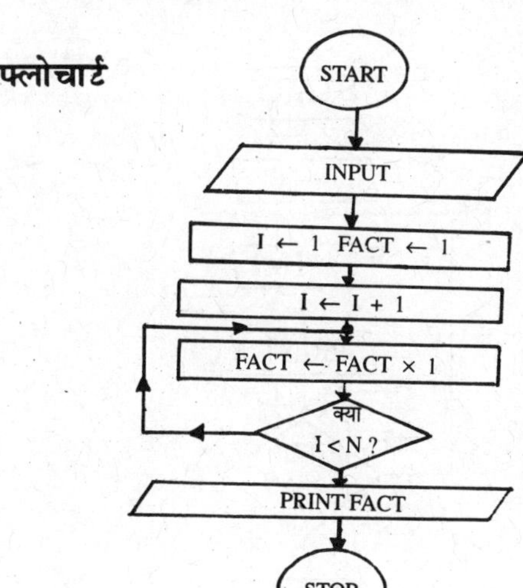

चित्र 14.23

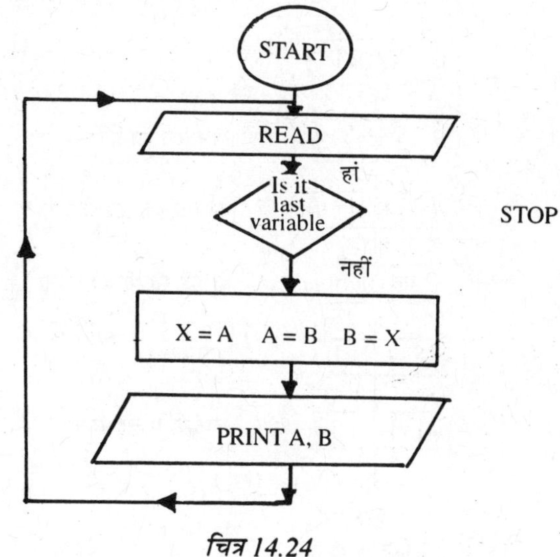

चित्र 14.24

उदाहरण 14.9: *दो वैरिएबल संख्याओं (चर) के मानों को आपस में बदलने के लिए एल्गोरिद्म लिखिए व फ्लोचार्ट भी बनाइए।*

हल: यह समस्या इतनी आसान नहीं है जितनी कि मालूम पड़ती है। माना कि ये दो संख्याएं A और B हैं जिनका मान कंप्यूटर में संग्रहित है। नया प्रोग्रामर इसे A=B और B =A सूत्रों से हल करना चाहेगा जिससे B का मान A मान के स्थान पर चला जाएगा लेकिन उससे पहले A का मान मिट जाएगा। इसलिए हमें पहले A के मान को एक नयी संख्या X के रूप में रखना होगा। इस समस्या को आप अपने दैनिक जीवन के एक उदाहरण से समझ सकते हैं। मान लीजिए हमारे पास दो ही प्याले हैं जिनमें से एक में चाय है और दूसरे में कॉफी। अब यदि हम चाय वाले प्याले में कॉफी और कॉफी वाले प्याले में चाय रखना चाहें तो यह तब तक संभव नहीं है जब तक कि एक अन्य प्याला न हो। यदि एक प्याला और हो तो यह बदलाव लाया जा सकता है। इस काम के लिए एल्गोरिद्म इस प्रकार होगी –

1. A और B के मान को पढ़ना।
2. A के मान को X के रूप में जमा करना। (X = A)
3. B के मान को A में संचित करना। (A = B)
4. X के मान को B में संचित करना। (B = X)
5. A और B के मान को प्रिन्ट करना।

उदाहरण 14.10: *किन्हीं 10 संख्याओं का योग निकालने के लिए फ्लोचार्ट बनाइए और दिखाइए कि इस प्रोग्राम से औसत कैसे निकाला जा सकता है। इस प्रोग्राम को सामान्य कार्य के लिए बनाइए जिसके द्वारा किन्हीं N संख्याओं का योग निकाला जा सके।*

हल: हम योग को S (Sum का संक्षिप्त रूप) और काउंटर को I से दर्शाएंगे। इनके औसत को A से लिखेंगे। दी हुई संख्या को N(I) से लिखेंगे। इसमें N संख्या को I संख्या के क्रमांक से दर्शाया जाता है। डिसीजन बॉक्स इस बात का निर्णय लेगा कि सभी दस संख्याओं का योग हो गया है या नहीं। यदि 'हां' तो औसत निकाल लिया जाएगा।

दी हुई संख्या का मान 'N' होने पर डायमंड बॉक्स में

Is 1 > N? लिखकर इसी फ्लोचार्ट का प्रयोग कर सकते हैं।

उदाहरण 14.11: *नीचे दिये फ्लोचार्ट से क्या कार्य होगा यह बताएं और इससे बनने वाले प्रोग्राम का स्यूडोकोड भी बनाएं।*

हल: इसमें I एक काउंटर है जिसका मान बार-बार प्रिंट होना है जब I का मान 10 के बराबर होगा तो यह प्रोग्राम अपने आप रुक जाएगा। इससे पहले स्टेप-3 के कारण I+1 = 10+1 = 11 हो चुका होगा और स्टेप-4 के आदेश के कारण I का मान 1 से प्रारंभ होकर 6 तक छप चुका होगा। इसलिए इस प्रोग्राम के द्वारा 1 से लेकर 11 तक नंबर प्रिंट होंगे।

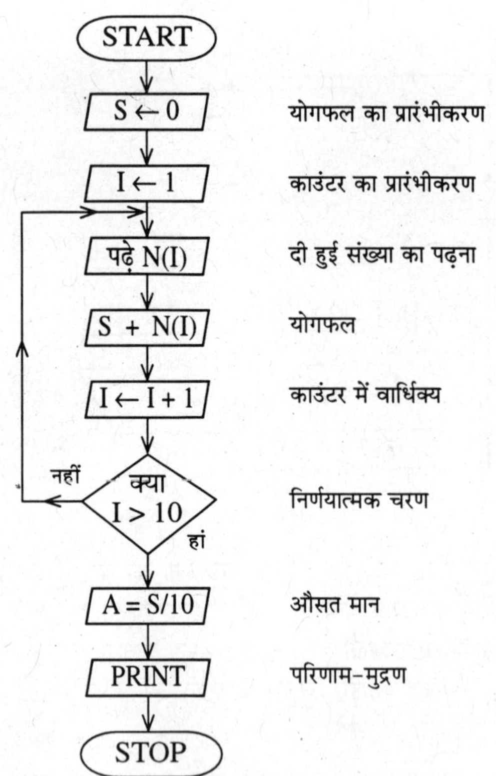

चित्र -14.25

स्यूडोकोड	**बेसिक में लिखा प्रोग्राम**	
BEGIN	10	LET I = (I-0)
14-0	20	LET I = (I+I-0)
14-I+I	30	PRINT I;
PRINT I	40	IF I > 10 THEN IF 15
IF I > 5 THEN		THEN 60
GO TO 3	50	GO TO 20
ELSE	60	END
END IF		RESULT
STOP		1 2 3 4 5 6 7 8 9 10 11

उदाहरण 14.12: *नीचे दिये फ्लोचार्ट वाले प्रोग्राम के द्वारा SUM का मान प्रिंट होगा?*

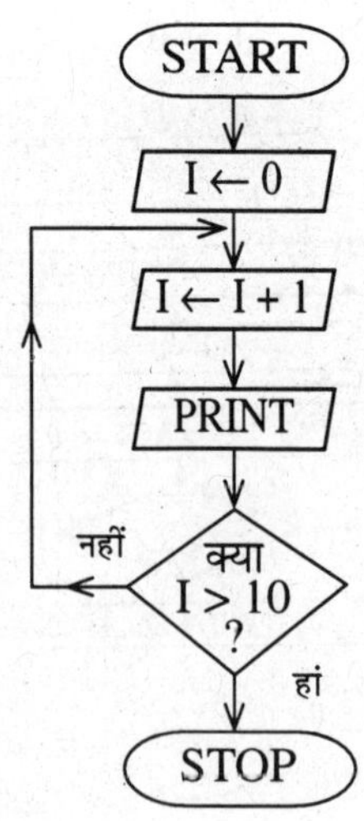

चित्र -14.26

हल: (क) इसमें काउंटर का प्रारंभिक मान 1 और SUM का 0 है। प्रोग्राम शुरू होने पर चरण 3 द्वारा I का मान 2 होगा। स्टेप-4 में चूंकि I का मान 2 अर्थात 50 से कम है इसलिए निर्णय 'हां' में होगा और प्रोग्राम दाईं ओर चला जाएगा, जिसमें SUM का मान प्रिंट करने का आदेश है। इसलिए SUM का मान 0 प्रिंट हो जाएगा।

(ख) यहां भी काउंटर का प्रारंभिक मान 1 और SUM का 0 है। स्टेप-3 में जाने पर निर्णय 'हां' होगा क्योंकि I का मान 1 है जो 50 से कम है। चौथे चरण के कारण I का मान 2 होगा और SUM का 1 और प्रोग्राम फिर से चरण 3 पर लूप बैक होकर आएगा। यह प्रोग्राम बार-बार लूप बैक होगा जब तक कि I का मान 50 न हो जाए क्योंकि तब तक हर फैसला 'हां' में होगा। I का मान 49 होने पर I का बढ़ा हुआ मान 50 होगा और तब डिसीजन बक्स का उत्तर नहीं में होगा और प्रोग्राम दाईं ओर प्रिंट आदेश पर चला जायेगा। लेकिन इससे पहले चूंकि स्टेप चार में SUM का मान 49 है इसलिए SUM का मान 49 प्रिंट हो जाएगा।

(ग) जब चरण चार में I का मान 51 हो तो डिसीजन बॉक्स का निर्णय 'हां' में होगा इनका मान 50 होगा इसलिए SUM का मान 50 प्रिंट होगा।

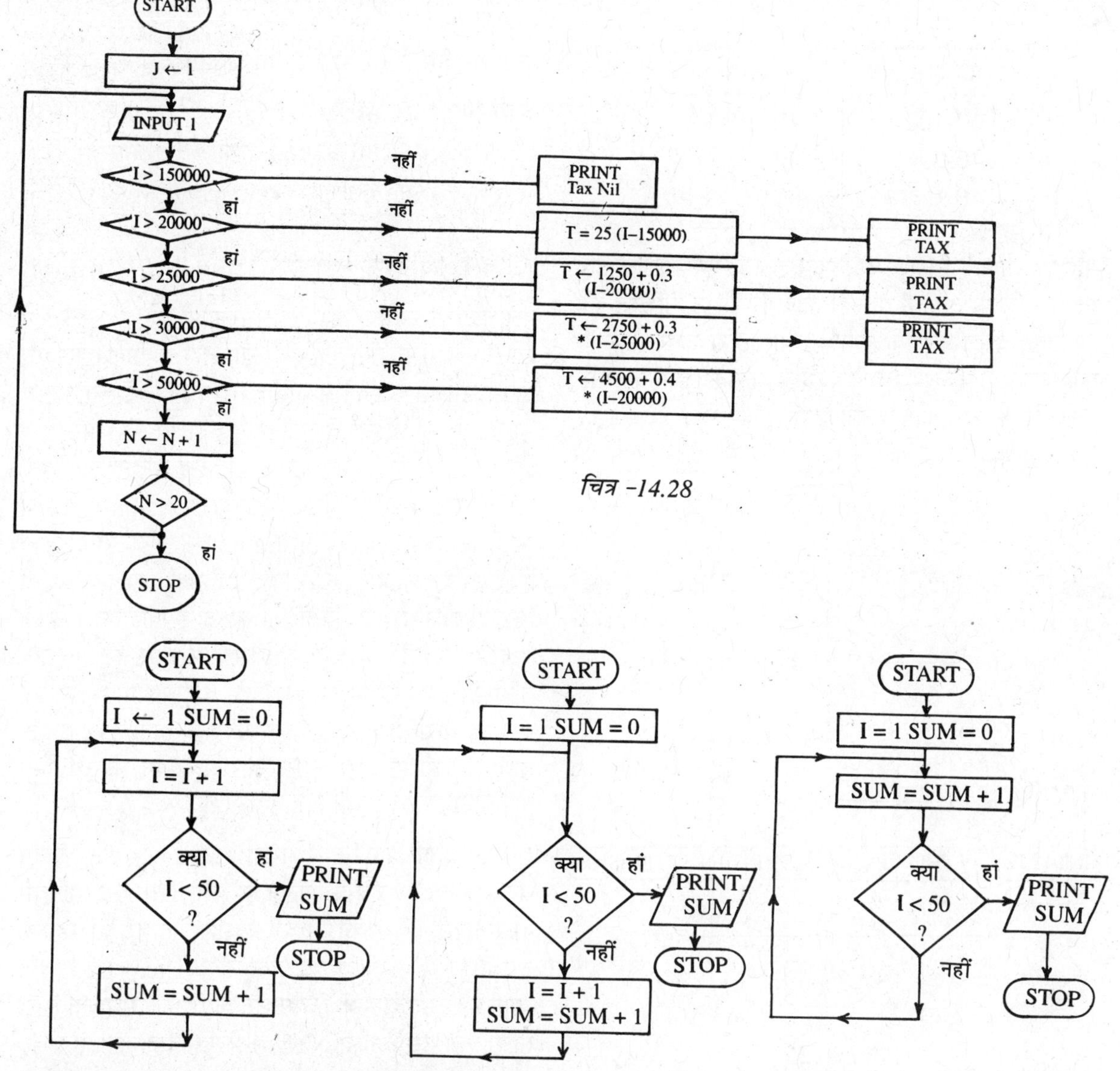

चित्र -14.28

चित्र 14.27

उदाहरण 14.11: *नीचे दी गई सारिणी में विभिन्न आय वर्गों के लिए इन्कम टैक्स की दरें दी गई हैं। 15 से 20 हजार रूपये के इन्कम टैक्स स्तर के 20 लोगों के इन्कम टैक्स की गणना के लिए एक फ्लोचार्ट बनाइए।*

इन्कम वर्ग	इन्कम टैक्स रेट
15000 रू. तक	कोई नहीं
15000 से 20000	15000 रू. से अधिक राशि पर 25%
20001 से 25000	20000 से अधिक राशि पर 30%
25001 30000	25000 से अधिक राशि पर 35%
30001 से 50000	30000 से अधिक राशि पर 40%

हल: प्रश्न में इन्कम टैक्स के 5 स्तर दिये गये हैं इसलिए 5 डिसीजन बॉक्सों की जरूरत होगी। छठा डिसीजन बॉक्स काउंटर का मान गिनने के लिए बनाया जाएगा।

उदाहरण 14.14. *नीचे दिये काम के प्रोग्राम के लिए एक फ्लोचार्ट और स्यूडोकोड बनाइए। इसमें इनपुट के रूप में प्रतिशत अंक दिये जाते हैं और नीचे दी गई सारिणी की मदद से परीक्षा परिणाम निकालना है। सब केसों को टेस्ट करने के लिए कितने टेस्ट डेटा की जरूरत होगी? कुछ ऐसे टेस्ट डेटा के मान भी बताइए।*

प्रतिशत अंक	परिणाम
60-100	प्रथम श्रेणी
40-59	पास
40 से कम	फेल

यहां पर स्पष्ट है कि हमें दो निर्णय लेने हैं, एक यह कि 60 या 60 से ऊपर अंक हैं या नहीं ताकि डिवीजन निश्चित की जा सके, दूसरा यह कि क्या 40 या 40 से ऊपर अंक हैं ताकि पास या फेल या निश्चय किया जा सके। इसी अनुसार फ्लोचार्ट व स्यूडोकोड बनाये जाएंगे।

(I) फ्लोचार्ट

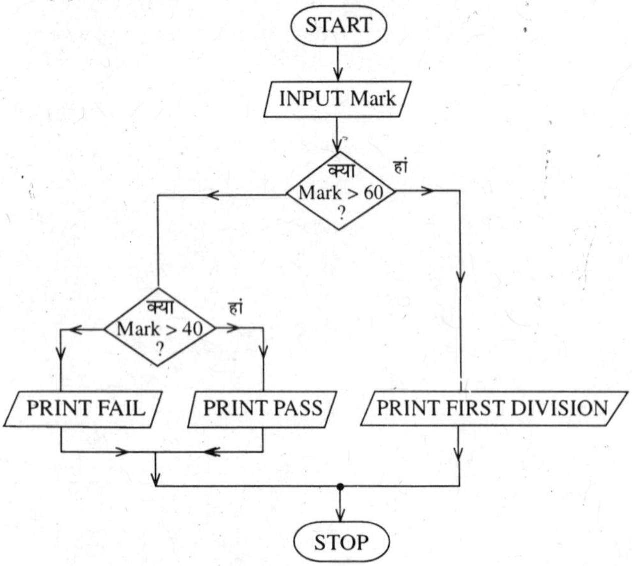

START
INPUT Mark
क्या Mark > 60 ? — हां
क्या Mark > 40 ? — हां
PRINT FAIL
PRINT PASS
PRINT FIRST DIVISION
STOP

चित्र 14.29

(II) स्यूडोकोड

```
BEGIN
    INPUT Mark
    IF Mark > 60 THEN
    PRINT 'First Divn'
ELSE
    IF Mark > 40 THEN
    PRINT 'Pass'
    ELSE
    PRINT 'Fail'
    END IF
END
```

कम-से-कम तीन टेस्ट डेटा की जरूरत होगी।

उदाहरण: 25 (40% से कम),
45 (40% व 60% के बीच) और
65 (60% से ऊपर)

14.9 डिसीज़न टेबल्स (Decision Tables)

फ्लोचार्ट या स्यूडोकोड द्वारा समस्याओं को हल करने में समस्या के सभी पहलुओं पर विचार नहीं हो पाता। कई बार किसी समस्या के इतने संभावित परिणाम होते हैं कि उन पर विचार करना भी संभव नहीं होता, या किसी समस्या के इतनी तरह के हल संभव होते हैं कि उन्हें याद रखना संभव नहीं हो पाता। इसीलिए डिसीजन ट्री (Decision Tree) या डिसीजन टेबल (Decision Table) बनाना जरूरी हो जाता है। डिसीजन ट्री द्वारा कई विकल्पों (हलों) वाले कार्यों का विश्लेषण आसानी से किया जा सकता है। डिसीज़न टेबल में दो मुख्य हिस्से होते हैं। बायें भाग में ऊपर की ओर शर्तें व नीचे कार्य का नाम लिखा जाता है व दायें भाग में इन शर्तों व कार्यों से संबंधित नियम व कार्य-एन्ट्री होती हैं। टेबल के बायें भाग को स्टब (STUB) और दायें भाग को टुथ एन्ट्री (Truth Entry) कहते हैं।

शर्त की दायीं ओर नियम संख्या 1,2,3,------ के कॉलम बने होते हैं। हर शर्त के पालन के लिए 1 या ज्यादा नियम हो सकते हैं। जिस नियम के अनुसार शर्त पूरी हो रही हो उस नियम के नीचे दी गई पंक्ति में Y (Yes) लिख दिया जाता है। उसी तरह जो नियम शर्त के हिसाब से गलत सिद्ध हो रहा हो उसके नीचे N (No) लिख दिया जाता है।

उदाहरण 14.15: *गर्म पानी में उबली चाय और कॉफी के जग, दूध, चीनी, चम्मच, प्याले आदि उपलब्ध होने की स्थिति में किसी व्यक्ति के लिए उसकी इच्छानुसार बिना दूध वाली (Black) या दूध वाली (White), फीकी या मीठी चाय या कॉफी पेश करने की संभावनाओं के प्रोग्राम को बनाने के लिए ट्री चार्ट और डिसीजन टेबल की मदद से फ्लोचार्ट बनाइए।*

हल: हम बिना दूध की चाय या कॉफी को ब्लैक चाय व कॉफी, दूध वाली चाय व कॉफी को व्हाइट चाय व कॉफी कहेंगे। इसी तरह चीनी वाले पेय को मीठा व बिना चीनी वाले पेय को फीका कहेंगे।

डिसीजन ट्री:

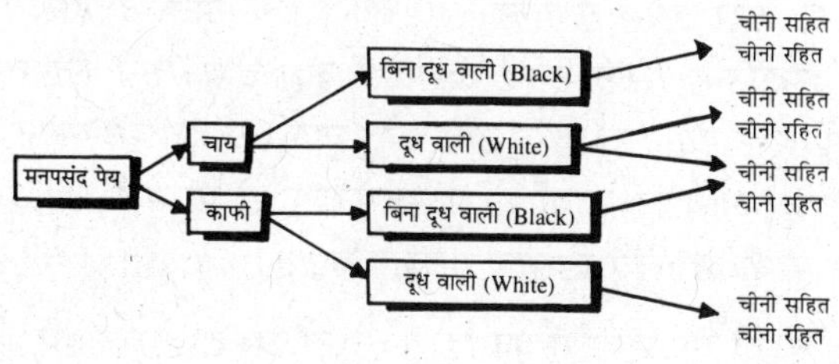

इस डिसीजन ट्री से यह स्पष्ट हो जाता है कि प्रोग्राम या फ्लोचार्ट में आठ तरह की संभावनाएं उत्पन्न करने की सामर्थ्य होनी चाहिए।

दिये गये कार्यक्रम के लिए निम्न कार्य करने होते हैं –

चाय
1. जग में दूध डालना (यदि जरूरत हो)
2. उसमें उबली हुई चाय डालना।
3. बनी हुई फीकी चाय को कप में उड़ेलना

कॉफी
4. जग में उबली हुई कॉफी डालना।
5. फिर उसमें दूध डालना।
6. तैयार फीकी कॉफी को कप में उड़ेलना।

चाय या कॉफी
7. चीनी डालना।
8. पेय को चम्मच से हिलाना।

डिसीज़न टेबल के लाभ व हानियां:

लाभ:

1. जटिल समस्याओं के हल ढूंढने में डिसीज़न टेबल बहुत सहायक होती हैं।
2. इनके प्रयोग से फ्लोचार्ट व स्यूडोकोड बनाना आसान हो जाता है।
3. सभी वैकल्पिक कार्य प्रोग्राम में सम्मिलित हो गये हैं या नहीं इस बात का पता चल जाता है।

हानियां:

1. डिसीज़न टेबल में हाई लेवेल लैंग्वेज के प्रोग्राम सीधे नहीं लिखे जा सकते। फ्लोचार्ट या स्यूडोकोड तो फिर भी बनाने पड़ते हैं।
2. इनके द्वारा तर्क के बहाव को आसानी से नहीं समझा जा सकता।
3. प्रोग्राम के डॉक्यूमेंटेशन में बहुत समय लगता है।

उदाहरण 14.16: *तीन दी गई संख्याओं में सबसे बड़ी संख्या कौन-सी है यह तय करने के लिए डिसीज़न टेबल बनाइए।*

हल: मान लीजिए कि वे तीन संख्याएं A,B और C हैं। हमें तीन संभावनाओं पर विचार करना है।

निर्णय तालिका

Y = Yes (हां), N = No (नहीं)								
शर्त	नियम या संभावना चाय के आगे N लिखा हो तो काफी मानी जायेगी। Black के आगे N लिखा हो तो White माना जायेगा।							
	1	2	3	4	5	6	7	8
चाय	Y	Y	Y	Y	N	N	N	N
बिना दूध (Black)	Y	Y	N	N	Y	Y	N	N
चीनी	Y	N	Y	N	Y	N	Y	N
कार्य कप में दूध डालना उसमें उबली हुयी कॉफी डालना फिर उसमें दूध डालना कम में बनी हुयी फीकी कॉफी उड़ेलना चीनी डालना पेय को हिलाना								

(1) A>B? (2) A>C? (3) B>C?

इस प्रकार हमें तीन काम करने हैं:

1. यदि A सबसे बड़ी संख्या है, तो उसे प्रिंट करना।
2. यदि B सबसे बड़ी संख्या है, तो उसे प्रिंट करना।
3. यदि A या B सबसे बड़ी नहीं हैं, तो C को प्रिंट करना।

अब हम अपनी निर्णय तालिका बना सकते हैं जो कि इस तरह होगी:

शर्तें (या संभावनायें) (Condition stub)	शर्त प्रवृष्टियाँ (Condition Entries)		
	1	2	3
क्या A > B?	Y	Y	N
क्या A > C?	Y	N	N
क्या B > C?	Y	N	Y
कार्य (Action stub)	कार्य प्रवृष्टियाँ (Action Entries)		
A को प्रिंट करना B को प्रिंट करना C को प्रिंट करना			

उदाहरण 14.17: *किसी कंपनी के क्लर्क को बिल पास करने के लिए इस तरह डिस्काउन्ट देने के लिए कहा गया है - 5000 रूपये या उससे अधिक की खरीदरी के लिए 5% तथा उससे कम के लिए 3% डिस्काउन्ट दिया जाये। डिस्काउन्ट सिर्फ उन्हीं खरीदारों को दिया जाये जिनकी पिछली भुगतान स्थिति ठीक हो (यानि क्रेडिट संतोषजनक हो)। अन्य स्थितियों में सेल्स मैनेजर से परामर्श लें। इस समस्या के लिए डिसीज़न टेबल बनाएं।*

हल: दी गई समस्या का डिसीजन ट्री इस तरह बनाएंगे

दी गई समस्या की निर्णय-सारिणी ऐसे बनायी जाएगी -

डिसीज़न टेबल बनाते हुए निम्न बातों को ध्यान में रखना चाहिए:

1. सभी शर्तों को कंडीशन बाक्स में लिख लेना चाहिए। फिर इन शर्तों के सभी संयोजन या Combinations निकाल लिये जाएं। n शर्तों के लिए इन संयोजनों की संख्या 2n होती है। शर्तों से संबंधी नियमों की संख्या (जिन्हें दाईं ओर कंडीशन एन्ट्री में लिखते हैं) भी इन संयोजनों के बराबर होती है।

डिसीजन ट्री

शर्तें			कार्य
बिल क्लर्क का निर्णय	5000/- या उससे अधिक का आर्डर/बिल	क्रेडिट संतोषजनक	5% डिस्काउण्ट
		क्रेडिट असंतोषजनक	सेल्स मैनेजर से पूछें
	5000/- से कम का आर्डर/बिल	क्रेडिट संतोषजनक	3% डिस्काउण्ट
		क्रेडिट असंतोषजनक	सेल्स मैनेजर से पूछें

डिसीज़न टेबल

कुंजी Y = Yes, N = No

शर्तें	नियम			
	1	2	3	4
क्या आर्डर 5000 या उससे अधिक का है? क्या क्रेडिट संतोषजनक है?	Y Y	Y N	N Y	N N
कार्य				
3% डिस्काउण्ट देना			X	
5% डिस्काउण्ट देना	X			
सेल्स मैनेजर से परामर्श		X		X

2. टेबल के दाईं ओर कंडीशन एंट्री में नियमों की संख्या के बराबर कॉलम बना लिए जाते हैं।

3. नियमों के नीचे Y (Yes) या N (No) लिखते समय यह ध्यान में रखना चाहिए कि एक कॉलम की एन्ट्री किसी दूसरे कॉलम की एन्ट्री के समान न हों।

अभ्यासार्थ प्रश्न

1. कंप्यूटर एवं मानव मस्तिष्क की तुलना कीजिये और बताइए कि कंप्यूटर को प्रोग्राम देने की आवश्यकता का वर्णन कीजिये।
2. एल्गोरिद्म की क्यों आवश्यकता होती है?
3. प्रोग्रामिंग-विकास के विभिन्न चरणों की संक्षेप में व्याख्या कीजिये।
4. फ्लोचार्ट में अक्सर उपयोग में आने वाले प्रतीकों के नाम लिखिए तथा उनसे क्या तात्पर्य होता है, यह समझाइए?
5. फ्लोचार्ट या प्रोग्राम में कॉउण्टरों की आवश्यकता क्यों होती है?
6. निम्नलिखित में अंतर स्पष्ट कीजिए।

   (क) एल्गोरिद्म एवं प्रोग्राम
   (ख) एल्गोरिद्म एवं स्यूडोकोड
   (ग) फ्लोचार्ट एवं स्यूडोकोड
   (घ) डिसीजन ट्री एवं डिसीजन टेबल
   (च) सरल वरण एवं सरल पुनरावर्तन
7. निम्नलिखित पर संक्षिप्त टिप्पणी लिखिए

   (क) पुनरावृत्ति लूप
   (ख) स्यूडोकोड
   (ग) एल्गोरिद्म
   (घ) डिसीजन टेबल
   (च) प्रोग्रामिंग के उद्देश्य
8. बताइए कि फ्लोचार्ट बनाने के क्या लाभ हैं तथा इसमें कितनी प्रकार की संरचनाएं बहुधा प्रयोग में लायी जाती हैं?
9. फ्लोचार्ट से प्रोग्रामर को क्या सुविधा मिलती हैं? प्रोग्राम लिखने में स्यूडोकोड से ज्यादा सहायता मिलती है या फ्लोचार्ट से, यह सविस्तार समझाइए?
10. समस्या-संरूपण से क्या तात्पर्य है? समस्याओं के विश्लेषण के लिये कितने चरण उठाये जाते हैं?
11. फ्लोचार्ट बनाने के 5 नियमों को लिखिए।
12. स्ट्रक्चर्ड प्रोग्रामिंग पर संक्षिप्त में एक निबन्ध लिखिए।
13. प्रोग्राम बनाने के पश्चात निष्कर्ष प्राप्त करने के लिये क्या चरण उठाना जरूरी है, लिखिए।
14. दो प्रकार के पुनरावृत्ति-लूपों की व्याख्या कीजिए।
15. कोडिंग (Coding) से क्या तात्पर्य है?
16. दी हुई सौ संख्याओं में से कितनी धनात्मक हैं, कितनी शून्य और कितनी ऋणात्मक यह जांचने के लिए फ्लोचार्ट बनाइए।
17. एक नाम को पढ़कर एक ही लाइन में पांच बार लिखने का फ्लोचार्ट बनाइए। (टिप्पणी: एक ही नाम को बार-बार प्रिंट करने के लिए (PRINT NAME; आदेश दिया जाता है। ; का अर्थ है एक ही लाइन में शेष भाग को प्रिंट करना)।
18. एक कंपनी अपने कर्मचारियों को उनके वेतन का 15% बोनस के रूप में देती है, साथ ही जो कर्मचारी 15 साल से अधिक समय से कंपनी में कार्यरत हैं, उन्हें 500/- अतिरिक्त भत्ता देती है। इस स्थिति को दर्शाने के लिए फ्लोचार्ट बनाइए।
19. 1 से लेकर 10 तक की संख्याओं का योगफल निकालने के लिए किसी फ्लोचार्ट के डिसीजन बॉक्स में निम्नलिखित में कौन से सूत्रों का प्रयोग होगा।

   (क) K<10 (ख) K>10 (ग) K=0
   (घ) K < 10 (च) K>10 (छ) K>10

❍❍❍

अध्याय-15

प्रोग्रामिंग की भाषाएं

15.1 कंप्यूटर से बातचीत

संसार में हजारों तरह की भाषाएं अलग-अलग तरह से बोली व लिखी जाती हैं। इनमें से कुछ भाषाएं किन्हीं देश या प्रदेश तक ही सीमित हैं जबकि अंग्रेजी अंतर्राष्ट्रीय रूप से बोली जाने वाली भाषा है। इसलिए कंप्यूटर में प्रोग्रामिंग की भाषा के रूप में अंग्रेजी का प्रयोग किया जाता है। कंप्यूटर के की-बोर्ड में इन्डो-अरेबियन अंकों का प्रयोग होता है। कंप्यूटर टेक्नोलॉजी के विकास के साथ वर्ड-प्रोसेसर का आविष्कार हुआ जिससे विभिन्न लिपियों (स्क्रिप्ट्स) में लिखा जाना भी संभव हो गया। लेकिन फिर भी हाई लेवल की कंप्यूटर भाषाओं में फिलहाल अंग्रेजी का ही प्रयोग होता है। यहां पर यह बताना जरूरी है कि कंप्यूटर के प्रोग्राम, जिनके अनुसार कंप्यूटर काम करता है, कई तरह की भाषाओं में लिखे जाते हैं। ये भाषाएं हैं—

- लो-लेवेल भाषाएं या मशीन लैंग्वेज़, जिन्हें मशीन कोड भी कहते हैं।
- असेम्बली लैंग्वेज, जिन्हें असेम्बली कोड भी कहते हैं।
- हाई लेवेल भाषाएं, जैसे - फोरट्रॉन, बेसिक, कोबोल आदि।

इन तीनों प्रकारों की भाषाओं को हम विस्तार से पढ़ेंगे।

15.2 मशीन लैंग्वेज़ (Machine Language)

कंप्यूटर हमारे आदेशों के अनुसार कार्य करता है लेकिन मशीन होने के कारण हमारे आदेशों को समझने के लिए वह पहले उन्हें मशीन लैंग्वेज़ में बदलता है। जैसा कि हम पढ़ चुके हैं, मशीन लैंग्वेज़ का अर्थ है किसी भी जानकारी को विद्युत पल्स होने या न होने यानि क्रमशः 1 व 0 में बदल लेना। प्रत्येक कंप्यूटर का मशीन कोड उसमें प्रयोग की जाने वाली चिप द्वारा निर्धारित होता है। मशीन कोड में दिये गये आदेश को हम एक उदाहरण से समझ सकते हैं।

मान लीजिए कि मशीन कोड का एक आदेश 0011, 1000, 1001 है। इसमें पहले 'निब्बल' (चार अंकों) 0011 का अर्थ है 'जोड़ो'। दूसरे निब्बल 1000 का अर्थ है 8 और तीसरे निब्बल 1001 का अर्थ है 9। इस तरह इस आदेश का अर्थ यह है कि स्थान संख्या 8 के डेटा को स्थान संख्या 9 के डेटा से जोड़ कर (cumulative result) को स्थान संख्या 8 पर लिखिए। (यह हम पिछले अध्याय में डेसीमल संख्याओं को बाइनरी में बदलने आदि के अंतर्गत पढ़ चुके है।) कंप्यूटर की सेन्ट्रल प्रॉसेसिंग यूनिट इन बाइनरी संकेतों को विद्युत पल्सों के होने या न होने के अनुसार ग्रहण कर लेती है। कंप्यूटर की क्लाक से ये पल्स जारी होती हैं जो फिर इलेक्ट्रॉनिक गेट्स (Gates) से गुजरती हैं। कंप्यूटर में एक सेकंड में औसतन 8 मेगाहर्ट्ज यानि 80 लाख पल्स जारी होती हैं।

मशीन कोड के अनुदेश कैसे बनाये जाते हैं व कंप्यूटर कैसे काम करता है, इसके लिए हम सेन्ट्रल प्रॉसेसिंग यूनिट के बारे में कुछ समझेंगे। सेन्ट्रल प्रॉसेसिंग यूनिट के निम्न भाग इस काम में अलग-अलग भूमिकायें निभाते हैं—

- अंकगणितीय और लॉजिकल यूनिट (ALU)
- मेन मेमोरी
- कंट्रोल यूनिट
- डिजिटल क्लॉक

- रजिस्टर

रजिस्टर भी चार तरह के होते हैं —

- मेमोरी डेटा रजिस्टर
- करैंट इन्स्ट्रक्शन रजिस्टर
- मेमोरी ऐड्रेस रजिस्टर
- सीक्वेंस कन्ट्रोल रजिस्टर

डेटा पर काम करते समय उन्हें मेन मेमोरी से निकालकर इन रजिस्टरों में कुछ समय के लिए रख दिया जाता है। कुछ समय के लिए डेटा रखे जाने के कारण ही इन रजिस्टरों को टेम्प्रेरी मेमोरी कहते हैं। इसके अलावा ALU के अंदर एक एक्यूमुलेटर (Accumulator) भी होता है जिसमें गणना के बाद मिलने वाले परिणामों को कुछ समय के लिए रखा जाता है।

15.3 कंप्यूटर इंस्ट्रक्शन्स

मेन मेमोरी में डेटा को रखने के लिए लाखों शब्द-स्थान बने होते हैं जिनका आकार एक-सा होता है। इस तरह कुछ स्थान 8 बिट के, कुछ 16 के, तो कुछ 32 बिटों के होते हैं। हर शब्द स्थान का एक क्रमांक होता है जिसे उसका ऐड्रेस कहते हैं। इस ऐड्रेस के जरिये उस स्थान में भरे हुए डेटा तक आसानी से पहुंचा जा सकता है।

मशीन भाषा में दिये गये इंस्ट्रक्शन्स के दो भाग होते हैं—

1. ऑपरेशन या फंक्शन कोड तथा
2. ऑपरेंड ऐड्रेस।

ऑपरेशन या फंक्शन कोड का अर्थ है डेटा पर किया जाने वाला कार्य जैसे जोड़, घटाना, गुणा आदि।

ऑपरेन्ड ऐड्रेस, जिसे संक्षेप में ओ.पी.कोड कहते हैं, का अर्थ है उन डेटा, जिन पर काम किया जाना है, के स्थान वाली संख्या को बाइनरी कोड में प्रस्तुत करना। फंक्शन कोड को आधुनिक कंप्यूटरों में हेक्स विधि से लिखा जाता है। यहां पर हम एक काल्पनिक आदेश का उदाहरण लेंगे जिसे बाइनरी विधि से लिखा गया है। एक्यूमुलेटर (अब तक के गणना कार्यों के परिणाम वाले स्थान) में दी गई संख्या में से मेमोरी स्थान 9_{10} में दी गई संख्या को घटाने के लिए आदेश इस तरह दिया जाएगा—

फंक्शन कोड				ऑपरेन्ड कोड											
0	0	1	1	0	0	0	0	0	0	0	0	1	0	0	1

फंक्शन कोड यानि 0011 का मतलब है घटाओ और 0000 0000 1001 बाइनरी संख्या का मतलब है डेसीमल स्थान संख्या 9।

जैसा कि हमने पहले पढ़ा 'प्रत्येक डेटा' जिस पर कार्य किया जाता है, के लिए एक स्थान निर्धारितं करना होता है। मान लिया जाये कि ऐड्रेस बाइनरी पद्धति में लिखा जाना है और इसके लिए हमने आदेश में चार बिटें निर्धारित की हैं तो कुल मिलाकर 2^4 अर्थात 16 आदेशों को स्थान संख्या मिल सकेगी। इस तरह ऑपरेंड ऐड्रेस के 12 स्थानों में 2^{12} यानि 4096 मेमोरी स्थान दिये जा सकेंगे। इस मेमोरी स्थान को दूसरे शब्दों में हम 4 किलोबाइट कह सकते हैं। (1K=1024 बाइट)

मान लीजिए हमें मेमोरी स्थान 1980 और 2142 में संचित दो संख्याओं का गुणा कर उनके गुणनफल को स्थान 0042 में रखना है। इसके लिए तीन कार्य करने होंगे—

1. मेमोरी स्थान 1980 के डेटा को एक्यूमुलेटर में भेजना
2. गुणा करने का आदेश व संबंधित एड्रेस देना
3. गुणनफल को एक्यूमुलेटर से स्थानान्तरित कर मेमोरी स्थान में भेजना।

इन तीन कार्यों के लिए निम्न आदेश दिये जाएंगे।

	ओ.पी.कोड एड्रेस	(ऑपरेंड एड्रेस)
आदेश 1	0001	1980
आदेश 2	0100	2142
आदेश 3	0110	0042

पहले कोडेड आदेश के अनुसार कंप्यूटर मेमोरी स्थान 1980 में संचित संख्या को एक्यूमुलेटर में भेजेगा। यदि एक्यूमुलेटर में पहले से कोई संख्या है तो वह मिल जाएगी। दूसरे आदेश के अनुसार एक्यूमुलेटर में आयी इस संख्या को मेमोरी स्थान 2142 में संचित संख्या से गुणा किया जाएगा व गुणनफल को एक्यूमुलेटर (एक्यूमुलेटर) में एक्यूमुलेट कर लिया जाएगा। तीसरे आदेश के अनुसार यह गुणनफल एक्यूमुलेटर से स्थानान्तरित कर स्थान 0042 में भेज दिया

जाएगा। यदि स्थान 0042 में पहले से कोई संख्या होगी, तो वह अपने आप मिट जायेगी।

15.4 मशीन लैंग्वेज़ द्वारा प्रोग्रामिंग

मशीन भाषा में प्रोग्राम लिखने के लिए हम एक काल्पनिक कंप्यूटर का उदाहरण लेंगे। इसे हाइपोकॉम (Hypothetical Computer) नाम देंगे। इस तरह हम यह मान लेते हैं कि—

1. इसमें 4 किलोबाइट शब्द–स्थानों की मेमोरी है।
2. इसका एक शब्द 16 ब्रिटों का बना है। शुरू की चार बिटों में 2^4=16 ओ.पी.कोड आ सकते हैं। इस तरह शेष 12 बिटों में 2^{12} = 4096 यानि 4 किलोबाइट मेमोरी स्थानों के एड्रेस लिखे जा सकेंगे।
3. ओ.पी.कोड व ऑपरेन्ड एड्रेस को साथ–साथ लिखकर डेटा व आदेश एक साथ इनपुट किये जा सकेंगे।

READ ओ.पी. कोड द्वारा 16 बिटों के सभी उपरोक्त शब्द मेमोरी में भेजे जा सकेंगे

इस कंप्यूटर के लिए हम आदेशों व उनसे संबंधित कोडों की रचना करते है। इन्हें सारिणी 15.1 में दिखाया गया है

इस सारिणी में बाइनरी, ऑक्टल और हेक्स तीनों प्रकार के मशीन कोड दिये गये हैं। मशीन कोड के साथ-साथ

सारिणी 15.1: मशीनी कोड व संबंधित आदेश

(कोष्ठक में अन्य वैकल्पिक कोड दिये हैं) A = Accumulator = एक्यूमुलेटर

मशीन कोड बाइनरी	ऑक्टल तुल्य	हेक्साडेसिमल तुल्य(हेक्स)	(Mnemonic) कोड	कार्य
0000	00	0	LDA लोड (CLA)	निर्दिष्ट ऐड्रेस वाली संख्या को एक्यूमुलेटर में लोड करना है।
0001	01	1	STA स्टोर एक्यूमुलेटर (STO)	एक्यूमुलेटर वाली संख्या निर्दिष्ट एड्रेस पर संचयित करना।
0010	02	2	ADD ऐड (जोड़)	निर्दिष्ट ऐड्रेस वाली संख्या को एक्यूमुलेटर की संख्या से जोड़ करना (Add) है।
0011	03	3	SUB सब्ट्रेक्ट (घटाना)	निर्दिष्ट ऐड्रेस वाली संख्या को एक्यूमुलेटर वाली संख्या से घटाना
0100	04	4	AND (तार्किक गुणा)	एक्यूमुलेटर वाली संख्या एवं निर्दिष्ट ऐड्रेस वाली संख्या के मध्य AND आपरेशन करना एवं उसके फलस्वरूप प्राप्त परिणाम को एक्यूमुलेटर में रखना।
0101	05	5	ORA (आर आपरेशन)	एक्यूमुलेटर एवं निर्दिष्ट एड्रेस वाली संख्याओं के मध्य OR आपरेशन करना एवं उसके फलस्वरूप प्राप्त परिणाम को एक्यूमुलेटर में रखना।
0110	06	6	JPU जम्प अनकंडीशनली	बिना किसी शर्त के निर्दिष्ट एड्रेस पर छलांग लगाना। (जम्प करना)
0111	07	7	JAZ जम्प इफ एक्यूमुलेटर जीरो	निर्दिष्ट एड्रेस पर छलांग लगाना (यदि एक्यूमुलेटर में शून्य संख्या हो तो)।

मशीन कोड बाइनरी	ऑक्टल तुल्य	हेक्साडेसिमल तुल्य(हेक्स)	(Mnemonic) कोड	कार्य
1000	10	18	JAN जम्प इफ एक्यूमुलेटर नॉट जीरो	निर्दिष्ट ऐड्रेस पर छलांग लगाना (यदि एक्यूमुलेटर में शून्य संख्या न हो)
1001	11	9	JAL जम्प इफ एक्यूमुलेटर हैज लेस देन जीरो	यदि एक्यूमुलेटर में शून्य से कम संख्या हो तो निर्दिष्ट ऐड्रेस पर छलांग लगाना।
1010	12	A	SAI स्वेप दी एक्यूमुलेटर विद इन्डेक्स रजिस्टर	यदि एक्यूमुलेटर में शून्य से अधिक संख्या हो, तो निर्दिष्ट ऐड्रेस पर छलांग लगाना इन्डेक्स रजिस्टर की संख्या से एक्यूमुलेटर की संख्या को अदल-बदल करना।
1011	13	B	SAI	Index register के contents को accumulator के contents से बदलना
1100	14	C	ACC	तात्कालिक ऐड्रेस का उपयोग करते हुए एक्यूमुलेटर पर निर्दिष्ट आपरेशन करना
1101	15	D	NOT (COM)	एक्यूमुलेटर की संख्या पर Not आपरेशन करना (संख्या का कम्प्लीमेंट निकालना)।
1110	16	E	HLT (STP)	प्रोग्राम को रोकना (Halt) या प्रोसेसर को बंद (Stop) करना
1111	17	F	IOP	निर्दिष्ट इनपुट/आउटपुट आपरेशन करना

Mnemonic कोड भी दिये गये हैं जिनके बारे में हम असेम्बली भाषा के अन्तर्गत पढ़ेंगे। इस सारिणी में गुणा, भाग, पठन, मुद्रक व संख्याओं की तुलना के लिए अनुदेश कोड नहीं हैं इसलिए हम एक ऐसी सारिणी बनायेंगे जिसमें ये भी शमिल हों।

(सारिणी 15.2 लघु माइक्रो कंप्यूटर की स्वरचित अनुदेश संहिता देखें)।

उदाहरण 15.1: *सारिणी में दिये गये स्वरचित कोड की सहायता से मशीन लैंग्वेज़ में एक प्रोग्राम बनाइए जिसकी सहायता से मेमोरी-स्थान 16 व 24 में संचित संख्याएं जोड़कर योगफल को मेमोरी-स्थान 31 में रखा जा सके। सभी इन्स्ट्रक्शन्स 8 बिट वाले कंप्यूटर शब्दों में दिये जाने चाहिए जिनमें से पहले तीन ओ.पी.कोड के लिए व बाद के पांच मेमोरी-स्थानों या ऑपरेन्ड एड्रेस के लिए होने चाहिए। यह भी बताइए कि इस कंप्यूटर को कुल कितने इन्स्ट्रक्शन्स व कितने मेमोरी-स्थान दिये जा सकते हैं।*

हल: चूंकि ओ.पी. कोड के लिए केवल 3 बिटें हैं इसलिए इस कंप्यूटर को 23 यानि 8 इंस्ट्रक्शन्स दिये जा सकते हैं। इसी प्रकार ऑपरेंड एड्रेस के लिए केवल 5 बिटें निर्धारित होने के कारण 2^5 यानि केवल 32 ऐड्रेस दिये जा सकते हैं जिनका क्रमांक 0 से 31 होगा। ओ.पी. कोड के लिए हमें किन्हीं आठ आदेशों को चुनना है। इनमें से चार मूलभूत गणना कार्यों जैसे जोड़, घटाने, गुणा व भाग तथा पांचवां कंप्यूटर को बंद करने के लिए होना चाहिए। छठा आदेश एक्यूमुलेटर में संख्या 'लोड' करने के लिए व सातवां एक्यूमुलेटर से किसी विशेष मेमोरी स्थान में संख्या को भेजने के लिए होगा। अब केवल एक आदेश देना बाकी है, वह आठवां आदेश परिणाम को प्रिंट करने के लिए दिया जाएगा। इस तरह हम कंप्यूटर को आठ आदेश देंगे, जिनके ओ.पी. कोड क्रमश: 0 से 7 होंगे। ये सभी बाइनरी संख्या के रूप में लिखे जाएंगे। STOP के आदेश को हम पहले स्थान पर रखेंगे।

सारिणी 15.2: लघु, माइक्रो-कंप्यूटर की स्वरचित अनुदेश संहिता

क्रम सं.	अनुदेश का मानवीय भाषा में नाम (अंग्रेजी में)	अनुदेश का संक्षिप्त नाम (Mnemonic)	अनुदेश का ओ.पी.कोड	अनुदेश द्वारा किया किया जाने वाला कार्य
0	STOP रोक	HLT	000	प्रोग्राम की समाप्ति
1	LOAD भारित करना	LDA	001	निर्दिष्ट मेमोरी-स्थान में संचयित संख्या को एक्यूमुलेटर(Accumulator) में LOADकरना। इस संख्या के आने से ही एक्यूमुलेटर में संचयित पिछली संख्या अपने-आप मिट जाएगी।
2	STORE or TRANSFER संचयन	STA	010	एक्यूमुलेटर की संख्या को निर्दिष्ट मेमोरी-स्थान में स्थानांतरित करना। इसके कारण निर्दिष्ट मेमोरी-स्थान में पिछली संचयित संख्या अपने आप मिट जाएगी।
3	ADD योग	ADD	011	निर्दिष्ट मेमोरी-स्थान की संख्या के साथ एक्यूमुलेटर की संख्या का योग करके योगफल को एक्यूमुलेटर में ही संचयित करना।
4	SUBTRACT व्यवकलन	SUB	100	निर्दिष्ट मेमोरी-स्थान की संख्या के साथ एक्यूमुलेटर की संख्या का योग करके योगफल को एक्यूमुलेटर में ही संचयित करना।
5	MULTIPLY गुणा	MUL	101	एक्यूमुलेटर में संचरित संख्या के साथ निर्दिष्ट मेमोरी-स्थान की संख्या का गुणा करके गुणनफल को एक्यूमुलेटर में रखना
6	DIVIDE विभाजन	DIV	110	एक्यूमुलेटर में संचयित संख्या को निर्दिष्ट मेमोरी स्थान वाली संख्या से विभाजित कर परिणाम को एक्यूमुलेटर में रखना।
7	PRINT मुद्रण	PRT	111	एक्यूमुलेटर में स्टोर संख्या को प्रिंटर द्वारा प्रिंट करना एवं साथ ही में इसे मानीटर पर प्रदर्शित करना

अब हम अपनी समस्या को क्रमबद्ध चरणों में हल करेंगे। इसमें निम्नलिखित चरण आएंगे—

1. मेमोरी स्थान 16 से भरी हुई संख्या को पहले एक्यूमुलेटर (Accumulator) में लाना होगा।
2. मेमोरी स्थान 24 की संख्या से उसका योग करना होगा।
3. एक्यूमुलेटर में प्राप्त योगफल को मेमोरी स्थान 31 में भेजना होगा।
4. प्रोग्राम को STOP करना होगा।

इन चरणों को हल करते हुए इंस्ट्रक्शन्स व उनसे जुड़े मेमोरी स्थान 16, 24, या 31 को उनके बाइनरी रूप में लिखना होगा।

इस तरह हम इन इंस्ट्रक्शन्स को 8 बिट वाले कंप्यूटर में निम्नानुसार लिखेंगे—

001 10000

011 11000

010 11111

000 00000

स्पष्ट है कि मशीन लैंग्वेज़ में एक छोटे से काम के लिए कितना क्लिष्ट प्रोग्राम लिखना पड़ सकता है। इसे याद रखना भी सरल नहीं और लिखने में गलतियां होने की भी संभावनाएं रहती हैं।

क्रमांक	ओ.पी.कोड	मेमोरी स्थान का ऐड्रेस या ऑपरेंड ऐड्रेस	इंस्ट्रक्शन का अर्थ
1	001	10000	मेमोरी 16 (बाइनरी 10000) की संख्या को एक्यूमुलेटर में लोड करें।
2	011	11000	मेमोरी स्थान 24 (बाइनरी 11000) को एक्यूमुलेटर में आई संख्या के साथ जोड़ें।
3	010	11 111	एक्यूमुलेटर में आये योगफल को मेमोरी स्थान 31 (बाइनरी 11 111) में भेजें।
4	000	00000	प्रोग्राम बंद करें। इसके लिए ऑपरेंड ऐड्रेस शून्य दिया जाता है।

उदाहरण 15.2: *दी हुई 50 संख्याओं को जोड़ने के लिए मशीन लैंग्वेज़ में प्रोग्राम लिखिए।*

हल: इसके हल के लिए एक विशेष तकनीक अपनायी जाती है। पहले जोड़ को शून्य मान लिया जाता है। फिर उसमें प्रथम मेमोरी-स्थान की संख्या को जोड़ लिया जाता है। यह क्रिया बार-बार दोहरायी जाती है। एक विशेष इंस्ट्रक्शन (आदेश संशोधक) द्वारा क्रमांक एक-एक करके बढ़ता जाता है। इसके लिए सारिणी 15.3 के अनुसार ऑपरेशन कोड बनाया जाता है। ध्यान रहे, इसमें कुछ ही इंस्ट्रक्शन्स को शामिल किया जाता है। हमने मान लिया है कि दी गई 50 संख्याएं ऑपरेंड एड्रेस 101 से 150 में संचित की गई हैं व योग की पहली राशि '0' ऑपरेंड एड्रेस 151 में है। ऑपरेंड एड्रेस को क्रम से 1-1 करके बढ़ाने वाले इंस्ट्रक्शन संशोधक का ऐड्रेस 152 है व यह काम संख्या 00001 से किया जाता है।

हम यह मानकर चलते हैं कि 50 संख्याएं मेमोरी स्थान 101 से 150 में संग्रहित हैं। साधारण प्रोग्राम द्वारा इन्हें जोड़ने के लिए बहुत लंबा प्रोग्राम लिखना होता है। जैसा कि हमने पढ़ा, एक दो संख्याओं के जोड़ के लिए भी तीन आदेश जारी करने होते हैं। उस विधि से जोड़ने के लिए सबसे पहले स्थान 101 से संख्या एक्यूमुलेटर में भेजी जायेगी जहां उसे एक्यूमुलेटर में मौजूद संख्या से जोड़ा जायेगा (जिसे हम शुरुआत में शून्य रखेंगे)। इसके बाद 102 स्थान की संख्या को एक्यूमुलेटर में क्रमशः भेजा व जोड़ा जायेगा। इसी तरह फिर 103 से 150 स्थानों तक की संख्याओं का बारी-बारी जोड़ किया जायेगा। स्पष्ट है कि हर जोड़ के लिए कम-से-कम दो आदेश दिये जायेंगे और कुल मिलाकर 110 के लगभग इंस्ट्रक्शन्स हो जायेंगे जो कि इतने छोटे काम के लिए बहुत अधिक हैं। इसीलिए व्यवहार में लाये जाने के लिए इस विधि के स्थान पर एक विशेष तकनीक अपनायी जाती है जिसे हम नीचे प्रस्तुत कर रहे हैं।

दी गई सारिणी में एक संहिता दी गई है जिसमें विभिन्न इंस्ट्रक्शन्स के ओ.पी.कोड दिये गये हैं।

यहां पर ओ.पी. कोड डेसिमल संख्याओं के रूप में लिखे गये हैं लेकिन वास्तव में उन्हें बाइनरी, या हेक्स पद्धति में लिखा जाता है। इस विधि में सबसे पहले स्थान 151 में हम योगफल को रखेंगे। प्रोग्राम के प्रारंभ में इस स्थान पर 'शून्य' रखा जायेगा। इसके बाद स्थान 101 से सबसे पहली संख्या को स्थान 000 में संचित इंस्ट्रक्शन (ओ.पी. कोड 10) की सहायता से एक्यूमुलेटर में पहुंचा दिया जायेगा। अब ओ.पी. कोड 14 के आदेश द्वारा स्थान 151 की संख्या को एक्यूमुलेटर की संख्या से जोड़ेंगे। एक्यूमुलेटर की संख्या को आदेश 30 द्वारा स्थान 151 में योगफल के रूप में संचित कर लिया जाएगा।

सारिणी 15.3: 50 संख्याओं के योगफल के लिए स्वचालित ओ.पी.कोड

संक्रिया का (ओ.पी.कोड)	संक्रिया (आपरेशन)	विवरण
00	STOP रोकना	प्रोग्राम सम्पन्न होने का आदेश
10	RESET & ADD	एक्यूमुलेटर को पहले शून्य पर पुनर्नियोजित (Reset) कर उसमें ऑपरेन्ड ऐड्रेस पुनर्नियोजन एवं योग वाले अंश (संख्या) को जोड़ना।
14	ADD (योग)	ऑपरेन्ड ऐड्रेस संख्या को एक्यूमुलेटर की संख्या से जोड़ना।
15	Subtract (घटाना)	ऑपरेन्ड ऐड्रेस में संचयित संख्या को एक्यूमुलेटर की संख्या से घटाना।
20	Multiply (गुणा)	एक्यूमुलेटर की संख्या को ऑपरेन्ड ऐड्रेस में दी गयी संख्या से गुणा करना।
24	DIVIDE (भाग)	एक्यूमुलेटर की संख्या को ऑपरेन्ड ऐड्रेस में दी गई संख्या से विभाजित करना।
30	STORE	एक्यूमुलेटर की संख्या को ऑपरेन्ड ऐड्रेस में स्थानांतरित करवा कर संचयित करना।
44	JUMP (कूदना)	कंप्यूटर कों ऑपरेन्ड ऐड्रेस पर दिये गये अनुदेश के पालनार्थ दिया गया अनुदेश।
45	Branching if Minus (ऋणात्मक होने पर शाखन)	यदि एक्यूमुलेटर में संचयित संख्या ऋणात्मक है तो ऋणात्मक होने पर अगले अनुदेश को ऑपरेन्ड ऐड्रेस से लेना, अन्यथा Branching न की जाये।
46	Branching if zero	यदि एक्यूमुलेटर में संचयित संख्या ऋणात्मक है तो ऋणात्मक होने पर अगले अनुदेश से लेना, अन्यथा Branching न की जाये।
47	Branching if Plus (शून्य होने का शाखन)	यदि एक्यूमुलेटर में संचयित संख्या धनात्मक है तो अगले अनुदेश को संकार्य ऑपरेन्ड ऐड्रेन से लेना, Branching न की जाये।
50	PRINT (मुद्रण)	ऑपरेन्ड एड्रेस में संचयित अंश को आउटपुट यूनिट द्वारा प्रिंट किया जाना।
60	READ (पाठन)	आउटपुट यूनिट से डेटा को पढ़कर ऑपरेन्ड ऐड्रेस में संचयित करना।

सारिणी 15.4: दी गयी 50 संख्याओं के योगफल निकालने के लिए मशीन लैंग्वेज़ के इंस्ट्रक्शन्स

लोकेशन ऐड्रेस	ओ.पी. कोड कोड	अनुदेश संकार्य ऐड्रेस	टिप्पणियां
000	10	101	एक्यूमुलेटर reset करके 101 के contents जोड़ना
001	14	151	151 के contents को एक्यूमुलेटर के contents के साथ जोड़ना।
002	30	151	प्राप्त परिणाम को योग के रूप में संचयित करना।
003	10	000	एक्यूमुलेटर को पुनर्योजित कर उसमें प्रथम इंस्ट्रक्शन को जोड़ना।
004	14	152	प्रथम इंस्ट्रक्शन के साथ 00001 का योग।
05	30	000	स्थान 000 में संशोधित इंस्ट्रक्शन को संचायित करना।
006	15	153	एक्यूमुलेटर के contents में से 10151 को घटाना।
007	45	000	यदि एक्यूमुलेटर का अंश ऋणात्मक हो तो प्रथम इंस्ट्रक्शन का पालन करना ब्रांचिंग (Branching)।
008	50	151	जब सारी संख्यायें जुड़ जाएं तो उनका योगफल प्रिंट करना।
009	00		प्रोग्राम रोकना।
101			
102			
----			जिन 50 संख्याओं को जोड़ना है उन्हें मेमोरीस्थान 101 से 150 में संचायित करना।

150			
151	00000		योगफल की प्रारम्भिक राशि को 0 मानकर चलते हैं।
152	00000		अनुदेश संशोधक (1 के द्वारा वृद्धि)
153	10151		निर्णय लेने के लिये जरूरी एक संख्या।

इस तरह सारिणी 15.4 के अनुसार प्रोग्राम आगे बढ़ता जायेगा।

उदाहरण 15.3: *नीचे दी गई सारिणी में एक काल्पनिक कंप्यूटर के द्वारा की जाने वाली क्रियाओं को काल्पनिक ऑपरेशन कोड दिया गया है। इसकी सहायता से दो राशियों को मेमोरी-स्थान 32 व 33 में रखकर एड्रेस-लोकेशन 32 में दी हुई राशि से जोड़िए और योगफल को लोकेशन 34 में संचित कीजिए।*

सारिणी में प्रयुक्त एवं अन्य कोड व संबंधित क्रियाएं—

हल: सबसे पहले हमें पहली राशि को इनपुट यूनिट की मदद से एक्यूमुलेटर में पहुंचाना है, फिर मेमोरी स्थान 33 में। फिर इसी तरह से दूसरी राशि को 32 में पहुंचाना है। अब इन्हें जोड़कर स्थान 34 में लेकर बाद में आउटपुट यूनिट को भेजना है। इन सब क्रियाओं के लिए दिये गये मशीन कोड प्रोग्राम का प्रयोग किया जाता है। इस प्रोग्राम

आदेश संख्या	फंक्शन कोड	ऑपरेंड कोड	होने वाली क्रिया
1	07		पहली संख्या को एक्यूमुलेटर में लेना
2	06	33	एक्यूमुलेटर की राशि को स्थान 33 में रखना
3	07		दूसरी संख्या को एक्यूमुलेटर में लाना
4	06	32	एक्यूमुलेटर की राशि को स्थान 32 में लाना
5	05	32	स्थान 32 की राशि को एक्यूमुलेटर में लाना
6	01	33	स्थान 33 की संख्या को एक्यूमुलेटर की राशि में जोड़ना
7	06	34	एक्यूमुलेटर की राशि को एक्यूमुलेटर में रखना
8	05	34	स्थान 34 की राशि को एक्यूमुलेटर में रखना
9	08		एक्यूमुलेटर की राशि को आउटपुट यूनिट में भेजना
10	00		अब कोई आदेश बाक़ी नहीं रहा।

ऑपरेंड कोड	क्रियाएं
00	कोई आदेश बाकी नहीं रहा।
01	जोड़
02	घटाना
03	गुणा
04	भाग
05	मेमोरी से संख्या को एक्यूमुलेटर में भेजना।
06	एक्यूमुलेटर से संख्या को मेमोरी में भेजना।
07	इनपुट यूनिट से डेटा को एक्यूमुलेटर में भेजना
08	एक्यूमुलेटर से जानकारी को आउटपुट यूनिट में भेजना

को और भी छोटा कर सकते हैं। वास्तव में आदेश संख्या 4,5,7 और 8 की जरूरत ही नहीं है। इन्हें सिर्फ इन आदेशों का उपयोग दर्शाने के लिए प्रोग्राम में रखा गया है।

अब हम इस प्रोग्राम को संशोधित रूप में इस तरह रख सकते हैं।

1	07	
2	06	33
3	07	
6	01	33
9	08	
10	00	

15.5 असेम्बली भाषा

मशीन लैंग्वेज़ के प्रोग्राम बहुत जटिल और याद रखने के लिए मुश्किल होते हैं क्योंकि इन्हें केवल बाइनरी अंकों के रूप में लिखा जाता है। दो अंकों की शृंखला में लिखा जाने के कारण छोटे से काम के लिए भी काफी लंबा प्रोग्राम लिखना होता है। यह बात निम्न उदाहरण से समझी जा सकती है। मोटरोला कंपनी के प्रसिद्ध माइक्रोप्रोसेसर 6502 द्वारा संख्या 2 को 3 से जोड़ने के लिए निम्नलिखित ग्यारह आदेश लिखने पड़ते हैं—

00011000	11011000	
1010 1101	00100000	00000010
01101101	00100001	00000000
10001 101	00000000	00000011

इतने छोटे से काम में इतनी अधिक बिटों के लिखने में कहीं न कहीं तो गलती हो ही सकती है।

इन आदेशों के समूहों में तीसरी बाइट एक्यूमुलेटर को लोड करने का कोडेड इंस्ट्रक्शन है। उसके बाद की दो बाइटें मेमोरी-स्थान 544 (डेसीमल) को दर्शाती हैं। इस प्रकार दूसरी लाइन की निम्न तीन बाइटें सिर्फ 544 ऐड्रेस वाले मेमोरी-स्थान में संचित राशि को एक्यूमुलेटर में स्थानान्तरित करती है। इसी कार्य को 8080A माइक्रोप्रोसेसर व 6800 माइक्रोप्रोसेसर में निम्न आदेशों से किया जाएगा—

00111010	10110110
10100000	00000010
00000010	00100000

इस प्रकार हम देखते हैं कि प्रत्येक माइक्रोप्रोसेसर के लिए आदेश अलग-अलग तरह के हैं जबकि मेमोरी ऐड्रेस एक ही हैं उन्हें जानबूझकर ऐसा बनाया जाता है ताकि उनकी नकल न की जा सके। आजकल के माइक्रोप्रोसेसरों में आदेश आक्टल या हेक्स पद्धति में दिये जाते हैं। प्रत्येक मेमोरी लोकेशन में दो बाइटों के एड्रेस डालने से कुल 16 बिटें हो जाती हैं। इस प्रकार आठ बिट वाली माइक्रोचिप में कुल 2^{16}-1=65535 स्थानों के एड्रेस दिये जा सकते हैं। आठ बिटों वाले कंप्यूटरों में आक्टल विधि का प्रयोग किया जाता है। हेक्स पद्धति में यह काम और भी आसान हो जाता है। 2^{16} या 3^{32} बिट वाले कंप्यूटरों में तो हेक्स विधि का प्रयोग जरूरी हो जाता है।

उपरोक्त उदाहरणों से स्पष्ट है कि मशीनकोड को लिखना उतना आसान नहीं है। आजकल के कंप्यूटरों में इतनी ज्यादा इनपुट और आउटपुट यूनिटों व मेमोरी का प्रयोग होता है कि बाइनरी संख्या में लिखे कम-से-कम 200 फंक्शन कोडों की जरूरत हो जाती है, लेकिन इतने अधिक फंक्शन कोडों को अंकों में याद नहीं रखा जा सकता; इसलिए इन्हें अंकों के अलावा शब्दों में भी लिखा जाता है। ऐसे शब्दों में जिन्हें आसानी से याद रखा जा सके। शब्द भी पूरे नहीं लिखते है बल्कि उनके कोड छोटे रूपों में लिखे जाते हैं जैसे ADDITION के लिए ADD, LOAD ACCUMULATOR के लिए LDA और STORE ACCUMULATOR के लिए STA आदि। इन प्रतीकात्मक शब्दों को निमोनिक (Mnemonics) कहा जाता है। दो संख्याओं X और Y का योगफल निकालने के लिए असेम्बली भाषा में आदेश इस तरह लिखे जा सकते हैं—

LDA X
ADD Y

LDA X का अर्थ है Load Accumulator with X अर्थात एक्यूमुलेटर में X को भरना। इसी तरह ADD Y का अर्थ है Y को एक्यूमुलेटर में पड़ी राशि में जोड़ें और परिणाम को उसी में संग्रहित करके रखें। LDA, ADD जैसे प्रतीकात्मक शब्द याद रखने के लिए आसान होते हैं। इसी तरह जिन संख्याओं पर कार्य किया जाना है, उनके स्थान पर X,Y, NUM आदि प्रतीकात्मक अक्षर रख कर भी प्रोग्राम को छोटा बनाया जा सकता है। इन प्रतीकात्मक अक्षरों के अर्थ मशीन लैंग्वेज़ में बदलने के लिए कंप्यूटर में असेम्बलर नामक सॉफ़्टवेयर लगाया जाता है।

उदाहरण 15.4: *असेम्बली भाषा में ऐसा प्रोग्राम बनाइए जिसके द्वारा मेमोरी स्थान 34 और 35 में संचित राशियों का न केवल योगफल बल्कि गुणनफल भी निकाला जा सके जिन्हें बाद में मेमोरी-स्थान 34 व 35 में ही संचित करके रखा जा सके।*

हल: इस प्रोग्राम को बनाने के लिए हमें सबसे पहले अपना फंक्शन कोड बनाना होगा। जोड़, घटाने, गुणा एवं भाग के लिए चार आदेश जरूरी हैं। इसके अलावा इनपुट से एक्यूमुलेटर में व एक्यूमुलेटर से आउटपुट में डेटा को भेजने, मेमोरी से एक्यूमुलेटर में लोड करने और एक्यूमुलेटर से मेमोरी को लोड करने के लिए चार अन्य आदेशों की जरूरत होगी। एक आदेश कंप्यूटर को 'स्टॉप' करने या यह दर्शाने के लिए, कि अब कोई आदेश बाकी नहीं रहा, भी जरूरी है। इस तरह हम 9 कोडों की एक कोडेड संहिता बना सकते हैं। इस संहिता की मदद से बनाया गया हमारा मशीन लैंग्वेज़ का प्रोग्राम निम्न सारिणी की तरह दिखाई देगा—

असेम्बली भाषा में बनाये गये प्रोग्राम को की-बोर्ड की सहायता से ऐसे कंप्यूटर में भेजा जायेगा जिसमें असेम्बलर लगा हो। यह असेम्बलर असेम्बली प्रोग्राम को मशीन प्रोग्राम में बदल देगा। मशीन प्रोग्राम में दिये गये फंक्शन कोड डेसीमल नंबर्स के बाइनरी रूप हैं। उदाहरणार्थ 0111 का अर्थ है कोड 7 क्योंकि $(111)_2 = (7)_{10}$

इस संहिता की मदद से हम अपना मशीन प्रोग्राम बना सकते हैं, जो इस तरह दिखेगा।

फंक्शन कोड	प्रतीकात्मक शब्द	विवरण
00	STP	आदेश खत्म स्टॉप
01	ADD	जोड़
02	SUB	घटाना
03	MULT	गुणा
04	DIV	भाग
05	LDA	मेमोरी से एक्यूमुलेटर में लोड करना
06	STA	एक्यूमुलेटर से मेमोरी में भेजना
07	IN	
08	OUT	

असेम्बली प्रोग्राम

फंक्शन कोड	एड्रेस
IN	
STM	32
IN	
ADD	33
OUT	
STP	

→ असेम्बलर इसे मशीन कोड में बदल देता है। →

मशीनी प्रोग्राम

फंक्शन कोड	एड्रेस
0111	
0110	0010001
0111	
0001	00100001
1000	
0000	

यह प्रोग्राम केवल जोड़ने के काम के लिए है। जोड़ व गुणा की क्रियाओं के लिए प्रोग्राम नीचे दिया जा रहा है। माना दो संख्याओं 5 और 8 के साथ ये क्रियाएं की जानी हैं। सारिणी के कॉलम 4 और उसके बाद के कॉलमों में दी गई संख्याओं में कंप्यूटर के एक्यूमुलेटर और मेमोरी में हो रही कार्यवाहियों का पता चलता है।

सारिणी A देखने से पता चलता है कि एक्यूमुलेटर की संख्याएं लगातार बदलती जाती हैं। जहां-जहां डैश (---) हैं, वहां कोई भी संख्या नहीं आई है। आदेश संख्या 2 को देखें। इस आदेश STM-32 के अनुसार एक्यूमुलेटर की राशि मेमोरी-स्थान 32 में भेजी जायेगी। ध्यान देने की बात यह है कि आदेश मान लिये जाने के बाद यह राशि (5) एक्यूमुलेटर में भी बनी रहती है। दूसरे शब्दों में यह कि केवल इसकी प्रतिलिपि मेमोरी-स्थान 32 में जाती है। कंप्यूटर के लिए यह स्थिति बहुत लाभदायक है क्योंकि इसका मतलब है कि स्थान 32 की राशि का बार-बार उपयोग किया जा सकता है। यह भी हो सकता है कि एक्यूमुलेटर या मेमोरी स्थान में संचित होने वाली राशि का बार-बार हिसाब रखने की बजाय यहां पर भी प्रतीकात्मक चिह्नों का प्रयोग करें और विभिन्न स्थानों में संचित होने वाली राशि का हिसाब रखने के काम असेम्बलर पर छोड़ दिया जाएं। इस काम के लिए भी याद रखने के लिए सरल छोटे शब्द-समूहों का NUM 1, NUM 2, NUM 3 का नाम दिया जाता है तथा जो परिणाम प्राप्त हो रहे हैं उन्हें RES 1, RES 2 आदि का नाम दिया जाता है। इस प्रकार हम दिये गये प्रोग्राम को और सरल तरीके से लिख सकते हैं। (सारिणी B देखें)

हमने पहले एक संहिता पढ़ी थी जिसमें 9 आदेश थे। लेकिन कंप्यूटर के काम में और भी कई आदेशों की जरूरत होती है जिनमें से कुछ और यहां दिये जा रहे हैं—

READ - एक्यूमुलेटर द्वारा इनपुट यूनिट से राशि का पढ़ा जाना।

PRINT - आउटपुट यूनिट से प्राप्त परिणाम को छापना।

BRNCH - उस आदेश पर कार्य करना जिसका एड्रेस इस आदेश के बाद लिखा हो।

BGE - इस आदेश के आगे लिखी हुई संख्या वाले आदेश को उस स्थिति में कार्यान्वित करना जब एक्यूमुलेटर की राशि शून्य के बराबर या उससे अधिक हो। इन आदेशों का प्रयोग सारिणी C से स्पष्ट हो जाएगा।

उदाहरण 15.5: *एक संक्षिप्त असेम्बली भाषा प्रोग्राम लिखिए जिसके द्वारा नीचे दिये गये समीकरण में X का मान निकाला जा सके।*

$$X = P - Q + R$$

हल: इस समीकरण में X का मान निकालने के लिए लिखा गया असेम्बली प्रोग्राम इस तरह होगा-

उदाहरण 15.6: *असेम्बली भाषा में एक ऐसा प्रोग्राम बनाइए जिसके द्वारा मेमोरी लोकेशन 3 में संचित राशि को स्थान 4 की राशि में जोड़कर योगफल को स्थान 5 में संचित किया जा सके।*

सारिणी A

आदेश क्रमांक	फंक्शन कोड	एड्रेस	संख्याओं की स्थिति एक्यूमुलेटर में	मेमोरी में 32	33	34	35	संक्रिया का विवरण
1	IN	--	5	--	--	--	--	इनपुट से एक्यूमुलेटर में प्रथम संख्या को पढ़ना
2	STM	32	5	5	--	--	--	एक्यूमुलेटर की राशि का स्थान 32 में संचयन
3	IN	--	8	5	--	--	--	एक्यूमुलेटर में द्वितीय (अगली) संख्या को पढ़ाना
4	STM	33	8	5	8	--	--	एक्यूमुलेटर की राशि का स्थान 33 में संचयन
5	ADD	32	13	5	8	--	--	स्थान 32 की राशि को एक्यूमुलेटर की राशि से योग
6	STM	34	13	5	8	13	--	एक्यूमुलेटर की राशि का स्थान 34 में संचयन
7	LDA	34	13	5	8	13	--	एक्यूमुलेटर की राशि का स्थान 34 की राशि को लोड करना
8	MULT	33	40	5	8	13	--	एक्यूमुलेटर राशि का स्थान 33 की राशि से गुणा
9	STM	35	40	5	8	13	40	एक्यूमुलेटर की राशि का स्थान 35 में संचयन
10	LDA	34	40	5	8	13	40	एक्यूमुलेटर में राशि का स्थान 34 की राशि में डालना
11	OUT	--	13	5	8	13	40	एक्यूमुलेटर राशि को आउटपुट डिवाइस में डालना
12	LDA	35	40	5	8	13	40	एक्यूमुलेटर राशि का स्थान 35 की राशि को डालना
13	OUT	--	40	5	8	13	40	एक्यूमुलेटर राशि को आउटपुट डिवाइस में डालना
14	STP	--	--	--	--	--	--	अब कोई आदेश शेष नहीं।

हल: यह बहुत सरल प्रोग्राम है जिसे इस प्रकार से लिखा जा सकता है-

आदेश	विवरण
LDA P	P← एक्यूमुलेटर में लोड करना
SUB Q	P - Q ← एक्यूमुलेटर में घटाने की क्रिया
ADD R	P - Q + R← एक्यूमुलेटर में जोड़ की क्रिया
STM X	X← P — Q + R
PRINT X	आउटपुट राशि की प्रिंटिंग
STP	प्रोग्राम की समाप्ति

LDA 3, ADD 4, STM 5

उदाहरण 15.7: *स्थान 2 व 3 की राशियों पर AND ऑपरेशन करने और परिणाम को स्थान 4 में संचित करने के लिए असेम्बली प्रोग्राम लिखिए।*

हल: यह प्रोग्राम इस तरह लिखा जाएगा –

LDA 2 AND 3, STM 4

उदाहरण 15.8: *दो पॉजिटिव संख्याओं A व B में कौन सी संख्या बड़ी है यह जानने के लिए असेम्बली भाषा में प्रोग्राम लिखिए।*

सारिणी B

आदेश क्रमांक	फंक्शन कोड	ऐड्रेस	विवरण
1	IN		प्रथम संख्या को एक्यूमुलेटर में पढ़ा जाना।
2	STM	NUM 1	एक्यूमुलेटर की राशि को NUM 1 स्थान में संचयित करना।
3	IN		द्वितीय संख्या को एक्यूमुलेटर में पढ़ा जाना।
4	STM	NUM 2	एक्यूमुलेटर की राशि को NUM 2 स्थान में संचयित करना।
5	ADD	NUM 1	NUM 1 की राशि को एक्यूमुलेटर की राशि के साथ जोड़ना।
6	STM	RES 1	एक्यूमुलेटर की राशि को RES 1 स्थान में संचयित करना।
7	LDA	NUM 1	NUM 1 स्थान वाली राशि के एक्यूमुलेटर वाली राशि से गुणा करना।
8	MULT	NUM 2	NUM 2 स्थान वाली राशि का एक्यूमुलेटर वाली राशि से गुणा करना।
9	STM	RES 2	एक्यूमुलेटर की राशि का स्थान RES 2 में संचयन करना।
10	LDA	RES 1	राशि का स्थान RES 2 में संचयित करना।
11	OUT		एक्यूमुलेटर वाली राशि को निर्गम एकक में निर्गमित करना।
12	LDA	RES 2	RES 2 की राशि को एक्यूमुलेटर में लोड करना।
13	OUT		एक्यूमुलेटर की राशि को आउटपुट डिवाइस में निर्गमित करना।
14	STP	.	अब कोई आदेश शेष नहीं।

हल: दो संख्याओं में कौन सी बड़ी है यह हम एक (मान लीजिए A) में से दूसरी (B) को घटाकर निकले हुए परिणाम (A-B) को देखकर बता सकते हैं। यदि परिणाम धनात्मक है तो पहली संख्या बड़ी है अन्यथा दूसरी।

असेम्बली भाषा के गुण-दोषः

(क) मशीन लैंग्वेज़ में लिखे हुए प्रोग्राम 0 व 1 की लंबी श्रृंखलाओं में होते हैं जिन्हें याद रखना बहुत कठिन होता है, जबकि असेम्बली भाषा में Mnemonic Code वाले प्रतीकात्मक शब्द होते हैं जिन्हें याद रखना बहुत आसान होता है।

(ख) मशीनी, भाषा में लिखते हुए मेमोरी लोकेशन की संख्याएं याद रखना बहुत कठिन होता है। असेम्बली भाषा में इन संख्याओं की जगह Num1 या Res 1 जैसे शब्द प्रयोग किये जाते हैं जिन्हें याद रखना बहुत आसान होता है।

(ग) इस भाषा में लिखे हुए आदेशों में बहुत आसानी से मिटाने (Deletion) या कुछ नया शामिल करने (Insertion) का काम किया जा सकता है। पूरे प्रोग्राम को संशोधित करना भी सरल होता है। इस भाषा में प्रोग्राम लिखने से समय की भी बहुत बचत होती है।

(घ) इसे छोटे माइक्रोप्रोसेसरों या कंप्यूटरों में प्रयोग नहीं किया जा सकता।

(च) असेम्बली भाषा के प्रोग्राम की दक्षता मशीनी लैंग्वेज प्रोग्राम की दक्षता से कम होती है।

(छ) ये भाषाएं मशीन लैंग्वेज़ से कम लेकिन हाई लेवेल भाषाओं से ज्यादा जटिल होती हैं।

सारिणी 3

आदेश	विवरण
READ A	वेरिएबल A के मान को पढ़कर किसी एक मेमोरी लोकेशन में संचयित करता है।
READ B	वेरिएबल B के मान को पढ़कर किसी दूसरे मेमोरी लोकेशन में संचयित करता है।
LDA A	एक्यूमुलेटर ← A (एक्यूमुलेटर में A लोड करना)
SUB B	एक्यूमुलेटर ← A - B (एक्यूमुलेटर में A में से B घटाना)
BGE X	यदि एक्यूमुलेटर राशि शून्य के बराबर या ज्यादा है तो आदेश X को कार्यान्वित करें अन्यथा अगले आदेश को कार्यान्वित करना है।
LDA B	एक्यूमुलेटर ← B, पिछली राशि को मिटाकर (एक्यूमुलेटर में B लोड करना)
BRANCH Y	
X LDA A	एक्यूमुलेटर ← A (एक्यूमुलेटर में A लोड करना)
Y STM C	एक्यूमुलेटर की राशि को मेमोरी लोकेशन C में स्थानान्तरित करना।
PRINT C	मेमोरी लोकेशन C की राशि को प्रिंट करना जो कि A या B में जो बड़ी राशि है, को भंडारित किये हुये हैं।
STP	प्रोग्राम का क्रियान्वयन समाप्त।

15.6 हाई लेवेल भाषाएं (High Level Language)

मशीन लैंग्वेज़ की जटिलता से बचने के लिए असेम्बली भाषा बनाई गई थी लेकिन असेम्बली भाषा को हर प्रोग्रामर नहीं बना सकता क्योंकि इस भाषा में प्रोग्राम बनाने के लिए सभी तरह के हार्डवेयरों और माइक्रोप्रोसेसर सर्किटों की पूरी जानकारी होना जरूरी है। इसलिए कंप्यूटरों को सामान्य प्रयोगार्थ बनाने के लिए ऐसी भाषा बनाना जरूरी हो गया है जिसमें अंग्रेजी जैसे शब्दों के प्रयोग से प्रोग्राम बनाये जा सकें और शेष कार्य एक कम्पायलर या असेम्बलर करे। यह कम्पायलर अंग्रेजी में हाई लेवेल भाषा के आदेशों/शब्दों को सीधे ही मशीनकोड में बदल देता है। इस तरह हाई लेवेल की भाषा और इस भाषा से संबंधित कंपायलर प्रोग्राम की सहायता से सीधे ही सरलता से प्रोग्रामिंग की जा सकती है।

सबसे पहली हाई लेवेल भाषा आइ.बी.एम ने 1957 में बनाई जिसे फोरट्रान नाम दिया गया।

इसके बाद कोबोल, बेसिक, अल्गोल, पास्कल, पी.एल-1, पी.एल-2, कोरल, लोगो, सी, लिस्प, प्रोलॉग आदि कई हाई लेवेल भाषाएं बना ली गईं। इन भाषाओं को हाई लेवेल कहने का अर्थ यह नहीं कि इन्हें सीखने के लिए किसी ऊंची जानकारी की जरूरत है बल्कि यह है कि ये समझने के लिए इतनी अधिक सरल हैं कि कोई भी पढ़ा-लिखा व्यक्ति इन्हें आसानी से सीख सकता है। इन भाषाओं में लचीलापन भी इतना अधिक होता है कि थोड़े से आदेशों से बहुत से काम कराये जा सकते हैं। इन सभी हाई लेवेल भाषाओं में एक समानता है कि लगभग सभी में अंग्रेजी के वर्णों व इन्डो-अरेबियन अंकों का प्रयोग होता है।

हाई लेवेल भाषाओं के गुण-दोषः

गुणः

1. इन्हें दसवीं कक्षा तक पढ़ा कोई भी व्यक्ति आसानी से सीख सकता है।
2. इन भाषाओं में प्रोग्राम लिखने के लिए कंप्यूटर की भीतरी बनावट या सर्किट के बारे में जानना जरूरी नहीं होता।

3. डेटा या जानकारी को कहां संचित करना है यह काम कंप्यूटर स्वयं करता है।

4. इन भाषाओं द्वारा सरल और कम-से-कम आदेश देकर काम कर लिया जाता है। इन भाषाओं का एक आदेश 5 से 10 असेम्बली आदेशों के बराबर होता है।

5. ज्यादातर भाषाओं को सभी कंप्यूटरों पर चलाया जा सकता है इसलिए ये किसी विशेष मशीन पर निर्भर नहीं होतीं।

6. मशीन या असेम्बली कोड में प्रोग्राम लिखने के लिए बहुत अधिक मेमोरी व सन्दर्भ (Reference) सारिणियों के देखने की जरूरत होती है व बहुत लंबे प्रोग्राम लिखने होते हैं। जैसा कि हमने दो संख्याओं के जोड़ के लिए देखा, मशीन कोड में इसके लिए ग्यारह व असेम्बली कोड में कम-से-कम तीन इंस्ट्रक्शन्स लिखने होते हैं जबकि किसी भी हाई लेवेल भाषा में केवल एक इंस्ट्रक्शन से यह काम हो जाता है। इसके अलावा मशीन कोड के इंस्ट्रक्शन्स हर कंप्यूटर के लिए अलग-अलग तरह के होने से भी असुविधा होती है।

7. कई हाई लेवेल की भाषाओं में लिखे गये प्रोग्रामों में वाक्य रचना एवं अन्य प्रकार की त्रुटियों को कंप्यूटर ऑटोमेटिक रूप से बतला देता है ताकि उन्हें दूर किया जा सके।

8. कई हाई लेवेल भाषाओं द्वारा कंप्यूटर से इन्टरएक्टिव मोड में वार्तालाप (Communicate) भी किया जा सकता है।

दोषः

1. लगभग सभी हाई लेवेल भाषाओं में अंग्रेजी का प्रयोग होता है इसलिए इन्हें समझना या प्रयोग करना सबके लिए आसान नहीं होता।

2. ज्यादातर हाई लेवेल भाषाओं के कई-कई वर्ज़न (संस्करण) प्रचलित हैं जिसके कारण इन्हें सीखने वाले व्यक्तियों को परेशानी उठानी होती है। इस कठिनाई को दूर करने के लिए अमेरिका राष्ट्रीय मानक संस्थान ने इनमें से कई भाषाओं के स्टैंडर्ड रूप निर्धारित कर दिये हैं लेकिन अधिकांश उपभोक्ता और निर्माता इन स्टैंडर्ड रूपों का प्रयोग नहीं करते।

3. ये भाषाएं कंप्यूटर के ऑपरेटिंग सिस्टम और माइक्रोप्रोसेसर के डिजाइन पर भी निर्भर हैं। उदाहरण के लिए सी (C) नामक भाषा UNIX ऑपरेटिंग सिस्टम पर काम कर सकती है जबकि फोरट्रॉन, बेसिक आदि MS-DOS ऑपरेटिंग सिस्टम पर काम करती हैं। अब धीरे-धीरे इन भाषाओं को सभी तरह के सिस्टम पर काम करने लायक बनाया जा रहा है।

4. ये भाषाएं कंप्यूटर की मेमोरी पर भी निर्भर हैं। इसीलिए बेसिक के नये रूप को होम कंप्यूटर (जिसकी मेमोरी कम है) पर नहीं चलाया जा सकता।

5. कुछ माइक्रोकंप्यूटर की रोम मेमोरी में बेसिक या अन्य किसी भाषा का कंपायलर प्रोग्राम स्थाई रूप से भर दिया जाता है। इसलिए इनमें अन्य भाषाओं के प्रोग्राम नहीं डाले जा सकते।

6. इन भाषाओं को सीखना भी उतना आसान नहीं है जितना कि समझा जाता है। विज्ञान के ग्रेजुएट के लिए भी फोरट्रान-IV जैसी भाषा को समझने व इसके प्रयोग में निपुण होने में कम-से-कम 6 माह लग जाते हैं। इन भाषाओं में निपुणता प्राप्त करना व्यक्ति की अपनी क्षमता और बुद्धिमत्ता पर निर्भर करता है।

7. हाई लेवेल की हर भाषा को हर जगह उपयोग नहीं किया जा सकता जैसे वर्ड प्रोसेसिंग के लिए फोरट्रॉन-IV और जटिल गणितीय क्रियाओं के लिए कोबोल का प्रयोग नहीं किया जा सकता।

8. हर भाषा का एक कंपायलर या इंटरप्रेटर होता है जिसकी कीमत 5000 रू. से कम नहीं होती। ये कंपायलर इंटरप्रेटर प्रोग्राम फ्लॉपी डिस्क के रूप में मिलते हैं जिन्हें हार्ड डिस्क में स्टोर कर लिया जाता है और फिर इस भाषा को प्रोग्राम में प्रयोग किया जाता है। कंपायलरों के मंहगे होने के कारण इन्हें टेप करके प्रतिलिपि बनाना बहुत आम बात है। इस तरह उपभोक्ताओं में गैरकानूनी प्रवृत्ति को बढ़ावा मिल रहा है।

15.7 फोरट्रॉन (Fortran)

यह विश्व की सबसे पहली हाई लेवेल कंप्यूटर प्रोग्रामिंग भाषा है जिसका विकास आइ.बी.एम ने 1957 में किया। यह अंग्रेजी के शब्दों Formula Transition का संक्षिप्त

रूप है। 1958 में इसका सुधरा हुआ द्वितीय संस्करण व फिर 1966 में इसके और भी संशोधित व अमेरिका के राष्ट्रीय मानक संस्थान द्वारा प्रमाणित संस्करण फोरट्रॉन-IV को जारी किया गया जिसके बाद सभी वैज्ञानिक गणनाओं के लिए इसका प्रयोग किया जाने लगा। उन दिनों कंप्यूटरों में डेटा डालने के लिए पंच कार्डों का प्रयोग किया जाता था इसलिए फोरट्रान को उसी तरह का रूप दिया गया। माइक्रोकंप्यूटरों के विकास के बाद फोरट्रॉन के नये संस्करण फोरट्रॉन-77 का प्रयोग किया जाने लगा। यह शुरूआत में केवल MS-DOS नामक ऑपरेटिंग सिस्टम के लिये उपयुक्त था। बाद में इसका एक अन्य संस्करण निकाला गया जो 'यूनिक्स' (UNIX) सिस्टम पर भी चलाया जा सकता है।

फोरट्रॉन की रचना बीजगणितीय सूत्रों से मिलती-जुलती है। इसीलिए इसे यह नाम (Formula Translation) दिया गया। इस भाषा से गणितीय सूत्रों को बहुत आसानी से हल किया जा सकता है इसलिए सारे संसार में जटिल वैज्ञानिक गणनाओं के लिए इसका प्रयोग किया जाता है। इस भाषा में कुछ कमियां भी हैं जैसे यह उन कामों में प्रयोग नहीं की जा सकती जहां बहुत से डेटा या डेटा फाइलों की जरूरत हो या कुछ इनपुट-आउटपुट काम बार-बार किये जाने हों। फोरट्रॉन में लिखे गये प्रोग्राम एक-एक लाइन में लिखे गये आदेशों (Instructions) की शृंखला होती है जिनके जरिये कंप्यूटर द्वारा डेटा इनपुट, आउटपुट, कैलकुलेशन आदि कार्य कराये जाते हैं। इन इंस्ट्रक्शन्स के लिए अंग्रेजी के आम शब्दों जैसे READ, WRITE, DATA, GOTO आदि का प्रयोग किया जाता है।

यह भाषा वैज्ञानिक व इंजीनियरिंग कार्यों के लिए बहुत उपयुक्त है लेकिन वाणिज्य या मनोरंजन कार्यों में इसका कोई उपयोग नहीं किया जा सकता, न ही इसमें ग्राफिक कार्यों की क्षमता है, फोरट्रॉन की वाक्य रचना व व्याकरण के नियम बहुत कठिन हैं। प्रोग्राम बहुत आसानी से बनाये जा सकते हैं, यह और बात है कि एक कौमा (,) भी गलत जगह लगा देने पर प्रोग्राम निरर्थक हो जाता है। इस भाषा में प्रयोग किये जाने वाले कई शब्द दूसरी भाषाओं में भी वैसे के वैसे ही प्रयोग किये जा सकते हैं।

15.8 कोबोल (Cobol)

अमेरिका में डेटा प्रोसेसिंग से संबंधित संगठनों ने वहां के रक्षा विभाग के सहयोग से अपने कुछ प्रतिनिधि चुनकर कोडासिल (CODASYL) नामक संस्था बनायी। इस संस्था ने बिजनेस और सरकारी विभागों के उपयोग हेतु एक ऐसी स्टैंडर्ड प्रोग्रामिंग भाषा बनायी जिसे विज्ञान यां उच्च गणित न जानने वाले व्यक्ति भी प्रयोग कर सकें। इसी भाषा का नाम कोबोल रखा गया जो 'कॉमन बिजनेस ओरिएन्टेड लैंग्वेज' (Common Business Oriented Language) का संक्षिप्त रूप है।

कोबोल का पहला संस्करण 1960 में जारी हुआ। 1966 में जारी किया गया दूसरा संस्करण कोबोल-66 सारे विश्व में प्रचलित हो गया और अमेरिकन राष्ट्रीय संस्थान ने इसे मान्यता भी दे दी। फिर 1974 में इसका संशोधित संस्करण जारी किया गया। कोबोल सरकारी दफ्तरों में किये जाने वाले कॉमर्स से संबंधित कामों के लिए सबसे उपयुक्त प्रोग्रामिंग भाषा है। इसमें बड़े पैमाने पर डेटा या डेटा फाइल प्रोसेसिंग की सुविधा है और दसवीं तक विज्ञान या कॉमर्स पढ़े हुए व्यक्ति भी इसे आसानी से सीख सकते हैं। इस भाषा की रचना ऐसी है कि पाठ्यसामग्री (टैक्स्ट) आदि को भी प्रोसेस किया जा सकता है। डेटा पर किये जाने वाले काम के लिए वाक्य लिख कर आदेश दिये जाते हैं। एक प्रकार के कार्य के लिए लिखे गये वाक्यों के समूह को पैराग्राफ कहते हैं। सभी संबंधित पैराग्राफों को मिलाकर एक सेक्शन बनता है, जिन्हें मिलाकर एक डिवीजन बनता है। हर प्रोग्राम के चार डिवीजन होते हैं—

- **आइडेंटीफिकेशन डिवीज़न (Identification Division)**- इस डिवीजन में प्रोग्राम का नाम, उद्देश्य एवं फाइलों और/या अन्य दस्तावेजों का विवरण होता है।

- **इनवायरॅनमेंट डिवीज़न (Environment Division)**- इस डिवीजन में प्रोग्राम में प्रयुक्त होने वाले सभी हार्डवेयरों के विवरण जैसे कंप्यूटर, प्रिंटर और इनपुट यूनिट के नाम आदि होते हैं।

- **डेटा डिवीज़न (Data Division)**- डेटा प्रोसेसिंग से

संबंधित विभाग को डेटा विभाग कहते हैं। इसमें फाइलों, मेमोरी व प्रिंटिंग से संबंधित स्वरूप आते हैं।

• **प्रोसीज़र डिवीज़न (Procedure Division)**- इस विभाग में डेटा प्रोसेसिंग के लिए अपनाये जाने वाले स्टेप्स का विवरण होता है।

कोबोल के सभी संस्करण मिलते-जुलते है इसलिए थोड़े से बदलाव के बाद इसमें लिखे प्रोग्राम किसी भी कंप्यूटर पर चलाये जा सकते हैं। चूंकि यह केवल बिजनेस संबंधी कामों के लिए बनाया गया है इसलिए कठिन अंकगणितीय गणनाएं इसके द्वारा नहीं की जा सकतीं। इसके द्वारा ऑफिस के कामों के लिए फाइलें, बिल, सूचियां, रिपोर्ट, सारिणियां आदि आसानी से बनाई जा सकती हैं और पहले से खोली हुई फाइल में डेटा को आसानी से डाला जा सकता व उसमें संशोधन भी किये जा सकते हैं। अब अन्य सुगम भाषाओं के विकास के कारण कोबोल का उपयोग धीरे-धीरे कम होता जा रहा है।

15.9 बेसिक (BASIC)

1960 तक कंप्यूटर का प्रयोग आम जनता द्वारा नहीं किया जाता था। ये केवल प्रयोगशालाओं और कॉलेजों तक सीमित थे। इसके कारण थे कंप्यूटरों का महंगा होना और कंप्यूटर विज्ञान की जानकारी कुछ विशेषज्ञों तक ही सीमित रहना। उस वक्त अमेरिका के डार्टमाउथ (हेम्पशायर) विश्वविद्यालय ने यह निर्णय लिया कि विश्वविद्यालय के सभी छात्रों, प्राध्यापकों आदि को कंप्यूटर की ट्रेनिंग दी जाए भले ही वे विज्ञान विषयों से संबंधित न हों। उस जमाने में मेनफ्रेम कंप्यूटर का चलन था और विश्वविद्यालयों में भी केवल एक या दो कंप्यूटर होते थे। इन दो कंप्यूटरों से ज्यादा-से-ज्यादा 700 लोगों को ट्रेनिंग दी जा सकती थी। इसलिए नेशनल साइंस फाउन्डेशन ग्रांट के प्रोफेसर जान केमेनी और थॉमस कुर्ज के मार्गदर्शन में एक ऐसी भाषा बनाई गई जिसके द्वारा एक कंप्यूटर से जुड़े कई टर्मिनलों के माध्यम से ट्रेनिंग दी जा सके। मुख्य कंप्यूटर अपने प्रति सेकंड समय में से कुछ-कुछ समय हर टर्मिनल को बारी-बारी दे देता, फिर भी हर टर्मिनल पर काम करने वाले व्यक्ति को लगता कि वह अकेला ही कंप्यूटर पर काम कर रहा है। इसका कारण जैसा कि हमने पिछले अध्यायों में 'टाइम शेयरिंग' (Time Sharing) के अंतर्गत पढ़ा है, मनुष्य की तुलना में कंप्यूटर बहुत तेजी से काम करता है।

'बेसिक' का यह प्रयोग बहुत सफल हुआ था क्योंकि इससे समय की बहुत अधिक बचत होती थी। 'बेसिक' की एक विशेषता यह भी थी कि इसे 'इंटरप्रेटर' के रूप में बनाया जाता था जिसके अंतर्गत एक-एक करके आदेश दिये जाते थे। इसके विपरीत फोरट्रान या कोबोल को कंपायलर के रूप में बनाया जाता था जिसमें पहले पूरा प्रोग्राम कंप्यूटर में डाला जाता है और यदि वह ठीक हुआ तो उस पर आगे काम किया जाता है। कंपायलर की तुलना में इंटरप्रेटर के द्वारा प्रोग्रामिंग में ज्यादा समय लगता है इसलिए अब इसमें कंपायलर बना लिये गये हैं। लेकिन कंपायलर के प्रयोग से कंप्यूटर के साथ interaction किया जा सकता है जो बेसिक की अपनी विशेषता है। अधिकांश माइक्रोकंप्यूटरों में बेसिक को कंम्प्यूटर की आंतरिक मेमोरी (रॉम) में स्थाई रूप से भर दिया जाता है जबकि पर्सनल कंप्यूटर में फ्लॉपी डिस्क द्वारा इसे कंप्यूटर की हार्ड डिस्क में डाल दिया जाता है।

बेसिक की विशेषताएं: बेसिक इस समय विश्व में सबसे अधिक प्रचलित भाषा है क्योंकि—

1. यह सीखने में बहुत आसान है और इसमें अंग्रेजी के प्रचलित शब्दों का प्रयोग किया जाता है।
2. इसके द्वारा विज्ञान व कॉमर्स दोनों से संबंधित काम किये जा सकते हैं। गणितीय क्रियाएं हों या फाइल प्रोसेसिंग, ग्राफिक, डिजाइन या संगीतीय कार्य, सभी में औसत गति से किये जा सकते हैं।
3. यह एक इंटरएक्टिव भाषा है। जब इस भाषा के प्रोग्राम को कंप्यूटर के स्क्रीन पर देखा जाता है तो एक-एक लाइन स्क्रीन पर दिखाई देती है जिससे उसमें हुई गलती को ठीक किया जा सकता है। जहां जरूरत हो, यह प्रोग्रामर का मार्गदर्शन करती रहती है जैसे कि कब डेटा डाला जाये या कब RUN आदेश दिया जाए, आदि।
4. बेसिक किसी एक कंप्यूटर मशीन पर निर्भर नहीं है। इसे हर प्रकार के कंप्यूटर पर प्रयोग में लाया जा सकता है। होम कंप्यूटर में तो इस भाषा के इंटरप्रेटर या कंपायलर को हार्डडिस्क में स्थाई रूप से डाल दिया जाता है।

5. कई हाई लेवेल भाषाओं में बेसिक से मिलते-जुलते नियम व वाक्य रचनाएं होती हैं, जिसके कारण बेसिक सीखने के बाद उन्हें आसानी से सीखा जा सकता है।
6. इस भाषा के द्वारा सभी तरह के कैलकुलेशन, वर्ड प्रोसेसिंग, शब्द-समूहों में शब्दों की हेर-फेर तथा देखने (Visual) व सुनने (Audio) वाले कार्य किये जा सकते हैं।
7. इस भाषा में लिखे गये प्रोग्राम में प्रोग्रामर द्वारा की गई बहुत सी गलतियों को कंप्यूटर अपने आप बता देता है जो इस भाषा व इस शृंखला की अन्य भाषाओं की विशेषता है। इस क्रिया को डीबगिंग (Debugging) कहते हैं।
8. इसे रियल टाइम प्रोग्रामिंग व मल्टी कंप्यूटर प्रोग्रामिंग में भी प्रयोग किया जाता है।
9. इसके इंटरप्रेटर (Interpreter) व कंपायलर (Compiler) बहुत छोटे साइज के बनाये जा सकते हैं क्योंकि इनमें बहुत कम मेमोरी की जरूरत होती है। इसीलिए माइक्रोकंप्यूटरों के लिए ये बहुत उपयुक्त होते हैं।
10. बेसिक के सैकड़ों संस्करण (Version) प्रचलन में हैं। दरअसल हर कंप्यूटर उत्पादक ने अपने कंप्यूटर की मेमोरी और उपयोग के अनुसार बेसिक के संस्करण बनाये हैं। इसीलिए इसे छोटे से लेकर बड़े-से-बड़े कंप्यूटर पर प्रयोग में लाया जा सकता है।
11. 'बेसिक' इस तरह से बनाई गई है कि प्रयोग करने वाले का ज्यादा-से-ज्यादा समय बचे भले ही प्रोग्राम चलाने में कंप्यूटर-समय ज्यादा लगे, प्रोग्राम में हुई त्रुटि को बेसिक बता देती है इसलिए त्रुटि ठीक करने में लगने वाले समय को बचाया जा सकता है।

बेसिक अंग्रेजी के शब्दों 'बिगिनर्स ऑल परपज सिम्बोलिक इंस्ट्रक्शन कोड' (Beginners All-purpose Symbolic Instruction Code) का संक्षिप्त रूप है। इसका प्रयोग सबसे पहले जनरल इलेक्ट्रिक के डारमाउथ विश्वविद्यालय में लगे हुए कंप्यूटरों पर किया गया। तदोपरान्त हेवलेट पेकर्ड और डिजिटल इक्विपमेंट कारपोरेशन ने अपने सभी कंप्यूटरों में बेसिक का प्रयोग किया। इसके बाद बेसिक नाम की कई भाषाओं का एक परिवार-सा बन गया।

आइ.बी.एम ने माइक्रोसॉफ्ट नामक कंपनी से 'आइ.बी.एम. पी.सी. बेसिक' वर्ज़न बनवाया जिसे पर्सनल कंप्यूटर की हार्डडिस्क में संचित कर लिया जाता है। इस बेसिक के भी दो स्वरूप उपलब्ध हैं - बेसिक (Basic) और बेसिका (Basica)। बेसिका में ऊंचे स्तर के ग्राफिक और संगीत प्रोग्राम बनाने की क्षमता होती है।

बेसिक का सबसे प्रचलित रूप बी.बी.सी. माइक्रोकंप्यूटर की बेसिक के रूप में सामने आया। इसे समान रूप से 'अकार्न' और 'इलेक्ट्रॉन' मॉडलों में प्रयोग किया गया। छोटे कंप्यूटरों में टाइनी (Tiny) बेसिक और 'निब्ल' का प्रयोग खेल खेलने और छोटे शैक्षणिक प्रोग्रामों के लिए किया गया। एक अन्य कंपनी ने जिसने कई कंप्यूटर भाषाओं के टर्बो संस्करण बनाये हैं, बेसिक का भी 'टर्बो बेसिक' संस्करण बनाया है। टर्बो बेसिक डी-बेस III की तरह ही menu और window के द्वारा अपना कार्य करता है, जिससे प्रोग्रामिंग कार्य जैसे डायरेक्टरी की लिस्टिंग, फाइल सेव करना आदि कार्य आसानी से किये जा सकते हैं।

क्यू-बेसिक, टर्बो बेसिक और विज़ुअल बेसिक 1990 के बाद बाजार में आये हैं।

15.10 एल्गोल (ALGOL)

1960 के दशक में यूरोप में इस भाषा का विकास हुआ। एल्गोल अंग्रेजी के शब्दों एल्गोरिद्मिक लैंग्वेज (Algorithmic Language) का संक्षिप्त रूप है। एल्गोरिद्म का अर्थ होता है कठिन समस्याओं को हल करने की तार्किक विधि। इसे विशेष रूप से जटिल बीज गणित की गणनाओं में प्रयोग करने के लिए बनाया गया था। 1958 में अमेरिका की एसोसिएशन फॉर कंप्यूटिंग मशीनरी (ACM) और यूरोप की गेम्म (GAMM) ने एक संयुक्त समिति बनाई जिसे इन्टरनेशनल एल्गोरिद्मिक लैंग्वेज (IAL) को विकसित करने का काम सौंपा गया। इस समिति ने एल्गोल-58 भाषा का आविष्कार किया। इसका संशोधित वर्ज़न एल्गोल-60 यूरोप में बहुत प्रसिद्ध हुआ। बाद में एल्गोल-68 का आविष्कार हुआ जो कठिन होने के कारण ज्यादा प्रचलित नहीं हो पाई। लेकिन इसने एक दूसरी भाषा के लिए द्वार खोल दिये। इस भाषा को पास्कल नाम से जाना गया।

15.11 पास्कल

एल्गोल परिवार की इस भाषा का नाम महान फ्रेंच गणितज्ञ ब्लेज पास्कल के नाम पर पड़ा। इसका विकास ज्यूरिच विश्वविद्यालय के निकोलस वर्थ द्वारा एल्गोल भाषा से किया गया। इस भाषा को बनाने में इस बात पर विशेष ध्यान दिया गया कि प्रोग्रामिंग में आसानी हो। इन्टरनेशनल स्टैंडर्ड ऑरगेनाइजेशन द्वारा स्वीकृत 150 पास्कल ही सबसे प्रचलित पास्कल मानी जाती है, यद्यपि इससे भी विकसित संस्करण बनाये जा चुके हैं, जिनमें से टर्बो पास्कल एक है। इसे सीखने के बाद अल्गोल परिवार की अन्य भाषाएं 'एडा', पी.एल-1, 'सी' आदि आसानी से सीखी जा सकती हैं। इसमें विशेष बात यह है कि कमांड की जगह पूरे के पूरे स्टेटमेन्ट्स एक चेन की तरह प्रयोग में लाये जाते हैं। पास्कल और बेसिक में सबसे बड़ा अंतर यह है कि पास्कल के सभी चरों (Variables) को पहले ही पारिभाषित किया जाना जरूरी है। पास्कल का प्रयोग माइक्रोकंप्यूटर में ज्यादातर किया जाता है।

पास्कल का सबसे नवीन संस्करण टर्बो पास्कल है जो कि मेनुड्रिवन (menudriven) है।

15.12 अन्य भाषाएं

(क) कॉमलः यह अंग्रेजी के शब्दों कॉमन एल्गॉरिद्मिक लैंग्वेज (Common Algorithmic Language) का संक्षिप्त रूप है। यह पास्कल से बहुत मिलती-जुलती है जिसे माध्यमिक स्तर के स्कूल के विद्यार्थियों के प्रयोग के लिए बनाया गया है।

(ख) पी.एल.-1 (PL-1): पी.एल. का अर्थ है प्रोग्रामिंग लैंग्वेज। इसे आइ.बी.एम. ने 1960 में अपने 360 शृंखला के मेनफ्रेम कंप्यूटरों में प्रयोग करने के लिए बनाया। इस भाषा में फोरट्रान, कोबोल, स्नोबॉल और एल्गोल-60 चारों भाषाओं की विशेषताएं विद्यमान हैं। इन सभी विशेषताओं के होते हुए भी यह भाषा लोकप्रिय नहीं हो सकी क्योंकि यह बहुत कठिन थी। साधारण प्रोग्रामर को इतनी कठिन प्रोग्रामिंग की जरूरत नहीं होती और इसे सीखने में समय भी बहुत अधिक लगता है। कोर्नेल विश्वविद्यालय ने पी.एल.-1 भाषा को अपनाया और इसके संशोधित संस्करण पी.एल.सी. और पी.एल.सी.टी. निकाले ज़िनका व्यापक उपयोग हुआ।

(ग) पी.एल./एम. (P.L/M): यह पी.एल-1 जैसी भाषा है जिसे इन्टेल परिवार की चिपों का प्रयोग करने वाले माइक्रोकंप्यूटरों के लिए बनाया गया है।

(घ) पी एल/जेडः यह ज़ीलॉग द्वारा अपने Z-8000 माइक्रोप्रोसेसर की प्रोग्रामिंग के लिए बनाये गई भाषा-परिवार का नाम है।

(च) एडा (Ada): यह अमेरिकन रक्षा विंग द्वारा ऑटोमेटिक यंत्रों के नियंत्रण के लिए बनायी गयी भाषा का नाम है जिसे यह नाम विश्व की सबसे पहली लेडी-प्रोग्रामर एडा लवलेस के सम्मान में दिया गया। इस भाषा को एल्गोल और पास्कल को परिमार्जित करके बनाया गया था। एडा में भी प्रोग्राम की अशुद्धियां अपने आप ठीक कर लेने की व्यवस्था है। यह भी एक रियल टाइम कंट्रोल भाषा है।

(छ) कोरल-6 (Coral-6): यह ऑटोमेटिक सिस्टमों और प्रौसेसिंग के नियंत्रण के लिए बनायी गयी भाषा है।

(ज) लोगो (Logo): छोटी कक्षाओं के विद्यार्थियों को ग्राफिक डिजाइन आदि सिखाने के लिए 'लोगो' का प्रयोग किया जाता है। बहुत सरल अंग्रेजी शब्दों जैसे MOVE, FORWARD, TURN की सहायता से एक टर्टल (कछुए जैसी आकृति) को स्क्रीन पर घुमाकर कई तरह की आकृतियां बनायी जा सकती हैं। बच्चे खेल ही खेल में प्रोग्रामिंग का आनंद उठा लेते हैं।

(झ) पायलट (Pilot): यह एक लेखकीय भाषा है जिसके द्वारा शिक्षक या प्रशिक्षक कंप्यूटरों की मदद से पहले से रिकॉर्ड किये हुए विषय को पढ़ा सकते और विद्यार्थियों के द्वारा दिये गये उत्तरों को चेक कर सकते हैं।

(ट) फोर्थ (Forth): यह भाषा चौथी पीढ़ी के कंप्यूटरों के लिए चार्ल्स एच.मूरे ने 1960 के दशक में बनायी थी। बाद में इसके कई संस्करण प्रचलित हुए।

(ठ) सी (C): इस भाषा का विकास अमेरिका की बेल टेलीफोन लेबोरेटरीज़ में मिनी कंप्यूटरों के लिए किया गया। इसके साथ ही यूनिक्स ऑपरेटिंग सिस्टम का भी विकास हुआ। यूनिक्स बाद में माइक्रोकंप्यूटरों में भी प्रयोग किया जाने लगा।

वास्तव में यह न तो फोरट्रान या कोबोल जैसी हाई लेवल भाषा है, न ही असेम्बली भाषा जैसी लो-लेवल की ।

असेम्बली भाषा को सब प्रोग्रामर आसानी से नहीं समझ सकते, इसलिए 'सी' भाषा में कुछ ऐसी व्यवस्था है कि अंग्रजी के स्टेंडर्ड शब्दों का प्रयोग कर असेम्बली प्रोग्राम लिखा जा सके। इसके अलावा 'सी' भाषा में यह भी व्यवस्था होती है कि इस भाषा के प्रचलित नियमों से हटकर कोई प्रोग्रामर अपने आप कुछ प्रोग्राम बना सके। 'सी' की सहायता से एप्लीकेशन प्रोग्राम (Application Programs) भी बनाये जा सकते हैं।

सी++ (C++): यह सी का संशोधित संस्करण है, जिसमें आब्जेक्ट ओरियेन्टेड प्रोगामिंग की व्यवस्था है। आब्जेक्ट ओरियेन्ड प्रोग्रामिंग में न केवल स्ट्रिंग टेकस्ट या गणितीय प्रोगामिंग हो सकती है, वरन ग्राफिक, ऑडियो और व्हिज्युल प्रोगामिंग भी आसानी से की जा सकती है।

सी शार्प (सी हेश - (#)

(ड) स्नोबोल (Snobol): यह शब्द अंग्रेजी के शब्दों String Oriented Symbolic Language का संक्षिप्त रूप है। इस भाषा को सन् 1962 में ग्रिस्बोल के नेतृत्व में बनाया गया था। यह सबसे अलग तरह की भाषा थी जिसकी मदद से संदेश, शब्दावलियां और नमूने बनाये जा सकते थे। यदि किसी व्यक्ति को पता करना हो कि किसी पुस्तक में कंप्यूटर या अन्य कोई शब्द किसी बार प्रयोग किया गया है, तो यह भी इस भाषा की मदद से आसानी से पता किया जा सकता है।

(ढ) लिस्प (LISP): यह List Processing का संक्षिप्त रूप है। 1960 के दशक में कृत्रिम बुद्धि (Artifical Intelligence) विषय से संबंधित जॉन मेकार्थी ने एम. आइ.टी. के सहयोग से कृत्रिम बुद्धि संबंधी कामों के लिए लिस्प का आविष्कार किया था। इसके साथ ही सिम्बोलिक प्रोसेसिंग (Symbolic Processing) भाषाओं के विकास की शुरुआत हो गई। 'लॉजिक थ्योरिस्ट' और आइ.पी. एल. के बाद बनने वाली यह तीसरी कृत्रिम बुद्धि भाषा है। यह एक अनुवादक भाषा है और बेसिक की तरह इन्टरएक्टिव भी है।

लिस्प का प्रोग्राम लिस्ट से बना होता है, जैसा कि लिस्ट प्रोसेसिंग नाम से स्पष्ट है। इस तरह लिस्प के अंदर अवयवों की एक लंबी श्रृंखला होती है, जिसमें से मनचाहे अवयव या हिस्से चुनकर प्रोग्रामर अपना प्रोग्राम बना लेता है या जानकारी हासिल करता है। लिस्ट के कई वर्ज़न उपलब्ध हैं। इसके कुछ संस्करणों जैसे मेकालिस्प, ईस्टकोस्ट लिस्प, जीटा लिस्प को इस भाषा के प्रयोग के लिए बनाई गई मशीनों पर ही चलाया जा सकता है, जैसे कि एल.एम.आइ.लेम्डा (LMI Lamda) पर। इसी तरह गोल्डन कामन लिस्प आइ.बी.एम. के लिए और इन्टरलिस्प को डी.ई.सी. वैक्स (DEC-Vax) और जीरॉक्स 100 के लिए बनाया गया है।

(व) प्रोलॉग (Prolog): यह Programming In Logic का संक्षिप्त रूप है। इस भाषा का विकास कृत्रिम बुद्धि के कामों के लिए सन् 1973 में फ्रांस में किया गया। बाद में यूरोपियन देशों और जापान में यह बड़े पैमाने पर अपनाई गई। इस भाषा में समस्याओं के हल के लिए तर्क-तकनीक का प्रयोग किया जाता है, जिसे प्रेडिकेट केलकुलस (Predicated Calculus) कहा जाता है।

15.13 चतुर्थ जनरेशन की भाषाएं

भाषाओं की तीन जनरेशन (मशीन लैंग्वेज़, असेम्बली भाषा और हाई लेवेल भाषा) के बाद भाषाओं की चौथी जनरेशन अपने विकास में लगी हुई है। इनमें से कुछ भाषाएं अभी-अभी व्यवहार में आई हैं जैसे- सायबेस, रेमीस II, फॉक्स बेस, नोमाड और ओरेकल (Oracle)। इन भाषाओं में यह विशेषता है कि बिना प्रोग्रामिंग की जानकारी के सीधे ही इनके असेम्बलर को लगाकर प्रोग्रामिंग की जा सकती है। इसलिए इन्हें स्वप्रोग्रामन (Self Programming) भाषा भी कहा जाता है। इनका असेम्बलर प्रयोग करने वाले को स्क्रीन पर बतलाता जाता है कि आगे क्या करना है। इन भाषाओं में लंबे प्रोग्राम न बनाकर सीधे ही प्रश्नोत्तर के माध्यम से निष्कर्ष प्राप्त किये जाते हैं। इस प्रकार ये भाषाएं अप्रक्रियात्मक (Non-Procedural) और इन्टरएक्टिव होती हैं। इनका प्रयोग आसान होता है लेकिन यह जरूरी नहीं कि निष्कर्ष जल्दी मिल जाएं, न ही यह जरूरी है कि कम-से-कम मेमोरी में काम चल जाए।

15.14 कृत्रिम बुद्धि (Artificial Intelligence Languages) भाषाएं

कंप्यूटर की पांचवी जनरेशन के विकास के साथ ही इस प्रकार की भाषाओं का विकास कार्य आरंभ हो गया था। ये भाषाएं इंटरएक्टिव विधि से प्रयोग करने वाले का इस तरह मार्गदर्शन करती हैं कि वह कंप्यूटर की मेमोरी से मनचाही जानकारी सुगमतापूर्वक प्राप्त कर लेता है। इस प्रकार की भाषाओं या प्रोग्राम की सहायता ये ऑटोमेटिक रूप से रिपोर्ट और निर्देश बनाये जा सकते हैं। लिस्प और प्रोलॉग इन भाषाओं के उदाहरण हैं, जिनके बारे में हम पढ़ चुके हैं। भाषाएं तीसरी जनरेशन की मानी जाती हैं।

15.15 प्रोग्राम के प्रकार

कंप्यूटर प्रोग्राम दो तरह के होते हैं

1. सोर्स (Source) कोड
2. मशीन कोड या ऑब्जेक्ट कोड

सोर्स प्रोग्राम दो तरह से लिखे जा सकते हैं एक तो हाई लेवल भाषा व दूसरे असेम्बली भाषा में। हाई लेवल भाषा में प्रोग्राम लिखना आसान होता है इसलिए साधारणतया प्रोग्राम हाई लेवल की भाषा में ही बनाये जाते हैं। कोबोल, फोरट्रॉन, बेसिक, पास्कल आदि हाई लेवल भाषाएं हैं। असेम्बली भाषा में कोई विशेष ही प्रोग्राम लिख सकता है और इनको लिखने में बहुत मेहनत भी करनी होती है इसलिए साधारण प्रोग्रामर इस भाषा में लिखने की कोशिश नहीं करता।

15.16 असेम्बलर (Assembler)

असेम्बलर का काम है असेम्बली भाषा में लिखे हुए प्रोग्राम को मशीन कोड में बदलना। कंप्यूटर में लगा हुआ माइक्रोप्रोसेसर सिर्फ मशीन कोड में लिखे प्रोग्राम से संचालित होता है इसलिए हर कंप्यूटर में एक असेम्बलर प्रोग्राम लगाना जरूरी होता है। यह असेम्बलर कंप्यूटर की रोम मेमोरी में स्टोर करके रख लिया जाता है। असेम्बलर की सहायता से असेम्बली भाषा में लिखे गये प्रोग्राम को इस तरह लागू किया जाता है:

1. पहले असेम्बलर को इनपुट यूनिट द्वारा मेन मैमोरी में भर लिया जाता है।
2. असेम्बली भाषा में लिखे गये सोर्स प्रोग्राम को मेन मेमोरी के द्वारा इनपुट यूनिट की सहायता से पढ़ा जाता है।
3. अब असेम्बलर प्रोग्राम असेम्बली भाषा में लिखे सोर्स प्रोग्राम को मशीन कोड में अनुवादित करता है।
4. स्टैप 3 से प्राप्त अनुवादित प्रोग्राम को मेन मेमोरी में ट्रांसफर कर उसमें आयी गलतियों को दूर किया जाता है। गलतियां दूर करने के बाद उसे मेन मेमोरी में डाल दिया जाता है।
5. प्रोग्राम से संबंधित डेटा को मेन मेमोरी में डाल दिया जाता है।
6. अब माइक्रोप्रोसेसर के द्वारा प्रोग्राम चलाया जाता है और असेम्बली भाषा में मिले हुए निर्देशों को प्रिन्ट कर लिया जाता है।

15.17 कंपायलर (Compiler) और इन्टरप्रेटर (Interpreter)

जैसा कि हम पहले जान चुके हैं कंप्यूटर सिर्फ मशीन कोड की भाषा समझता है क्योंकि वह सिर्फ एक मशीन है जिसे केवल विद्युत संकेतों से चलाया जा सकता है। ये संकेत बाइनरी रूप में कंप्यूटर द्वारा लिये जाते हैं। जब हाई लेवल की किसी भाषा का प्रोग्राम कंप्यूटर में डाला जाता है तो यह जरूरी हो जाता है कि उस प्रोग्राम का मशीन लैंग्वेज़ में अनुवाद हो सके। यह अनुवाद कंपायलर या इंटरप्रेटर की सहायता से किया जाता है। कंपायलर पहले पूरा का पूरा अनुवाद एक साथ कर लेता है और फिर उसे कार्यान्वित करता है जबकि इन्टरप्रेटर एक-एक पंक्ति का अनुवाद करता है और साथ ही साथ पंक्ति में हुई गलती को बतलाता जाता है।

वास्तव में कंपायलर और इंटरप्रेटर दोनों ही साफ्टवेयर (प्रोग्राम) हैं जो ऑटोमेटिक ढंग से हाई लेवल की भाषा को मशीन कोड में बदल देते हैं। चूंकि हाई लेवल भाषा को सोर्स प्रोग्राम और मशीन लैंग्वेज़ के प्रोग्राम को ऑब्जेक्ट कोड कहा जाता है इसलिए हम कह सकते हैं कि **कंपायलर या इंटरप्रेटर वे युक्तियां हैं जो सोर्स कोड को ऑब्जेक्ट कोड में बदल देती हैं।**

हर हाई लेवल की भाषा का अपना कंपायलर या इन्टरप्रेटर होता है। जब इन्टरप्रेटर का उपयोग किया जाए तो कहा जाता है कि प्रोग्राम इन्टरएक्टिव मोड में हो रहा है। इन्टरएक्टिव मोड में प्रोग्रामिंग की गति धीमी होती है लेकिन इसमें ये तीन लाभ भी हैं—

1. एक-एक पंक्ति या अनुवाद होते रहने से गलतियां पकड़ में आ जाती हैं और उन्हें सुधारा जा सकता है।
2. प्रोग्रामर पिछली गलतियों के हिसाब से आगे अपना प्रोग्राम सुधार सकता है।
3. प्रोग्रामर कंप्यूटर से प्रश्नोत्तर के माध्यम से अपने प्रोग्राम में सुधार या बदलाव ला सकता है।

यहां पर यह जान लेना जरूरी है कि एक-एक पंक्ति का अनुवाद देने के कारण इन्टरप्रेटर को कंपायलर की तुलना में ज्यादा समय लगता है इसलिए कंप्यूटर प्रौसेसिंग का समय भी ज्यादा लगता है लेकिन यह प्रोग्रामर का समय बचाता है क्योंकि इसमें गलतियां साथ-साथ ठीक होती जाती हैं। दूसरी ओर कंपायलर पूरे मैटर का अनुवाद एक साथ देकर कंप्यूटर प्रौसेसिंग का समय बचाता है। ज्यादातर भाषाओं में इंटरप्रेटर और कंपायलर दोनों की सुविधा उपलब्ध होती है जबकि लिस्प और प्रोलॉग जैसी कुछ भाषाओं में केवल इन्टरप्रेटर मिलते हैं।

एक कंपायलर या इंटरप्रेटर प्रोग्राम को बनाने में लगभग 40000 लाइनों का प्रोग्राम बनाने की जरूरत होती है जो कि एक कठिन काम है। यह काम उपयोग में लाये जाने वाले माइक्रोप्रोसेसर और कंप्यूटर परिपथ को पूरी तरह समझने वाले लोगों द्वारा बनाया जाता है। ये प्रोग्राम आजकल एक फ्लॉपी डिस्क में रिकॉर्ड लिये हुए मिलते हैं जिन्हें पर्सनल कंप्यूटर के साथ बनी हुई हार्ड डिस्क में उतार लिया जाता है। यदि इस प्रोग्राम को कंप्यूटर की स्थाई मेमोरी 'रॉम' में डाल दिया जाय तो यह 4K से लेकर 64K तक स्थान घेर लेता है।

कंपायलर द्वारा निम्नालिखित काम किये जाते हैं —

1. कंपायलर सोर्स प्रोग्राम में मौजूद सभी नामों को मैमोरी स्थान आबंटित करता है। स्थान आबंटित करते हुए वैरिएबल (बदलने वाली राशि) को अलग व कॉन्स्टेन्ट (स्थिरांकों) को अलग-अलग स्थान दिया जाता है। जैसे कि दिये गये प्रोग्राम

LET X = A + B / D
LET X = X * C + 2.0   में
X, A,B व C को अलग व 2.0 को अलग जगह दी जाएगी।

15.18 कम्पाइलेशन (Compilation)

हाई लेवल भाषा में लिखे स्रोत प्रोग्रामों को कंप्यूटर के मशीन कोड (Object Code) में बदलने की क्रिया को कम्पाइलेशन कहते हैं।

कम्पाइलेशन की क्रिया के मुख्य दो भाग होते हैं—

1. शब्दकोशीय विश्लेषण (Lexical Analysis)
2. वाक्य विश्लेषण (Syntax Analysis)

शब्दकोशीय विश्लेषण: इस विश्लेषण के दौरान कंपायलर स्रोत प्रोग्राम में उपयोग होने वाले सारे शब्दों को चेक करता है कि ये सारे शब्द पहले से अपनाये गये स्टेंडर्ड शब्द हैं या प्रोग्रामर के द्वारा लिये गये नये शब्द। इसके बाद यह प्रोग्रामर द्वारा प्रयोग किये गये नये शब्दों का मैमोरी में स्थान निश्चित करता है।

वाक्य विश्लेषण या सिन्टेक्स एनालिसिस: इस विश्लेषण के दौरान कंपायलर यह देखता है कि आदेश बनाते समय प्रोग्रामर ने संबंधित भाषा के सारे नियमों का पालन किया है या नहीं। यदि सारे नियमों का पालन किया है तो यह सोर्स प्रोग्राम को ऑब्जेक्ट प्रोग्राम में बदल देता है। यदि प्रोग्राम में व्याकरण (Grammar) की कोई गलती हुई है तो यह उस गलती की सूचना कंप्यूटर को दे देता है ताकि प्रोग्रामर अपनी गलती ठीक कर सके। इस तरह की गलतियां वाक्यरचना त्रुटियां (Syntax Error) कहलाती हैं। कुछ आमतौर से होने वाली स्टैंडर्ड गलतियां स्क्रीन पर डिस्प्ले हो जाती हैं या यदि प्रिंटर लगा हुआ हो तो वह गलतियों को उनकी कोड संख्या के अनुसार प्रिंट करता है। ये त्रुटियां सिन्टैक्स ऐरर कहलाती हैं।

15.19 प्रोग्राम को कंप्यूटर पर चलाना

कंप्यूटर में की बोर्ड की सहायता से या मैग्नेटिक डिस्क या टेप की सहायता से सोर्स प्रोग्राम को लोड किया जाता है जिसे गलतियां दूर कर लेने के बाद ऑब्जेक्ट या मशीन कोड में बदला जा सकता है। यदि प्रोग्राम में कोई गलतियां नहीं हैं तो लोडर प्रोग्राम नामक सॉफ्टवेयर की सहायता से मेन मैमोरी में भरकर इसे चला लिया जाता है। प्रोग्राम चलाने के फलस्वरूप मिलने वाले परिणामों को प्रिंट कर लिया जाता है या स्क्रीन पर दिखाकर फिर प्रिंट कर लिया जाता है।

इस तरह सोर्स प्रोग्राम को कंप्यूटर पर निम्न स्टैप्स में से होकर गुजरना पड़ता है-

1. सबसे पहले जिस भाषा में प्रोग्राम लिखा गया है उसका कंपायलर मेमोरी में लोड किया जाता है।
2. इनपुट यूनिट के माध्यम से सोर्स प्रोग्राम को मेन मैमोरी में डाल दिया जाता है।
3. कंपायलर सोर्स प्रोग्राम को मशीन कोड या ऑब्जेक्ट

प्रोग्राम में बदल देता है। ऑब्जेक्ट प्रोग्राम को परमानेंट मेमोरी मेमोरी जैसे डिस्क आदि में स्टोर कर लेते हैं।

4. ऑब्जेक्ट प्रोग्राम को फिर से कंप्यूटर की मेन मेमोरी में डाल दिया जाता है।
5. प्रोग्राम में काम में आने वाले डेटा को मेन मैमोरी में डाल दिया जाता है।
6. कंप्यूटर पर प्रोग्राम चलाये जाने के बाद मिलने वाले परिणाम मशीन कोड में होते हैं जिन्हें कंपायलर फिर से हाई लेवल भाषा में बदल देता है। प्राप्त परिणामों को प्रिन्ट कर लिया जाता है।
7. प्रिंटिंग की गति कंप्यूटर से परिणाम मिलने की गति से बहुत धीमी होती है, इसलिए कंप्यूटर से निकलने वाले परिणाम प्रिंटर के अंदर एक बफर में अस्थाई रूप से जमा हो जाते हैं, जहां से उन्हें धीरे-धीरे प्रिंट करने के लिये भेजा जाता है।

15.20 गलतियां ठीक करना या डिबगिंग (Debugging)

किसी प्रोग्राम में से गलतियों को निकालकर उसे कंप्यूटर में चलाये जाने योग्य बनाने की क्रिया को डिबगिंग कहते हैं। हम पहले पढ़ चुके हैं कि इस क्रिया को डिबगिंग नाम क्यों दिया गया।

कंप्यूटर प्रोग्राम में तीन तरह की गलतियां होती हैं— तार्किक, वाक्य-विन्यास और निष्पादन। इनके बारे में हम नीचे पढ़ेंगे।

15.21 तार्किक त्रुटियां (Logical Errors)

प्रोग्रामर द्वारा समस्या को गलत ढंग से प्रस्तुत करने या प्रोग्रामिंग में गलत तथ्य प्रयोग करने के कारण ये गलतियां होती हैं। उदाहरण के लिए फोरट्रान या बेसिक की व्याकरण के अनुसार रेडियंस संबंधी सारे मान निकालते वक्त कोण का मान रेडियंस में होना चाहिए, न कि डिग्री में। इस जानकारी के आधार पर कंप्यूटर r/6 की जगह 30° लिखने को गलत बता देगा (जो कि वास्तव में गलत नहीं है) लेकिन अगर r/6 की जगह r/12 लिख दिया जाए (जो वास्तव में गलत है) तो उसे नहीं बता पाएगा। कुछ अन्य तार्किक गलतियों के उदाहरण हैं—

1. A > B के स्थान पर A< B लिखा जाना।
2. X=Y लिखना जबकि X और Y दो रियल नंबर हैं।

प्रोग्राम में तार्किक गलतियां होने पर परिणाम गलत आते हैं इसलिए प्रोग्राम की जांच के लिए पहले से ज्ञात सही परिणाम वाली समस्या का हल मांगा जाता है। अगर उत्तर सही नहीं आता तो निश्चय ही प्रोग्राम में कहीं गलती है। ऐसी दशा में प्रोग्रामर को चाहिए कि वह प्रोग्राम में तथ्य संबंधी हर पंक्ति को अच्छी तरह चैक करे। यदि फिर भी कहीं गलती नहीं मिलती, तो संभव है वह मशीन एरर (Machine Error) या कम्पाइलेशन एरर (Compilation Error) के कारण हुआ हो लेकिन ज्यादातर मामलों में यह प्रोग्रामिंग की ही गलती होती है इसलिए प्रोग्राम की बारीकी से जांच करना जरूरी है।

15.22 वाक्य-विन्यास त्रुटियां (Syntax Errors)

ये गलतियां प्रोग्रामर द्वारा हाई लेवेल भाषाएं न समझने या उन भाषाओं के नियमों का पालन न करने के कारण होती हैं। जब ऐसी गलतियां होती हैं तो कंप्यूटर प्रोग्राम चलाना बंद करके 'Error' मैसेज देता है। इन त्रुटियों के प्रकार हैं:

1. सेमेन्टिक त्रुटियां (Semantic Errors): ये गलतियां भाषा के विभिन्न आदेशों (कमांडों) को ठीक से न समझ पाने के कारण होती हैं।

2. एक्जीक्यूशन एरर (Execution Error): ये गलतियां तब होती है जब हम ऐसे प्रोग्राम चलाना चाहते हैं जो असंभव हैं जैसे किसी संख्या में 'शून्य' से भाग देना या कोई ऐसा डेटा पढ़ने की मांग करना जो डेटा है ही नहीं।

3. नियम उल्लंघन या ट्रांसलेशन त्रुटियां (Rule Violation or Translation Errors): जब भाषा के नियमों का गलत अर्थ निकाला जाए या गलत प्रयोग किया जाये तब ये गलतियां होती हैं

उपरोक्त तीनों ही प्रकार की गलतियां कंप्यूटर द्वारा प्रोग्राम के शुरूआत में ही या फिर प्रोग्रामर द्वारा स्वयं जांच करने के दौरान पकड़ी जा सकती हैं।

15.23 डेटा त्रुटियां (Data Erros)

ये सबसे आम प्रकार की गलतियां हैं। ये गलतियां स्थिरांकों (Constants) को गलत टाइप करने, चर (वैरिएबल) और संबंधित डेटा को गलत ढंग से व्यवस्थित करने आदि से

होती हैं। अनावश्यक डेटा डालने या डेटा को गलत रूप में डालने से भी ये गलतियां होती हैं।

15.24 सॉफ्टवेयर के प्रकार

कंप्यूटर को चलाने के लिए कई तरह के प्रोग्रामों की जरूरत होती है जिन्हें सॉफ्टवेयर कहते हैं। सॉफ्टवेयर पांच प्रकार के होते हैं—

1. ऑपरेटिंग सिस्टम (Operating Systems): कंप्यूटर के अंदरूनी कार्यों और इससे जुड़ी युक्तियों (Devices) के संचालन के लिए बनाये गये प्रोग्राम को ऑपरेटिंग सिस्टम कहते हैं। ऑपरेटिंग सिस्टम किस प्रकार का होगा यह इस बात पर निर्भर करता है कि कंप्यूटर किस प्रकार का है व उसके साथ किस तरह की युक्तियों (devices) का हम प्रयोग करना चाहते हैं। दूसरे शब्दों में यह कि हम किस तरह की सुविधाएं कंप्यूटर से चाहते हैं।

ऑपरेटिंग सिस्टम द्वारा सेन्ट्रल प्रोसेसिंग यूनिट को यह मार्गदर्शन होता है कि वह किस तरह सब डिस्क ड्राइवों को चलाये, डेटा की प्रोसेसिंग या प्रिटिंग करे। जब कंप्यूटर से जुड़े कई टर्मिनलों पर विभिन्न उपभोक्ता काम कर रहे हों तो ऑपरेटिंग सिस्टम यह तय करता है कि उपभोक्ता किस तरह से कंप्यूटर समय को आपस में बांटें।

इस तरह ऑपरेटिंग सिस्टम के कामों को हम निम्न बिंदुओं में रख सकते हैं—

- प्रोग्रामर या कंप्यूटर प्रयोग करने वाले के आदेशों का पालन करना व उन पर निगाह रखना।
- एप्लीकेशन प्रोग्राम को कंप्यूटर की मेमोरी में डालना और उसके ठीक से चलाये जाने की व्यवस्था करना।
- कंप्यूटर के साथ जुड़ी हुई सभी युक्तियों (Devices) का नियंत्रण।
- डेटा और प्रोग्राम फाइलों को व्यवस्थित करना।
- कंप्यूटर के साथ जुड़े हुए हार्डवेयर में विभिन्न कामों की व्यवस्था करना जैसे कि प्रोग्राम को इनपुट डिवाइस की मदद से कंप्यूटर में लोड करना, एक जगह पर भरे हुए डेटा को दूसरी जगह ट्रांसफर करना, डिस्कों पर डेटा भरने से पहले फार्मेटिंग करना। इसी तरह प्रिंटर, प्लॉटर या मॉडेम को अपना काम करने के लिए संदेश भेजना और काम हो जाने के बाद उन्हें बंद करके रखना।
- एक से अधिक प्रयोग करने वाले (Multiuser System) हों तो उनके बीच प्रोसेसिंग के लिए समय बांटने की व्यवस्था करना।

ऑपरेटिंग सिस्टम तरह-तरह के होते हैं लेकिन एक कंप्यूटर सीरीज के लिए एक ही तरह का ऑपरेटिंग सिस्टम होता है। एम.एस.डॉस और यूनिक्स सबसे प्रसिद्ध ऑपरेटिंग सिस्टम हैं।

2. भाषा संसाधक (Language Processors): ये वे प्रोग्राम हैं जो कंप्यूटर उत्पादकों द्वारा बनाये और प्रयोग करने वालों को कंप्यूटर के साथ दिये जाते हैं। इनका काम उच्चस्तरीय भाषाओं या असेम्बली भाषा में बने प्रोग्रामों को मशीन लैंग्वेज़ में अनुवाद करने का होता है। असेंबलर 80 इंटरप्रेटर और कंपायलर तीन प्रसिद्ध भाषा संसाधक होते हैं जो एक ऊंचे स्तर की भाषा में लिखे गये प्रोग्राम का दूसरी ऊंची स्तर की भाषा में अनुवाद करते हैं।

3. एप्लीकेशन सॉफ्टवेयर (Application Softwares): प्रोग्रार्मस द्वारा अपने कार्यों के लिये किसी हाई लेवेल लैंग्वेज (जैसे BASIC) में बनाये गये प्रोग्राम को एप्लीकेशन प्रोग्राम कहते हैं।

सामान्य रूप से प्रयोग होने वाले कुछ प्रोग्राम्स आजकल बाजार में बने-बनाये मिलते हैं। इन्हें अपनी आवश्यकतानुसार सेट किया जा सकता है, इस काम के लिए ये आपरेटर को अपने 'मैन्यू' की सहायता से निर्देश देते हैं ताकि वह इन्हें अपने अनुसार ढाल सके। डी.बेस-II, डी.बेस III, लोटस 1-2-3, विजिकाल्क (Visicalc), वर्डस्टार, वर्ड लार्ड, सुलेख, मुनीमजी आदि इस प्रकार के सबसे प्रचलित प्रोग्राम हैं। इन प्रोग्रामों की विशेषता यह है कि इन्हें कंप्यूटर का ज्ञान प्राप्त किये बिना ही कोई आसानी से प्रयोग कर सकता है।

4. यूटिलिटी प्रोग्राम: इन प्रोग्रामों को सिस्टम यूटिलिटी भी कहते हैं। ये लिखे गये वे प्रोग्राम हैं जिन्हें कंप्यूटर के ऑपरेटिंग सिस्टम का एक हिस्सा बना दिया जाता है क्योंकि इनकी एक ही या कई प्रोग्रामों में बार-बार जरूरत पड़ती है। किसी प्रोग्राम में इनकी जरूरत पड़ने पर पूरे यूटिलिटी प्रोग्राम को न लिखकर केवल एक आदेश देकर पूरा काम करा लिया जाता है। उदाहरण के लिए इस प्रोग्राम द्वारा कंप्यूटर प्रोग्राम

के पूरा होते वक्त डिस्क से डेटा को किस तरह प्रोग्राम में प्रवेश कराया जाए यह कार्य कराया जा सकता है। कुछ यूटिलिटी प्रोग्राम इस बात पर भी निगाह रखते हैं कि कंप्यूटर के हार्डवेयर की सर्किट कितनी क्षमता से काम करती है। मॉनीटर, लोडर, सॉर्टर, एडीटर, डिबग आदि कुछ यूटिलिटी प्रोग्रामों के उदाहरण हैं।

5. सबरूटीन प्रोग्राम: ये वे छोटे-छोटे प्रोग्राम हैं जो कि एक ही प्रोग्राम में बार-बार प्रयोग में आते हैं। इनमें से कुछ तो ऐसे हो सकते हैं जो स्टेंडर्ड प्रोग्रामर द्वारा खुद बनाये जाते हैं और प्रोग्राम का ही एक अंग होते है। उदाहरण के लिए त्रिज्यात्मक या लागरिद्मिक गणनाओं की हमें बार-बार जरूरत पड़ती है इसलिए इन्हें कंप्यूटर की रोम मेमोरी में सुरक्षित रखा जाता है और जरूरत पड़ने पर प्रयोग में लाया जाता है।

15.25 कंप्यूटर की प्रोग्रामिंग विधियां

प्रोग्रामिंग के लिए विभिन्न विधियों का प्रयोग किया जाता है, जो इस प्रकार है—

- बैच प्रोसेसिंग
- मल्टी प्रोग्रामिंग
- टाइम शेयरिंग
- रियल टाइम प्रोसेसिंग
- ऑनलाइन प्रोसेसिंग

इन विधियों के बारे में हम विस्तार से पहले ही पढ़ चुके हैं।

15.26 कंप्यूटर से जुड़े विशेषज्ञ और अन्य व्यक्ति

कंप्यूटर सिस्टम से जुड़े हुए व्यक्तियों को सामूहिक रूप से Humanware या Liveware कहते हैं। कंप्यूटर के हार्डवेयर और सॉफ्टवेयर दोनों ही बुद्धिमान व्यक्तियों द्वारा डिजाइन व संचालित किये जाते हैं इसलिए इस प्रकार के व्यक्तियों को Brainware भी कहते हैं।

कंप्यूटर सिस्टम को चलाने, इसके विकास और रख-रखाव आदि के लिए निम्न विशेषज्ञों और कर्मचारियों की जरूरत होती है—

- ऑपरेटर
- प्रोग्रामर
- सिस्टम एनालिस्ट
- सॉफ्टवेयर इंजीनियर
- मेन्टीनेन्स इंजीनियर

1. ऑपरेटर: कंप्यूटर के हार्डवेयर के विभिन्न भागों को चलाने वाले व्यक्तियों को कंप्यूटर ऑपरेटर कहते हैं। ऑपरेटर का मुख्य काम सभी तरह के प्रोग्रामों को कंप्यूटर पर चलाकर परिणाम मालूम करना होता है। हार्डवेयर के किसी हिस्से के ठीक काम न करने पर ऑपरेटर द्वारा मेन्टीनेन्स इंजीनियर को सूचित किया जाता है।

2. प्रोग्रामर: प्रोग्रामर का मुख्य काम प्रोग्राम लिखना या दूसरे व्यक्तियों द्वारा बनाये गये प्रोग्रामों को चेक करना या उन्हें ठीक करने का होता है। छोटे आर्गेनाइजेशन में यही व्यक्ति ऑपरेटर और कीपंचर या की-बोर्ड ऑपरेटर का काम भी करता है।

3. सिस्टम एनालिस्ट: अनुभवी प्रोग्रामर ही बाद में सिस्टम एनालिस्ट बन जाते हैं। सिस्टम एनालिस्ट का काम मुख्यत: एक पूरे सिस्टम को कंप्यूटराइज करना होता है। वह एक सिस्टम से जुड़े सारे व्यक्तियों की जरूरतों को समझकर उस कंपनी या सिस्टम से संबंधित सॉफ्टवेयर को विकसित करता है और सॉफ्टवेयर को बनाने के लिए अपनी सेवाएं या सलाह देता है।

4. सॉफ्टवेयर इंजीनियर: इसका कार्य किसी सॉफ्टवेयर बनाने वाली फर्म के लिए तरह-तरह की भाषाओं, ऑपरेटिंग सिस्टम, एप्लीकेशन सॉफ्टवेयर आदि को विकसित करने का होता है। यह व्यक्ति सिस्टम एनालिस्ट को बहुत ही उपयोगी/कठिन क्षेत्रों में अपनी सलाह देता है।

5. मेन्टीनेन्स इंजीनियर: यह व्यक्ति कम्प्यूटर और इलेक्ट्रॉनिक्स का विशेषज्ञ होता है और इस पर कंप्यूटर और इलेक्ट्रॉनिक यंत्रों के रख-रखाव की जिम्मेदारी होती है। कंप्यूटर सिस्टम के अलावा यह कंप्यूटर से संबंधित दूसरी वस्तुओं जैसे यू.पी.एस. (Uninterupted Power Supply), प्रिंटर, वोल्टेज स्टेबलाइजर, इलेक्ट्रिक सप्लाई आदि के रख-रखाव की व्यवस्था भी करता है।

अभ्यासार्थ प्रश्न

1. कंप्यूटर आदेश कितने प्रकार के होते हैं?
2. कितने प्रकार की कंप्यूटर प्रोग्रामिंग भाषाएं प्रचलित हैं?
3. हाई लेवेल कंप्यूटर प्रोग्रामिंग भाषा से क्या तात्पर्य है? किन्हीं पांच हाई लेवेल भाषाओं के नाम लिखिये।
4. पांच सर्वप्रसिद्ध हाई लेवेल भाषाओं के नाम लिखकर उनमें से किसी एक का विस्तृत वर्णन कीजिए।
5. असेम्बली भाषा से क्या तात्पर्य है?
6. कंप्यूटर किस भाषा से संचालित होता है? इस भाषा का बाइनरी होना क्यों आवश्यक है? क्या हर कंप्यूटर की अपनी अलग मशीन लैंग्वेज़ होती है?
7. मानव का कंप्यूटर से किस भाषा में इंटरैक्शन होता है?
8. असेम्बली भाषा के मशीन लैंग्वेज़ की तुलना में क्या लाभ हैं?
9. हाई लेवेल भाषा के मशीन लैंग्वेज़ और असेम्बली भाषा की तुलना में क्या लाभ हैं?
10. हाई लेवेल भाषाओं के गुण-दोष की व्याख्या कीजिए।
11. असेम्बलर और कम्पायलर की कार्य विधि समझाइए।
12. निम्नलिखित में क्या अंतर है?
    (क) असेम्बलर और कंपायलर
    (ख) कंपायलर और इंटरप्रेटर
    (ग) असेम्बली और मशीन लैंग्वेज़
    (घ) लो-लेवेल एवं हाई लेवेल भाषा
    (च) हाई लेवेल एवं चतुर्थ जनरेशन भाषाएं
    (छ) बेसिक और फोरट्रान
    (ज) कोबोल एवं एल्गोल
    (झ) शब्दकोषीय एवं वाक्य-रचना विश्लेषण
    (ट) साफ्टवेयर एवं हार्डवेयर
    (ठ) त्रुटियां एवं त्रुटिपरिमार्जन
    (द) आपरेटिंग सिस्टम एवं यूटिलिटी प्रोग्राम
    (ढ) पेरीफेरल युक्तियां एवं हार्डवेयर
    (त) सिस्टम एनालिस्ट और प्रोग्रामर
    (थ) यूटिलिटी प्रोग्राम एवं एप्लीकेशन-प्रोग्राम
13. निम्नलिखित पर संक्षिप्त टिप्पणियां लिखिए।
    1. फलनकूट 2. कंप्यूटर आदेश
    3. मशीन-कोड 4. श्रोत-कूट या प्रोग्राम
    5. पास्कल 6. लिस्प एवं प्रोलाग
    7. भाषा संसाधक 8. आपरेटिंग सिस्टम
    9. सिस्टम एनालिस्ट 10. टाइम सीरीज प्रणाली
    11. मेमोरी सहायक शब्द (Mnemonic)
    12. चतुर्थ पीढ़ी की भाषाएं 13. संकलन
14. निम्नलिखित कार्यों के लिए किसका प्रयोग किया जाएगा, यह बतलाइए?
    (क) फोरट्रान से मशीन कोड
    (ख) असेम्बली भाषा से मशीन कोड
    (ग) बच्चों को ग्राफिक्स सिखाने के लिए
    (घ) शस्त्रों के नियंत्रण हेतु प्रयोग के लिए
    (च) मल्टीयूजर (कई लोगों द्वारा एक साथ प्रयोग किया जाने वाला) पद्धति से प्रोग्रामिंग के लिए आपरेटिंग सिस्टम
15. रिक्त स्थानों की पूर्ति कीजिये।
    (क) हाई लेवेल भाषा से मशीन कोड बनाने के लिए ....एवं इंटरप्रेटर की आवश्यकता होती है।
    (ख) सर्वप्रथम हाई लेवेल प्रोग्रामिंग भाषा का नाम ....था।
    (ग) मशीनी, असेम्बली और प्रोग्रामिंग भाषाओं से ....को सीखना सबसे आसान है।
    (घ) सबसे सरल प्रोग्रामिंग भाषा का नाम.........है।
    (च) प्रसिद्ध फ्रान्सीसी गणितज्ञ के नाम पर बनी हुई भाषा का नाम ....है।
    (छ) ....आपरेटिंग सिस्टम के साथ सी (C) नामक भाषा का प्रयोग होता है।
    (झ) कोबोल का स्थान अब धीरे-धीरे .... लेती जा रही है।

16. निम्नलिखित पदों को जोड़िए?

(क) हाई लेवेल भाषा को समझने के लिए	(1) संचालित करने का है।
(ख) आपरेटिंग सिस्टम का काम कंप्यूटर के कार्यों को	(2) की हाई लेवेल भाषाओं को मशीन कोड में बदलने का होता है।
(ग) कंपायलर का काम कंप्यूटर	(3) सिर्फ वाणिज्यिक कार्य किये जा सकते हैं।
(घ) बेसिक के द्वारा	(4) कंप्यूटर को कंपायलर या इंटरप्रेटर की जरूरत होती है।
(च) कोबोल के द्वारा	(5) वाणिज्यिक एवं वैज्ञानिक दोनों प्रकार के संसाधन कार्य किये जा सकते हैं।

17. निम्नलिखित हार्डवेयर हैं या साफ्टवेयर?

1. फ्लापी डिस्क 2. पेरीफेरल युक्तियां 3. आपरेटिंग सिस्टम
4. पास्कल 5. असेम्बली भाषा 6. असेम्बलर
7. यूनिक्स 8. ग्राफिक टेबलेट 9.स्क्रीन पर प्रस्तुत प्रोग्राम
10. मैग्नेटिक टेप

18. निम्नलिखित कथन सत्य हैं या असत्य:

(क) हाई लेवेल भाषा में लिखे प्रोग्राम को ऑब्जेक्ट कोड कहते हैं।

(ख) हर कंप्यूटर की अपनी एक अलग मशीन लैंग्वेज़ होती है।

(ग) इन्टरएक्टिव मोड में लिखने के लिए इंटरप्रेटर की जरूरत होती है।

(घ) कंप्यूटर का आपरेटिंग सिस्टम भी एक हार्डवेयर है।

(च) कंप्यूटर प्रोग्रामर और सिस्टम एनालिस्ट भी हार्डवेयर हैं।

(छ) "सी" नाम की भाषा का प्रयोग यूनिक्स आपरेटिंग सिस्टम के साथ किया जा सकता है।

(ज) फोरट्रान का प्रयोग बच्चों को ग्राफिक्स सिखाने के लिए किया जाता है।

(झ) हर कोई व्यक्ति मशीन कोड में प्रोग्राम लिख सकता है।

19. मशीन कोड को लो-लेवेल भाषा क्यों कहा जाता है?

20. कम्पायलर के द्वारा क्या कार्य किये जाते हैं, उन्हें समझाइए।

21. निम्नलिखित चित्र में एक सामान्य कंप्यूटर के प्रोग्राम आदेश को दिखाया गया है जिसकी शब्द-लंबाई 14 बिटों की है:

फ	ल	न			A	d	d	r	e	s	s		

बतलाइए कि

(क) इस कंप्यूटर से कितने फलन बन सकते हैं?

(ख) कितने ऐड्रेस स्थान उपलब्ध हो सकते हैं?

22. निम्नलिखित शब्द किन शब्दों के संक्षिप्त रूपान्तर हैं, यह लिखिए।

(क) BASIC

(ख) FORTRAN

(ग) ALGOL

(घ) COBOL

(च) LISP

23. साफ्टवेयर कितने प्रकार के होते हैं? उनके नाम लिखिए।

24. तीन प्रकार के भाषा संसाधनों के नाम लिखिए।

25. निम्नलिखित असेम्बली भाषा के संक्षिप्त नामों का पूरा नाम लिखिए।

(क) LDA (ख) STP (ग) SUB
(घ) JMP (च) BGE

26. निम्नलिखित सारिणी में किसी कंप्यूटर का मशीन कोड प्रोग्राम दिया गया है।

स्थान	फंक्शन	ऐड्रेस
50	01	100
51	02	101
52	04	102
53	03	103
54	04	104
55	05	55

उपरोक्त कंप्यूटर में निम्नलिखित आदेश संहिता का पालन किया गया है:

01 मेमोरी-स्थान ''क'' की राशि को एक्यूमुलेटर में स्टोर करना

02 मेमोरी-स्थान ''क'' की राशि को एक्यूमुलेटर से जोड़ना

03 मेमोरी-स्थान ''क'' की राशि को एक्यूमुलेटर से घटाना

04 एक्यूमुलेटर की राशि को मेमोरी-स्थान ''क'' में कापी करना

05 अगले आदेश के लिये मेमोरी-स्थान ''क'' पर जम्प करके पहुंचना।

यदि मेमोरी-स्थान 100, 101 और 103 में संख्याएं +7, +29 और 104 हों तो बतलाइए कि इस प्रोग्राम से क्या होगा।

(उत्तर: उपरोक्त प्रोग्राम निम्न प्रकार से निष्पादित होगा: मेमोरी-स्थान 100 में पायी गयी संख्या एक्यूमुलेटर में अस्थायी रूप से स्थान्तरित होगी। (2) एक्यूमुलेटर में +29 से इसे जोड़ा जाएगा (7+29=36) और इस परिणाम को एड्रेस 102 में रखा जाएगा। (3) एक्यूमुलेटर की संख्या से +149 घटाया जायेगा और परिणाम 36-149=-113 को मेमोरी-स्थान 109 में संचयित किया जाएगा। (4) इसके बाद बार-बार एक ही आदेश पर जम्प करने से थोड़ी देर बाद प्रोग्राम अपने-आप बन्द हो जाएगा क्योंकि कंप्यूटर में इस बात की व्यवस्था होती है।

27. निम्नलिखित में से कौन से वाक्य से असेम्बली भाषा की हाई लेवेल भाषा पर महत्ता सिद्ध होती है।
(क) यह प्रोग्राम लिखने में आसान है।
(ख) यह पढ़ने में आसान है।
(ग) यह सीखने में आसान है।
(घ) यह बहुत दक्ष कोड प्रदान करती है।
(च) इसे दूसरे कंप्यूटर में लागू होने वाली भाषा में बदलना आसान है।

(उत्तर: सिर्फ ''घ'')

वस्तुपरक प्रश्नावली

1. बेसिक भाषा का प्रयोग निम्न कार्य के लिए किया जाता है:
(क) वाणिज्यिक कार्य के लिए
(ख) सिर्फ वैज्ञानिक गणना हेतु
(ग) बच्चों को सिखाने हेतु
(घ) प्रारंभ में सरल भाषा द्वारा प्रोग्रामिंग सीखने वालों के लिए।

2. जटिल वैज्ञानिक गणनाओं के लिए निम्न प्रोग्रामिंन भाषा का प्रयोग किया जाता है:
(क) बेसिक
(ख) फोरट्रान
(ग) एडा
(घ) लिस्प

3. कंप्यूटर में प्रोग्रामिंग हेतु विकसित की गयी सर्वप्रथम भाषा का नाम है:
(क) एल्गोल
(ख) बेसिक
(ग) पायलट
(घ) फोरट्रान

4. निम्न में से कौन सी भाषा सबसे ज्यादा आसान है:
(क) मशीन कोड
(ख) हाई लेवेल भाषा
(ग) असेम्बली कोड
(घ) कोई भी नहीं

5. असेम्बली भाषा में निम्नलिखित का प्रयोग होता है:

(क) स्मरण सहायक शब्द (Mnemonics)

(ख) बाइनरी पद्धति में लिखी गयी संख्याएं

(ग) अंग्रेजी जैसे शब्द

(घ) गणितीय चिह्न

6. मशीन लैंग्वेज़, वह भाषा है जो कि:

(क) कंप्यूटर के द्वारा सीधे समझ ली जाती है।

(ख) लिखने में सबसे आसान है।

(ग) निमोनिक कोड का प्रयोग करती है।

(घ) आजकल प्रयोग नहीं की जाती।

7. हाई लेवेल भाषा वह है जो कि:

(क) अंग्रेजी जैसे शब्दों का प्रयोग करती है और आसानी से सीखी जाती है।

(ख) निमोनिक कोड का प्रयोग करती है।

(ग) सिर्फ उच्चस्तरीय गणित पढ़े-लिखे व्यक्तियों को समझ में आती है।

8. मशीन कोड में लिखे गये प्रोग्राम को --------- कहते हैं।

(क) आब्जेक्ट (वस्तु पूरक) प्रोग्राम

(ख) असेम्बलर

(ग) हाई लेवेल प्रोग्राम

(ध) सोर्स प्रोग्राम

9. कंप्यूटर विज्ञान में कंपायलर निम्न को कहते हैं:

(क) जो असेम्बली भाषा को मशीन कोड में अनुवाद करे।

(ख) जो कंप्यूटर के स्पेयर पार्टस की असेम्बली करता है।

(ग) कंप्यूटर में की-बोर्ड की सहायता से डेटा को प्रवेश कराये।

(घ) जो व्यक्ति एक भाषा से दूसरे में अनुवाद करे।

(च) जो हाई लेवेल से मशीन लैंग्वेज़ में अनुवाद करे।

10. निम्नलिखित में से किस भाषा का मुख्यत: वाणिज्यिक कार्यों में प्रयोग होता है।

(क) फोरट्रान

(ख) बेसिक

(ग) कोबोल

(घ) पास्कल

उत्तर

प्रश्नावली

1. तीन 2. तीन

4. (क) -(4) (ख) -(1) (ग) -(2) (घ) -(5) (च)-(3)

14. (क) फोरट्रान का कम्पायलर (ख) असेम्बलर (ग) लोगो (घ) एडा (च) यूनिक्स

15. (क) कम्पायलर (ख) फोरट्रान (ग) उच्चस्तरीय (घ) बेसिक (च) पास्कल (छ) यूनिक्स (झ) डीबेस-III

17. इसमें से (3), (4), (5), (6), (7), (9) साफ्टवेयर हैं बाकि हार्डवेयर

18. (क) असत्य (ख) सत्य (ग) सत्य (घ) असत्य (च) असत्य (छ) सत्य (ज) असत्य (झ) असत्य

21. (क) $2^3=8$ (ख) 2^{11} यानि 2048 मेमोरी-स्थान, 0 से लेकर 2047 तक।

वस्तुपरक प्रश्नावली

1- (घ), 2- (ख), 3-(घ), 4-(ख), 5-(क), 6-(क), 7-(क), 8-(क), 9-(च) 10-(ग)

○○○

अध्याय-16

इंटरनेट

इंटरनेट ने संपूर्ण विश्व में अपना स्थान बना लिया है। इंटरनेट एक्सप्लोरर इंटरनेट ब्राउजर का काम करता है। ब्राउजर का काम इंटरनेट पर जानकारी ढूंढ़ कर प्रदर्शन करना होता है। सबसे पहले हम समझेंगे की इंटरनेट का क्या अर्थ है।

इलेक्ट्रानिक विधि से आज संपूर्ण विश्व में दूर संचार प्रणालियाँ स्थापित हो गई हैं। दूर संचार अभी सिर्फ एनलाग टेलीफोन लाइनों के माध्यम से होता था, लेकिन कंप्यूटरों के जरिये अब डिजीटल पाठ्य (या लिखित सूचना) और दृश्य-श्रव्य सूचना का संचरण भी बहुत तेजी से हो रहा है। पहले सिर्फ अनुरूप (एनलाग) सिग्नल ही दूर संचार में प्रयोग हो पाते थे, लेकिन पिछले दस वर्षों से डिजिटल सिग्नल भी भेजे जा रहे हैं और कंप्यूटर इस क्रांति का वाहक बन गया है।

कंप्यूटर अपनी सूचनाएं डिजीटल सिग्नल के रूप में उत्पादित करता है। टेलीफोन लाइनों के जरिये इस सिग्नल को दूरदराज के क्षेत्रो में भेजा जाता है। डिजीटल से एनलाग सिग्नल बदलने की इसलिये जरूरत होती है, क्योंकि बिना मोडेम के टेलीफोन लाइनों पर सिर्फ एनलाग सिग्नल ही ठीक हो पाता है। भारतवर्ष का विदेशों से संपर्क दूर-संचार निगम लिमिटेड (VSNL) के उपकरणों के द्वारा होता है। यह संपर्क तीन प्रकार से स्थापित हो सकता है।

- माइक्रोवेव प्रणाली द्वारा, जिसमें वायरलेस के द्वारा माइक्रोवेव हाई-फ्रिक्वेंसी सिग्नल भेजे जाते हैं।
- अंडर ग्राउंड आप्टीकल फायबर केबलों के द्वारा।
- उपग्रह संचार-व्यवस्था के द्वारा।

इंटरनेट कई जालक्रमों (नेटवर्क) का एक केन्द्रीय जालक्रम है जिसमें सूचनाएं कंप्यूटरों के जरिये जुड़ती रहती हैं। इस जालक्रम में लोग या संस्थाएं अपनी मर्जी से जुड़ते या हटते रहते हैं। आप भी इस व्यवस्था से पलक झपकते जुड़ सकते हैं, सिर्फ इसके लिए निम्न सुविधाओं की जरूरत होगी:

- एक मोडेम
- (MODEM- यह माडुलेटर-डिमाडुलेटर का संक्षिप्त नाम है)। मोडेम का मुख्य कार्य डिजीटल सिग्नलों को एनालाग में बदलना (माडुलेशन) या एनालाग सिग्नल को डिजीटल में बदलना (डिमाडुलेशन) है।
- एक टेलीफोन कनेक्शन
- एक इंटरनेट कनेक्शन जो किसी इंटरनेट सर्विस प्रोवायडर (Internet service Provider ISP) के जरिये मिलता है। निम्नलिखित तरीकों से यह कनेक्शन मिल सकता है।
- VSNL के साथ टर्मिनल डायल अप या TCP/IP डायल अप कनेक्शन।
- मंत्रा ओन लाइन
- एम टी एम एल

ये कनेक्शन रुपये 450/-, 900/-, 1500/-, 3600/- और 5500/-, 9500/- की 6 श्रेणियों (Plans) में क्रमश: 25, 50, 100, 250, 500 या 1000 घंटों के लिए लिया जा सकता है। VSNL, GIAS के द्वारा यह सर्विस देता है। टर्मिनल डायलअप के लिये विद्यार्थियों को सिर्फ 500/- रुपये देना पड़ता है।

इंटरनेट में सूचनाएं वर्ल्ड-वाइड वेब (world wide web या संक्षिप्त में www) के जरिये प्राप्त होतीं हैं, जिन्हें निम्नलिखित प्रोग्रामों के माध्यम से देखा जा सकता है।

- विंडोज 98 के साथ मुफ्त में मिला वेब-ब्राउजर: इंटरनेट एक्सप्लोरर।
- नेटस्केप नेवीगेटर जिसका प्रोग्राम आपको अलग से लगाना पड़ेगा।

वेब ब्राउजर का काम होता है वेब पेजों को प्रदर्शित करना। इन वेब पेजों में पाठ्यांश, ग्राफिक्स, आडियो और वीडियो (Video) सूचनाएं सम्मिलित रहती हैं।

भारतवर्ष में यह सुविधा अनेक ऑफिस लाइन सर्विस प्रोमाइडर फर्मों द्वारा दी जा रही हैं जिनमें से VSNL, MTNL एवं Mantra-on-line प्रमुख हैं।

वेब के अलावा इंटरनेट में निम्नलिखित सुविधाएं भी हैं।

- ई-मेल (E-Mail) या इलेक्ट्रानिक मेल (डाक) इस सुविधा को विडोंज 95/98 के साथ-साथ उपलब्ध एम. एस. आउटलुक एक्सप्रेस (MS Outlook Express) के द्वारा प्राप्त किया जा सकता है। इलेक्ट्रानिक मेल सुविधा अन्यत्र कई और प्रोग्रामों से मुफ्त प्राप्त की जा सकती है, जैसे कि MSN पर उपलब्ध हाटमेल, Yahoo पर उपलब्ध याहू मेल, या देशी साइटों यथा इंडियाटाइम्स.काम, 123 इंडिया.काम आदि।
- चेट Chat तथा इलेक्ट्रानिक बुलेटिन बोर्ड सर्विस (BBS), जिसे यूजनेट (USENET) द्वारा प्राप्त कर सकते हैं। Chat को कई और माध्यमों से संचालित किया जा सकता है। इस माध्यम के द्वारा आप किसी एक Chat Group से जुड़कर लिखित वार्तालाप कर सकते हैं। इस ग्रुप से जुड़े सभी व्यक्ति अलग-अलग जगहों पर होने के बावजूद अपने-अपने विचार टाइप करते जाते हैं, जो कि स्क्रीन पर दिखलायी देता है।
- टेलनेट (Telnet) विश्व के समस्त पुस्तकालयों से जुड़ा सिस्टम है। टेलनेट के द्वारा हम इन सभी पुस्तकालयों में उपलब्ध साहित्य को देख सकते हैं।
- फाइल ट्रास्फर प्रोटोकोल, जिसके माध्यम से दूरस्थ स्थित इंटरनेट से जुड़े साइटों की फाइलों को कापी किया जा सकता है।
- न्यूज: आउटलुक एक्सप्रेस (Outlook express)।
- नेट कान्फ्रेंसिंग (Net conferencing) के द्वारा आप विश्व के किसी भी कोने में स्थित मनचाहे व्यक्ति से बोलकर संपर्क स्थापित सकते हैं, बशर्ते कि दोनों के पास इंटरनेट कनेक्शन और मल्टीमीडिया सिस्टम लगा हो। आप अपने कंप्यूटर पर लगे माइक के जरिये बात कर सकते हैं और खर्च सिर्फ लोकल काल के बराबर होगा।

इंटरनेट के निम्नलिखित अवयव ज्यादा प्रचलित हैं। हालांकि अंतिम अवयव वेब (Web or w.w.w) ने बाकी अन्य अवयवों को अपने में समाहित कर लिया है:

- एफ.टी.पी (FTP)
- टेलनेट (Telnet)
- ई-मेल (Email)
- यूजनेट (Usenet)

फाइल ट्रांस्फर प्रोटोकोल (FTP)

इस प्रोटोकोल का उपयोग वेब और विंडोज आने से पहले इंटरनेट से जुड़े हुये कंप्यूटरों से फाइल ट्रांस्फर करने के लिए किया जाता था। इस प्रकार फाइल कापी करने के लिए कुछ केसों में फाइल ट्रांस्मिशन के लिए अनुमति (Permission) प्राप्त करनी होती है या पासवर्ड लेना पड़ता था। अब यह काम वेब पर दूसरे तरीके से होने लगा है।

टेलनेट

इस यूटिलिटी प्रोग्राम के द्वारा इंटरनेट से जुड़े हुए कुछ खास कंप्यूटरों तक अपने कंप्यूटर से पहुँचा जा सकता है और यदि अनुमति मिली हुई हो, तो उनकी डायरेक्ट्री या फाइल को पढ़ा जा सकता है। इस प्रकार एक टर्मिनल पर दूसरी टर्मिनल को इमुलेट (Emulate) कर सकते हैं।

ई-मेल

इंटरनेट का सबसे उपयुक्त और सर्वोपरि उपयोग ई-मेल के रूप में हो रहा है। ई-मेल के द्वारा किसी भी संदेश को पलक झपकते ही विश्व के किसी भी दूसरे कोने में स्थित कंप्यूटर पर पहुँचाया जा सकता है। इस कार्य के लिए कुछ खास प्रोग्राम की जरूरत होती है जैसे कि:

1. एम एस आउट लुक एक्सप्रेस
2. हाटमेल
3. याहूमेल
4. रेडिफ.काम
5. वेब दुनिया.काम

यदि कंप्यूटर में विंडोज 98 या 2000 लगा है, तो इन तीनों प्रोग्राम को आसानी से उपयोग किया जा सकता है। हाट मेल या याहू मेल इंटरनेट एक्सप्लोरर के माध्यम से मिल जाते हैं। इंटरनेट एक्प्लोरर प्रोग्राम का आयकन आपके डेस्क टाप पर मौजूद रहता है, जिसे क्लिक कर यह प्रोग्राम खुल जाता है। इसकी विंडो के दाहिनी और आपको अपना Username तथा Password दर्ज करना होता है। इन दोनों को हासिल करने के लिए आपको इंटरनेट का उपयोग करना पड़ेगा।

1. डेस्कटाप पर इंटरनेट एक्सप्लोरर को क्लिक करें। इंटरनेट एक्सप्लोरर का होम पेज स्क्रीन पर दिखाई देगा।
2. स्क्रीन पर

वर्ल्ड वाइड वेब

1989 से पहले इंटरनेट का उपयोग सिर्फ प्रयोगशालाओं या सुपर कंप्यूटरों पर होता था, लेकिन पर्सनल कंप्यूटरों पर विंडोज आने के साथ-साथ वेब हर ऑफिस में पहुँच गया और दर्शनीय हो गया। इंटरनेट पर उपलब्ध सभी प्रोटोकोल वेब पर आसानी से उपलब्ध है।

वेब पर जानकारी हासिल करने के लिए सर्च एन्जिन की जरूरत होती है। निम्नलिखित सर्च एन्जिन काफी लोकप्रियता हासिल कर चुके हैं। इन्हें वेब ब्राउजर भी कहा जाता है।

- इंटरनेट एक्सप्लोरर
- नेटस्केप नेवीगेटर
- लायकोस (Lycos)
- 123 इंडिया
- याहू (Yahoo)
- मेगलान (Megellan)
- रेडिफ (Radiff)
- इन्फोसीक (Infoseek)
- अल्टाविस्ता (Altavista)
- इंडिया टाइम्स
- वेब क्राउलर
- देजा न्यूज
- एक्सपाइर

इसमें से प्रथम विंडोज आपरेटिंग सिस्टम के साथ अपने आप प्राप्त हो जाता है। इंटरनेट पर जाने के लिए इंटरनेट सर्विस प्रोवायडर (Internet Service Provider) की सेवाएं प्राप्त करनी होती हैं। हमारे देश में निम्न इंटरनेट सर्विस प्रोवायडर प्रमुख हैं।

1. वी एस एन एल (VSNL)
2. मन्त्रा ऑन लाइन (Mantra-on-line)
3. डिशनेट (Dish-net)
4. सत्यम ऑन लाइन
5. एम टी एन एल

सर्च एंजिन विविध प्रकार की सुविधाएं प्रदान करते हैं:

- ई मेल
- रेलवे रिजर्वेशन (Railway Reservation)
- आक्शन
- ट्यूटोरियल्स (Tutorials)
- वेब साइट्स
- मौसम की जानकारी
- देजा न्यूज
- टूरिज्म पर जानकारी

वेब पर जानकारी प्राप्त करने के लिए लिंक (Link) बनी होती है, जिन पर माउस क्लिक कर आप नये से नयी जानकरी प्राप्त कर सकते हैं। वेब जानकारी का विशाल भंडार है जिसमें अरबों पेज की जानकारी संग्रहीत है। यह जानकारी बड़ी-बड़ी कंपनियों की प्रयोगशालाओं और विश्वविद्यालयों के सर्वर कंप्यूटर जो कि इंटरनेट से अनवरत रूप से जुड़े हुए हैं, के माध्यम से प्राप्त होती है।

वेब ब्राउजर

वेब ब्राउजर एक विंडो आधारित प्रोग्राम का नाम है, जो इंटरएक्टिव तरीके से इंटरनेट सर्फिंग की सुविधाएं प्रदान करता है। इंटरनेट पर समस्त संसार की प्रसिद्ध कंपनियों, विश्वविद्यालयों और व्यक्तियों के सर्वर कंप्यूटर जुड़े हुए हैं जिनकी संख्या बढ़ती ही जा रही है। हर सर्वर का एक साइट होता है जहाँ तक उनके एड्रेस (जिसे यू.आर. एल, URL=Uniform Resource Locater कहा जाता है) के माध्यम से पहुँचा जा सकता है।

2000 के अंत तक 13000 अलग अलग नेटवर्क इंटरनेट से जुड़े हुए थे, जिनसे बनने वाले जाल यानी वेब पर 15 लाख सर्वर कंप्यूटर जुड़े हुये हैं, जिनके मार्फत लगभग चार करोड़ कंप्यूटरों पर लोग वेब सर्फिंग करते हैं।

निम्नलिखित दो ब्राउजर पूरे विश्व में प्रसिद्ध हैं:

1. इंटरनेट एक्सप्लोरर 2. नेट स्केप नेवीगेटर

इंटरनेट एक्सप्लोरर

संसार में वेबसर्फिंग के लिए सबसे ज्यादा इसी ब्राउजर का उपयोग होता है। यह मायक्रोसाफ्ट कंपनी का साफ्टवेयर है, इसलिये विंडोज के साथ मुफ्त अपने आप लग जाता है। निम्न चित्र के माध्यम से वेब ब्राउजर को आसानी से समझाया जा सकता है।

MSN.BMP

सबसे बाएं कोने पर क्लासीफाइड सर्विसेज के नाम दिये गये हैं, जैसे कि • आटोज • बिजीनेस • कैरियर्स इत्यादि। सबसे ऊपर सर्च एंजिन दिया गया है, जिसके टेक्स्ट बाक्स में आप अपना मनचाहा विषय लिखकर उस विषय से संबंधित जानकारी प्राप्त कर सकते हैं। इसके लिए GO बटन दबाना पड़ेगा। दाएं हाथ पर मैसेज सेन्टर में ई-मेल भेजने के लिए सुविधा दी गई है। बीच वाले हिस्से में ताजे-ताजे विषयों पर लेखों तक पहुंचने के लिए लिंक दी गई है। जिन विषयों के नीचे अंडरलाइन की गयी है वे ही लिंक हैं, जिनके ऊपर क्लिक करते ही उस विषय से संबंधित पेज को खोला जा सकता है। इसके अलावा एड्रेस कालम में किसी भी कंपनी के एड्रेस दर्ज कर उस कंपनी के होम पेज पर सीधा पहुँचा जा सकता है।

यू.आर.एल.एड्रेसेस URL Addresses

इंटरनेट पर हर साइट (सर्वर कंप्यूटरों) का अपना एक निर्धारित एवं अद्वितीय पता होता है, जिसके माध्यम से उस कंपनी के होम पेज पर सीधा पहुँचा जा सकता है जैसे कि माइक्रोसाफ्ट के होम पेज का एड्रेस है:

http:// www.msn.com

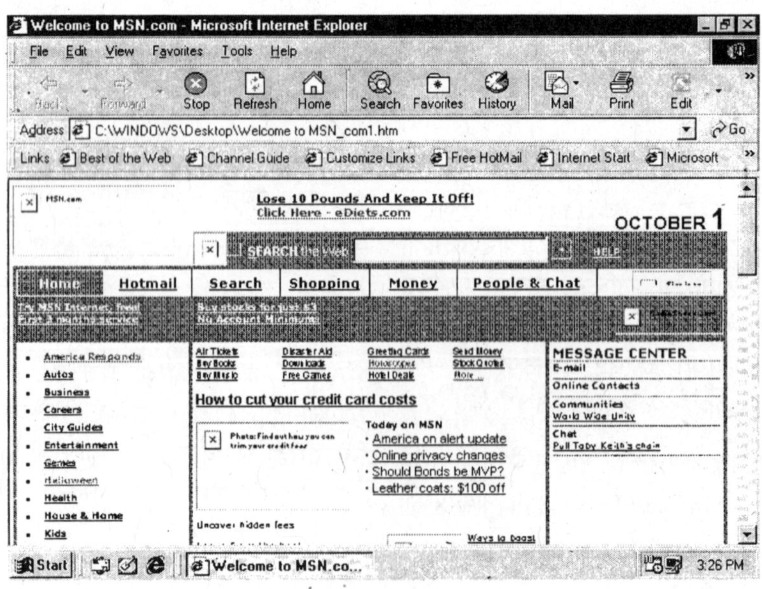

http उस प्रोटोकाल का नाम है, जिसके माध्यम से इंटरनेट तक पहुँचा जाता है। इंटरनेट के कुछ माध्यमों में से एक www वर्ल्ड वाइड वेब या सिर्फ वेब है। एम एस एन माइक्रोसाफ्ट नेटवर्क का नाम है और .com (डाटकाम) संबंधित कंपनी का डोमेन टाइप नाम है। कुछ डोमेन नेम नीचे दर्शाए गये हैं:

com	वाणिज्य	gov	शासकीय
org	अलग्म संगठन	mil	सैनिक संस्थान
edu	शैक्षणिक संस्थान	net	इंटरनेट सर्विस प्रोवायडर

न्यूजग्रुप का उपयोग

न्यूजग्रुप प्रोग्राम एक सुस्त ई-मेल प्रोग्राम और कम्युनिटी बुलेटिन बोर्ड जैसा व्यवहार करता है। यह डेली न्यूज की तरह नहीं है। न्यूजग्रुप, विषय के अनुसार संयोजित किए गये हजारों संदेशों और दस्तावेजों के उस समूह का नाम है जिन्हें पढ़ा जाना है या भेजा जाना है।

मान लीजिए कि आप योगासन के विशेषज्ञ हैं और आप अपनी जानकारी अन्य लोगों को देना चाहते हैं और इस विषय में अन्य लोगों से सूचना का आदान-प्रदान करना चाहते हैं, तो न्यूजग्रुप प्रोग्राम आप जैसे प्रयोक्ताओं के लिए ही है। यदि किसी व्यक्ति ने इस विषय पर कोई प्रश्न कर रखा है और वह प्रश्न न्यूजग्रुप का सदस्य होने के नाते आपको दिखलाई देता है, तो आप इसका जवाब दे सकते हैं। जरूरी नहीं कि प्रश्नकर्ता कभी भी आपके जवाब को पढ़े, लेकिन इस प्रश्न के जवाब से अन्य बहुत से सदस्य लाभान्वित हो सकते हैं। यह एक प्रकार की समाज सेवा है।

न्यूजग्रुप तक पहुँचने के लिए इंटरनेट के GO मेनू से मेल बटन को क्लिक करें और Read News को चुनें। हालांकि आपका इंटरनेट सर्विस प्रोवाइडर (ISP) आपको हजारों न्यूजग्रुप तक पहुँचने का रास्ता बतला देगा, लेकिन सिर्फ उन्हें चुनें जिनमें आपको कम या बिल्कुल ही कोई खर्च न हो।

OOO

वायरस

वास्तविक जिन्दगी में शरीर में वायरस होने का मतलब है भयंकर बीमारी। कंप्यूटर में भी वायरस आ जाये तो कंप्यूटर को बुखार हो जाता है, और उसका संचालन कार्य गड़बड़ा जाता है। कंप्यूटर वायरस एक प्रकार का प्रोग्राम होता है, जिसे किसी भी अस्थिर बुद्धि वाले व्यक्ति के द्वारा शरारत के लिये बनाया जाता है। ये प्रोग्राम अपने आप सक्रिय हो जाते हैं तो तरह-तरह की व्याधियां पैदा करते हैं।

वायरस का प्रसार एक कंप्यूटर से दूसरे कंप्यूटर में फ्लापी के द्वारा होता है, क्योंकि फ्लापी से डेटा एक कंप्यूटर से दूसरे कंप्यूटर तक ले जाया जाता है। वायरस निरोधी जिस प्रकार शारीरिक वायरस को खत्म करने के लिये बेवसीन होती है, उसी प्रकार कंप्यूटर वायरस को खत्म करने के लिये दूसरे प्रकार के प्रोग्राम होते हैं, जिन्हें वायरस स्केनर या वायरस वेक्सीन कहा जाता है। इनका लगाया जाना अत्यन्त आवश्यक है, क्योंकि इनके बिना बार-बार कंप्यूटर में वायरस आते हैं जिनके कारण कंप्यूटर के संचालन में गतिरोध आते रहते हैं। निम्नलिखित वायरस स्केनर बहुत प्रचलित हैं:

- नार्टन-2000 (Norton-2000)
- मेकाफी (Mc-Affee)
- स्मार्ट डॉग (Smart dog)

वायरसों से बचने के लिये निम्नलिखित उपाय करने चाहिये:

1. वायरस वेक्सीन को स्थायी रूप से हार्डडिस्क में डालें, ताकि फ्लापी को कंप्यूटर में लगाते ही ये बतला दे कि क्या इनमें कोई वायरस है।
2. कंप्यूटर का इस्तेमाल अनजान व्यक्तियों को न करने दें।
3. फ्लापी को पहले वायरस के लिये स्केन करें।
4. यदि हार्ड डिस्क में कापी हुये किसी प्रोग्राम में वायरस है, तो पहले "किल" (हटा दें) करें और फिर कंप्यूटर चलायें।
5. ई मेल के साथ लगे हुये किसी भी अटेचमेंट को न खोलें, जब तक कि आपका स्केनर प्रोग्राम इसके वायरस रहित होने का प्रमाण या सर्टीफिकेट न दे।
6. इंटरनेट से प्रोग्राम या फाइलें वे ही कापी करें, जिन पर सेफ प्रोग्राम का लेबल लगा हो। इस प्रकार के लेबल देखने के लिये इंटरनेट प्रोग्राम में सिक्युरिटी लेबल अधिक करना होता है, जिसके कारण इंटरनेट धीमा चलता है।

   वायरस के अलावा ट्रोजन हार्स और वर्म्स भी होते है, जिनके कारण कंप्यूटर प्रभावित हो सकता है।

ट्रोजन हार्स: ये वे प्रोग्राम हैं, जो अनचाहे कंप्यूटर पर अवतरित होते हैं। ज्यादातर इनमें उपदेशात्मक सामग्री होती है या प्रचार माध्यम की बातें। अब ट्रोजन हार्स का स्थान पुश टेक्नालॉजी ने ले लिया है। यदि आप इंटरनेट के किसी पेज़ के साथ लाग ओन है और आगे किसी और पेज को बन्द करते हैं, तो कई बार एक नया पेज अपने आप खुल जाता है जिसके द्वारा आपको उस पेज से संबंधित जानकारी देखने के लिये बाध्य किया जाता है।

कंप्यूटर के अंतर्राष्ट्रीय नेटवर्क में कुल लगभग 30 हजार वायरस, बग और वॉर्म सक्रिय हैं।

कुछ प्रसिद्ध वायरसों के नाम और उनसे क्या हानि होती है, इसका विवरण नीचे दिया जा रहा है।

- स्टोन वायरस: पर्सनल कंप्यूटरों पर आने वाला यह सर्वप्रथम वायरस था, जिसके कारण स्क्रीन पर "your computer is stonned" संदेश आते ही कंप्यूटर अपने आप हाल्ट हो जाता था।
- डार्क एवेन्जर/एडी वायरस: इस वायरस ने 1990 के आसपास डास लेवल के प्रोग्रामों पर काफी तबाही मचाई थी। टेक्स्ट मेटर के हर 64वें क्लस्चर के अंत में यह संदेश "Eddy lives here" अपने आप प्रिंट हो जाता था और आगे का मेटर कई जगह अपने आप डिलीट हो जाता था।
- आई लव यू : इस वायरस के हमले के बाद पहले पांच दिनों में ही विश्व के सात अरब डालर का कारोबारी नुकसान हो गया था।
- चेरनोबिल वायरस : 1999 में सक्रिय हुए इस वायरस ने 20 लाख कंप्यूटरों का डेटाबेस तहस-नहस कर डाला था।
- निमडा : यह अत्यन्त आधुनिक पीढ़ी का वायरस है, जिसने वर्ल्ड ट्रेड सेंटर पर हुये हमले के बाद अमेरिकी रक्षा मंत्रालय के सायबर तंत्र पर आक्रमण कर दिया है और उसे तहस-नहस कर डाला है। यह जुलाई 2001 में सक्रिय हुये रेड वॉर्म की तरह बेपनाह नेट ट्रैफिक पैदा कर नेटवर्क को सुस्त या जाम भी कर सकता है। और मार्च 1999 में कहर मचा देने वाले मेलिसा वायरस की तरह ई-मेल के जरिये दुनिया भर में फैल सकता है। यह वायरस तीन-चार दिनों के अंदर एशिया के प्रमुख नेट वर्कों में भी फैल चुका है।

○○○